U0963719

高等学校公共管理类核心课程规划教材

社会保障概论

第二版

主编 谢冰　　副主编 黄瑞芹

Introduction to Social Security

WUHAN UNIVERSITY PRESS
武汉大学出版社

图书在版编目(CIP)数据

社会保障概论/谢冰主编．—2版．—武汉：武汉大学出版社，2015.8
高等学校公共管理类核心课程规划教材
ISBN 978-7-307-16576-2

Ⅰ.社…　Ⅱ.谢…　Ⅲ.社会保障—高等学校—教材　Ⅳ.C913.7

中国版本图书馆CIP数据核字(2015)第196602号

责任编辑:朱凌云　　责任校对:鄢春梅　　版式设计:马　佳

出版发行：**武汉大学出版社**　(430072　武昌　珞珈山)
(电子邮件：cbs22@whu.edu.cn　网址：www.wdp.com.cn)
印刷：武汉中科兴业印务有限公司
开本：720×1000　1/16　印张:24.75　字数:426千字　插页:1
版次:2011年3月第1版　2015年8月第2版
2015年8月第2版第1次印刷
ISBN 978-7-307-16576-2　定价:38.00元

前　　言

全国各大学在劳动与社会保障、人力资源管理、社会工作等本科专业均开设了社会保障概论课程；有些大学在法学类、经济学类的部分本科专业也开设了该课程；不少大学在公共管理类、经济学类、社会工作类硕士点部分二级学科中也开设了社会保障理论与实践的相关课程。这既是科学构建上述专业知识体系的要求，也是与我国社会保障事业的快速发展，对具备社会保障理论基础、掌握应用方法人才的需求日增分不开的。

在社会保障学精品课程建设过程中，我们深切地体会到，编写一本体系科学、结构合理、特色鲜明的教材是必不可少但又难度较大的一项工作。目前国内出版的此类教材版本已经不少且各具特色。因此，在策划《社会保障概论》这本教材的时候，我们就已在认真思考这本教材出版的价值，在本次修订该教材的过程中，更是反复研讨应从哪些方面突出特色。与国内出版的其他教材相比，本教材有以下几个特点：

1. 立足于从中国国情的角度解析社会保障相关理论。解析一种理论，离不开对其运用环境的分析与评价。现代意义的社会保障制度诞生于19世纪末20世纪初的欧美是一种历史的必然，同时，世界各国的社会保障制度又是共性与个性的统一。因此，对于社会保障理论的学习和掌握，不仅要认识其一般环境，更要认识其特殊环境，如中国特色的社会主义制度，城乡二元社会经济结构，东、中、西部经济发展梯形分布，各民族传统文化习俗的差异，等等。建设具有中国特色的中国社会保障制度，应该更多地从改造外部环境上着手，包括法律环境、行政环境、经济环境、文化环境等。这就更加需要对中国的国情有较为系统地了解。鉴于此，本教材注重对中国国情特点、现代社会保障制度曲折发展历程及其所面临的历史机遇、当前我国社会保障制度建设的难点与重点等方面的观察与分析。

2. 注重反映国内外较新理论观点及其研究成果。社会保障理论无疑是一种“显学”，因此，社会保障概论教材的编写与修订的一项重要任务，就是要不断跟踪国内外相关理论研究与实践的动向，及时更新相关内容。当前，尽管世界各国社会保障制度的问题和困境各不相同，但都面临着改革与调整的历史任务，尤其是2007年爆发的世界金融危机的影响至今仍未消失，一些欧洲国家深陷债务泥潭不能自拔，由此引发人们对发达国家曾经引以为豪的社会福利制度的反思。在我国，当前，为顺应经济结构、发展方式以及管理体制的变化，党和政府本着“科学发展，民生为重”的理念，相继出台了社会保障的一系列重大举措，社会保障制度正经历深刻的变革，并引发理论界和广大群众的关注与热议，这导致了社会保障理论研究的持续繁荣；也是社会保障学教材需要不断推陈出新的一个理由。该教材的此次修订，试图以当前国际国内的新形势为背景，力求反映社会保障理论在批判中发展、社会保障制度在改革实践中推进的趋势。为此，我们注意吸纳国内外新的理论研究成果，着力反映我国在社会保障领域深层次的改革问题，适时更新了相关数据资料和教学案例。

3. 理论体系的系统性、内容表述的生动性。社会保障概论作为一门引领学习者进入该领域的专业基础课程，重点在于展现其理论体系及其价值，为后续专业课程的学习奠定基础，与之配套的教材应该服从这一目的。教材编写中追求的理想境界是：系统而不琐碎，经典而不专深，深入浅出、爱看易懂。因受编著者的学识和能力所限，该教材修订中虽努力了，仍不敢妄称已达到这一境界。我们在教材第二版章节的设计上力求展现社会保障理论发展历程及其基本体系架构；在内容的详略取舍上厚新薄旧；在文字表述中辅以数据图表、图形，图文并茂以增强可阅读、可理解性；以及引入案例，启发思考等方面都作了一些尝试，希望这些尝试能够有益于读者。

参与本教材修订工作的是多年在社会保障专业教学与科研中辛勤耕耘的教师，其具体分工如下：第一章和第七章由黄瑞芹撰写；第二章由王锦锦撰写；第三章由梅乐撰写；第四章由叶慧撰写；第五章由陈敏莉撰写；第六章由周娟撰写；第八章和第九章由谢冰撰写；第十章由于玲撰写；第十一章由胡彬彬、于玲、韩俊强撰写；第十二章由肖娟、刘悦、刘伟撰写；第十三章由杨鹏、韩俊强撰写。刘丽娜、莫非、左硕参与本教材的资料收集和第八章、第九章部分内容的写作。谢冰和黄瑞芹负责教材的构思、审定和统稿工作，谢冰负责组织管理工作。

该教材适用于劳动与社会保障、人力资源管理、社会工作等大学本科专业

“社会保障概论”或“社会保障学”课程的教材；也可作为备考社会保障硕士研究生的复习参考书。

本教材是编写组全体成员近年来努力的结晶。在教材修订中参考了大量国内外专家学者的最新论著，借助于这些研究成果，我们才得以站在社会保障理论研究的前沿，对其相关问题进行科学的分析与评价，本教材也因此而增色，在此表示衷心的感谢。本教材还得到了武汉大学出版社的大力支持，资深出版策划人舒刚先生在教材的编写、出版过程中给予了具体的指导和帮助，提出了许多非常中肯的意见和建议，特此致谢。

因受到理论水平、工作条件、时间等因素的影响，本教材一定有不少谬误之处，恳请专家学者和广大读者批评指正，在此谨向你们的支持和帮助表示衷心的感谢。

中南民族大学公共管理学院教授：**谢冰**

2015 年 7 月 5 日

目　　录

第1章 社会保障概述

本章学习要点

- 社会保障的形成与发展
- 社会保障的概念与原则
- 社会保障的功能与模式
- 社会保障体系构成

第一节 社会保障制度的产生与发展

一、社会保障的萌芽

社会保障是人类社会发展的产物。早在奴隶社会，生产力发展到有产品剩余之后，就有了社会保障思想的萌芽。

中国的社会保障思想源远流长，最早可以追溯到2000多年前的春秋战国时期。《礼记·礼运篇》中记载了儒家文化代表人物孔子的理想社会："大道之行也，天下为公，选贤与能，讲信修睦。故人不独亲其亲，不独子其子；使老有所终，壮有所用，幼有所长，鳏、寡、孤、独、废疾者皆有所养；男有分，女有归。"这一"大同社会"的构想，广泛涉及养老、医疗、就业、救助等现代社会保障的内容。

西方早期的社会保障思想源于西方空想社会主义思潮。公元前400多年前，古希腊哲学家柏拉图在其《理想国》中就描述了一个没有私有制、没有压迫与剥削、自由平等、生活幸福的社会。16世纪初，英国的托马斯·莫尔在《乌托邦》一书中提出了“乌托邦”构想：“乌托邦”里没有闲人，没有懒汉，没有寄生虫，人人都向社会竭尽劳动义务；孕妇、产妇、哺乳妇女以及婴儿受到社会保护，享受专供饮食；医疗服务完全免费，一切病患者均可得到治疗和所需营养；老年人备受尊敬，等等。19 世纪初，空想社会主义思潮的发展达到顶峰，最有影响的代表人物是法国的圣西门、傅立叶和英国的欧文。圣西门将“满足人民的需要”、“促进无产者福利的提高”和“保证社会的安宁”视为社会制度“唯一和固定的目的”。在傅立叶设想的“和谐社会”中，每个人都参加劳动，总收入按劳动、资本和才能进行分配，儿童实行免费教育。欧文则构思了一个工人享有高度社会福利的“劳动公社”，并主张通过改革实验来构造理想的社会模式。

一般认为，社会保障制度发祥于实现工业化最早的英国。16 世纪初，英国农村实施的“圈地运动”使大批农民失去了赖以生存的土地，许多人被迫流入城镇，沦为贫民、乞丐和流浪者。同时，城镇进行的产业革命使大机器生产代替了手工业生产，大量手工业者失去工作，丧失生活来源。这些城镇失业者与沦为贫困者的农民造成了抢劫、偷盗、乞讨等一系列治安问题，对政府的统治已构成威胁。为了缓和社会矛盾，维护政局稳定，英国在 1601 年颁布了《济贫法》（又称旧《济贫法》）。该法案主要包括以下几个方面的内容：第一，建立地方行政和征税机构，从比较富裕的地区征税补贴贫困地区；第二，为有劳动能力的人提供劳动场所；第三，资助老人、盲人等丧失了劳动能力的人，为他们建立收容场所；第四，组织穷人和儿童学习技术；第五，提倡父母和子女的社会责任。

1834 年英国又颁布了《〈济贫法〉修正案》（又称新《济贫法》）。该法案规定接受救助的人必须接受三个条件：一是丧失个人声誉，接受救济被社会看做一个污点；二是丧失个人自由，必须禁闭在贫民习艺所里劳动；三是丧失政治自由，失去公民权特别是选举权等。尽管新法案是通过制造歧视和不平等来实现有条件、限制性的救助，但是新法案承认社会救济是公民应该享有的合法权利，政府负有实施救济、保障公民生存的责任；社会救济并不是消极行为，而是一项积极的福利举措，应该由经过专门训练的社会工作人员从事此类事业。

与旧《济贫法》相比，新《济贫法》加强了政府在社会救济中的作用，从这个意义上说，新《济贫法》的颁布标志着英国社会救济的性质发生了质的变化。新《济贫法》作为国家在全国范围内实行的普遍济贫措施，促进了社会的稳定，为英国资本主义经济的发展作出了重要贡献，同时也是政府对全体公民承担保障责任的开始，为现代社会保障制度的诞生奠定了基础。其他欧洲国家在土地革命后，也都实行了与英国类似的贫民救济计划，只是在济贫方式上有所侧重。

二、社会保障制度的建立

德国于 1883 年颁布了世界上第一部《疾病社会保险法》，标志着社会保障制度的建立。次年颁布了《工伤事故保险法》，1889 年颁布了《老年与残疾保险法》。这三个法律的适用范围仅涉及当时德国就业人口的 1/5 或总人口的 1/10，但它却确立了社会保险法的基本思想和原则：第一，凡在法律规定范围内应投保的人，必须一律参加；第二，保险费由被保险人、企事业主和政府三方负担；第三，保险费率由政府主管部门或有关方面协商制定，保险人无权更改保险费率。此后，德国不断通过立法扩大社会保险的适用范围，如 1911 年颁布《孤儿寡妇保险法》，并将疾病保险、工伤保险和养老保险合并为单一的社会保险，1923 年颁布《矿工保险法》、1927 年颁布《职业介绍和失业保险法》，至此基本建成了完整的社会保险制度。

社会保障制度最早在德国产生，有其特殊的政治和社会背景。19 世纪 80 年代，德国无产阶级力量相当强大，工人运动一浪高过一浪，资产阶级感到其统治地位受到严重威胁。“铁血宰相”俾斯麦在残酷镇压工人运动的同时，也逐渐意识到对工人阶级进行安抚的重要性。俾斯麦说：“养老金有了盼头，人们就会满足，就容易听指挥。”另一方面，当时统治德国经济学界新历史学派的主要代表人物施穆勒、阿道夫、布伦坦诺等人主张“福利国家论”。他们强调国家的经济作用，认为国家是集体经济的最高形式和公务机关，在进步的文明社会中，国家的公共职能在不断地扩大和增加，凡是个人努力所不能达到或不能顺利达到的目标，理应由国家去办理。基于这样的观点，他们提出了改良主义的社会经济政策，其中包括劳动保险法、孤寡救济法、改革财政赋税制度等。这些理论和主张成为俾斯麦政府推行社会保障制度的重要依据。

德国社会保险制度的建立，对于安定工人生活、稳定社会秩序、振兴国民经济，效果十分明显。于是，世界各国纷纷效仿德国，建立社会保险制度。奥地利 1887 年建立工伤保险，1888 年建立疾病保险，1906 年建立养老保险，1920 年建立失业保险；丹麦 1891 年建立养老保险，1916 年建立工伤保险；挪威1894年建立工伤保险；意大利1898年建立工伤保险，1919年建立养老和失业保险；英国1908年建立养老保险，1911年建立疾病保险；法国1910年建立养老保险；瑞典1913年建立养老保险，1916年建立工伤保险；加拿大1908年建立工伤保险，1927年建立养老保险。总体来看，这一时期各国的社会保险制度都是单项法律，尚未形成完整的社会保障体系。

三、社会保障制度的发展

1935年美国通过的《社会保障法》标志着社会保障制度由社会保险制度向综合性社会保障制度发展跨了一大步。这个法案中第一次出现“社会保障”一词，美国创造的社会保障这个词是以全民化和统一管理为特点，从而区别于德国以与职业相关的分散管理为特点的社会保险制度。

20世纪30年代，资本主义国家爆发了严重的经济危机，由此造成的剧烈社会动荡对社会保障制度的发展起到巨大的促进作用。由于经济萧条，美国大量企业破产，大批工人失业，工人运动频频发生，劳资矛盾非常尖锐。当时主流的凯恩斯主义学派主张国家实行赤字财政政策，增加社会福利开支，举办公共事业等，扩大社会支出，从而提高社会有效需求。

1933年罗斯福出任总统后，为了摆脱经济萧条，缓和劳资矛盾，重振美国经济，采纳了凯恩斯主义的政策主张，实施了著名的“罗斯福新政”。新政的一项主要措施就是建立统一的社会保障制度。《社会保障法》规定了五个社会保障项目：老年社会保险、失业社会保险、盲人救济金保险、老年人救济金保险和未成年人救济金保险。根据这一法律，美国联邦政府设立了社会保障署，主管社会保障事务。此后，该法案经过多次修改，逐步增加社会保障项目，不断提高社会保障支出水平。

四、社会保障制度的繁荣

1948年英国第一个宣布建成“福利国家”，这标志着社会保障制度进入繁荣发展时期。这里的繁荣发展包含四重含义：一是世界上建立社会保障制度的国家急剧增加；二是社会保障制度的覆盖面和受益范围进一步扩大；三是社会保障项目构成趋于体系化、网络化；四是社会保障支出的绝对值及占国民生产总值的比重显著增加。

1941年英国成立以经济学家W. H. 贝弗里奇教授为主席的社会保障服务委员会，对英国当时的社会保障制度实施状况进行调查，第二年提出了

《社会保险及其有关服务》的报告，即著名的《贝弗里奇报告》。该报告继承了新历史学派理论中有关福利国家的思想，主张通过建立一个社会性的国民保障制度，对每个公民提供七个方面的社会保障：儿童补助、养老金、残疾津贴、失业救济、丧葬补助、丧失生活来源人的救济、妇女福利。同时，该报告还提出四个原则：一是普遍性原则（又称全民保障原则），社会保障的实施范围不限于社会的贫困阶层，应包括所有公民，即社会保障应该满足全体居民不同的社会保障需求；二是保障基本生活原则，即社会保障应能确保每一个公民最基本的生活需求；三是政府统一管理原则，政府通过国民收入再分配组织实施各种社会保障措施，社会保障的缴费标准、待遇支付和行政管理必须统一；四是权利与义务对等原则，即享受社会保障必须以劳动和缴纳保险费为条件。

1945 年英国的工党执政后，采纳了《贝弗里奇报告》中的一些政策主张，颁布了一系列重要的社会法律。一是《国民保险法》，该法强制 16 岁以上、退休金领取年龄以下的所有公民参加国民保险并缴费，该保险为因失业、疾病、伤残及各种意外事故等风险的发生而失去生活来源的人提供津贴或救济；二是《国民卫生保健服务法》，该法的核心内容是将全国医院实行国有化，并由国家对全民提供免费医疗；三是《住房法》，该法规定国家为低收入者提供低价住房；四是《国民救济法》，该法为最低生活标准以下的低收入者提供救济。1948 年 7 月英国率先宣布已建成“福利国家”。贝弗里奇也因此获得了“福利国家之父”的称号。

从此，“福利国家”风靡整个西方世界，瑞典、芬兰、挪威、法国、意大利等国受贝弗里奇报告和英国福利国家社会保障制度实施的影响，纷纷效仿英国，致力于建设“福利国家”。其中，瑞典由于对公民实行全民性的普遍保障和提供广泛、优厚的公共津贴，被称为“福利国家的橱窗”。

五、社会保障制度的改革

20 世纪 70 年代的经济危机使西方各国陷入漫长而又痛苦的经济滞胀时代。“福利国家”的弊端开始暴露出来：随着失业队伍的扩大、人口年龄结构的老化，需要救济的贫困家庭不断增加，社会保障支出迅速增长，并远远超过经济增长的速度，给各国财政造成了沉重的负担。

福利型社会保障制度陷入危机，各种政治力量或政治派别从不同的立场和不同的角度对其进行批判，形成了几种不同的社会思潮。

改革派追求的目标是通过社会保障在较大程度上消除贫困和不平等，实现较为公平的分配。他们认为，“福利国家”陷入危机的主要原因不在于“福利国家”本身，而在于第一次分配的不平等，因为社会福利制度是“附加在一个已经不平等的社会之上，这些不平等通过权利和机会的差别，已经决定了资源的分配”。他们建议社会保险税的征收应当“更加公平，累进程度更大”，并且减少那些可以普遍享受的优惠服务，增加那些只给予穷人的补助，让穷人取得国民收入和社会财富中更大的份额。

保守派追求的是一种低标准的目标，即保证所有的居民都能获得最低限度的收入，保护社会底层居民不至于因为在最初分配或市场力量决定的分配中处于不利的地位而陷入极端贫困的境地。他们主张实行社会保障计划“私人化”、“市场化”和“非调节化”。它包含两个方面的具体内容：一是社会保障计划应当建立在“个人自由、自主和自助原则”的基础上，每个人都应首先尽可能依靠自己的力量来解决生活保障问题，国家、社会机构只有在他的收入和财富不足时才进行干预，因此，在国家负责的社会保障费用来源中，应当增加雇主和雇员分担的社会保障税（费）的份额，减少国家资助的份额。二是在社会保障的管理上，应当减少国家的干预，加强私人机构的作用。因为“私人化”和“非调节化”可以克服社会保障制度的弊端，可以刺激工人的劳动积极性，有利于经济发展。① 这两派互有抵触的政策主张对福利型社会保障制度的改革都产生了一定影响，但其中任何一派都不可能占绝对统治的地位。

许多国家结合自己的国情，综合了不同学派的政策主张，对社会保障制度进行了改革调整。改革调整的思路有三种：一是开源节流，即一方面通过开征社会保障税和收入所得税，提高投保费率，增加社会保险费收入，另一方面，通过削减各项福利性补助，减少社会福利项目，变免费医疗为适当收费的医疗服务，以减少社会保障费用的支出。如英国、法国、意大利、芬兰等国对退休金金额进行限制，荷兰限制最低工资增长速度，英国将过去的退休金与平均收入联动改为与物价联动。二是实行社会保障私有化，把已经社会化了的社会保障制度再私有化，以便发挥个人和私营组织的积极性。如美国限制公共项目社会保险的扩张，把部分政府的福利支出转为由私人企业和社会团体承担。三是严格限定享受条件，制定较为苛刻的享受条件，以限制

① 赵曼．社会保障学［M］．北京：中国财政经济出版社，2003.

享受人数，缓解政府财政危机。如英国、意大利发放家庭补贴、医疗补助时加强了对家庭经济情况的调查；多数国家先后将退休年龄提高到 65 岁，其中美国、瑞典、德国提高到 67 岁。

第二节　社会保障的原则、功能与模式

一、社会保障的定义

社会保障（Social Security）一词最早出现于美国政府 1935 年颁布的《社会保障法》中。社会保障是一项综合性的社会事业，各国学者基于不同的历史发展阶段和具体国情描述了对它的理解，目前社会保障的概念尚无定论。但就其共同点而言，可以将社会保障概述为：社会保障是国家通过立法和行政措施采取强制性手段对国民收入进行再分配，对由于年老、疾病、伤残、失业、死亡以及其他灾难等原因导致生活出现困难的社会成员，给予物质帮助和社会服务，以保障其基本生活需要的制度。

社会保障的内涵包括以下五个方面：

第一，社会保障的首要责任主体是国家或政府。帮助公民预防和抵御各种社会风险、保障公民的生活是国家不可推卸的责任。同时，国家是社会管理的最高权力机关，由政府承担社会保障责任可以降低管理成本。

第二，社会立法是社会保障得以实施的保证。健全、完备的法律体系是社会保障顺利实施的基础和依据，应以法律的形式规范政府、企业和个人及其他社会保障主体之间的权利和义务，使社会保障的运作制度化、规范化。

第三，社会保障的保障对象是全体公民。当国家任何一个公民遭遇意外以及暂时或永久丧失劳动能力和劳动收入时，社会保障及相关机构都负有给予物质性援助的义务。

第四，社会保障是调节国民收入再分配的重要手段。注重效率的市场经济属于初次分配，这种分配必然会造成社会成员间的分配不公、两极分化，而社会保障则可以通过国民收入再分配缩小收入差距、实现公平。

第五，社会保障的目标是满足公民的基本生活需要。社会保障的水平取向是适度的，它主要是保障社会成员的基本生活需要。在社会经济不断发展的前提下，社会成员的保障水平应当逐步提高。

二、社会保障的特征

（一）强制性

在法律规定范围内的每一位社会成员，都必须参加社会保障并缴纳社会保障费（或税）。国家法律硬约束与政府主导、干预贯穿于绝大多数的基本社会保障制度之中，特别是社会保险制度充分体现了这一性质。在社会保险中，受保人及其单位都必须无条件加入，并依法、定期、足额地缴纳保险费或保险税，而不能自由选择。社会保障的这一法律支持下的强制特性表现得非常突出。

（二）互济性

在人类社会生产、生活中，风险无处不在，要完全规避和防范这些风险是不可能的。单靠个人力量很难承担风险造成的损失。按照大数法则，在一定时期内风险只是发生在少数人身上，社会保障按照社会成员共担风险的原理实行互助共济，由多数社会成员分散承担少数社会成员的损失。社会保障通过全体社会成员的互济，对可能遭受的风险损失进行合理分流，筹集和积聚一定的保障基金，对少数遇险成员的收入损失进行补偿，最终达到保障全体劳动者基本生活的目标。社会保障覆盖范围越大，筹集起来的社会保障资金越多，抵御风险的能力就越强，社会互济的力度就越大，向人们提供的保障程度也就越高。

（三）社会性

家庭保障以家庭为单位，完全依靠自身和家庭的力量来抵御各种风险。而社会保障以社会为单位，克服了“家庭保障”的局限性，体现了与生产社会化相适应的劳动力再生产社会化的本质要求。对全体社会成员，不分城市和乡村，不分部门和行业，也不分就业单位的所有制性质或有无职业，只要生存发生困难，原则上都应普遍地、无例外地给予基本的物质生活保障。

社会保障的社会性具体表现在：社会保障以国家为主体组织实施，覆盖全体社会成员；社会保障资金来源渠道多样化，除政府财政资助、企业和个人缴纳以外，更离不开社会各界的鼎力支持；社会保障管理实行社会化，政策高度统一，业务由统一的管理机构承办，等等。因此，社会保障普遍被视为一项社会性事业。

(四) 福利性

社会保障本身是一项造福于国民的社会公益性事业，其福利性表现为：

(1) 社会保障的各个环节都不以营利为目的，社会保障通过对社会成员的基本生活提供保障，在客观上直接增进了人类，尤其是社会成员共同的福利水平。

(2) 社会保障中个人的负担相对较轻。在社会保障实施的许多项目中，个人的负担较轻，不少项目是免费的，特别是弱势群体从社会保障中获益最多，负担最轻。

(3) 社会保障中的福利性服务较广泛。社会保障不仅为被保障人提供资金支持，而且还按照受益者的实际需要提供各种社会服务，如医疗护理、伤残康复、职业介绍、教育培训、老年照顾等，范围相当广泛，这种非物质帮助的福利性更为鲜明。

(4) 社会保障对特殊群体的福利特性较明显。在社会保障的对象中，有不少属于特殊群体，如老人、儿童、残疾人等，社会保障为他们设置了较高的福利待遇以及较广泛的福利保障内容。

三、社会保障的原则

(一) 普遍性原则

普遍性原则也称为“广覆盖”，即把社会成员中所有符合资格条件的人都纳入社会保障体系，使他们的生活、劳动、收入都有所保障，即使遇到意外情况而陷入困境，也能得到社会的帮助。

社会保障的普遍性原则是 1942 年《贝弗里奇报告》中提出的一项基本原则。它要求国家在确立社会保障制度时，其对象、范围不能局限于贫困阶层，而应当使全体国民均能享受到相应的社会保障。普遍性原则体现了国家依据宪法确保全体公民社会保障权利的承诺，也是改进和实现国际公认的基本人权的客观要求。

(二) 适度原则

社会保障水平适度原则是指社会保障的发展程度和发展水平应与经济发展水平和社会承受能力相适应。社会保障水平过高或过低，都会对社会保障制度自身运行和社会经济发展产生不利影响。社会保障水平超前，则社会各方负担加重，国家财政紧张，企业成本上升、生产活力受挫、产品竞争力下降，同时社会惰性滋长、懒汉思想泛滥，从而削弱社会前进的动力，影响国家的经济发展，最终又影响社会保障制度自身的运转。社会保障水平滞后，就不能很好地发挥社会保障应有的功能，挫伤劳动者积极性，也会制约经济发展，甚至影响社会稳定。因此，只有适度的社会保障水平，才能保障公民的基本生活，保证社会的安定；才能提高劳动者的积极性，促进劳动生产率的提高；才能实现社会保障制度的周期平衡，避免出现财务危机，使社会保障制度良性运转。

社会保障水平具有刚性增长的特点，且随着经济发展、人口结构变动和制度成熟而变动，因此，一个国家确定社会保障水平时应充分考虑本国的经济规模与经济发展水平、政治与社会结构、制度年龄与人口结构、历史与人文背景等国情。

（三）权利义务对等原则

社会保障中的权利和义务在不同的社会保障项目中有不同的体现。社会保险项目体现了权利与义务对等原则。国家作为社会保障制度中的第一责任人，负有不可推卸的义务和责任。国家通过立法规定社会保障制度的结构和运行规则，并根据经济发展形势适时调整社会保障政策，同时对社会保障财务提供“兜底”（并非完全）的责任。企业在社会保障中的义务是必须依法为本单位员工办理社会保障参保手续、按时足额缴纳用人单位自身应缴纳的保险费、代扣劳动者个人应缴纳的保险费。同时，企业也有以下权利：要求社会保障机构提供社会保障政策咨询；就与本单位有关的社会保障争议提出诉讼或仲裁；监督社会保障机构及其工作人员的工作等。个人只有尽了按时足额缴纳社会保险费的义务后，才有权利在符合条件时申请享受社会保险待遇。

社会救助和部分社会福利项目的受益者往往是社会上某一特定群体，而支付费用则由全体社会成员来承担。正是这种受益方和支付方权利义务关系在一定程度上的不对等，使得大部分弱势群体的生存状况有所改善，使众多国民能分享到社会经济发展的成果。

（四）公平优先原则

市场经济强调效率优先，因为只有讲求效率，生产力才能迅速提高，社会也才能有更大的进步。但由此引起的优胜劣汰，必然会使一部分人陷入困境。

社会保障制度以实现社会公平为根本目的，来补救市场缺陷和社会的不公平。公平是效率的保证，它可以促进效率的提高，没有一个公平的社会环境，整个社会就难以实现效率的提高。社会保障通过国民收入的再分配，可以调节市场初次分配造成的收入差距，在一定程度上为社会成员之间达成公平分配作出贡献。同时，社会保障本身也是一种分配行为，也是极其重视公平的，它不仅强调权利与义务相对应，而且更强调向社会弱势群体倾斜。

（五）多层次原则

多层次的社会保障是指社会保障应包括不同水平、不同性质和不同类型的内容。多层次的发展态势和多样化的格局主要表现在：

（1）主体多元化。社会保障涉及面广，承担的责任繁重，任何一家机构，即使是政府也无法独自承担。政府、社会（公共和民间团体）、企业和个人都可以成为社会保障某些项目的主体。

（2）资金来源多渠道。社会保障资金来源除财政划拨、企业和个人的缴费外，还可以利用民间资源，如社会捐助、个人捐款、发行彩票等。

（3）保障结构多层次。在社会保障结构中，除国家法定的基础保障外，还有社会补充保障、个人自助保障、商业性保障项目。层次越丰富，保障力度越大，保障的范围也越广。社会各方共同构筑对象各异、水平不一、形式多样的社会保障框架，有利于社会保障的整体发展和国民保障水平的实质提高。

四、社会保障的功能

（一）保障基本生活

社会保障的直接目的是保障公民的基本生活，使因各种原因导致收入中断或减少的社会成员得到基本生活保障，消除贫困，使每个公民都能生有所食、病有所医、老有所养，免除劳动者的后顾之忧，这不仅是经济发展和社会稳定的需要，也是人权保障的重要内容，是社会进步的体现。

保障公民的基本生活，是社会保障最核心的功能。对由于各种原因导致生活跌至最低生活标准以下的贫困者给予救济，是社会保障最初的功能，到现在依然发挥着重要的为民众生活“托底”的作用。社会保险比社会救济的保障程度要高，能够满足人们的基本生活需要；社会福利与部分社会保险能够提高民众的生活水准和生活质量。这三个层次有各自的职责和对象，为广大社会成员构筑起一个层次不同、对象不同、待遇不同和作用不同的民众生活保护网，受益范围可遍及社会贫困者、低收入者、普通劳动者乃至全体社会成员。可以说，社会保障是人民生活的安全网。

（二）维护社会稳定

社会稳定是社会和经济发展的前提，没有稳定的社会秩序，一切发展都无从谈起。社会之所以不稳定，社会秩序不时受到干扰，主要是各种社会矛盾激化所致。市场经济的自发作用必然使社会成员的经济收入产生差距，形成不同阶层以及它们之间的矛盾。社会保障具有收入再分配的功能，能调节中高收入群体的部分收入，提高最低收入人群的保障标准，适当缩小不同社会成员之间的收入差距，避免生存危机、心理失衡导致的社会冲突。

在一个健全的社会保障安全体系下，社会成员的生活保障度、心理平衡度、社会公平度、人际亲密度等都大大增强，各种社会矛盾得到缓和，为社会构建和谐、有序、稳定的氛围创造条件。因此，社会保障享有“社会稳定器”、“社会安全阀”的美誉。

（三）促进经济发展

首先，社会保障可以看做一种生产性投资，能使劳动者的劳动能力、效率和动力保持在一个较高的水平。主要表现在：（1）当劳动者由于各种原因丧失生活来源时，社会保障给予他们的物质补偿可以帮助他们恢复和保存劳动能力。（2）社会保障为劳动者提供的职业培训、免费义务教育和其他社会福利，是劳动者智力继续发展的基础，可以使劳动者的素质得到提高。（3）社会保障为劳动者解除了后顾之忧，可以激发劳动者的积极性，提高劳动效率，从而为经济社会发展提供所需的高质量的人力资源。

其次，在西方国家，社会保障的积累和给付与所得税、农产品支持制度，被誉为调节经济波动的三大手段。主要表现在：（1）社会保障通过征税（或费）的形式把富人的一部分货币收入转移给穷人，增强穷人的购买力，是刺激和扩大消费需求的有效手段。社会保障能够刺激消费需求，影响积累和消费的比例，从而扩大内需，为社会经济创造良好的条件和动力。（2）社会保障基金在分配之前通过金融机构进行投融资，可以解决生产发展的资金需要。社会保障基金分配之后的储备金具有较高的稳定性，是国家调节投融资的重要手段。社会保障储备金通常被用于投向国家基础设施和重点项目，如兴建高速公路、铁路、机场、码头等，从而有力促进经济的增长，同时也实现了社会保障基金的保值与增值。

五、社会保障的模式

每个国家都有自己独特的历史背景、文化传统、人口结构，且所处的社会和经济发展阶段也不同。国情的不同决定了各国社会保障模式存在差异，不同国家的社会保障的实施项目、覆盖范围、资金筹集方式和待遇支付水平等都有所差别。世界各国的社会保障制度大致可分为福利国家型、投保资助型、强制储蓄型和国家保险型四种模式。

（一）福利国家型模式

福利国家型社会保障模式是一种“从摇篮到坟墓”、高福利的社会保障制度。这种社会保障模式以英国和瑞典为代表，多见于北欧和西欧国家。这一模式主要有以下几个方面的特点：

（1）以国家财政和雇主缴费为主，员工不缴费或低缴费。该模式明确政府在社会保障制度中的主体作用，强调政府在社会保障财源上的主要责任，国家财政转移支付的资金比较多。社会保障资金的另一来源是用人单位缴纳的社会保障税。被称为福利国家橱窗的瑞典的《社会保险法》规定，用人单位必须按照规定的标准缴纳社会保险税或费，员工基本不缴费。

（2）覆盖范围广，保障水平高。社会保障覆盖范围包括所有公民和居民，不管是否就业、是否有收入、是否有本国国籍，都有权获得社会保障，享受应有的待遇。社会保障内容包括“从摇篮到坟墓”的各种生活需要，除了养老、疾病、伤残、生育保险外，还有儿童、遗属、单亲家庭、住房、教育和培训津贴等；除了给付现金津贴外，还提供医疗、护理等方面的服务。广覆盖、高保障、高福利是福利国家的重要标志。

（3）以社会公平为第一原则。福利型社会保障模式为社会成员提供的物质保障更多地向低收入者倾斜，社会成员之间的收入均等化，贫富差距相对比较小。如在发放养老金时，英国和瑞典对低收入者和中等收入者采用不同的养老金替代率。英国低收入者的养老金替代率为66%，中等收入者的养老金替代率为50%；瑞典低收入者的养老金替代率为69%，中等收入者的养老金替代率为49%。

（4）制度统一。英国实行的是全国统一的社会保障制度，即社会保障基金的收支和管理全国统一。缴费统一（如国民保险实行统一费率）、待遇统一（如基本养老金定额发放）、管理统一（如社会保障项目均由政府有关机构统一管理）是制度统一的核心内容。由于制度统一，英国社会保障制度的管理成本较低，资源利用效率较高。

（二）投保资助型模式

投保资助型社会保障模式是一种社会保险在整个保障体系中居于中心地位的社会保障制度。德国、美国、日本等国家就采用了这种模式，我国企业单位实施的社会统筹就属于投保资助型社会保障模式。这一模式主要有以下几个方面的特点：

（1）以雇主和雇员缴费为主，国家给予适当支持。该模式强调劳动者个人在社会保障中的责任，政府调节的重点放在干预经济生活、摆脱失业和刺激有效需求等方面。因此，雇主和雇员都必须缴纳社会保障税，国家用于社会保障转移支付的资金比较少，主要负责社会救济和公共补贴，政府资金支付压力不大。

（2）保障项目多，但覆盖面和保障水平不高。如美国社会保障的内容涉及生老病残、衣食住行、工作学习、职业工种等方面，集保险、福利、安居和救济于一体，项目达三百多种。但保障对象更多地倾向于社会弱势群体，且保障水平不高，仅能满足社会成员的基本生活。美国在职职工不能享受国家提供的医疗保险，只有退休后才能享受。这在一定程度上避免了福利国家普遍存在的“福利养懒”问题。

（3）权利与义务相对应。该模式中社会保险是整个社会保障体系的核心，而社会保险又以有收入的劳动者为对象，因此，特别强调劳动者的收入保障。该模式主张待遇的给付与劳动者的收入和缴费多少相联系，不同的社会成员适用不同的保障标准。不缴费或缴费年限不足，就不能享受应有的待遇；个人收入较多，待遇标准也相对较高。这在考虑社会公平的同时，更多地体现了效率与贡献的因素。

（4）实行自治管理。从国家到地方各级政府都有社会保障管理机构，国家级政府的职责主要是举办项目、制定标准、颁布政策、筹措资金等，各级政府的基层机构主要职责是对社会保障的具体管理与服务。社会保障基金的管理与运营也严格分开，政府部门只负责监督，包括保险基金保值、增值在内的运营活动由专门的经营机构管理。这大大降低了各种交易成本，提高了社会保障基金的利用效率，同时又减轻了政府财政负担。

（三）强制储蓄型模式

强制储蓄型模式是国家通过立法，强制雇主和雇员按照工资收入的一定比例缴纳社会保险税（或费）的一种社会保障模式。目前推行这一模式的国家多为发展中国家，主要以新加坡和智利为代表，中国企业单位的个人账户就是这种强制性储蓄模式。这一模式主要有以下几个方面的特点：

（1）雇主和雇员共同缴费或者仅由雇员缴费。该模式特别强调个人的责任，如新加坡规定雇主和雇员都必须缴纳社会保障税，智利只要求雇员缴费，雇主不用为员工缴费。而国家在资金上的支持力度很小，只有在养老保险基金管理公司出现亏损的情况下，政府才支付最低额度的投资收益担保。

（2）保障内容广泛，保障水平不等。新加坡的公积金制度涵盖内容极为丰富，除养老保障和医疗保障之外，还包括购买住宅、子女教育、股票投资、产业购置等 16 项。由于社会保险积累的基金已成为巨额的金融资产，这部分金融资产的实际投资收益率决定了雇员未来的保障水平。

（3）权利与义务高度对等。该模式遵循“自存自用，自立自保”原则，职工储蓄与收益具有高度的相关性。新加坡每名公积金会员都有一个公积金账户，由雇主和雇员每月共同缴费存入雇员的个人账户，以解决雇员退休后的生活之需。职工将来能获得多少养老金，取决于职工工作期间个人账户上的储蓄积累额，以及社会保险基金的投资收益率。这种高度相关的社会保障制度不具有代际互助互济、分摊风险的功能，也不具有收入再分配的功能。

（4）社会保险基金由政府运营或私人运营。新加坡对社会保险基金的投资运营采取政府集中运营管理的方式。新加坡政府将中央公积金存款引导到政府控制的投资项目上，从而使政府获得充足的公共建设资金。智利则实行社会保险基金私人化、分散化管理，由政府授权的私营金融公司管理和运营养老保险基金。雇员可以在政府批准的所有养老金管理公司之间自由选择，也可以随时将个人账户积累的基金从一个养老金管理公司转到另一个养老金管理公司。

（四）国家保险型模式

国家保险型模式是完全由国家包办的一种社会保障制度。前苏联和东欧前社会主义国家以及改革开放前的中国都曾实行过这种类型的社会保障制度，目前仍在继续实行这种保障模式的国家已为数不多。这一模式主要有以下几个方面的特点：

（1）由国家出资，雇员不缴费。该模式特别强调政府的责任，个人不承担任何责任和费用，所有社会成员都有权享受社会保障的福利待遇和社会服务。

（2）保障水平比较高。相对于投保资助型社会保障模式，国家保险型社会保障模式提供的保障水平比较高。该模式推行物质保障与精神保障相结合的保障路线，在社会平等和民主自由的前提下不仅向社会成员提供物质保障，而且注意保障人们的精神文明。

（3）实行集中管理。政府在社会保障制度中发挥着决定性作用，包括社会保障政策的制定以及日常运作管理，均由国家议会和政府有关机构以及代表国家意志的工会组织处理、决定。

第三节　社会保障体系

一、社会保障体系及相关概念

（一）社会保障体系的概念

社会保障体系是国家为保障其社会成员经济安全和福利方面的需要设立的相互独立而又相互联系的各项保障内容与项目的有机体系。社会保障体系有广义和狭义之分。狭义的社会保障体系主要是由政府主导，当社会成员遇到影响其维持生活和保持健康的意外或事故时，能够得到维持其基本生活所必需的保障。虽然各国社会保障制度的内容和范围不尽相同，但基本包含了社会救助、社会保险和社会福利三个方面。社会救助是社会保障的最低层次，其保障对象是社会中最困难的群体。社会保险的主要目的是帮助劳动者在暂时或永久丧失劳动能力或劳动机会时仍能保障其基本生活，保障对象主要是劳动者。社会福利是社会保障的最高层次，保障对象是全体公民，其目的是增进民众福利，改善全体社会成员的生活水平和生活质量。

广义的社会保障体系包括政府主导的社会保障（狭义的社会保障）、补充保障和商业保险三个层次。第一层次是由政府主导的社会保障，即狭义的社会保障，其目的是满足员工较低层次的、基本的生活需求。第二层次是补充保障，即在政府倡导下，用人单位或个人自愿或者被强制参加的保障项目，由用人单位单独缴费或单位和个人共同缴费，主要用于改善员工的生活，满足员工较高层次的保障需求，主要包括补充养老保险、补充医疗保险、员工福利计划等项目。第三层次是商业保险，即个人自愿购买的商业保险或其他形式的保险，目的是进一步提高员工的生活水平，主要包括人寿保险、健康保险和人身意外伤害保险等。比如，国际劳工组织在 1952—1982 年正式采纳的社会保障构成要素包括：社会保险（Social Insurance）、社会救助（Social Assistance）、国家财政收入资助的福利补贴（Benefits）、家庭补助（Family Benefits）、储蓄基金（Provident Funds）、雇主规定的补充年金和围绕社会保障而发展的各种补充方案。

（二）社会保险与商业保险的关系

社会保险与商业保险既有联系，又有本质上的区别。

1. 两者的联系

社会保险是多层次社会保障体系中的主体，商业保险是对社会保险的补充，是多层次社会保障体系中一个组成部分。从功能上看，社会保险与商业保险都是社会风险化解机制；从运作机理上看，两者的精算方法相同。

2. 两者的区别

（1）性质不同。社会保险具有强制性，凡是符合法定条件的公民都必须参加并缴纳保险费，属于政府行为；商业保险遵从平等自愿原则，是否建立保险关系完全由投保人自主决定，是一种商业行为。

（2）目的不同。社会保险的目的是确保劳动者的基本生活、维护社会稳定，不以赢利为目的；商业保险则是保险公司的商业化运作，以追求利润最大化为目的。

（3）资金来源不同。社会保险由国家、用人单位和个人三方承担；商业保险完全由投保人负担。

（4）保障范围与待遇水平不同。社会保险的保障范围一般由国家事先规定，风险保障范围仅以人身风险保障为限，以保障劳动者的基本生活需要为标准，保障水平比较低。商业保险的保障范围不仅包括广泛的财产风险保障，而且提供较高水平、不同层次的人身风险保障，保障水平以投保所缴保费为标准，“多投多保，少投少保”，适应不同层次的需求。

（5）实施主体和对象不同。社会保险由中央或地方政府集中领导，由专门机构进行基金的筹集、管理及发放，以劳动者及其供养的直系亲属为对象；商业保险则由保险公司独立核算、自主经营、自负盈亏，被保险人可以是符合承保条件的任何人。

（6）政府承担的责任不同。社会保险是公民享有的一项基本权利，政府对社会保险财务承担最终的“兜底”责任，发生亏损由国家财政拨款弥补；商业保险则受市场竞争机制制约，政府主要依法对商业保险进行监管，以保护投保人的利益。

二、不同国家的社会保障体系构成

由于各国的政治制度、社会背景、经济水平、文化观念以及实行社会保障制度的时间长短不同，各国社会保障体系构成存在很大差异。这里着重介绍几个典型国家的社会保障体系构成。

（一）美国的社会保障体系

美国的社会保障体系由社会福利（Social Welfare）和社会保险（Social Insurance）两大块构成。社会福利主要是指一系列对低收入阶层和贫困社会成员进行救助的项目，其目的是靠增加收入或提供资源以改善贫困阶层的生活水平。而社会保险的目的是通过替代机制来减缓或补偿非福利阶层因不可控力而遭受的收入损失。

1. 社会福利

以项目开支为特征的美国社会福利的实施以社会成员的收入为依据。目前，联邦政府对低收入社会成员实施的福利政策，主要可以分为现金发放（Cash Transfers）和利益转让（In-kind Transfers）两大类。

（1）现金发放形式的社会福利是指通过直接提供资金来支持和补贴贫困或低收入家庭及个人的基本生活。目前这类社会福利项目主要有两种：一是对有子女的困难家庭的资助，即对单亲有子女家庭，或父母失业和丧失劳动能力的家庭给予现金资助。二是养老及困难补贴，即对老年人与残疾人每月发放现金补贴。

（2）利益转让形式的社会福利主要是以提供物资或服务来缓解低收入家庭与个人的生存和发展的困难。目前最重要的利益转让型社会福利项目包括六种：免费医疗（Medicaid）、购粮券（Food Stamp）、儿童营养项目（Child Nutrition Programs）、住房补助（Housing Assistance）、教育项目（Education）、就业培训项目（Employment and Job Training）。

2. 社会保险

社会保险包括养老及残障保险、失业保险和医疗保险三个险种。美国官方界定的养老及残障保险以覆盖丧失劳动能力的老年人为主，也包括灾害幸存者和残障人员。失业保险的目的是补偿职工因失业造成的收入损失，该项保险已覆盖了大约 97%的工薪职工。美国医疗保险制度的核心是保险市场的多元化，焦点是私营保险公司的介入。①

（二）英国的社会保障体系

英国的社会保障体系规模大，且结构庞杂，按其性质可分为四大系统：社会保险、社会救助、社会补助和专项津贴。

1. 社会保险

社会保险制度是英国社会保障体系的主体部分，是国民在遭遇困难或不幸事故使收入蒙受损失时给予的津贴，主要包括退休金、失业津贴、疾病津贴、产妇津贴、寡妇津贴、工伤津贴、战争抚恤金等。社会保险基金来源由雇员、雇主和政府财政补贴三个部分构成。

2. 社会救助

社会救助也称收入限定性补助，是对无法维持基本生活的家庭给予的一种最低生活保障补助，受益人无需缴费。具体包括基本收入维持（Income Support）、负所得税（Tax Credit）、住房补助（Housing Benefit）和社会基金（Social Fund），其中社会基金包括产妇慰问金、丧葬慰问金、冬季慰问金等社会照顾补助以及免息贷款。

3. 社会补助

社会补助主要包括子女津贴、住房津贴、家庭补贴、病残看护补助等项目。各阶层居民均可享受社会补助津贴，且无需支付保险费用。

4. 专项津贴

专项津贴主要是为那些有特殊需要的个人提供个别服务，类似于社会优待，专项津贴的项目较多，包括儿童津贴、残疾人津贴、疾病照顾津贴、工伤津贴、法定产妇津贴和法定疾病津贴等。

（三）新加坡的社会保障体系

新加坡的社会保障制度是以公积金制度为主干，以贫困家庭救济和社会福利为配套，以商业保险为补充的较为完整的具有多层次、多方位的保障功能的

① 李永宁．美国社会保障体系的探索及分析［J］．国外社会科学，1999（5）．

保障体系。

1. 公积金制度

公积金制度是新加坡社会保障制度的主体。凡有收入的新加坡公民，都必须在公积金局开设个人账户，个人和雇主每月都各按工资收入的一定比例缴纳公积金，直到退休年龄为止。按照用途的不同，公积金分别记入三个不同的户头：一是普通户头，可以用来购置产业、获批准的投资、保险、教育和转拨款项以填补父母退休户头使用。二是医疗储蓄户头，用来支付住院和医药方面的费用。三是特别户头，用于晚年养老和应急。

2. 社会福利和社会救济

新加坡社会福利的主要项目包括老人和残疾人保障计划、儿童津贴、医疗保健基金、教育储蓄基金。新加坡的社会救济主要是对社会弱势群体扶困济贫。新加坡政府为使公民基本生活有保障，对贫困家庭设置了“公共援助计划”，即向那些没有亲友互助或本身没有生活来源的贫困家庭直接提供现金津贴。

3. 商业保险

商业保险在分散风险、改善生活质量方面发挥了积极、有益的补充作用。新加坡的商业保险较为发达，具体险种较多，对保障投保人在年老、疾病、意外伤害时的经济生活起着重要作用。

三、我国社会保障体系的主要内容

（一）社会救助

社会救助是最低层次的社会保障，其目标是保障社会成员的基本生存需要。它是当社会成员因自然灾害、意外事故或个人生理、心理等原因无法维持最低生活水平时，由国家或社会给予一定的物质或资金援助，以保障其基本生活的一种社会保障制度。主要包括灾害救助、贫困救助、扶贫等内容，其中贫困救助又包括最低生活保障制度、农村“五保”制度、孤寡病残救助。

（二）社会保险

社会保险是社会保障体系的主体，其保障对象是劳动者。它是国家以立法的形式对因年老、疾病、生育、伤残、失业等暂时或永久丧失劳动能力或失去生活来源的劳动者给予一定物质补助以维持其基本生活的一种制度，主要包括养老保险、医疗保险、失业保险、工伤保险和生育保险五大项目。社会保险强调权利与义务相对等原则，劳动者必须先尽缴纳保险费的义务，才能在发生风险使收入受损时享受收入补偿的权利。

（三）社会福利

社会福利是较高层次的社会保障，它是国家依法向全体公民提供的一种旨在提高生活水平、改善生活质量的资金和服务的社会保障制度，主要包括公共社会福利、员工福利、特殊人员福利等。社会福利是在保障社会成员生存的基础上，免费或低费用提供某种生活用品或劳务，给人以实惠和方便，从而增进全体居民的生活质量。

（四）社会优抚

社会优抚是一种具有特殊性质的社会保障，其目的是保障为社会作出贡献牺牲的军人及其眷属的基本生活。它是国家以法定的形式，通过政府行为对社会有特殊贡献者及其家属实行的具有褒扬和优待抚恤性质的社会保障措施，主要包括社会优抚与社会安置两个部分，其中社会优抚又包括国家抚恤、社会优待、烈士褒扬、群众拥军优属等几个方面。

☞本章小结

社会保障制度是生产社会化、经济市场化的产物，是现代社会文明发展程度的一个重要标志。历经百余年的发展，社会保障制度逐步形成了一整套覆盖社会成员生、老、病、死、伤、残、孤寡、失业、教育等多个方面的社会安全网络，它在维护社会稳定和促进经济发展方面发挥了重要作用。

社会保障是国家通过立法和行政措施采取强制性手段对国民收入进行再分配，对公民由于年老、疾病、伤残、失业、死亡以及其他灾难等原因导致生活出现困难的社会成员，给予物质帮助和社会服务，以保障其基本生活需要的制度。社会保障具有强制性、互济性、社会性、福利性等特点，并遵循普遍性原则、适度原则、权利义务对等原则、公平优先原则、多层次原则。

国情的不同决定了各国社会保障模式的差异，不同国家社会保障的实施项目、覆盖范围、资金筹集方式和待遇支付水平等都有所差别。世界各国社会保障制度大致可分为福利国家型、投保资助型、强制储蓄型和国家保险型四种模式。

我国社会保障体系包括社会救助、社会保险、社会福利和社会优抚。社会救助是社会保障的最低层次，保障对象是社会中最困难的群体。社会保险是社会保障体系的主体，保障对象是劳动者。社会福利是较高层次的社会保障，保障对象是全体公民。社会优抚是一种具有特殊性质的社会保障，其目的是保障为社会作出贡献牺牲的军人及其眷属的基本生活。

☞关键术语

社会保障　社会救助　社会保险　社会福利　社会优抚
福利国家型模式　投保资助型模式　强制储蓄型模式
国家保险型模式

☞思考题

1. 简述社会保障发展阶段及其特征。
2. 简述社会保障的原则与功能。
3. 简述社会保障的基本模式。
4. 简述社会保险与商业保险的区别与联系。
5. 简述社会保障体系的基本内容。

☞案例分析

全民社保登记，一个都不能少

登记分三步推进

近日，全民参保登记计划启动。该计划将把法律和政策规定范围内所有用人单位及个人的参加社保状况一一摸清。

目前，我国参加基本养老保险的人数超过8亿。参保登记将如何推进，如何做到一个都不少？

人社部副部长胡晓义介绍，登记将分三步推进：

首先以目前覆盖人数最多的基本养老保险、基本医疗保险为基础，整合城乡各项社会保险参保信息，进行筛查比对。对既有信息完整、准确的参保单位和参保人员，直接确认参保登记。

其次，对信息缺失、错误的单位和人员，通过逐个单位排查、重点入户调查以及向社会组织购买服务等方式，对其进行基本信息采集和补录，完成后确认参保登记；对依照自愿原则参保的项目，对相关人员是否参保进行标注。

最后，在前两步完成后，建立以全国统一的社会保障号码为每个参保人唯一的参保标识和全面覆盖的社会保险基础数据库。如果参保单位和个人基本信息出现变化，再按规定程序实时更新。同时推进数据管理省级集中，加快全国联网，实现跨地区参保信息确认。

全民参保登记计划实施期为 4 年。2014 年在浙江全省、河北张家口、河南洛阳等 50 个地区进行试点；2015 年完善方案和措施，将试点扩大到全国 50%左右的地区；2016 年至 2017 年在全国全面实施。

目标是全民参保

登记的最终目标是实现全民参保。

我国已经初步建构起世界上最大的社会保险体系。但这离社会保险全覆盖目标还有较大差距，还存在一些比较突出的问题，如目前仍有近 2 亿人尚未参加基本养老保险，重复参保和中断参保缴费现象并存，社会保险关系转移接续不畅等。

全民参保登记计划，通过促进未参保人员参保、未参齐险种人员参齐、断保人员续保等方式，扩大参保覆盖面。其中，基本养老保险力争每年新增参保 2000 万人，到 2017 年底达到 9 亿人以上，覆盖全体职工和适龄城乡居民，参保率 90%以上；基本医疗保险重点解决重复参保和漏保并存的矛盾，使人人享有基本医疗保障；失业保险、工伤保险、生育保险参保人数，2017 年底分别达到 1.8 亿人、2.3 亿人和 2 亿人，覆盖所有法定群体。

据了解，推进参保扩面将突出三方面重点，一是在城镇继续以中小微企业、灵活就业人员为重点扩大参保覆盖面；二是在农村以在城乡之间流动就业和居住农民为重点，鼓励持续参保；三是积极引导在城镇稳定就业的农民工参加职工社会保险制度。

人社部还将实施工伤保险扩面专项行动，同时积极向家庭服务企业、网络服务企业、农村地区企业扩大覆盖。此外，对网络就业、创业群体将探索实施适合其特点的社会保险参保方式。

社保改革同步进行

“全民参保登记计划的实施，将与社保制度改革、完善政策、健全机制相结合起来，同步推进。”胡晓义说。

他介绍，全民参保登记计划所涉及的制度改革和政策完善主要有三类。

第一类具有基础性的作用，通过这类改革能够直接扩展参保覆盖面。如改革机关事业单位养老保险制度、完善建筑业工伤保险政策、机关单位工作人员参加工伤和生育保险等。

第二类具有支持性的作用，能够提升社会保险参保扩面的内在质量。包括推进养老保险和基本医保城乡统筹，强化养老保险多缴多得、长缴多得的机制等。

第三类是关联性措施，能够提高各方面对社保制度的信心和积极性，主要包括落实养老保险的异地转续衔接政策以及异地就医医保结算政策。

据了解，人社部将加快制订社会保险管理的国家标准、行业标准，实施全国统一的社会保险经办规程，以确保准确记录所有参保单位和人员的参保缴费和权益享受信息。国家还将大力推行网上经办、自助服务、手机查询和提示等新型服务平台建设，引导和帮助用人单位和个人依规主动更新自身信息。

资料来源：白天亮、徐笑语．全民社保登记，一个都不能少［N］．人民日报．http：//www. mohrss. gov. cn/SYrlzyhshbzb/dongtaixinwen/buneiyaowen/201408/t20140806_ 137914. htm，2014-08-06.

◎ **分析与思考**

1. 目前我国实行全民参保的重要性体现在哪些方面？
2. 目前我国实行全民参保的难点是什么？

第2章 社会保障理论

本章学习要点

- 凯恩斯主义理论的内容
- 福利经济学的基本观点
- 新经济自由主义的基本观点
- 第三条道路产生的原因及内容

第一节 国家干预主义

社会保障是国家对社会财富进行再分配的一种手段。如何分配和分配多少，历来是它面临的两大核心问题。从公平和效率的角度看，社会保障理论大致可分为三个流派，即国家干预主义、经济自由主义及第三条道路。

一、新历史学派

真正意义上的现代社会保障制度体系最早是受新历史学派的影响在德国建立起来的。

19世纪中期之后，德国人口大量增长，在迅速工业化与城市化的过程中出现了大规模的人口流动和劳动分工的变迁，造成了住房问题、中产阶级萎缩、收入分配两极分化和阶级矛盾激化等尖锐的社会问题。19世纪70年代之后，飞速的工业化使得无产阶级队伍不断壮大，加上共产主义学说盛行，工人运动逐步升级。1871年，德国经济学家瓦格纳发表演讲，认为古典政治经济学忽略了人类行为除自利之外的其他动机，特别是伦理层面的动机，所以必须抛弃古典政治经济学，将伦理原则重新纳入劳资关系和贫富关系。1872 年，在经济学家施穆勒的发起下，成立了社会政策协会，标志着新历史学派的诞生。社会政策协会成员主要是历史学派经济学家，还有少数法学家和社会学家等，由于成员大多是大学教授，因此新历史学派又称为讲坛社会主义派，代表人物主要是施穆勒、瓦格纳和布伦塔诺等。

尽管社会保障制度首先在德国建立与当时德国的历史条件有关，但在社会舆论和社会改革方面起重要推动作用的则是新历史学派的影响。1873 年的经济危机不仅引起了中产阶级的没落，还导致了工人阶级的失业和贫困。俾斯麦深知自由放任的政策无力解决社会问题，国家干预势在必行。这就与新历史学派的主张不谋而合，因此得到新历史学派的大力支持。后来一系列务实的社会政策的出台，都与新历史学派的努力密不可分。

新历史学派的核心思想是在不改变资本主义生产关系的条件下，由政府立法，实施社会改良政策，提高工人的物质待遇，以维护社会秩序。他们认为只要求工人克制和节约不能解决问题，还必须从意识形态上批判经济人自私自利的假设。由此，新历史学派提出了社会改良的两个基本前提：一是从伦理道德出发，认为劳资冲突不是经济利益上的对立，而是感情、教养和思想上存在差距而引起的对立。因此，劳资问题是一个伦理道德问题，不需要通过社会革命来解决，而只要对工人进行教育，改变其心理和伦理道德的观点，便可以解决。二是国家观。主张国家直接干预经济生活。概括起来，新历史学派基本观点主要包括以下几个方面：

第一，劳工问题。1873 年，施穆勒担任社会政策协会主席，宣称当时德国最突出的社会问题是劳工问题，提高工人的生产水平、保护工人的合法权益是解决劳工问题的重要措施；国家应该通过工会组织来调解劳资矛盾，通过建立社会保险法来保证工人的福利；改革经济和现有生产形态，改变各个阶层的教养和心理状态。

第二，国家角色。他们主张国家至上，在经济和社会事务中扮演主导角色。国家是集体经济的最高形式，国家的职能不仅在于维持社会秩序和防御外来干涉，还应该直接干预和控制社会经济生活；主张国家具有管理社会生活的职能，负起增进“文明和福利”的责任。因此，他们进一步认为，国家的公共职能应不断扩大和增加，凡是个人努力所不能实现的目标，国家都应该伸出援助之手。

第三，经济伦理。更加重视经济与伦理的内在关系；认为经济生活不仅要满足人们的物质需求，还要满足人们的更高的精神需求。劳资矛盾是一个伦理道德问题，劳资矛盾不是截然对立的；解决这个问题的方法不是革命，而主要是对工人进行教育，改变其心理和伦理道德观点。

第四，法律保障。重视法律在经济生活的重要作用，认为只有完善法律法规，才能确保和增加大众福利。国家应通过立法，实行包括社会保险、孤寡救济、劳资合作以及工厂监督在内的一系列社会措施，自上而下地实行经济和社会改革。

第五，积极税收。反对古典学派关于“中性税收”的理论，主张积极的税收政策。认为不应当把国家的职能局限于法律目的的狭隘范围以内，而必须使复杂的国家活动实现社会目的的需要。通过扩张政府职能，新历史学派不再仅仅是把税收作为纯财政手段，更重要的是将其作为改变国民收入分配的工具，赋予税收广泛的经济调节职能和社会职能，使一般财富的分配职能从属于社会政策的目的。只有通过这种政策来改变财产、所得分配不公正的矛盾，才能稳定德国资本主义的社会秩序。

新历史学派的政策主张被俾斯麦政府接受，从而成为德国率先实施社会保险制度的理论依据。正是在这种背景下，从 1883 年开始，德国陆续推出《疾病保险法》、《工业伤害保险法》、《老年与残疾保障法》、《孤儿寡妇保险法》等社会保险法典。新历史学派的政策主张，在一定程度上缓解了当时的劳资矛盾，稳定了劳动力队伍，改善了工人的福利状况，为随后其他国家建立社会保障制度提供了宝贵经验。新历史学派的思想不仅在欧洲影响甚巨，而且后来由制度学派传到美国。作为一种国家干预主义理论，新历史学派的出现在社会保障发展史上具有里程碑式的开拓意义。

二、福利经济学

福利经济学首先出现于 20 世纪初期的英国。1920 年庇古的《福利经济学》一书的出版是福利经济学产生的标志。西方经济学家认为，第一次世界大战使英国本已严重的贫富悬殊的社会问题变得更为尖锐，因而出现以建立社会福利体系为目标的研究趋向，这导致了福利经济学的产生。1929—1933 年资本主义世界经济危机以后，英美等国的经济学家在新的历史条件下，对福利经济学进行了许多修改和补充。因此，庇古的福利经济学被称做旧福利经济学，庇古以后的福利经济学则被称为新福利经济学。

（一）旧福利经济学

在功利主义哲学和马歇尔的边际分析理论基础上，庇古最先创建了以边际效用基数论为基础的福利经济学体系。他把福利经济学规定为对增进世界或一个国家经济福利的研究。庇古认为福利是对享受或满足的心理反应，福利有社会福利和经济福利之分，社会福利中只有能够用货币衡量的部分才是经济福利。

庇古根据边际效用基数论提出两个基本的福利命题：国民收入总量越大，社会经济福利就越大；国民收入分配越是均等化，社会经济福利就越大。他认为，经济福利在相当大的程度上取决于国民收入的数量和国民收入在社会成员之间的分配情况。因此，要增加经济福利，在生产方面必须提高国民收入总量，在分配方面必须消除国民收入分配的不均等。

庇古从第一个基本福利命题出发，提出社会生产资源最优配置的问题。庇古认为，增加一个单位生产要素所获得的纯产品，从社会角度衡量和从个人角度衡量并不经常相等。当边际社会纯产品的产量大于边际私人纯产品的产量时，国家应当通过补贴扩大生产。反之，国家则应当通过征税缩小生产。只有每一生产要素，在各种用途中的边际社会纯产品都相等时，才达到社会生产资源的最优配置。庇古的福利经济学以自由竞争为前提，他认为自由竞争可以使边际社会纯产品的产量等于边际私人纯产品的产量，从而使社会经济福利极大化。

庇古从第二个基本福利命题出发，提出收入分配均等化的问题。他认为，要提高社会经济福利，必须实现收入均等化。他把边际效用递减规律推广到货币上来，断言高收入者的货币边际效用小于低收入者的货币边际效用。同样是一英镑，穷人和富人的主观评价各不相同，它给穷人带来的效用总是大于给富人带来的效用，因为它能用来满足穷人比较急切的需要。他所说的收入均等化，就是国家通过累进所得税政策把从富人处征得的税款用来提供社会福利设施，让低收入者享用。

正是基于这样的认识，庇古提出了他的政策主张：一方面，由政府向富人征税补贴穷人。政府可通过征收收入累进税和遗产税等，相对减少富人的货币收入。另一方面，通过社会福利政策和设施，使穷人直接或间接地增加收入。当国民收入分配一定时，国民收入越多，人们消费的商品和劳务也就越多，人们从中获得的满足也就越大，则全社会的经济福利也越大。

（二）新福利经济学

西方经济学家把 20 世纪 30 年代以后在批判庇古福利经济学的基础上建立起来的福利经济学称为新福利经济学，代表人物有罗宾斯、卡尔多、希克斯、勒纳等。

新福利经济学认为，经济理论应当将价值判断排除在外；主张效用序数论，认为边际效用不能衡量，个人间效用无法比较，不能用基数数词表示效用数值的大小，只能用序数数词表示效用水平的高低。新福利经济学根据效用序数论反对旧福利经济学的福利命题，特别是第二个命题，反对将高收入阶层的货币收入转移一部分给穷人的主张。

新福利经济学根据帕累托最优状态和效用序数论提出了自己的三个福利命题：个人是他本人福利最好的判断者；社会福利取决于组成社会的所有个人的福利；如果至少有一个人的境况好起来，而没有一个人的境况坏下去，那么整个社会的境况就算好了起来。前两个命题是为了回避效用的计算和个人间福利的比较，从而回避收入分配问题，后一个命题则把资产阶级福利的增进说成是整个社会福利的增进。新福利经济学的核心论点是，如果任何改变使一些人的福利增加而使另一些人的福利减少，那么只要增加的福利超过减少的福利，就可以认为这种改变增加了社会福利。按照这一标准，只要垄断资本家们的境况好起来，而不管多少人的境况坏下去，都是增加了社会福利。

综上所述，无论是旧福利经济学还是新福利经济学，都关注社会成员和社会的福利，最终目标都是力图实现社会福利的最大化，但是在其达到目标的手段及对相关问题的价值取向上，新旧福利经济学仍然有着较为明显的差异，旧福利经济学更能体现国家干预这一社会保障思想。

与强调效率而回避分配的新福利经济学相比，首先，旧福利经济学更重视对社会弱势群体施予帮助。如果送给一个富豪 100 元，或许对方还不屑一顾，可要是送给一个穷人，就是雪中送炭。所以，把富人的一部分收入转移给穷人，富人失远小于得，依然是富人，但社会经济福利却由于穷人收入的提高而得到改善。就是说，在国民收入既定的条件下，通过国民收入的再分配也能增加一国的福利。具体的办法就是实行累进税收政策制和采取社会福利措施。庇古的这一命题，为后来贝弗里奇提出的建立以普享性、统一性、均一性为原则的福利国家理论提供了直接依据。①

其次，旧福利经济学更强调分配均等。要增加经济福利，在生产方面必须增大国民收入总量，在分配方面必须消除国民收入分配的不均等。那么，如何使收入均等化？庇古的观点是：政府向富人征收累进所得税、遗产税，实行强制的转移支付，并将其用于改善社会福利，如失业养老、医疗补助等。增加国民收入的总量是分配均等的先决条件。所以，他也认为福利措施不应当损害有钱人投资的积极性，否则，社会投资就会减少。而增加国民收入的关键，就是要人尽其才，物尽其用，通过市场使资源得到最优配置。

最后，旧福利经济学更突出国家干预的作用。尽管庇古强调通过市场来优化资源配置，但他也认为国家不能袖手旁观。比如对产生环境污染的企业征税，使其想方设法减少污染；而对社会有较高利益但私人又不愿投资的部门，例如，教育、社会医疗等，国家要给予补贴，以引导资源的合理配置，实现社会福利最大化。

三、凯恩斯主义

凯恩斯是20世纪前期英国著名经济学家，在1936年出版了《就业、利息和货币通论》（以下简称《通论》）一书，对传统的经济理论和经济政策提出了全面挑战和批判，建立了一个以国家干预为中心、以医治经济危机与失业为目标的完整的理论体系，即凯恩斯主义，创立了现代宏观经济学。这一理论流派对西方现代社会保障理论作出了很大贡献。但他不是通过其对社会保障问题的直接关注与论述，而是通过其经济理论影响社会保障理论。

凯恩斯主义的背景是20世纪30年代的经济大危机。这场危机在现实中彻底否定了古典经济学关于经济能自动调节到充分就业的说法，从而使原来占主流地位、以市场自由经营论为中心内容的新古典经济学说逐渐衰落。当这场经济危机使人们对资本主义发展的前景感到怀疑和悲观时，凯恩斯却大胆声称他将领导经济学家们摆脱持续了150年的错误，进入真理的殿堂。凯恩斯为拯救资本主义开出的“一剂良药”，就是国家干预。他在《通论》中强调国家集中控制的重大意义、中央控制的必要性和扩充传统的政府职能。凯恩斯提出的国

① 英国贝弗里奇1942年向政府提交《社会保险和相关服务》的报告，这就是著名的“贝弗里奇报告”。在该报告中，他为英国设计了一套详细和全面的福利蓝图，因此被誉为“福利国家之父”。

家干预主义，就是政府运用扩张性的财政货币政策，扩大公共建设投资，增加有效需求，实现充分就业来刺激经济的发展，以缓和危机和矛盾。

凯恩斯主义理论的核心思想是有效需求不足理论。所谓有效需求是指商品的总需求价格与总供给价格相等，即达到均衡状态时的总需求，是一个国家的总需求或总购买力。总供给与总需求之间价格关系的变化，决定社会的总就业量。当社会总需求的价格大于商品总供给价格时，资本家就要扩大生产规模，增雇工人，社会总就业量就因此而增加。反之，社会总需求价格小于商品总供给价格，将导致资本家被迫降价或产品滞销，从而造成利润减少，裁减工人，缩小生产。这种供求关系就是有效需求。有效需求包括消费需求和投资需求。边际消费倾向的作用造成消费需求不足，也造成投资需求不足，即社会总需求的不足，必然导致社会总就业量的不足和经济危机的产生。

凯恩斯用三大基本心理规律，即边际消费倾向递减、资本边际消费递减、灵活偏好规律，来解释有效需求不足的原因。他认为，由于三大心理规律的作用，会经常出现消费需求不足和投资需求不足，这样就使得总需求小于总供给，进而形成有效需求不足，导致经济危机与失业的发生。因此，国家不能通过市场的价格机制来调节，必须采取干预市场经济的措施，运用财政政策和货币政策，通过调节政府财政支出与收入来影响消费需求。他认为政府干预的方法是：国家必须通过财政政策和货币政策，调整财政支出与收入以影响消费倾向。通过扩张性的财政政策，扩大政府支出，对公共基础事业投资，增加福利，对失业者、贫困者予以社会救济，从而刺激消费，增加投资，提高有效需求，以实现充分就业。

凯恩斯认为，政府支出除了兴办公共工程和弥补赤字能增加国民收入和就业量，在过分强调需求激励的诱导下，可能会采取一些不合理甚至荒唐的方法。他曾假设，财政部将装满钞票的瓶子埋于废弃的煤矿中，再用垃圾把煤矿掩埋，然后把这一“产钞区”的开采权租给私人，让私人企业再把钞票挖出。这样，既能解决失业问题，又能增加社会资本财富。凯恩斯甚至相信，在想不出更好的办法之前，地震、战争等天灾人祸，都可以增加财富。因此，举债支出虽然浪费，但结果可使社会致富。

凯恩斯的追随者论证了社会保障在宏观经济中的短期均衡效应和长期均衡效应。在第一种情况下，消费需求过低会造成有效需求不足，从而容易形成经济萧条和大规模失业。边际效用消费倾向递减规律指出：随着收入的增加，消费的增加会呈现出边际效用递减的现象。而富人的消费倾向通常要低于穷人的消费倾向，因此通过向富人实行累进税，提高税收，将其转移支付给穷人以减少储蓄，增加消费支出，从而实现宏观经济的均衡。在第二种情况下，在经济繁荣时期，企业与个人的收入都有显著的提高，企业与个人的储蓄以及政府的收入会迅速增加，社会保障收入也同样会迅速增加。加之社会就业率高，社会保障支出减少，社会保障基金将会收大于支，因此将会使消费需求和投资需求的增加得到抑制。在经济萧条时期，企业利润与个人收入增长放缓，企业与个人的储蓄以及政府的税收很难提高，社会保障收入增长困难。同时，就业率降低，社会保障支出增加，因此通过刺激消费需求与投资需求，可使经济运行走出萧条，通过调整社会保障收支来影响社会总需求，从而具有调节和缓和经济波动的自动稳定器作用。

凯恩斯对欧美贡献很大，被称为欧美的“救世主”，为欧美解决了1929—1933年世界性大危机以及大量工人失业、经济疲软的难题。凯恩斯的政府干预经济的思想最早在美国践行，罗斯福新政就是凯恩斯理论的试验场。通过一系列干预政策，美国克服了失业和萧条，经济迅速发展。其他西方国家纷纷效仿，广泛实行了国家干预的经济政策，主要表现在，一是扩大政府的财政支出，用于投资和消费。通过财政支出，大兴基础设施建设，包括有关社会福利的基本设施建设以刺激资本家的投资需求，发展物质生产。在经济萧条时，失业人员增加，即便国家出现赤字，也应增加转移支付，增加失业救济金的发放额和其他福利支出，以抵消个人收入的下降，促进社会有效需求的提高。二是为提高消费需求，广泛发展社会福利事业。

第二次世界大战后，政府对经济活动的必要干预，在一定程度上弥补了市场机制的缺陷，从而创造了战后20多年西方工业国家经济迅速增长、社会保障制度迅速发展的所谓黄金时期，有人甚至把这一段时期称为凯恩斯时代。凯恩斯主义为战后社会保障制度在全世界范围内的建立奠定了重要的理论基础。

四、新剑桥学派

新剑桥学派是现代凯恩斯主义的一个分支，也是在与凯恩斯主义的另一个分支——以美国萨缪尔森等人为首的新古典综合派的论战过程中形成的，因该学派主要代表人物都执教于英国剑桥大学而得名。同时其又与以马歇尔为代表的旧剑桥学派的传统理论相背离，所以又被称为新剑桥学派或后凯恩斯学派，主要代表人物有琼·罗宾逊、N. 卡尔多等。

1958年，罗宾逊的代表作《资本积累论》和卡尔多的论文《可选择的分配理论》同时面世。他们认为，国民收入分配失调是社会症结所在，强调应由国家采取各种措施对国民收入的分配进行调节，以实现收入的均等化。他们两人根据共同的理论特点，提出自己的模型，新剑桥学派由此产生。

新剑桥学派的理论观点，与再分配领域有关的主要体现在收入分配和经济增长两个方面。

在收入分配上，新剑桥学派认为工资收入者的货币工资率取决于外部条件，如一国历史上形成的工资水平，国内劳资双方议价力量的对比等。利润收入者的利润是资本占有者凭借财产占有权而取得的非劳动收入。因此，工资和利润之间的分配绝不是公平合理的，而是取决于劳工集团和资本集团各自的谈判权力。这些充分体现出新剑桥学派强调的是所有权和历史因素。

在经济增长上，新剑桥学派把经济增长的过程和收入分配联系在一起进行分析，提出了新剑桥经济增长模型。根据这一模型，新剑桥学派认为：第一，在其他条件不变的情况下，经济增长率越高，利润率越大，国民收入中利润的比例就越大，工资收入者所得的工资的比例就越小。因此，经济增长不利于在人口中占多数的工资收入者，必然加剧收入分配的不平等。第二，资本主义社会最大的病症正在于这种收入分配的不平等。因此，解决收入分配问题、改进收入分配制度就应该放在消除资本主义的种种弊病的首要地位。第三，解决资本主义社会问题的途径不是实现经济增长，而是实现收入均等化。新古典综合派认为，解决资本主义社会问题的途径是实现经济增长。新剑桥学派不同意这一看法，认为经济增长不仅造成了污染、通货膨胀等问题，不仅使工人的收入在国民收入中所占的比例相对减少，而且还造成了绝对贫困。

在上述两种理论的基础上，新剑桥学派提出了以社会政策为基本内容的政策主张，分为短期措施和长期措施。短期措施主要有：给低收入家庭以适当的补助，改变他们的贫穷状况；提高失业者的文化技术水平，以使他们有更多的就业机会，并能从事收入较高的技术性工作；制定适应经济增长、减少财政赤字、逐步平衡财政预算的财政政策，并根据经济增长率制定预定的实际工资增长率的政策；政府尽量减少军事开支，将更多的财力从军事部门转用于发展民用服务、环境保护和原材料生产等部门；实行进口管制，发展出口商品的生产，增加贸易顺差，为国内提供更多的就业机会。

长期措施主要指税收政策。新剑桥学派和新古典综合派都把税收看成是国家调节经济的重要工具。只不过，新古典学派主要把税收视为调节需求水平，保持宏观经济稳定的工具；而新剑桥学派除了承认这一点，还强调充分发挥税收在缩小贫富差距方面的作用。在税收政策上，新剑桥学派认为税制的设计，应根据不同的行业和纳税人的负担能力，体现公平原则。在所得税制度上，采取累进税率，使高收入者多纳税，低收入者少纳税。在消费税上，对奢侈品征税，对生活必需品减税；特别主张实行没收性的遗产税（除了给寡妇、孤儿留下适当的终身财产所有权外），以便消灭私人财产的集中，抑制食利者收入的增长，并把没收性的遗产税用于公共目标。此外，还可以用政府预算中的财政盈余去购买公司的股票，把公司股份所有权从私人手中转移到国家手中。

事实上，新剑桥学派也意识到，政府在制定税收政策时，往往为一些政治因素所左右，从而削弱了税收在缩小贫富差距方面的功用。在适用税收杠杆来调节有效需求时，不仅要注重对需求总量的调节和宏观分析，而且还要做好微观分析，即分析减税的好处由谁获得和增税时的负担由谁承受这类问题。政府减税的好处由谁获得，有三种可能：收入越低的人减免越多；不分收入大小，一律按同一比例减税；减税的好处主要由最富有的少数财团或个人获得。他们认为，最理想的是第一种情况，后两种情况都不符合公平原则。

20世纪70年代初，凯恩斯的经济思想遇到了重大挫折。全球出现的一系列严重的经济问题，例如第三世界贫困、环境污染、经济滞胀等，摆在当时作为主流学派的凯恩斯经济学家面前，但并没有得到合理解释，凯恩斯主义逐渐退出主流地位。外部环境的改变对新剑桥学派的发展非常不利，随着新剑桥学派中几位主要学者的故去和离开，英国剑桥大学经济系逐渐失去新剑桥学派根据地的地位，成为新古典经济学派的天下。不过，新剑桥学派或后凯恩斯主义思想研究的宣传阵地还在。1977年创办的《剑桥经济学杂志》仍然是英国从事凯恩斯主义思想研究的学者发表研究成果的主要窗口。杂志上不断发表的关于新古典综合派的经济理论和研究方法的批判文章表明，新剑桥学派的思想传统还没有消亡，尤其是它的以国家干预为核心的社会保障思想依然受到广泛关注。

五、社会市场经济理论

第二次世界大战后，联邦德国在废墟上迅速崛起，重新成为经济强国。奇迹的出现要归功于德国的社会市场经济理论及实践。之所以在“市场经济”之前冠以“社会”一词，是为了表明他们所主张的市场经济既不同于传统的自由放任的市场经济，又不同于中央集中管制的统制经济，而是一种有社会秩序的、实现社会公正的市场经济制度。一些人认为，这是一种经济人道主义，因为它强调个人自由和市场竞争，又主张政府干预和实行广泛的社会保障政策。根据这一理论所建立的社会市场经济模式，追求公平和效率的兼顾，是第二次世界大战后德国社会保障制度的典型特征，所以通常也叫做“德国模式”。

德国社会市场经济理论主要源于德国的弗赖堡学派和社会新自由主义，前者的代表人物为欧肯和艾哈德，后者的代表人物为米勒·阿尔马克。

相对于弗赖堡学派而言，社会新自由主义流派对传统资本主义和自由放任的经济主张持更为严厉的批评态度。一方面，他们与弗赖堡学派的欧肯一样，认为从自由放任中产生出来的垄断势力会遏制自由竞争和个人自由；另一方面，他们还特别关注经济周期波动对经济社会的巨大危害以及传统资本主义社会中的贫富分化、社会不公等弊端。在欧肯看来，个人自由主要靠竞争秩序来维系，国家的任务就是清除各种垄断给自由竞争设置的障碍。而在社会自由主义看来，国家除了有建立和保证竞争秩序的任务外，还有烫平经济周期波动、解决社会问题的义务。

由此可见，弗赖堡学派和社会新自由主义对德国社会市场经济模式的形成所起的作用是不同的。前者的影响主要表现在坚持市场经济；后者的影响则主要表现在，在坚持市场经济基本制度的同时，设置了广泛的社会目标，这一思想为社会市场经济体制下解决“市场失灵”和“有缺陷发展”问题提供了理论依据。正是由于这两个学派在理论上互为补充、相得益彰，才奠定了既重视市场基础又强调社会目标的德国社会市场经济模式的基本框架。

概括来说，德国社会经济理论的政策主张主要有：首先，适度干预。按照社会市场经济理论，国家应对经济生活做适当的调节、干预。艾哈德认为，在社会市场经济中，政府应充当裁判员的角色，其职能是使比赛有规则地进行而不是亲自去踢球。政府的责任是制定和执行经济政策，在精神上和物质上给私人企业家以指导和支援，而不在于直接干预经济事务。

其次，建立完善的社会保障体系，维护社会稳定，实现社会公正。社会市场经济论者认为，一个有效的市场经济体制不仅要完成经济任务，还要完成一系列的社会保障任务，即要通过社会政策对市场经济的消极后果进行修正，将经济发展与社会公平、社会进步结合起来。德国根据三项基本原则建立了较为完善的社会保障体系，一是所有社会保障政策，不得影响市场机制发挥作用；二是保持收入再分配的合理范围，社会保障不应削弱人们的进取精神，不应对市场机制的功能产生消极影响；三是不以政府作为社会保障体系的主导，而是强调社会自治原则，充分发挥社会力量的作用，从而减轻政府的负担。

可以看出，社会市场经济理论在社会保障方面是颇为谨慎的，它不太推崇英国、瑞典等福利国家的模式。艾哈德在其著作《大众的幸福》中认为，福利国家会使国家的财政负担过重，容易引起通货膨胀，影响经济的健康发展。他在《来自竞争的繁荣》一书中甚至写道：“盲目性与思想惰性正在把我们推向福利国家那里去，它所能给我们带来的只是灾难。”

最后，实行劳资“共参制”。处理好劳资关系，避免矛盾升级，是德国社会市场经济体制所追求的目标之一。它和完善的社会保障体系一起，成为维护社会稳定、保证经济稳步发展的两大手段。德国的劳资“共参制”，是一种让工人参与企业管理的制度，由雇主组成的雇主协会和由雇员组成的工会结合起来，共同参与管理企业的内部事务。“共参制”拥有广泛的权力，凡是涉及劳动者权益的所有问题，如培训、解雇、工资、劳动时间、劳动组织等都由劳资双方协商解决。劳资双方的这种稳定的“合作伙伴关系”，从经济权利和经济利益两个方面构成全社会的平衡系统。

20世纪90年代初以来，社会市场经济模式面临着多种挑战，如，东欧向西方投资开放、欧盟成立、欧元启动、经济全球化加快、国际竞争加剧等。德国社会保障体系也面临高失业率和财政负担过重的挑战。一方面，德国社会保障费用过高，财政压力越来越大。德国社会保障费用占到GDP的1/3，这虽然可以减少社会冲突，维持社会稳定，却不利于最大限度地激发人们的工作积极性，削弱了经济增长的动力；另一方面，德国统一后，对东部地区的补贴负担过重，每年对东部地区的补贴占联邦财政支出的20%以上。

面对新的问题和挑战，德国政府进行了一系列社会福利和劳工制度改革。针对社会保障支出过大的问题，明确提出加大个人自我负担部分，平衡社会保障收支。在法定的医疗保险改革方面，规定投保者的权益高低取决于缴费的多少；在养老保险方面，抑制提前退休趋势；在劳动市场政策方面，努力增加就业机会；在社会救济方面，强调把资金集中用于真正需要的救助者，并鼓励他们重新就业。同时，国家采取严厉的财政政策，推行节约计划。针对不利于经济增长和就业增加的高额税收，德国新政府制订了一系列税制改革方案，大幅调低个人所得税、公司营业税税率等。

以上措施使德国社会市场经济模式充满了新的生机。从历史发展的眼光看，德国社会市场经济模式是符合德国国情、受到德国公众认可的。德国社会市场经济模式在推行过程中还会不断面临新的问题和挑战，但其作为一种公认的成功的经济模式，对其他国家、地区具有重要的借鉴意义。

第二节　经济自由主义

作为一种提倡自由放任的经济理论，经济自由主义诞生于 17 世纪初期。经济自由主义分为古典经济自由主义和新经济自由主义。20 世纪 30 年代，古典经济自由主义长期独霸天下的统治地位被凯恩斯国家干预主义取代。20 世纪 70 年代，在凯恩斯主义面对经济滞胀局面而束手无策的形势下，新的经济自由主义思潮卷土重来。无论是古典经济自由主义还是新经济自由主义，都对某一历史时期社会保障制度的改革和发展产生了深远影响。

一、古典经济自由主义

从 18 世纪到 20 世纪 20 年代，由于封建制度的废除和资本主义制度的确立，西方国家的市场经济走出封建统治下的蒙昧状态，进入自由市场阶段，这是古典经济自由主义逐步取代以重商主义为代表的原始国家干预主义而占上风的时期。英国两大经济学大师亚当·斯密和大卫·李嘉图的经济思想是古典经济自由主义的典型代表。

（一）亚当·斯密的经济思想

亚当·斯密被认为是古典经济自由主义的鼻祖，他极力主张自由竞争，认为政府在经济活动中应充当“守夜人”的角色，进行最低限度的干预。在其代表作《国富论》中，斯密从三个方面阐述其经济自由思想。

1. 经济人假设。在斯密看来，自利心是每个经济人的本性，每个人都追求个人利益，同时人又是有理性的，每个人是他本身利益最好的判断者。在国家不干涉的情况下，个人可以根据自己的理性判断达到个人利益最大化。在自由竞争的前提下，人人为实现个人利益就不得不考虑并非本意所要关心的他人利益，从而整个社会的经济活动就形成了一个相互联系的环，为利己必先利他，否则人们的交换活动就不能顺利实现。正是在自利心的引导下，经济人对个人利益的追逐才构成整个社会的财富增长。斯密说：“不是从屠夫、酿酒师和面包师的恩惠，我们期望得到自己的饭食，而是从他们自利的打算。我们不是向他们乞求仁慈，而是诉诸他们的自利之心，从来不向他们谈自己的需要，而只是谈对他们的好处。”

2. “无形之手”。斯密的“无形之手”指人们在市场中对个人利益的追求所产生的促进社会利益的效应。他认为个人利益与社会利益由一只“无形之手”引导而趋于和谐与均衡。每个人在追求个人利益最大化的同时，被一只“无形之手”引导着去达到一个他无意追求的目的。个人对私利的追求最终导致整个社会受益，因而市场具有自我调节作用，而最好的市场调节机制是自利与自由竞争。虽然每个人首先考虑的是自己的利益而不是社会利益，但为实现自己的利益，他必须很自然或必然地去采用最有利于社会的方式。

3. 国家职能。斯密并不主张绝对的无限制的自由。在市场运行良好时，政府应当听之任之。在市场运行不畅时，政府为了让市场更好地发挥作用，应在尽量保证市场自由、充分竞争的前提下，适当运用国家职能进行必要干预。国家功能包括国防、司法公正、公共事业及公共设施建设，这是政府应尽的义务，也是自由制度应有之义。在他看来，政府职能在于确保整个经济的自由发展。这样，斯密的经济自由主义就避免了走向极端。

（二）大卫·李嘉图的经济思想

大卫·李嘉图是古典经济学派的集大成者。他是在1799年阅读完斯密的《国富论》之后，才萌发对经济学的兴趣。李嘉图也是经济自由的捍卫者。在其著作《政治经济学及赋税原理》中，他宣称只有维护资产阶级个人利益，才能有效地保证最大多数人的最大利益，并促进生产力的高度发展。李嘉图的社会保障思想主要表现在相对工资理论、国民财富以及国家职能三个方面。

在必要劳动决定商品价值的基础上，李嘉图提出相对工资理论，认为一国产品要以地租、利润和工资的名义分配给三个社会阶级，也就是地主、资本家和工人，工人被作为一个独立的阶层来考虑。产品在三个阶级间的分配比例在不同的社会阶段中是不同的。从李嘉图开始，经济学家才真正考虑社会各阶层之间的分配问题。

关于如何增加国民财富，李嘉图认为有两种方式：一种是用更多的收入来维持生产性劳动，这不仅可以增加商品数量，而且可以增加其价值；另一种是不增加任何劳动量，而提高劳动生产率，这会增加商品数量，但不会增加其价值。李嘉图更赞成用第二种方式增加国民财富。尽管李嘉图更推崇通过提高劳动生产率创造国民财富，但是他反对提高工人工资，他认为这样做会阻碍资本积累。李嘉图没有像边沁的功利主义那样去宣扬社会利益的统一与和谐，而是正视了资本主义社会中的阶级对立。

李嘉图与斯密一样，都认为利己是人们从事经济活动的动力，通过市场可以使社会资源得到合理配置，因而反对国家干预，主张经济自由。但斯密认为政府的职能只限于国防、司法公正、公共事业及公共设施三个方面。李嘉图认为政府的作用应主要体现在保障私有财产、革除政治弊端和振兴教育上。他们在对政府职能的主张上显然不同。

（三）古典经济自由主义的社会救济观

古典经济学派认为自由市场的分配结果是最合理的，正是由于政府的介入才使分配出现各种问题。因此，他们反对进行社会救济。

斯密对英国 1601 年颁布的旧《济贫法》持否定态度。在《国富论》中，他认为济贫法“妨碍劳动者的自由移动”，自有济贫法以来，“贫民除了在所属的教区内，就不易取得居住权，甚至不易找到工作的机会”，“英格兰的乱政，恐以此为最”。“今日 40 岁的英格兰贫民几乎没有一个在他一生中没受过这荒谬居住法残酷的压迫的。……400 余年来的经验告诉我们，把性质上不允许仔细限定的东西硬加以精密厘定的做法，该废除了。”在斯密看来，旧《济贫法》严重阻碍了居民的自由流动，阻碍了劳动者对就业的自由选择，对劳动者就业极为不利，力主废除《济贫法》，还劳动者的自由选择权。

李嘉图对旧《济贫法》也持批评态度。他认为，“像其他合同一样，工资也应当接受公平和自由的市场竞争，决不应当通过立法干预进行管制。《济贫法》的明确无误和直截了当的倾向，就是与这些显而易见的原则背道而驰的；同立法者的善良愿望相反，它不是改进穷人的状况，而是同时恶化穷人和富人的状况，不是使贫者富，而是使富者穷”。在李嘉图看来，旧《济贫法》的实施既有悖于公平竞争原则，又有悖于立法的初衷；该法毫无疑问损害富人的利益，但穷人并未从中得利；该法是在减少社会福利的前提下，缩小当时英国贫富差距的。因而李嘉图认为旧《济贫法》是不可取的。

英国的旧《济贫法》是世界首次出现的国家在社会保障方面的立法，与中世纪宗教机构提供的福利具有完全不同的性质。虽然在教区范围内实施，宗教机构在其中仍然保持着传统影响，国家没有提供财政的支持，也没有直接设立管理机构，但是立法统一各教区的济贫制度，并由国家督促实行，具有一定的进步意义。

然而，由于受亚当·斯密的反对国家干预的思想影响，旧《济贫法》在 17 世纪和 18 世纪没有什么进展，国家只监督各社区的执行情况。随着大卫·

李嘉图“相对工资”理论以及工人地位（作为社会三个主要阶层之一）的确立，19世纪英国才开始对劳工问题进行特别干预，先后颁布《学徒工健康与道德法》、《工厂法》和《劳动工时法》。但是，受古典经济学自由放任发展思想的影响，国家干预在社会保障方面没有出现重大突破，国家干预还没有涉及现代社会保障的养老、医疗、失业、生育等关键问题；从福利水平看也没有明显提高，1834年的新《济贫法》甚至还减轻国家对贫困的救助力度，对贫困对象和救济条件做出苛刻规定。

英国古典经济自由主义思潮极力否定社会救济，对当时的政府决策以及社会舆论产生了深刻影响。所以尽管英国最早形成社会保障制度的雏形，但最终未能最早成为建立现代社会保障制度的国家。

二、新经济自由主义

20世纪70年代，随着滞胀危机的出现，凯恩斯主义陷入理论困境。新自由主义以哈耶克为代表的伦敦学派和以弗里德曼为代表的现代货币主义学派两支主要流派迅速崛起，在政治上一跃成为撒切尔夫人政府和里根政府进行社会保障改革的代言人。从20世纪80年代到现在，新自由主义已发展成为风靡全世界的重要思潮。新自由主义除了伦敦学派和现代货币主义学派两支流派外，比较典型的还有供给学派等。

（一）伦敦学派

伦敦学派是20世纪二三十年代在英国出现的新自由主义学派。其主要特点是坚持和维护英国经济自由主义的传统，因其代表人物均在英国伦敦经济学院工作过而得名。1931年，奥地利经济学家哈耶克赴伦敦经济学院讲学，1938年加入英国国籍。哈耶克在很短的时间内迅速成为该学派的核心人物，被称做新自由主义的旗手。

1948年英国首先宣布建成从摇篮到坟墓的福利国家，此后，福利国家理念风靡西方世界。哈耶克认为在西方国家社会主义思潮已渐渐衰微时，福利国家却悄悄兴起，当福利国家从“有限的保障”迈向“绝对的保障”目标的时候便威胁到了自由社会。

第一，政府对市场的过多干预会破坏市场的内在秩序，导致经济低效和社会发展缓慢。哈耶克认为，为救济贫困者而制定的一系列保障政策，日益演变为政府进行全民收入再分配的工具，从而导致了人们常说的“社会保障危机”。社会保障的刚性特质，使民主制度为自己的愚蠢支付了高昂学费。

第二，福利国家会极大削弱个人责任。哈耶克认为，福利国家的诸多举措由于刻意的理性安排，给自由的发展造成阻碍。这是因为，尽管它表现为纯粹的服务活动，但事实上意味着政府在行使一种强制权力，而且是以政府在某些特定领域内要求享有排他性权力为基础，以整齐划一的生活剥夺了个人在诸多问题上的选择权。福利国家实际上是“家长式国家”。“家长”控制着社会大多数人的收入，并根据自己对社会成员需要的判断分配财富，这扩大了政府权力，但削弱了个人的自由和责任。

第三，由市场进行的资源分配和财富分配是最为公正和有效的。个人在市场经济中获得收入是因为他同时满足了其他人的需要，而不是因为政府的强制性收入分配。自由经济要求交换公正，社会主义要求分配公正。哈耶克认为，交换公正是指按人们实际给予其同胞的服务的价值而得到回报，而分配公正不但要求取消个人自由，而且要实行一种严密的集权统治。

第四，经济发展是消除贫困的根本途径，再分配只是短视行为。一方面，国家的福利支出建立在高税收的基础上，这会抑制企业和个人创造财富的积极性；另一方面，福利支出也会扭曲个人行为。当因自己不努力而不得不接受政府援助的意外之财时，必然会增加个人对政府的依赖。自我负责的精神是社会发展的动力源泉，危机、不稳定感和失败的危险对人来说是必要的，而福利国家的政策否定了这些社会法则，从而对人的本性和社会特征的认识发生了错误。

在批判福利国家的同时，哈耶克提出一系列富有建设性的社会保障原则及措施。在社会救济上，政府实施公共救济是必要的，但是保障的目标应是防止贫困者陷入绝境；接受救济需要经过资产调查；倡导自力更生。在养老保险上，为防范老年生活风险，维持个人生命周期的收入稳定，可以建立强制性的养老保险，但这种强制性保险应该是商业保险而不是政府垄断经营的保险。在医疗保险上，肯定强制性健康保险的必要性，因为它可以使人们实现自我保障而免于成为公共负担，但他反对单一的国家医疗保险，特别是公费医疗。在失业保险上，一方面，国家为所有因失业而无法自食其力者提供统一的最低限度的补贴，并采取适当的货币政策尽可能地减少周期性失业；另一方面，若需更高水平的补贴则应由私营企业和慈善机构提供，而不是由政府承担责任。在住房保障上，严格确定保障对象和资助水平，谨防享有公房的贫困者比经济条件优于他们的人住得还好。

哈耶克的经济自由思想直接推动了英国社会保障制度的发展。撒切尔夫人执政期间就是以新自由主义思想为指导对英国的福利制度进行了大刀阔斧的改革。撒切尔夫人曾宣称哈耶克是她在整个20世纪80年代最重要的哲学导师。

（二）现代货币主义学派

现代货币主义学派是20世纪50年代中期在美国出现的一个新自由主义流派，又称“货币学派”，创始人是美国芝加哥大学教授弗里德曼。弗里德曼的新自由主义理论集中在《资本主义与自由》和《自由选择》两部著作当中。这两部书的主题只有一个：坚持自由放任的市场经济的优先地位，对政府干预充满怀疑和反感。

1. 自由观和平等观

弗里德曼把自由视为政治的终极目的。他认为没有自由，就没有自由市场经济，就没有持续的经济增长。社会为了有效地使用资源就必须进行劳动分工，而如何把普遍存在的个体组织起来，最有效的方法就是在没有强制手段的前提下通过市场自愿合作。在一个由政府通过指令安排经济的国家里，人们的自由将会受到限制，连自由言论也得不到保障。

弗里德曼区分了机会平等和结果平等。他认为，机会平等是得到自由的一个前提，“出身、民族、肤色、信仰、性格或其他任何无关的特性都不决定对一个人开放的机会，只有他的才能决定他所得到的机会”。对机会平等的干涉构成了对自由的威胁，也会造成效率的损失。弗里德曼认为，人潜意识中的自私和物质欲望能给经济的增长和社会的发展带来更大刺激，采取以结果平等为导向的经济和社会政策会带来相反的结果。

第二次世界大战后的英国建立了福利国家，政府提高了所得税、遗产税，从富人手中拿出一些钱给穷人，并大规模增加医疗、住房和其他福利事业投资。弗里德曼认为，这些以平等为目标的政策将一大批人才赶出了英国，使美国受益。他认为把社会平等，即结果平等放在自由之上，其结果是既得不到平等，也得不到自由。

2. 负所得税

根据上述主张，弗里德曼严厉批判了福利国家理念。认为福利国家不仅限制个人自由和选择、只注重结果平等，而且滋生人们对福利的依赖，导致巨额的公共支出和臃肿的官僚机构。为此，弗里德曼提出自己的改革建议。第一，重新设计现有的福利制度，用一个单一的、内容广泛的现金收入补贴计划——

负所得税计划，取代目前庞杂的福利项目；第二，国家在履行现有义务的同时，逐步取消社会福利，人们应为自己退休后的生活做出安排。

负所得税的基本思想可用如下公式表达：

$$S=N-I\times t,\ \mathrm{DI}=I+S。$$

其中，S 表示政府对个人的补贴，即负所得税，N 表示政府划定的统一的法定保障标准，I 表示个人收入，t 表示负所得税税率，DI 表示可支配收入。这里，假定每月法定保障标准 $N=300$ 元，$t=20\%$（弗里德曼使用的税率为 50%），则有下列计算（见表 2-1）：

表 2-1 **负所得税原理**

收入（I）	补贴或负所得税（S）	可支配收入（$\mathrm{DI}=I+S$）
0	300	300
600	180	780
1 500	0	1 500
3 000	-300	2 700

由表 2-1 可知，当个人收入为 0 时，不仅不纳税，还可以领取政府补贴 300 元。随着收入的增加，补贴越来越少。当收入达到1 500元时，政府补贴减少为 0。这时的收入，称为转折收入（Ib），计算公式为 $\mathrm{Ib}=N/t$。本例中的转折收入 Ib=300/0.2=1 500。当个人收入达到转折收入以后，就不能获得政府补贴，而是要向政府缴纳个人所得税了。虽然看起来个人实际收入增加后负所得税减少了，但与以前相比，此时的个人可支配收入还是增加了。所以，与其他社会保障政策相比，负所得税更有利于激发个人的工作积极性。

弗里德曼认为，负所得税有两大优点。一是负所得税可以对穷人进行更有效的帮助，并有利于税收制度和社会福利制度的合并；二是培育自助精神。福利国家的社会救济通常带有苛刻的条件，在某种程度上会贬低个人尊严，并且过高水平的福利还会使人们养成被动接受救济的惰性。通过以单一货币的形式，并且按照收入这一客观、非人格化、统一的标准来给予帮助，负所得税可使穷人对自己的福利状况负责，因为在这种机制下，个人收入越高，最终的可支配收入也越高。

自弗里德曼提出负所得税理论以来，它对社会保障收入分配政策产生了重要影响。美国前总统尼克松提出的“家庭援助计划”和前总统卡特提出的“改善就业机会和收入计划”，其中的一些改革措施就反映了负所得税思想。

负所得税理论尽管极具创新性，但它企图用一刀切的办法为成千上万的不同个体提供帮助，忽略了个人或家庭的特殊需求。由于当时负所得税还是一种不成熟的概念，部分美国公众不支持对所得高于贫困线的人进行补贴，人们对该计划在对工作积极性的影响、对收入分配的影响、对经济稳定的影响等方面存在许多不同的看法，所以上述两个提议没有获得国会通过。

（三）供给学派

供给学派是一个因从供给角度考察经济问题而著称的新自由主义学派。其经济理论和政策主张于20世纪70年代初发源于美国。与其他反凯恩斯主义的经济学派相比，供给学派属后起之秀。当哈耶克和弗里德曼早已驰誉西方时，供给学派的主将拉弗和费尔德斯坦才刚刚崭露头角。然而这样一个看似势单力薄的经济学“小分队”却异乎寻常地对美国20世纪80年代的内外政策产生了重大影响。时任美国总统的里根曾多次公开表示美国政府要以供给学派理论为政府决策的指导，并依据供给学派理论制订了经济复兴计划。时任英国首相的撒切尔夫人也信奉供给学派的理论。这就使得供给学派在20世纪70年代末到80年代初，成为美国经济学界独树一帜的学派。

供给学派是与凯恩斯国家干预主义斗争的直接产物。该理论认为在供给和需求的关系上，供给居于决定地位，并以萨伊定律为基础，否定凯恩斯主义需求决定供给的理论和需求管理政策。之所以经济发生滞胀，不是因为需求不足，而是因为供给不足，所以必须摒弃凯恩斯主义的歪理邪说。

供给学派认为，在自由竞争的市场经济中，供求总是均衡的。企业家的创业精神和自由经营活动是增加供给的关键因素。国家干预不仅会破坏市场经济的自动调节机制，而且往往由于干预不当而损害经济中的供给力量，例如凯恩斯主义注重收入再分配的调节，把以税收、公债形式从企业和个人那里征集的过多社会资财，通过财政转移支付变成了巨大的消费而损耗掉，降低了资本积累，削弱了供给能力。特别是政府对经济的干预和调节往往服从于政党之间的争斗，这种短期行为，会对供给产生持久的破坏作用。因此，政府过多干预经济对国民经济有害而无益。

那么，如何增加供给呢？供给学派认为关键是减税。拉弗曲线就体现了这种减税思想的精髓（见图2-1）。

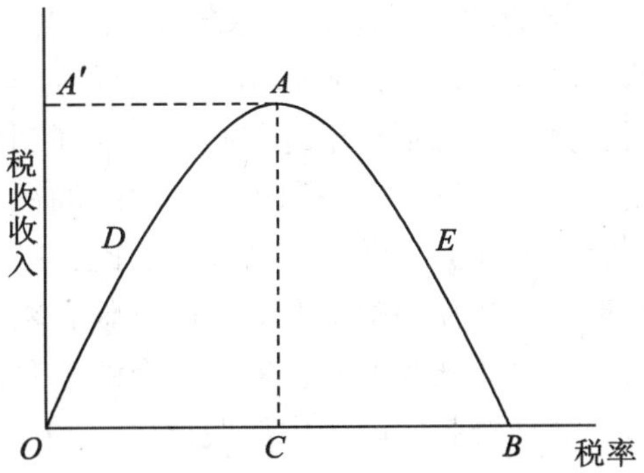

图 2-1　拉弗曲线

拉弗曲线是以经济学家拉弗的名字命名的表示税率与税收关系的模型。1974 年的一天，经济学家拉弗和一些记者、政治家在华盛顿一家饭店饮鸡尾酒。席间，拉弗大谈他的减税构想。他随手拿来一张餐巾，在上面画了一幅类似倾斜的抛物线的图，向在座的人说明税率与税收收入的关系。这一由拉弗所首次描绘的表明税率与政府收入之间关系的示意图，被称为“拉弗曲线”，使在西方经济理论大厦中新崛起的供给学派有了最简洁明了的理论模型。

拉弗认为，税收收入总额由税率和税基（国民收入）共同决定。提高税率不一定会使税收收入增加，有时反而会减少税收收入。这是因为过高的税率会加重税收负担，抑制经济活动的积极性，削弱劳动和资金的投入量，从而造成生产下降。拉弗曲线直观地说明了税率与税收收入之间的函数关系。在图 2-1 中，横轴代表税率，纵轴代表税收收入。原点处税率为 0，*B* 点为 100%，纵轴的税收收入，随税率的变化而变化。税收收入与税率的函数关系呈抛物线 *OAB* 状态，随着税率逐步提高，税收收入也会增加。税率提高至 *OC* 时，税收收入达到峰值，即 *OA′*；税率超过 *OC*，税收收入反而减少；税率达到 *OB*（100%）时，税收收入为 0。拉弗把 *CAB* 部分称为课税的禁区。20 世纪 80 年代初，美国的税率就被认为是处在禁区的部分，因而美国推行了以减税为核心的税制改革，并且带动了世界范围内大规模税制改革浪潮。

供给学派认为，为扩大供给，还应在减税的同时鼓励人们进行智力投资。因为当代智力资本所形成的科技革命，正迅速改变着物质生产和人们的生活，是人类福利的源泉。只有当有形资本和智力资本达到最大化时，人类福利才能达到最大化。若资本不足，过多的福利只会削弱人们储蓄和投资的积极性，特别是会抑制智力资本积累的动力，滋长穷人的依赖心理，使失业成本大大降低。如果政府提供慷慨的社会保障，人们不储蓄、不工作、不学习也能生存，这就不仅不利于投资和就业，也不利于进取心的培养和刺激供给，从而不能实现社会的福利最大化。同时，过多的福利扩大了政府的社会性支出而排挤了私人的生产性支出，不利于消除赤字和生产增长。因此，必须对社会保障制度进行改革，包括降低保险津贴和福利救济金额，严格限制领受条件；政府只提供救济老年贫困、赤贫等必要的福利设施，停办多余的福利项目。

供给政策使美国经济从滞胀的困境中摆脱出来。20 世纪 80 年代，美国的 GDP 增长率比西欧主要国家高 0.5%～1%，失业率低 2%～4%。1982—1997 年，美国经济除了 1990—1991 年这一段温和的衰退以外，被证明是美国历史上最成功的宏观经济稳定时期。实际 GDP 以 3%的年增长率增长，同时通货膨胀率只略高于 3%。但是许多经济学家认为，供给学派主张降低边际税率其实是为富人谋利。因为降低累进税率，会使富人获得的收益多于穷人，社会保障支出的削减则使穷人直接受到损失。

第三节　社会民主主义与第三条道路

第二次世界大战后，英国率先建成福利国家，瑞典等北欧国家纷纷效仿。这段时期的社会保障制度与其说反映了国家干预主义思想，不如说更多地呈现出了社会民主主义的政治色彩。从 20 世纪 70 年代中期开始，福利国家遭遇了一场严重的滞胀危机，福利制度的弊端日益明显。20 世纪 90 年代，为适应新的形势，英国选择了一条超越传统社会民主主义和新自由主义的“第三条道路”，也就是说，选择了一条介于国家干预主义和经济自由主义之间的道路。这一理念不仅对其他国家的社会保障制度改革产生了重要影响，而且其自身也成为社会保障发展史上的又一大理论流派。

一、传统社会民主主义

社会民主主义产生于 19 世纪末 20 世纪初，是脱离了马克思主义的众多分支之一。社会民主主义作为欧洲各社会党、社会民主党和工党的思想体系，是欧洲地区最具影响力的政治思潮之一。实行广泛的福利政策，历来是欧洲社会民主主义的重要内容。由于社会民主主义流派较多，这里主要介绍英国费边社会主义代表人物蒂特马斯和瑞典学派代表人物林德伯克的福利思想。

（一）蒂特马斯的民主主义福利思想

英国的蒂特马斯是福利国家理论的奠基人之一，饮誉欧美学术界的社会政策学大师，费边社会主义理论集大成者。他终生宣扬和实践费边社会主义平等与民主理念，因而费边社会主义成为英国最具影响力的福利理论。其代表作为《社会政策问题》（1950 年）、《福利国家论集》（1958 年）、《福利的承诺》（1968 年）等。概括起来，以蒂特马斯为代表的费边社会主义主要有以下观点：

第一，其核心价值观是平等、自由、博爱。没有平等就没有真正的自由。只有获得自由，人的潜能才能充分发挥。蒂特马斯认为，这里的自由与个人主义的自由有三点不同：一是自由意味着关注平等，自由取决于降低不平等的状况；二是自由观念与工作状况密切相关，经济自由与政治自由相辅相成；三是自由是政府行动的结果，而不是政府不行动和无为而治的结果。同时，博爱意味着合作而非竞争、义务而非权利、利他主义而非自私自利。

第二，国家应该在社会福利中扮演积极角色。不赞成“国家最低限度干预”，主张通过政府行为来约束市场力量。工业化社会带来无处不在的“负福利”，如果国家不干预，将损害弱势群体。在蒂特马斯看来，社会政策与经济政策根本不同，前者更关注利他主义和社会互助。政府不仅应该提供社会福利，而且应该提供普及性而非选择性的社会福利。普及性社会福利制度以天赋人权为依据，可以避免选择性福利制度给弱势群体带来的“制度性耻辱”。

第三，限制和矫正资本主义的不足之处。从五个方面批评资本主义自由市场制度：一是自由市场制度是不道德的，它导致形成自私自利的社会。二是市场制度基本上是不公正的。三是市场制度是不民主的。蒂特马斯对私人保险市场的批评最为典型。四是自由市场是无效率的，除非由政府管制。五是在国民财富上，自由市场的分配模式并不能照顾到弱势群体的需要。

第四，反对经济政策主导社会政策的模式，旗帜鲜明地批评社会福利私有化。蒂特马斯认为，市场是回应需求而不是回应需要的；市场关注的是利润和经济增长而不是福利和满足需要；从社会角度看，私有化不仅损害公共服务，而且分离社区和社会的联系，瓦解人们的责任感和义务感；此外，私有化还会加剧两极分化，使权力集中在少数人手中。

第五，除了以上四点，蒂特马斯认为社会福利还有多方面的积极功能：对个人和国家都是一种经济投资形式；预防青少年犯罪和其他越轨行为；预防疾病，增进健康；将每个人整合到社会之中，可以增强集体感和归属感，防止社会成员的异化；降低收入与所有权上的不平等。简言之，蒂特马斯认为福利国家某种程度上是现代社会的必然产物，它既能消除贫困，又能促进社会平等。

总体看来，蒂特马斯的福利思想带有浓郁的民主色彩，他更重视意识形态和价值观对社会福利的影响。他认为，以中立的价值立场来讨论社会政策是毫无意义的。在社会福利体系之内，人们无法逃避各种道德与价值选择。推动社会福利发展的主要动因是政治经济力量，但是社会文化和价值观念的作用同样不可忽视。更为重要的是，社会政策是多种因素与力量互动的产物。

（二）林德伯克的民主主义福利思想

瑞典学派也称北欧学派，形成于20世纪二三十年代，主张国家干预。其社会民主主义理论的代表人物为阿瑟·林德伯克。

林德伯克认为，传统的经济制度研究方法的根本缺陷是将经济制度简单地分为资本主义和社会主义，这一方法不适合瑞典的经济政治制度。他提出，瑞典的社会制度在政治上是西方“民主制度”，主张阶级调和，建立超阶级的平等的社会秩序；经济上是国有化、福利国家、市场经济三个方面相结合的混合经济，是一种特殊的资本主义制度，即“自由社会民主主义制度”。

林德伯克的混合经济理论是根据瑞典学派的多维经济概念提出来的。瑞典学派认为经济不是一个单一概念，应从集权与分散、竞争与垄断、经济刺激与行政命令等多个角度对经济制度进行考察。林德伯克提出的国有化、福利国家、市场经济三结合的经济模式，就是举世闻名的“瑞典模式”。

首先，林德伯克认为，国有化是指在私有制占统治地位的基础上实行部分企业的国有化。包括两个内容：一是对某些公共基础设施，如铁路、邮电等实行国有化；二是收入和消费国有化，即通过累进税制，将一部分税收纳入国家预算，作为社会保险和供应集体消费的基础。现代社会有两种类型的资本：人力资本、物质金融资本。人力资本不能国有化，物质金融资本只能部分国有化，否则会抑制经济活动者的积极性，导致权力高度集中，甚至出现官僚主义和经济低效率。

其次，林德伯克认为，一个理想的社会应当把福利普遍给予社会成员，使人人得到幸福。消灭经济上和社会上的不平等，消灭物质方面的无保障、匮乏、贫穷等现象；实行充分就业；收入和财富分配均等化，用累进税解决分配问题，使资本主义经济中各阶层的利益和谐一致，以增加社会总效用。为此，国家应当担负起环境保护、公共商品的供应、经济稳定、收入和财富的分配等方面的责任。

最后，关于市场经济，林德伯克认为，现代经济正常运行的机制有两种，即市场机制和中央计划机制。林德伯克重视市场经济作用，主张企业分权、改进竞争、反对垄断，把市场经济看成是增进效率、加强企业经营管理独立性、防止官僚主义的手段。但是只有市场没有中央计划机制，会导致经济生活中的无政府主义。因此，两种机制应相辅相成。

在社会民主党 44 年的连续执政期间，根据瑞典学派的社会民主主义理论，瑞典建立了一套名目繁多的社会福利制度，其中包括全民养老金、中小学义务教育、失业救济、疾病保险、儿童补贴等，成为超越英国的从摇篮到坟墓的福利国家。社会福利费用的一半以上来自税收。瑞典人的纳税率在世界各国中曾经是最高的，在 1980 年，瑞典个人劳动所得税的平均边际税率为 56.8%，高收入的资本家、商人、演员、运动员高达 80%；同年，个人劳动所得税（包括社会保障税和消费税）占个人劳动收入的比重为 65.2%，占 GDP 的比重为 47.7%。

高工资、高福利和高税收的福利政策，使某些瑞典学派经济学家认为既不利于扩大再生产，也不利于调动人们的积极性和创造性。但由于社会和历史的原因，民主精神一直深植于北欧社会。公众参与和公平为其主要价值取向，“不让一个人掉队”被称为北欧社会模式的灵魂。

二、第三条道路

第二次世界大战结束后，社会民主主义政党在英国、瑞典等国家普遍上台执政，由国家立法建立起了比较完善的社会保障制度。这些政策促进了社会经济的协调发展。瑞典历史学家把 1945—1951 年和 20 世纪 60 年代形容为瑞典社会福利的两个“丰收季节”，社会民主党政府制定的建立福利国家的许多重大改革方案，都是在这两个时期出台并得到实施。福利国家在 20 世纪 50 年代至 70 年代进入了“黄金时代”。

20 世纪 70 年代中期以后，以“石油危机”为导火索，福利国家开始陷入困境。社会民主主义遭遇信任危机，各国社会民主党纷纷下马。最为明显的是英国和德国两大社会民主党长期处于在野党的地位，瑞典的社会民主党 1976 年后也几次失去执政党地位。随着 70 年代末、80 年代初撒切尔和里根的相继上台，以私有化市场为核心的新自由主义取得了全面的支配地位，社会民主主义内部弥漫着混乱和失败情绪。全球化的来临对传统的资本主义治理方式提出了新的挑战，贫富差距扩大、犯罪、恐怖主义等，是左和右的党派都共同面对的问题。能拿出有效的解决办法，才能吸引选民，上台执政。

1997年5月，工党在英国大选中以压倒多数的选票击败连续执政达18年之久的保守党。布莱尔出任政府首相后，以其政治智囊社会学家安东尼·吉登斯的理论为基础，提出了关于经济、社会发展的“第三条道路”新理念。从理论上说，第三条道路是在传统社会民主主义和新经济自由主义基础上形成的。它既不同意坚持前者的高福利模式，也不接受后者的自由放任的观点。它企图采取一种折中办法，对包括社会保障制度在内的经济与社会政策进行改良。不过，第三条道路这一理念并非由吉登斯首创。它最初是由英国政治家麦克米伦在其著作《中间路线》中明确提出，后经吉登斯在其著作《第三条道路——社会民主主义的复兴》中进一步发展与完善，成为欧美社会政策改革的重要理论依据。第三条道路理论的主要观点有：

第一，坚守中左派的政治立场。第三条道路认为传统的社会民主主义和新自由主义都不能顺应时代潮流，传统的左与右的划分已变得模糊不清而且不再重要，必须超越左和右，以一种新的政治哲学——第三条道路取而代之。第三条道路在政治上淡化意识形态色彩，更加关注现实生活，提出要从“解放政治”转向“生活政治”。吉登斯认为，在传统社会里，政治关注的主要是自由、平等、民主等权利问题，表现为解放政治。而在现代社会中，出现了一些传统政治模式无法包容的新问题，如堕胎问题、家庭价值的争论等，这就需要调整传统的政治模式，使政治更加关注现实生活中的各种问题。

第二，强调政府与市场的均衡。一方面，肯定政府的作用，因为政府可以协调不同的利益诉求，另一方面，认为市场是经济生活的主体，政府要放松管制，规范市场竞争秩序，并提供必要的基础设施，为经济主体参与市场提供有利环境。换言之，就是“要市场经济，不要市场社会”。在所有制问题上，认为公有制本身不是目的，而是一种手段，市场经济比任何其他类型的经济制度更具活力，同时市场本身缺乏自律机制，有其内在的局限性，国家必须发挥自身作用，既要减少对经济的直接干预，又要成为经济和社会发展的“舵手”。因此，最好的经济体制就是，在国家与企业、国有部门与私人部门以及雇员与企业之间建立互动合作关系的基础上，构建一种管制与非管制、经济与非经济相协调的“新型混合经济”。

第三，改变传统的消极性的福利国家观，奉行积极的福利政策。帮助人民的方式需要改变，应该提供足够的服务而不是现金福利。主张把包揽一切的福利政策改为政府的人力资本投资，大办教育与培训，促进机会平等，激发人的潜能，将福利国家改造为“社会投资型国家”。布莱尔曾说，从一个受过教育的年轻人身上，人们看到了他取得成功的希望，而从那些辍学者身上，人们看到的则是艰难而无保障的生活。因此，福利的重点应由公益事业转为人力资本投资，实施鼓励自立而不是依赖性的税收和福利政策。在如何对待失业者的问题上，它不像传统社会民主主义那样，向失业者提供单纯的救济，而是将资金投放的重点转向贫困者的技能培养和再就业方面，实现由“经济福利”到“工作福利”的转变。

第四，强调社会保障制度中权利与义务的对等。传统社会民主主义崇尚高水平的全民福利，突出维护社会公正，把权利作为不附带任何条件的要求。在这种理念下，人们被动承受经济、社会发展的后果，将风险视为消极因素。而第三条道路更强调供给与需求的平衡、公平与效率的兼顾，在坚持福利权的前提下，转向权利与义务并举。认为无责任即无权利，责任和权利相统一。人们应当主动面对风险，风险不只是消极因素，风险中还孕育着机会，因此，国家不仅要提供福利，更要让人们学会如何把握机会。

第五，关于老龄化问题，吉登斯认为，“国家提供适当水平的养老金非常必要”，同时“支持强制性储蓄也有充分的理由”，建立由国家、企业和个人共同负担的社会保障筹资模式，实施社会投资战略。吉登斯呼吁逐步废除固定的退休年龄政策，把老年人视为一种资源而不是一种负担。在老龄化逐渐明显的社会中，老龄群体规模日渐庞大，老年人也越来越成为社会中的一股不可忽视的力量。通过参加社区活动，老人有更多的机会与年轻人建立联系，在“这种包容性的社会中”，他们不会感到孤独。

总之，建立以提高就业能力为核心的福利机制，从普适性的福利政策转向以人力资源开发为核心的“造血型”的福利政策是第三条道路最根本的福利改革目标。英国工党一直是西欧社会民主主义的主要力量，它所倡导的第三条道路的兴起和发展带来了传统社会民主主义的复兴。受其影响，20 世纪 90 年代后，许多西方国家进行了一系列社会保障改革。尽管第三条道路至今仍有争议，而且西方国家的很多问题还没有得到彻底解决，但是它从一定程度上克服了当时社会保障制度的许多弊端，使之重新焕发生机。从思想上看，作为一种国家干预主义和经济自由主义的折中，它拓宽了社会保障学的理论视野。

☞本章小结

从公平与效率的角度，社会保障理论可划分为国家干预主义、经济自由主义和第三条道路等三个流派。国家干预主义强调政府在收入再分配领域中的主导作用，主要包括新历史学派、旧福利经济学、凯恩斯主义、新剑桥学派和社会市场经济理论。

经济自由主义提倡自由放任，主张通过市场进行财富分配，政府只应充当“守夜人”的角色。这一理论流派包括古典经济自由主义和新经济自由主义两大分支。以亚当·斯密、大卫·李嘉图为代表的古典经济自由主义极力反对社会救济，认为自由市场的分配结果是最为合理的，正是因为政府的干预，才引起了各种分配问题。以伦敦学派、现代货币主义学派和供给学派为代表的新经济自由主义认为政府对市场的过多干预会阻碍经济、社会的发展，慷慨的社会保障政策会降低资本积累，削弱个人的工作积极性。

第三条道路是在传统社会民主主义和新经济自由主义的基础上产生的，带有浓郁的民主政治色彩。以蒂特马斯和林德伯克为代表的传统社会民主主义者认为，国家应该在社会福利中扮演积极角色，不赞成“国家最低限度干预”，主张通过政府行为来约束市场力量。面对20世纪70年代的世界经济危机，安东尼·吉登斯完整地提出了第三条道路理论，认为在奉行积极型福利政策的同时，更应该强调社会保障制度中权利与义务的对等，主张把福利国家改造成为社会投资型国家。

☞关键术语

新历史学派　福利经济学　凯恩斯主义　新剑桥学派
社会市场经济理论　古典经济自由主义　伦敦学派
现代货币主义学派　供给学派　第三条道路

☞思考题

1. 简述新历史学派的社会保障思想。

2. 凯恩斯主义理论中有哪些社会保障思想?
3. 简述社会市场经济理论的基本主张。
4. 简述哈耶克、弗里德曼的再分配思想。
5. 吉登斯的福利观对我国目前社会保障制度建设有何启发?

☞案例分析

英欲设定福利上限　普通家庭如何面对

英国议会周二（8 日）将就工薪家庭截至 2016 年的福利金和相关税收福利年度涨幅上限为 1%进行投票。英国政府的这项动议备受争议。

英国福利制度每年的涨幅通常与当年的通胀挂钩。2012 年到 2013 年福利补助的涨幅超过 5%。

而英国就业与养老金事务大臣邓肯 · 史密斯认为这并不公平。他指出，由于英国的社会福利制度针对低收入家庭和失业人群，“对于辛苦工作纳税（而享受不到这些福利）的人来说，如果他们看到自己每年的工资涨幅，还赶不上享受社会福利人群的涨幅的话，这显然是个公平问题。”

而反对为社会福利设定上限的在野党工党认为，设定上限将使数百万低收入工薪家庭受到影响。

节省开支

此项议案如果通过，那么现在接受失业救济津贴和产假补助金的人将拿不到和生活成本增幅一样多的钱。比如，低收入阶层或失业人群拿到的各项社会福利从 2013 年 4 月起，每年只上涨 1%，低于 2.2%的预期。接受儿童津贴的家庭也将受到福利数额在未来两年不变、之后两年只上浮 1%的影响。

来自英国财政研究所的数据显示，全英国 280 万个失业家庭中，将有 250 万个家庭的收入由此受到影响。这些家庭在 2015 年到 2016 年的总收入，将比按照从前的标准少 215 英镑。但此举将给政府节省一大笔钱。据信，此项动议通过后，英国政府在第一年就可节省五亿多英镑的开销；到 2015 年至 2016 年，该项结余将达到23亿英镑。

目前执政的英国联合政府表示，既然英国公共领域的员工每年的工资涨幅限定在1%，那么社会福利每年的涨幅就不应该超过工资涨幅。

英国就业与养老金事务大臣邓肯·史密斯警告说，如果“坐以待毙”，“希腊和西班牙就是英国的前车之鉴，我们将为此支付沉重的利息”。他在接受BBC电台采访时说，这些都是前任工党政府“种下的恶果”，“不改不行”！

“不要抹黑”

邓肯·史密斯补充说，不要“谈虎色变”。他指出，此次为社会福利金设置上限就不包括为老年人的“冬季取暖补助”。他说，上岁数的人手里通常没有“活钱”，也无法为增高的生活成本找到工作。

他说：“有朝一日我们都会退休，那些别有用心的人不要企图将这个计划抹黑。”他同时指出，退休人员的福利在本届英国政府执政期间，也不会受到丝毫改变；保守党政府“言行一致、说到做到”。

此项动议对残疾人的福利政策也没有任何影响。

英国首相卡梅伦和副首相克莱格表示，此举也“实属无奈”，但国家“太缺钱”。他们同时指责反对党工党“拿不出更好的办法”。

英国就业与养老金事务大臣邓肯·史密斯指出，在过去的五六年里，社会福利的涨幅达到20%，而这期间的工资只涨了不到10%。

而反对党工党领袖米利班德指责政府“没抓住要害”。

工党影子内阁劳工部长拜仁说，此举“无法让英国重新运转起来”。

联合执政的英国自民党主席休斯认为，此项动议还是“合理的”，“毕竟福利在过去几年已经涨了不少了”。

但对此持反对态度的人还是认为，此举会“加大社会分化和贫困”。他们举例说：“两个孩子的护士家庭到2015年会少收入

424 英镑，三个孩子的军官家庭每年将少收入 552 英镑。”

资料来源：英国 BBC（2013-01-08）http：//www. bbc. co. uk/ukchina/simp/uk_ life/2013/01/130108_ life_ benefit_ cap. shtml

◎ **分析与思考**

1. 英国为何要对福利设限？
2. 英国福利改革会面临哪些压力？
3. 除了直接削减福利，有没有其他更好的办法？

第3章 社会保障基金的运行与管理

本章学习要点

- 社会保障基金的内涵与特点
- 社会保障基金的构成及分类
- 社会保障基金的运行机制与管理模式
- 社会保障基金的监督管理

第一节　社会保障基金的内涵与特点

一、社会保障基金的概念及内涵

社会保障基金是社会保障事业的物质基础，是社会保障制度得以正常运行的资金保证，是社会保障制度运转及管理的重要组成部分。社会保障基金问题尤其是社会保险基金问题是社会保障制度的核心问题。没有充足的社会保障基金支撑，社会保障制度将成为无根之木、无源之水。随着人口老龄化风险、通货膨胀风险和资本市场风险的不断加剧，社会保障基金面临着前所未有的保值增值压力。如何实现社会保障基金的科学化、规范化、制度化管理和运营，保证社会保障基金的安全性、收益性和流动性，已成为各国社会保障制度改革和发展中的关键问题。

社会保障基金是国家为实施社会保障制度，根据有关法律、法规和政策的规定，通过法律、行政或经济等手段建立起来，以保障受保人在年老、疾病、伤残、失业、生育等情况下的基本生活和基本医疗康复需要的专款专用资金。社会保障基金是社会保障制度的首要问题和核心问题，是社会保障制度能顺利进行的基础和物质保障。社会保障基金包括社会保障体系范围内用于保障社会成员基本生活需要而建立的所有基金。实施社会保障制度的国家在制定其社会保障制度时，无一不对社会保障基金的来源、基金的管理、基金的使用、国家对基金的保护等方面做出法律上的具体规定，以确保社会保障制度的正常运行。上述对社会保障基金的法律规定称为社会保障基金制度。我们可以从以下几个方面理解社会保障基金的内涵：

第一，社会保障基金是国家依法建立的基金。社会保障基金的筹集主体和管理主体是国家，这是由国家的经济管理职能和社会公共服务职能所决定的。尽管可以借助于经济、法律、行政等不同手段，但社会保障基金的建立和管理必须根据国家有关法律、法规和政策规定来进行，其筹集、支付、投资、运营和监管都应体现国家意志。

第二，社会保障基金建立的目的是为了保证社会保障制度的正常运行。社会保障基金是社会保障制度的“血液”，充足的社会保障基金能使社会保障始终保持良好运营状态。一旦社会保障基金出现危机，社会保障制度将面临巨大风险甚至崩溃。

第三，社会保障基金是专款专用的基金。也就是说，社会保障基金要全部用于社会保障项目的支付。任何人、任何单位不得在任何情况下擅自挪用或借用这笔资金。同时，在社会保障基金内部，也不能混淆其各种类资金用途，比如养老保险基金只能用于退休金的支付、最低生活保障资金只能用于低保人群低保费的支付等。

二、社会保障基金的特点

社会保障基金是通过国民收入的初次分配及再分配形成的，是从国家财政收入、企业收入和劳动者收入中分解出来的，用于社会保障事业的一种消费性的社会后备基金。一方面，在初次分配环节，国民收入通过财政拨款、企业缴费和个人缴费的方式形成社会保障基金；另一方面，在国民收入的再分配环节，通过政府的转移支付和各项储备基金的积累，向不同项目的社会保障对象提供经济援助和福利服务。社会保障基金的建立在实践中是先积累后支付的，从而客观上表现为社会后备基金。

马克思在《哥达纲领批判》一文中明确说过，社会总产品只有在对其做了各项必要的扣除后，才能用于劳动者的个人分配。社会总产品的扣除主要包括六项：

第一，用来补偿消费掉的生产资料的部分；

第二，用来扩大生产的追加部分；

第三，用来应对不幸事故、自然灾害等的后备基金或保险基金；

第四，和生产没有直接关系的一般管理费用；

第五，用来满足共同需要的部分，如学校、保健设施等；

第六，为丧失劳动能力的人设立的基金等。

社会保障基金是社会再生产中消费基金的组成部分。社会再生产中的消费基金一般包括个人消费基金和社会消费基金。个人消费基金的主要部分是通过劳动报酬的形式分配到劳动者手中，由其直接支配，用于个人消费。而社会消费基金的重要组成部分是社会保障基金，它主要掌握在政府或由其委托的社会组织手中，通过法定的方式，用于帮助那些暂时或永久丧失劳动能力或需要得到社会帮助的社会成员。社会保险基金就是马克思所说的最后一项扣除，即"为丧失劳动能力的人设立的基金"，这项扣除是补偿性扣除，是对过去物化劳动转移到此次生产过程的产品中的原有价值的扣除，属于所谓官办济贫事业的部分。通过社会保障分配机制，对一部分国民收入进行分配和再分配，从而改变国民收入原有的比例，使国家、集体、个人三者之间的分配比例发生变化，即将一部分原属于国家、集体的份额转到了个人消费领域。

社会保障基金在其筹集和运行管理中，表现出如下特征：

（一）立法强制性

前面我们提到，社会保障基金一般是依法强制筹集，并严格按照法律的规定管理和使用。除社会救助项目由国家财政负担外，其他社会保障项目的保障费用都采取多方筹资和社会集资的方式，即由国家、企业、个人三方共同负担，三方负担的比例，由社会保障法制、法规加以规定。国家通过立法，借助税收或社会统筹手段，强制参与国民收入的初次分配与再分配，如进行各项社会保险基金的筹集，并以法律形式规定基金的支付、运营和管理。任何企业与个人都必须无条件地按时、足额缴纳社会保障基金，不能逃避缴纳基金的义务。

（二）统筹互济性

社会救济基金和社会福利基金来自物质生产部门的劳动者为社会的剩余劳动所提供的资金，体现了劳动者对非劳动者的无偿援助，其互济性是十分明显的。社会保险费用由国家、用人单位和个人三方共同负担，形成社会统筹基金，用于社会成员生活的统筹支付。统筹基金按照国家统一标准筹集与给付，充分体现了社会保障制度的公平性和互济性。从时间上来看，尽管每个劳动者遭遇的特殊情况不一样，退休后的寿命期有差别，对社会保障的需求也不一致，从个人缴费与所获得的支付额的绝对值来看，并不是完全对称，但是从长期来看，社会在总体上实现了平衡，达到了公平目标，在劳动者之间进行了互相调剂，发扬了劳动者之间的互助互济的精神，符合社会保障制度建立的初衷，即“先取之于己，部分用之于人；后部分取之于人，用之于己”。因此，在进行社会保障基金管理的过程中，必须采用科学的方法测定短期平衡与长期平衡，根据“以支定收，略有结余”的原则管理统筹基金。

（三）基本保证性

社会保障基金是在一定的生产力发展水平下，国家（社会）为了对生存发生困难的社会成员的基本生活需要提供切实的保障而集中起来的一部分资金。这部分资金要足以保障社会中由于生、老、病、伤等各种原因失去生活来源的社会成员的基本生活。社会保障基金提供的保障水平不可太高，原因在于：其一，如果保障水平过高，会给各国财政带来沉重压力，福利国家的教训可引以为鉴；其二，高保障水平容易带来“养懒汉”、门槛过高等弊端。但是，社会保障基金支付也不能过低，否则也就没有达到建立社会保障基金的目的，无法保证人们的基本生活需要，就会危及他们的生存，影响其劳动情绪，甚至为社会增加不安定因素。当然，保障的项目水平也不能一成不变，要因社会生产力发展水平的不同而有所不同，并随着社会生产力发展水平的提高而逐步提高。但是，无论在什么情况下，对社会成员中由生存而引起的基本生活需要首先必须给予物质保证。

（四）资金专用性

社会保障基金是维护社会公平和安定的“安全阀”和“减震器”。从建立社会保障基金的目的来看，它是在劳动者遭遇疾病、失业、工伤、老年、生育风险时，提供基本生活保障的“保命钱”和“养命钱”，从筹集的主要来源来看，企业和个人缴费构成了社会保障基金的主要部分。因此社会保障基金是一种专项资金，必须专款专用，任何机构或个人都不能挤占挪用，社会保障基金应按不同项目或险种分别建账，分账核算，统一管理。

（五）积累储备性

社会保障基金的积累储备性源于两个方面的需要。一是投保人自身积累的需要。根据生命周期理论，在生命的不同阶段，人们所拥有的财富情况不同。在人的青壮年阶段，收入大于支出；而在人的中老年阶段，收入是小于支出的。当青壮年时期收大于支的部分大于或等于中老年时期收不抵支的部分时，才能实现一生的自我平衡。由于社会保障基金的收入与支出在时间上具有的分离性，而人并不是完全理性的经济人，所以无论社会保障基金是来自必要劳动还是剩余劳动：无论是国民收入的初次分配，还是国民收入的再分配渠道的形成，都需要先行扣除、缴纳和储存，然后进行分配和使用。尤其是劳动者的社会保障基金，包括城乡个体劳动者的保障基金在内，都应按照法律规定，强制性地进行扣除。这就是说，在劳动者能够劳动的时候，社会就将其所创造的一部分价值逐年逐月进行强制性扣除，储存起来，待劳动者丧失劳动能力和待业时根据实际需要再进行分配和使用，即“取之于己，用之于己；先储存，后返还”。

二是社会保障基金自身的积累需要。即使是社会救济和社会福利方面的保障基金，也应通过扣除或其他途径储存起来建立基金制。社会保障基金不进行扣除和储存，社会保障就得不到切实可靠的保证。社会保障基金的储存性是社会保障保证性和普遍性的物质基础。这部分基金一旦形成，除增值目的外，不能用于再生产，也不采取经济原则进行分配，以便在所有情况下使社会保障获得物质保证。

（六）资金融通性

社会保障的结余基金和责任准备金可以被用于投资增值，其积累部分有利于扩大社会资金供给量。由于筹集到的社会保障基金除一部分用于当前的社会成员的基本生活保障外，还有相当一部分要储蓄起来，以备将来开支，这部分滚存基金为保值和增值，可以委托专门的机构用于投资，成为融通资金的一个组成部分。如养老保险基金个人账户部分，投保期较长，投保金额较大，面临严峻的支付危机，唯一的解决途径就是探索无风险或低风险投资的有效渠道，在有限的时间内实现基金的保值增值。

第二节　社会保障基金的构成及分类

根据国际劳工组织所颁布的社会保障公约，社会保障基金包括医疗、疾病、失业、工伤、老龄、家庭、残疾、生育、遗属九个方面。其中最主要的是老龄、失业、工伤、残疾、遗属五个方面。社会保障基金的内容和构成总是与一国的社会保障制度相对应的。我国的社会保障制度总体上由社会救助、社会保险、社会福利、社会优抚四个部分构成，因此社会保障基金按照其使用途径和性质不同，可分为社会救助基金、社会保险基金、社会福利基金、社会优抚基金四大类。其中社会保险基金又分为养老保险基金、医疗保险基金、工伤保险基金、失业保险基金、生育保险基金等。按基金在社会保障制度中所处的层次来划分，社会保障基金又可分为基本保障基金、补充保障基金以及作为专项财政储备的全国社会保障基金等。

一、基本保障基金

基本保障基金是社会保障基金的主要组成部分，是基于社会保障制度第一层次建立的基金，由社会救助基金、基本社会保险基金、社会福利基金和社会优抚安置基金四大部分构成。

（一）社会救助基金

社会救助基金是国家和社会根据社会救助制度，用于无劳动能力的人或因自然灾害等原因造成生活困难，为维持其最低生活水平而向其提供的援助的基金。对救济金的享受者不要求权利与义务的对等，也就是说社会救济金的给付并不需要以筹资为前提，而是以享受者个人乃至家庭人均收入要低于政府制定的社会最低生活标准或贫困线为条件。

从广义上来说，社会救助基金有以下几个来源：（1）国家救助基金。国家救助基金主要来自于国家财政拨款，其管理主体为国家相关政府机关，为了应对各种自然灾害对人民生命财产所造成的重大损失而建立。（2）社会筹集。主要来源于民间社团、慈善机构及公益组织通过捐赠和赠与、乡镇统筹、扶贫经济实体和社会福利企业等渠道募集的救助基金，主要用于及时、小范围地救助急需救助的人员。(3) 信贷扶持。通过金融部门筹集通融资金，发放低息或贴息优惠贷款，支持贫困地区经济开发，扶持贫困户发展生产。(4) 国际援助。主要体现在救灾款上。根据灾害情况，及时向国际社会通报灾情，争取国际援助。其中，中央财政和地方财政拨款是社会救助基金的主要来源。20世纪90年代以来，我国社会救助经费基本保持在年均30亿~40亿元，其中国家财政拨款就占2/3。

通常，政府根据年度财政预算予以拨款。决定一个国家政府社会救济拨付额的因素，一是国家的综合国力，特别是国家财政实力；二是国内贫困人口的增减；三是社会救济制度的模式和政府的责任意识。由于国内各地的经济发展水平不平衡，生活水平差异较大，难以在人均收入基础上，制定一个适合全国的最低救助基本标准。各地人民政府要基于保障贫困居民基本生活必需品费用和财政承受能力，实事求是地确定救助保障标准。

（二）基本社会保险基金

社会保险基金是国家通过立法，为举办社会保险事业而筹集的，用于支付劳动者因暂时或永久丧失劳动能力或劳动机会时所享受的保险金和津贴的资金。社会保险基金按照保险类型确定资金来源，逐步实行社会统筹。用人单位和劳动者必须依法参加社会保险，缴纳社会保险费。广义上说的社会保险基金是社会保障基金中最主要的部分，包括基本社会保险基金、补充社会保险基金和个人储蓄保险基金三个层次。按其项目又分为养老保险基金、医疗保险基金、失业保险基金、工伤保险基金和生育保险基金（见图3-1、图3-2）。其中养老保险基金和医疗保险基金两项的资金量占五项社会保险基金的90%，在社会保险基金中占据着举足轻重的地位。

(1) 基本养老保险基金。养老保险基金是为了保证养老金的支付，通过依法征税或缴费建立起来的用于支付退休后停止经济来源的企业职工或个人，以保证其正常生活的货币资金。基本养老基金分为社会统筹基金和个人账户基金。

(2) 基本医疗保险基金。医疗保险基金是指医疗社会保险机构根据法律规定，采取社会统筹和个人账户相结合的模式，通过各种渠道筹集的用于支付被保险人医疗服务开支的专项资金。其资金来源主要是被保险人个人及其单位(雇主) 缴纳的保险费、政府资助以及其他方面的收入等。

(3) 失业保险基金。失业保险基金是在国家法律保证下，以集中起来的

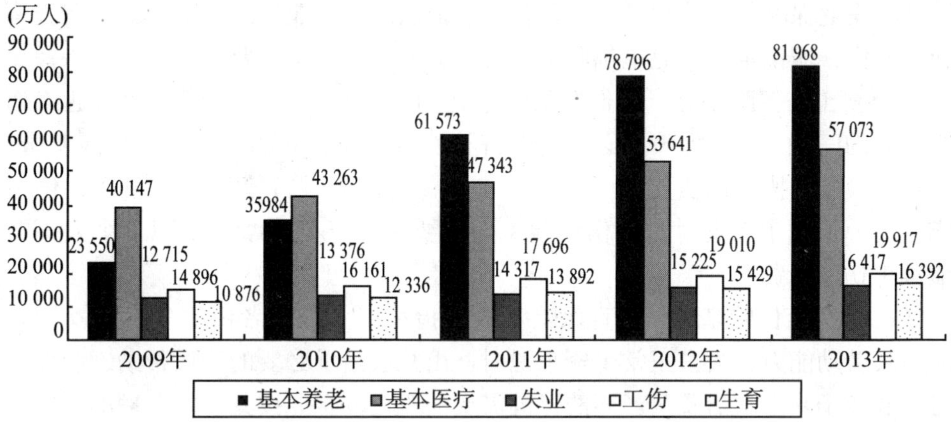

图 3-1　近五年（2009—2013 年）五项社会保险项目参保人数（万人）

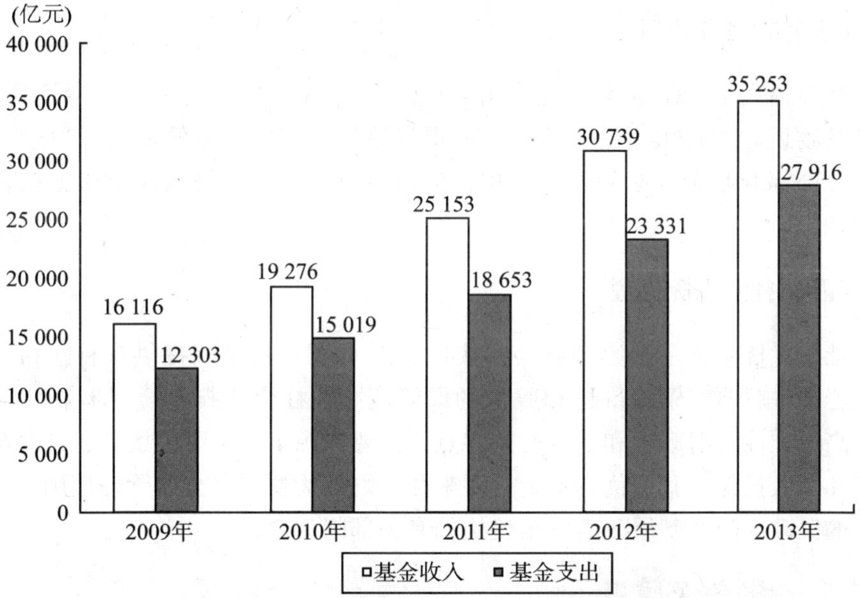

图 3-2　近五年（2009—2013 年）五项社会保险基金收支情况（亿元）

数据来源：中华人民共和国人力资源和劳动社会保障部官方网站。

失业保险费建立起来的、对因非自愿失业而造成的劳动风险损失给予补偿的资金。失业保险基金由城镇企业事业单位、城镇企业事业单位职工缴纳的失业保险费、失业保险基金的利息、财政补贴、依法纳入失业保险基金的其他资金构成。其中，城镇企业事业单位职工缴纳的失业保险费是主要来源。

(4) 工伤保险基金。工伤保险基金是国家和社会为满足劳动者遭遇工伤事件时的医疗、生活保障及必要的经济补偿需要而建立的一种社会保险基金。工伤保险基金按照以支定收、收支基本平衡的原则进行筹集，按照“补偿不究过失”原则予以支付。工伤保险基金主要来源于企业缴费，职工个人不需缴纳工伤保险费。

(5) 生育保险基金。生育保险基金是指在妇女劳动者由于生育子女而暂时丧失劳动能力，失去正常工资来源时，由社会给予必要的物质帮助，以保证母亲和孩子基本生活及孕产期的保健需要的资金。企业按其工资总额的一定比例向社会保险经办机构缴纳生育保险费，建立生育保险基金。企业缴纳的生育保险费列入企业管理费用，职工个人不缴纳生育保险费。

(三) 社会福利基金

社会福利基金是国家和社会用于保障和维持社会成员一定的生活质量，满足其物质和精神生活的基本需要而提供设施和相应服务的基金。按规定投放的社会福利基金，必须专款专用，任何单位和个人不得以任何形式挤占和挪用。

(四) 社会优抚基金

社会优抚基金是国家和社会筹集的，对军人及其家属提供各种优待、抚恤、养老、就业安置等待遇和服务的保障资金。社会优抚基金具有特定对象性、高标准性、财政性和综合性等特点，主要来源于国家财政拨款、社会募集统筹和个人投保。我国优抚资金主要来源于财政拨款，资金的管理使用由各级政府的民政部门及基层政府派出机构的有关部门负责。

二、补充保障基金

补充保障基金是基于社会保障制度第二层次建立的基金，主要由补充社会保险基金、社会互助保障基金和个人储蓄积累保障基金构成。

（一）补充社会保险基金

补充社会保险是社会保险体系的第二支柱，对基本社会保险制度起着补充和完善的作用。补充社会保障基金主要包括企业年金（原来的补充养老保险）基金和补充医疗保险基金。

企业年金基金是指根据依法制定的企业年金计划筹集的资金及其投资运营收益形成的企业补充养老保险基金。符合下列三个条件的企业，才可以建立企业年金：（1）依法参加基本养老保险并履行缴费义务；（2）具有相应的经济负担能力；（3）已建立集体协商机制。建立企业年金，应当由企业与工会或职工代表通过集体协商确定，并制定企业年金方案。国有及国有控股企业的企业年金方案草案应当提交职工大会或职工代表大会讨论通过。2004 年 1 月 6 日劳动和社会保障部颁布的《企业年金试行办法》，标志着中国企业年金制度的正式确立。其运作和管理依据劳动和社会保障部以及证监会、银监会、中国人民银行等相关政府机构颁布的法规条令，由符合准入条件的企业年金管理运作机构负责。根据是否引进现代市场化年金管理机制，将我国企业年金区分为存量部分和增量部分。目前，存量部分仍然按照以前的运作方式由地方、行业、企业或其他保险机构管理。另一方面，近年来相继颁布的企业年金法规和规章，为企业年金的增量部分搭建起了制度构架和市场化管理运营的基本模式，这部分年金由企业和职工共同缴费，实行个人账户完全积累，企业年金理事会选择账户管理机构、专业投资机构和托管银行，按照劳动和社会保障部制定的政策法规，实行分权制衡的投资管理机制。①

补充医疗保险基金是指为实施补充医疗保险制度，满足基本医疗保障参保人员基本医疗保障范围之外的医疗保障需求而建立的补充性医疗保障基金。从狭义上讲，补充医疗保险基金主要用于支付公务员医疗补助、大额医疗费用补助、企业补充医疗保险的保金支出等；从广义上讲，补充医疗保险还包括商业健康保险。

（二）社会互助保障基金

社会互助保障基金是群众性的自我保障和互助保障，通过群众自愿参与，

---

① 巴曙松，赵晶，刘先丰．我国社保基金的构成及安全评估［J］．武汉金融，2007（9）．

成立互助互济会等群众自我保障性组织，运用各方面资源和力量，筹集资金，在基金会成员有困难或需要时互助互济，如疾病互助基金、灾害互助基金等。社会互助保障基金可在单位成员、社区成员自发组织建立。

（三）个人储蓄积累保障基金

个人储蓄积累保障属于社会保险制度的第三支柱。从严格意义上来说，个人储蓄积累保障基金并不是社会保险，而是商业保险性质的基金。建立个人储蓄积累保障基金，是为了培养个人自我保障意识，发挥个人自我保障的积极性，将平时即健康时、在业时、年轻时创造的价值、获取的收入的一部分积累储存起来，在生病时、失业时、年老时用于生活和医疗需要，弥补基本保险和企业补充保险的不足，提高保障水平，确保参与个人储蓄积累保障者的生活得到更好的改善，享受较高的保障待遇。个人储蓄积累保障基金的形成特点：一是实行个人自愿原则；二是缴费储蓄多少由个人根据自身的收入确定，国家在一定额度内给予一定的优惠，如给予免税和优惠利率；三是企业也可以采取优惠措施，如予以适当的补贴；四是在被保人符合领取保险待遇时可一次性发还也可分期、分批给付。①

三、全国社会保障基金

全国社会保障基金（以下简称全国社保基金）是指全国社会保障基金理事会（以下简称全国社保基金理事会）负责管理的由国有股减持划入资金及股权资产、中央财政拨入资金、经国务院批准以其他方式筹集的资金及其投资收益形成的由中央政府集中的社会保障基金（见图 3-3）。全国社保基金是独立于社会保险各项目基金之外的后备储蓄基金，由全国社保基金理事会进行监督和管理。全国社保基金是中央政府集中的社会保障战略储备，主要用于弥补今后人口老龄化高峰时期的社会保障需要和其他社会保障需要，其来源主要包括：中央财政预算拨款；中央财政拨入彩票公益金；国有股减持或转持划入资金或股权资产；经国务院批准的以其他方式筹集的资金；投资收益等。此外，将来视情况可能还要扩大来源。比如，考虑开征遗产税，发行社会保障基金长期债券等，以筹集和积累社会保障资金，加快建立和完善社会保障体系。

① 梁君林，陈野．社会保障基金运行研究［M］．北京：中国商业出版社，2002.

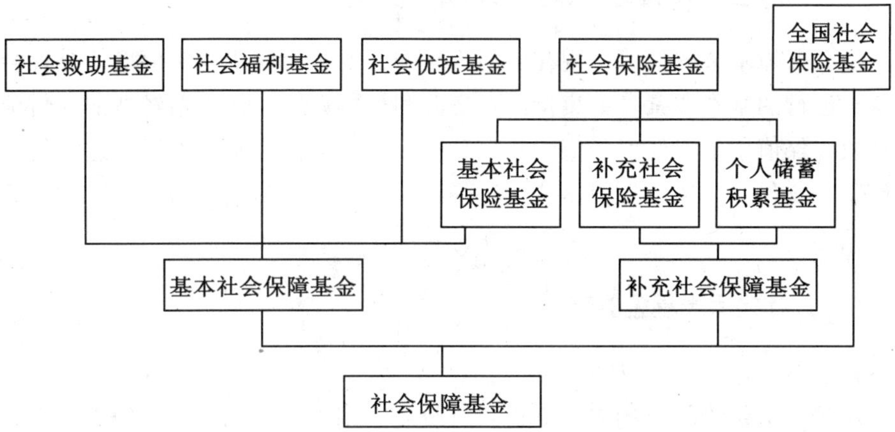

图 3-3　社会保障基金构成图

2000 年 8 月 1 日，为应对日益严峻的老龄化危机和金融风险，经中共中央批准，国务院决定建立全国社保基金，同时设立全国社保基金理事会。全国社保基金理事会为国务院直属正部级事业单位，受国务院委托，管理运营全国社保基金。十年来，全国社保基金恪守“价值投资、长期投资、责任投资”的投资理念，投资领域从最初的存款与国债扩展至现在的股票投资、实业投资、股权投资基金投资、海外投资等，在审慎投资、科学投资的探寻中有效实现了资金的保值增值。全国社保基金经历了从无到有、从少到多的发展历程，基金规模逐步增至7 766亿元。全国社保基金的壮大过程折射出中国社会保障事业的快速发展，不断发展壮大的全国社保基金目前已经成为我国社会保障体系的重要组成部分。

第三节　社会保障基金运行机制与管理模式

社会保障基金的管理是社会保障事业管理的重要组成部分。因此，社会保障机构，应依照法律和政策规定，采用科学方法对社会保障基金的业务运作管理，包括核定、收缴、筹集、应用、支付、会计核算和财务管理等，加强监督、审计，采取各种措施保证社会保障基金的保值增值。

一、社会保障基金的来源及形成轨迹

社会保障基金的价值体现在运动过程中，筹集、使用和保值增值是社会保障基金运行的基本要素。筹集指经费来源和筹集方式；使用指经费的支付项目和对象；保值增值指经费价值的保存和扩大。社会保障基金的运行过程就是它的筹集、支付、使用和保值增值过程的统一。社会保障基金监管贯穿整个运行过程始终。

（一）社会保障基金的来源

1. 国家、企业、个人多方或单方缴费

尽管社会保险基金的来源渠道只有政府、用人单位和个人，但不同缴纳主体的组合，会形成不同的社会保险基金筹集方式。总的来说有以下几种情况：

（1）国家或企业独立承担。由国家独立承担的情况是前苏联等国家在社会保险中通行的做法，随着前苏联的解体和东欧国家剧变，目前已经很少见到。当然，社会救助、社会福利、社会优抚中也有绝大部分是来自国家财政。由企业独立承担的项目例如工伤保险、生育保险，皆由企业按职工工资总额的一定比例提取缴纳，职工个人不需缴纳任何费用。

（2）个人独立承担。这种情况多见于以新加坡和智利为代表的施行强制储蓄积累制的国家。这种方式开始主要运用于养老保险，然后逐步扩大到其他保险项目，但往往无法覆盖所有的社会保险项目。

（3）国家、企业和个人两方或三方共担。这又可分为国家和企业共担、企业和个人共担、国家和个人共担、三方共担等不同情况。我国的基本社会保险项目如基本养老保险、基本医疗保险都是由国家、企业、个人三方共担。国家财政对社会保险基金的资助可以分为直接资助和间接资助两种方式。直接资助往往采取财政拨款、发行财政担保的社会保险债券等形式。间接资助是通过税收减免的方式提供，包括：对企业建立的各种补充保险项目在资金上予以免税，对个人参加各类自愿参加的社会保险项目予以个人所得税减免等。企业和个人共担也是较常见的共担方式。而企业缴纳和国家资助相结合的方式将社会保险基金的责任主要交给企业，国家只是采取帮助的方式。这种形式在传统的计划经济体制下最具有代表性。至于国家和个人共担的方式极为少见，国家为激励个人投保而颁布的让利优惠措施，可以勉强算在其中。

2. 社会保障基金的投资收益

社会保障基金投资运营是当代社会保障改革的历史责任和现实选择，当前我国金融市场法规建设日趋完善，投资品种日渐丰富，运作机制逐步规范，市场容量已有一定吸纳能力，投资管理机构承担投资管理业务的能力进一步增强，为社保基金投资运营提供了外部条件，创造了外部环境。为此，社会保障基金将根据制度设计、筹资机制和保障目标的不同，实施不同的投资政策。通过实现积极稳妥的社会保障基金投资政策，逐步将日渐增大的社会保障积累基金投入资本市场，将保值增值压力转变为良好的投资回报，增强基金支撑能力，减轻财政支付压力，化解潜在的社会保障债务危机，支持社会保障制度的可持续发展。通过社保基金的投资运营，促进金融市场的繁荣和健康发展，从而为社保基金投资创造更好的市场环境；为国家经济建设提供资金，从而促进经济发展，为基金开辟更加可靠的来源，实现社会保障基金、资本市场和经济社会发展的相互促进和良性互动。因此，基金的保值增值也可视为其重要来源之一。

3. 社会捐赠

社会捐赠是以自主自愿的方式筹集社会保障基金的一种形式。社会捐赠直接吸纳到社会保障基金名下，由社会保障机构根据实际需要使用；或者根据某些特定事件（如自然灾害）或特定对象（如残疾人）的需要，临时采用直接筹款、义演、发行彩票等方式向社会募捐。社会捐赠是社会保障基金形成的重要途径。

4. 滞纳金与罚金收入

在实施社会保障制度尤其是社会保险制度的过程中，对少缴、漏缴或欠缴的企业或个人收取一定比例的滞纳金与罚金，不仅可以增加社会保障基金来源，而且可以对缴费主体起到监督和警示作用。

（二）社会保障基金的形成路线和运行轨迹

在我国现行国民收入分配制度下，社会保障基金是从社会劳动者创造的价值中提取出来进行积累和分配的，是在国民收入的分配与再分配两阶段中形成起来的（见图 3-4）。在国民收入初次分配阶段，通过企业和个人缴费积累社会统筹基金和个人账户基金。同时，国家以税收的方式筹集社保基金，并依法进行国民收入的再分配，通过转移支付等方式向不同的社会保障投保人提供物资帮助和服务。另外，还可通过向外界募捐、建立后备储蓄基金等方式募集资金，保障投保人的基本生活。企业或个人也可通过投保企业年金和商业保险项目等方式分摊风险，多渠道保障基本生活需要。

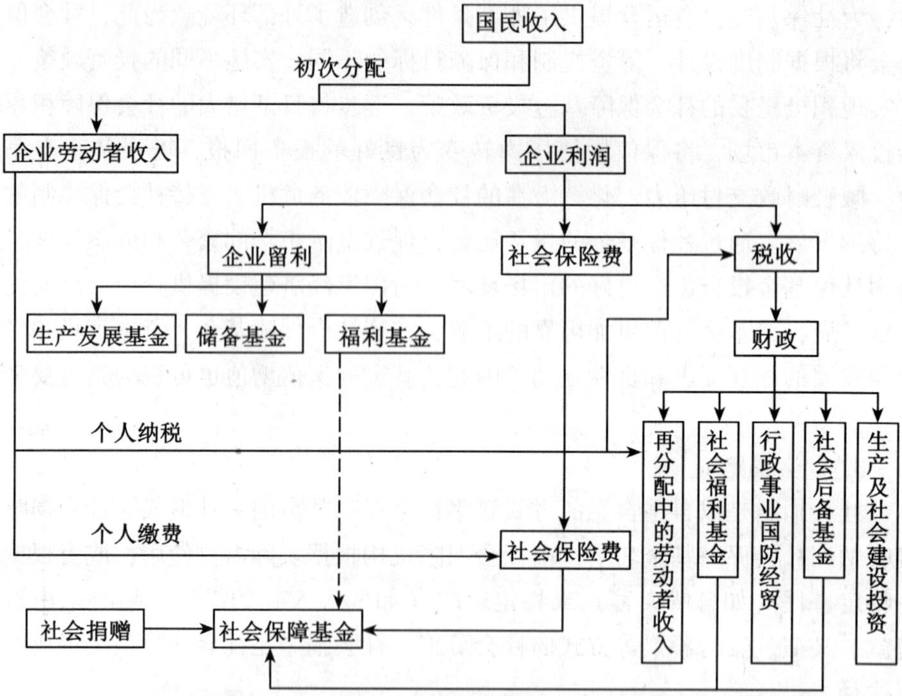

图 3-4　我国社会保障基金的形成路线①

二、社会保障基金的筹集与支付管理

社会保障基金的筹集是社会保障基金运行的基础和起点。加强对社会保障基金筹集的管理，探索其管理的方法和模式，提高其管理水平，确保社会保障基金及时、足额到位，有着十分重要的意义。

① 覃有土，樊启荣．社会保障法［M］．北京：法律出版社，1977.

（一）社会保障基金筹集的财务机制

从宏观上讲，社会保障资金筹集的基本要求是“收支基本平衡”，包括“横向平衡”和“纵向平衡”两方面的内容。所谓“横向平衡”，是指在全社会范围内，当年（或近几年内）所提取的基金总额应与其所需支付的费用总额保持平衡，这是一种着眼于近期的平衡；所谓“纵向平衡”，是指对参加保险的单位或个人，在其全部缴费期间所提取的基金总和（包括其他经常性收入以及政府的资助），应与其在全部享受保险待遇内所支付的费用总和保持平衡关系，这是一种着眼于未来的长期平衡。纵观世界上绝大多数国家的做法，社会保险基金筹集的财务机制可分为现收现付制、完全积累制、部分积累制三种模式。

1. 现收现付制

这是根据一定时期内（通常为一年）横向收支平衡的原则筹集社会保险基金的模式。本期社会保险基金的收入仅仅用来满足本期保险费支出的需要，本期征收、本期使用，收支基本保持平衡，不为以后时期的支付储备资金。其筹资模式的操作方法是，先对当年或一两年内某项社会保险所需支付的费用进行预测，然后以相同的提取比例，分摊到所有参加社会保险的单位和个人，当年提取，当年支付。保险费开支的预测一般是根据上年度实际开支总额，加上本年度预计增加的支出总额求得，一般提取总额应略大于预测的支付总额，使收支相抵，略有节余。

这种筹资模式的优点是：（1）不用考虑储备，基金提取比例视需要来调整，易于预测、计划；（2）收支保持平衡，积累基金不多，避免了物价上涨而带来的保险基金贬值的风险，也无需考虑投资增值问题；（3）实施初期交费率较低，易于被筹资对象接受。以后随着支出规模的扩大和物价上涨，收费率可逐年调整提高。其缺点是：缺乏长远规划，没有必要的储存和积累，随着参加社会保险成员年龄结构的变化，需求水平增长，提取比率会不断上升，势必加重用人单位、个人和国家的负担，甚至出现支付危机，同时也容易造成代际转嫁负担的社会矛盾。

2. 完全积累制

这是一种根据远期纵向收支平衡原则，筹集社会保险基金的模式。采取这种筹资模式时，首先要对全国或本地区社会经济发展状况，有关人口的健康水平、就业率、退休率、工资增长率、利息率、死亡率、预期平均寿命等进行宏观的预测，然后在此基础上预测未来时期各项社会保险待遇所需保险基金的总量，确定一个可以保证在相当长的时期内收支平衡的总平均收费率，再按照这个总平均收费率来筹集资金。采用这种筹资模式，在实施初期的若干年份，社会保险基金收大于支，其差额就作为以后年份的储备基金；而在支大于收的年份，就以储备基金及其利息来弥补收支差额。

这种模式的优点是：（1）具有很强的储蓄功能，能在较长的时期内分散风险，提取费率稳定，个人和用人单位负担较小。（2）在支付保险费后每年仍留有相当数量的储备积累基金，使社会保险基金有比较稳定的来源。（3）保险金额的增减是在科学预测基础上通过确定适当的费率来实现的。能应付人口老龄化时的支付需求，不存在支付危机和代际转嫁负担的社会矛盾。（4）这一模式还将自我保障机制融入法定社会保险，激励作用明显。这种模式的缺点在于基金储存时间长，容易受通胀贬值影响。因此，能否保证储备基金的保值增值，是实施这一模式的关键。

3. 部分积累制

这是一种把近期横向收支平衡原则与远期纵向收支平衡原则结合起来的筹资模式。在社会保险基金的形成上，一部分采取现收现付式，保证当前开支需要；另一部分采取预筹积累式，满足将来支付需求。这种方式兼容现收现付式和完全积累式两者的长处，弥补了它们的缺陷，所以被世界上许多国家所采用。

我国社会保险基金的筹集摒弃了传统的现收现付制，采用部分积累制，并从我国实际出发，结合中国国情，创造了具有中国特色的筹资模式——社会统筹与个人账户相结合（以下简称统账结合）。统账结合在维持社会统筹现收现付制框架基础上引进个人账户，形成了激励机制。因为积累基金建立在个人账户的基础上，所以个人保险权益十分清晰，透明度高，个人账户已缴纳储存了多少养老保险基金，将来可以享受多少养老保险待遇，一目了然。有利于推行个人缴费，明确个人在筹集基金中的责任，树立自我保障的意识。统账结合引进了约束和监督机制，个人在乐于缴费的同时，从自身利益出发，也会积极监督用人单位为其及时足额缴费，有利于建立基金的部分积累制，能够减轻代际转嫁负担和人口老龄化带来的支付压力。在统账结合模式中，政府的责任也十分明确，即政府要为个人账户的储存额承担保值增值的责任。总体来说，统账结合既体现了社会互济，又突出自我保障；既讲究公平，又注重效率；既体现政府的责任，又强调用人单位和个人的责任，不失为一种较好的筹资模式。

（二）社会保障基金的筹资模式

目前，世界各国政府发展社会保障事业的具体筹资方式主要有以下三种。

1. 缴费制

政府要求雇主和雇员以缴费的形式来筹集社会保障基金，然后责成专门机构负责对此社会保障基金进行管理与运营。由于它不直接构成政府财政收入的组成部分，财政部门不能参与管理，但有对其实行监督的责任，并且在其入不敷出时提供必要的专款补助。德国实行的就是这种社会保障统筹缴费方式。

2. 缴税制

这是世界上大多数国家普遍采用的一种社会保障筹资方式。目前，在建立社会保障制度的 170 多个国家中，已有 140 多个国家开征了社会保障税。社会保障税主要是对薪金和工资所得课征，已成为当今世界各国所得课税体系的一个重要组成部分。通过这一税种征收的税金，直接构成政府的财政收入，成为政府预算的重要组成部分。

3. 预算基金账户制

这是在政府指导下实行的一种强制性储蓄活动，借此将社会保障制度金融化。具体做法是，要求雇员的缴费和雇主为雇员缴纳的费用一并存入雇员个人账户，这笔款项及其利息的所有权归雇员个人所有，政府对这些款项仅有部分使用权和调剂权。因此，它在性质上更接近于商业保险。这种办法支持的社会保障制度缴费较高，一般只适用于人口较少、经济发展水平较高的国家。新加坡是成功实行这一做法的国家之一。

确定合理的社会保障筹资方式是一国社会保障体系构建中的核心问题，加强缴费与待遇之间的联系是中国社保制度改革的一个根本原则。社会保险费的筹集是采用缴费制还是缴税制，既是一个理论问题，也是一个激励问题；既是一个导向问题，也是一个制度设计问题。长期以来，我国的社会保障基金都是通过缴费方式筹集起来的。然而近年来，要求社会保障基金“费改税”的呼声越来越高，有人认为社会保障费改税是一种国际潮流，我国应与国际接轨，这个说法几乎形成了“一边倒”的现象。那么，我国社会保障基金的筹集究竟应采取哪种筹资方式，才能达到最佳效果呢？我们将三种社会保障基金筹资方式进行比较如下：

第一，社会保障水平有所不同。一般来说，缴税制国家通常强调政府只为公民提供最基本的生活保障，缴费制国家政府提供的社会保障水平相对更高，强制储蓄制国家以个人自我保障为主，保障水平与个人账户积累程度直接相关，具有很强的激励机制。美国在建立社会保障制度之初就提出“我们不可能100%对公民进行保护”（罗斯福声明），采取最基本保障由政府负担、鼓励私人机构为公民提供多种形式补充保障的方式，而且政府通过税收优惠等政策给予一定照顾，大大降低了政府在社会保障方面的责任风险和财政负担。相比之下，实行缴费制的德国，其社会保障普及面广，水平也较高。德国的社会保障资金来源中除了巨额的企业和个人缴费外，还有政府财政预算的1/4左右。新加坡、智利等实行强制储蓄制模式的国家，由于强化了自我保障等机制，加上国家小，经济比较发达，财力充实，所以保障水平也比较高。从各国社会保险缴税（费）水平看，美国社会保障税率的综合水平在20%左右，而德国的社会保障费率在40%以上，新加坡的公积金缴纳比例高达40%。可见，实行缴费制和储蓄制国家的缴费率要远远高于实行缴税制国家的缴税率。

第二，征收社会保障税的国家，保险项目及其税率设置一般较为简单、明了，税款缴纳和保险金支付都由政府部门直接管理，分工明确，管理集中。实行缴费制的国家，保险项目设置都比较复杂，每一个项目都有相对独立的一套缴费办法，社会保障管理多由社会承担，制度复杂，管理分散。实行储蓄制的国家，保险项目按账户设置，一目了然，基金的收、付、管理由政府高度集中，但账户运作比较复杂，难度较大。

第三，与缴费制和储蓄制相比，缴税制更能体现市场经济的公平原则和适应性。社会保障税模式不论收入高低，不受主客观条件的限制，参加社会保障的企业和个人都必须按统一的税率缴纳社会保障税，否则将不能享受均等的社会保障待遇。政府利用集中的部分社会保障税款，可以在全国范围内实行社会保障基金的余缺调剂，平衡地区差距。缴费制在保险项目、费率、待遇等方面常常按照收入高低、职业等划分不同层次和类别，尽管参加者都能得到社会保障服务，但常因不公平的费率和待遇损伤一部分人的积极性。强制储蓄制因为缴费比例较高，而且设立个人账户，管理比较复杂，适用于人口较少、地区差别不大、个人收入差别不悬殊，且经济发展水平较高的国家，而且储蓄基金所留存的大量积累要求在比较稳定的物价水平下才能实现保值增值。因此，要求政府具有较强的稳定通货、控制物价的能力。社会保障税的实施没有这么多苛刻条件，只要税率适度，社会保障法规比较完善，利用已有的税收征管机构和国家预算执行系统就能基本保证顺利实施。①

（三）社会保障基金的支付

1. 社会保障基金的支付范围和项目

社会保障基金支付项目，亦即社会保障基金的最终用途和使用方向。总体而言，社会保障基金的专款专用，决定了社会保障基金的最终用途和使用方向围绕社会保障事业展开，不能挪作他用。

（1）用于职工的基本生活保障支出。职工的基本生活保障支出包括用于暂时丧失劳动能力和生活困难的职工的补助费和用于永久丧失劳动能力的退休职工的退休金。如用于补助病假职工的基本生活的费用；用于补助工伤（包括职业病）职工的生活费用；用于补助生育女职工的生活费用；用于补助收入低、人口多、负担重、生活困难的职工的生活费用。退休金是社会保障基金使用中数额较大的一个项目。随着人口结构的不断老化，退休人员的增多，退休金总额在不断增加。

（2）用于符合享受失业保险待遇的失业者在失业期间的基本生活支出。

（3）用于国家和单位医疗保障方面的经费开支。国家和单位医疗保障方面的经费开支主要包括诊疗费、手术费、医药费、住院费、检查费等。享有医疗保险的在职职工的医疗费，大部分由国家和单位负担，本人只负担挂号费和小部分医疗费。国家还负担部分优抚对象、无依无靠的孤老、遗幼等的医疗费用。

（4）用于社会优抚方面的支出。社会优抚方面的支出主要包括用于因战争、因病死亡军人的遗属的基本生活费用；用于残废的军人、人民警察、参战致残民兵民工的生活费用；用于补助优抚对象中没有劳动能力或基本丧失劳动能力的孤老病残人员的生活费用。

（5）用于社会救济方面的支出。社会救济方面的支出主要包括用于解决灾民无力克服的生活和治病以及生产自救的困难的救灾款；用于因病、人祸、人口多、负担重，或因历史、经济、社会原因生活困难的贫困者的生活救济费；用于享受失业保险待遇期满后的失业人员的生活救济费；用于无依无靠、缺乏或完全丧失劳动能力的老、弱、孤、寡、残及其他生活困难的人的生活救

① 王海勇，金菁．世界各国社会保障筹资方式的比较研究［N］．中国税务报，2007-09-19.

济费。

（6）就业培训方面的支出。为使劳动者增强就业能力，必须加强对劳动者的教育培训，提高他们的技能和劳动能力，使之适应科学技术的迅速发展对劳动者提出的新的、更高的要求。只有这样，才能实现劳动就业保障。一般来说，技能越熟练、技术水平越高的人，就业越容易，失业的可能性越小，尤其是在职工失业后，进行就业培训，具有更重要的意义。因此，就业培训费支出，是社会保障基金使用的一项重要内容。随着科学技术的进步、劳动合同制的推广和优化劳动组合的开展，以及企业破产法的实施，厂内待业和社会待业的人数将增加，就业培训费支出也将有较大的增长。对于待业职工，除了培训费外，还必须拿出一定的社会保障基金用于组织生产自救，如兴办企业，对愿意接收失业职工的企业给予扶持，或对自谋职业、资金有困难的失业职工进行帮助。

（7）用于保障设施方面的支出。保障设施费是指国家、单位和社会为了向社会成员提供服务设施保障而举办兴建的生活服务设施，如食堂、托儿所、幼儿园、浴室、理发室、图书馆、俱乐部、疗养院等支出的基建费用及日常管理经费；还有为社会孤老、残幼、精神病人和伤残军人建设的福利院、养老院、精神康复院、荣誉军人休养院等的设施费。①

2. 社会保障基金待遇的支付方式

社会保障基金支付有两种基本形式：一是实物形式，二是货币形式。

实物形式是指政府直接为社会成员提供特定商品或劳务的一种社会保障支付形式，通常在社会福利基金支付、社会救济金支付和优抚安置金支付中普遍应用。实物形式是一种比较传统的支付方式，它往往在解决某些专门性、应急性的保障活动中应用，比如在灾害救济中发放救灾物资，在贫困救济中发放济贫物资等，目的是比较快捷地解决受保者的生活保障问题。例如，从美国最近几年的福利支出内容看，物品救济（包括食品券、住房补助和医疗补贴等）支出占整个福利支出的70%；而现金救济只占30%。其中，美国政府向低收入者提供公共住房，免费给穷人提供面包、奶酪和黄油等。中国的福利、医疗、救灾、救济等支出中也不同程度地采用提供某种特定商品和劳务，由受益人无偿享用。

货币形式也称现金形式，是以向受保对象发放货币资金，如救济金、养老

① 柴月姣．社会保障基金管理教程［M］．北京：中国财政经济出版社，2002.

金、保险金等来支付社会保障金的形式，是社会保障待遇支付的主要形式，尤其在社会保险、贫困救济等保障项目中使用得最为普遍。其中社会保险待遇支付完全采用货币形式；社会救济、社会福利、优抚安置等支付的一部分或大部分也是采用货币支付形式。

此外，社会保障基金待遇还可通过服务方式来进行支付。提供服务是通过向受保对象提供服务来满足其保障需求，进行保障金支付的方式。这是一种特殊的保障金支付方式，它通过购买服务和劳务，为急需帮助的社会成员提供及时的社会保障服务，进而实现社会保障金支付。提供服务是社会保障金支付的辅助形式，它经常在社会福利、优抚安置等保障项目中应用。

（四）社会保障基金的投资运营

社会保障基金投资管理，是指为实现社会保障的基本目标和保值增值运行原则，对社会保障基金的投资运营方式所进行的规划和管理。社会保障基金的投资管理是社会保障基金管理的核心，从而也是整个社会保障制度运行的关键。

1. 社会保障基金的投资原则

（1）安全性原则。社会保障基金是帮助劳动者抵御风险、保障家庭基本生活的“保命钱”和“救命钱”，应本着谨慎原则，在综合考察投资项目的安全性的前提下，进行投资决策。安全性是社会保障基金投资的首要原则。无论是市场风险还是非市场风险，都必须通过科学、全面的调查研究，在确定可知风险的情况下进行组合投资，做到安全第一。

（2）收益性原则。社会保障制度是一项长期存在的社会制度，社会保障基金是一种可以长期投资的基金，随着国家经济持续发展，社会保障基金的规模也会不断扩大，社会保障基金面临的支付压力也会与日俱增。在投资方面，社会保障基金注重长期收益，而不是短期获利；注重持续性，而不是投机性，能带来长期稳定的投资回报的项目是社会保障基金的最佳选择。

（3）流动性原则。除了安全性和收益性，社会保障基金还需要具备一定的流动性，用以支付劳动者在生产过程中发生意外伤亡时所需的费用。如果社会保障基金流动性较弱，也会妨碍社会保障制度的正常运行。因此，保证一部分社会保障基金的流动性或可兑现性是十分重要的。

2. 社会保障基金的投资方向

从世界范围来看，社会保障基金中用于风险投资的大多不是来自“第一支柱”的社会保障基金，即基本社会保障基金，而是来自“第二支柱”和

“第三支柱”的补充社会保障基金和个人储蓄积累基金。在我国，基本社会保障基金除了存作银行存款生息和购买国债之外，不允许进行任何风险性投资。而真正具有投资意义的是补充社会保障基金、个人储蓄积累基金和全国社会保障基金。

以全国社会保障基金为例，基金在境内的投资范围包括：银行存款、国债、金融债、企业债、信托投资、资产证券化产品、股票、证券投资基金、股票指数化投资、股权投资和产业投资基金等。根据财政部、劳动和社会保障部关于《全国社会保障基金投资国家重点企业改制及国家重点改革试点项目的函》的回函（财金［2005］97号），社保基金实业投资范围为中央直管企业改制或改革试点项目。中央直属企业是指国资委直接管理的国有非金融企业和财政部直接管理的国有金融企业。社保基金投资中央直管企业改制或改革试点项目不以谋求控制企业为目的，不参与企业的日常经营管理，投资总额按成本计算不超过划入基金货币资产的20%，投资单一项目的比例不超过该项目总规模的20%。目前，全国社保基金已投资交通银行100亿元、中国银行100亿元、工商银行100亿元，京沪高速铁路股份有限公司100亿元。从已投资的项目来看，交行、中行、工行已全部上市，截至2007年12月31日，三大行总市值1272亿元。

根据《财政部、劳动保障部关于调整全国社保基金投资范围审批方式的通知》（财金〔2007〕37号），全国社会保障基金可以开展有银行担保的信托贷款项目投资。全国社保基金投资信托贷款项目，按成本计算，不得超过总资产的5%；单一项目的投资，不得超过总资产的1%。

2007年至今，社保基金共开展了44个信托贷款项目的投资，涉及铁路、公路、保障房、电网、电力、机场、港口、地铁等多个领域，累计投资金额845.8亿元。借款人主要为承担城乡基础设施和保障房建设任务的中央、省、市大中型国有企业。

截至2014年6月末，社保基金信托贷款存量（按本金计算）为405.42亿元，共19个项目。其中，铁路贷款120亿元，保障房贷款160.42亿元，高速公路、道路等基础设施贷款125亿元。2011年以来，社保基金先后投资了10个省市的16个保障房项目和4个省市的高速公路、道路等基础设施项目。

2014年6月18日，《全国社会保障基金信托投资管理暂行办法》正式发布，进一步规范了项目来源、项目选择、投资决策等程序，为促进社保基金信托贷款投资业务的发展提供了制度保障。截至2014年6月末，社保基金信托投资法规上限约为 600 亿元，目前还有 190 多亿元的额度，将主要投资于国家重点支持的城乡基础设施建设、保障房建设以及国家鼓励发展的重点行业和领域。社保基金会将继续通过各大中型企业、省市地方政府有关部门、担保银行和信托公司等多渠道积极寻找信托投资项目，支持企业发展和地方建设，也希望符合条件的大中型企业、银行等向社保基金会股权资产部（实业投资部）书面发函，洽商信托贷款业务合作。

基金在境外的投资范围包括：银行存款、外国政府债券、国际金融组织债券、外国机构债券、公司债券、中国政府或企业在境外发行的债券、银行票据、大额可转让存单等货币市场产品、股票、基金和用于风险管理的掉期、远期等衍生金融工具。经国务院批准，2008 年 4 月，财政部、人力资源和社会保障部同意全国社保基金投资经发展改革委批准的产业基金和在发展改革委备案的市场化股权投资基金，总体投资比例不超过全国社保基金总资产（按成本计）的 10%。我国社会保障基金投资收益如表 3-1 所示。

表 3-1　**全国社会保障基金历年投资收益一览表**

年 度	收益金额（亿元）	收益率（%）	通货膨胀率（%）
2000	0. 17	—	—
2001	7. 42	1. 73	0. 70
2002	19. 76	2. 59	-0. 80
2003	44. 71	3. 56	1. 20
2004	36. 72	2. 61	3. 90
2005	71. 72	4. 61	1. 80
2006	619. 79	29. 01	1. 50
2007	1 453. 5	43. 19	4. 80
2008	-393. 72	-6. 75	5. 90
2009	850. 49	16. 12	-0. 70
2010	321. 22	4. 23	3. 3
2011	73. 37	0. 84	5. 4
2012	646. 59	7. 01	2. 6
2013	685. 87	6. 29	2. 6
累 计	4 187. 38	8. 13	2. 51

数据来源：根据中华人民共和国人力资源和劳动社会保障部官方网站相关数据整理而成。

2013年，全国社保基金收到境内转持国有股18.09亿元，其中，股票5.32亿元，现金12.77亿元；自2009年6月执行《境内证券市场转持部分国有股充实全国社会保障基金实施办法》以来，累计转持境内国有股1 083.83亿元，其中：股票843.90亿元，现金239.93亿元。2013年，全国社保基金收到境外转持国有股54.37亿元，自2005年执行境外国有股减持改转持政策以来，累计转持境外国有股641.99亿元。

3. 社会保障基金的投资管理模式

社会保障基金投资运营管理的难点在于既要控制投资风险，确保社会保障基金在商业运营中的安全性，又要增加投资回报，确保社会保障基金的收益性和流动性。在既想投资风险最小，又想投资收益最大的矛盾心态下，社会保障基金投资管理的办法与手段通常是各方博弈、彼此妥协的结果，做出将投资风险控制在可控范围内尽可能地实现收益最大化的最佳选择。目前，从世界范围看，社保基金的投资管理大体可划分为三种类型：政府集中型管理模式、适度集中型管理模式和分散型管理模式。三种模式各有利弊，世界各国皆根据各自国情，采取相应模式。

（1）政府集中型管理模式。这种模式是指中央政府通过强制手段，将参保人的部分收入以费或税的方式集中到一家公共管理的中央基金，政府社会保障部门直接负责这部分资金的投资运营，从而实现对社保基金的投资管理。参保人无权自由选择投资方式。同时，政府单方面制定社会保障基金的收益率，以此支付参保人。采用这种模式的国家有新加坡、马来西亚等。这种模式的特点是社会保障基金高度集中并具有垄断性，可以降低搜寻成本和投资管理成本，所以有利于低收入者。但是，由于这种投资管理类型强调行政干预，在具体业务管理中，极易受制于政治压力，甚至产生渎职和低效率的后果。另外，社会对政府集中管理的社保基金的稳定性要求较高，导致投资限定于银行储蓄、政府债券等领域。投资风险降低了，但投资收益也随之降低。

（2）适度集中型管理模式。这种模式仍然依靠政府公共机构统一征收投保人的社会保障款，政府公共机构公开选择若干家经营良好的基金公司等金融机构，由其管理运作社保基金。或者基金集中起来后再按照投保人个人的选择，在几家基金公司之间进行分配。由于政府在选择基金时通常采取公开招标或拍卖等方式，避免了由政府垄断投资运营所容易导致的行政性垄断。同时，这种模式适度集中社保基金，然后“分配”给指定的基金公司管理，仍然可以克服资金过于分散的弱点，发挥规模经济效益。另外，在实行这种模式的一些国家，尽管参保人不直接与基金公司打交道，但可选择基金公司，中央政府把社保基金分配给这些公司经营，仍然体现参保人员较大程度的自主权。当然，在这种模式中，政府把社保基金委托给基金公司经营，产生委托—代理关系，使基金投资管理更加复杂化，需要不断改进约束和激励机制，提高运营效率。尽管如此，世界上绝大多数国家的社保基金投资管理都采取这种模式。

(3) 分散型管理模式。在这种模式下，由政府根据法律规范的资格条件确定多家符合条件的私营机构来运营社会保障基金，允许各机构之间展开竞争。参保人根据国家的法令建立个人账户，从国家核准的基金管理公司中自由选择基金公司，委托其管理自己的个人账户。政府核准的基金公司可以自由进入该市场，吸收社会保障资金加入。以智利为代表的拉美国家采取这种模式。与政府集中型管理模式相比，这种模式的特点是基金管理分散且具有竞争性，较少受到政治因素影响，资金规模相对较小，灵活性强，基金公司间自由竞争，效率至上。其弊端在于政府与个人均无法控制风险，并因私营机构对利润的追逐与运行的隐蔽性而埋下隐患。同时，搜寻成本的增加，对中低收入者极为不利。

第四节　社会保障基金的监督管理

一、社会保障基金监督管理的概念及意义

社会保障基金监督管理是对社会保障基金管理行为的监督，即依据国家有关法律、法规，对社会保障基金的预决算、基金收支、基金运营管理的合法性、真实性、有效性依法实施的监督检查。

社会保障体系是一个庞大而完整的系统工程，社会保障基金监管是其中的重要一环。确保基金的安全和完整是基金监管的首要目标。然而，社会保障基金无论是从收支的过程来看，还是从投资运营的操作来看，都潜伏着各种风险。基金的规模越大，基金风险的可分散程度越小。当前社会保障基金监管不力，监管不严，挤占、挪用甚至浪费现象比较突出。据统计，在 1986 年至 1997 年，我国有上百亿元社会保障基金被违规动用。1998 年以来，全国清理回收挤占挪用基金 160 多亿元，至 2005 年底，还有 10 亿元没有回收入账。截

至“十五”期间，劳动和社会保障部接到挤占挪用基金举报案件96件。社会保障基金案的频发，引发了人们对社会保障基金监管问题的热议。如何建立和完善社会保障基金监管体系，加强对社会保障基金筹集、投资运营和基金给付流程的监督，成为社会各界关注的焦点。

社会保障基金监督管理的目的在于：维护国家社会保障基金管理政策的贯彻执行，保障社会保障基金的正常运行，预防社会保障基金管理的各种风险；及时分析、综合反映和评价社会保障基金管理、运行状态与预期标准的偏差，及时分析研究偏差产生的原因及可能带来的损害，为政府制定和实施社会保障基金管理政策提供可靠的信息和依据；通过社会保障基金监督，有效地制止和纠正违法、违规行为，增强社会保障基金管理运营机构的自我约束力。

社会保障基金监管目标的实现，要求通过建立规避基金运营风险的“防火墙”、“减震器”，确保基金的安全和完整，促进保值增值，保护社会公众的利益，维持社会公众对社会保障的信心。

二、社会保障基金监管的模式选择

国际上通常将监管方式分为两类：审慎型监管模式、严格限量监管模式。

1. 审慎型监管模式

审慎型监管即根据审慎原则对基金进行监管。监督机构不对基金资产的具体安排做任何数量化的规定，但要求投资管理人的任何一个投资行为都要像一个“谨慎人”对待自己的资产一样考虑各种风险因素。在审慎型监管模式下，一是强调基金管理者对基金持有人的诚信义务以及基金管理的透明度，打击欺诈行为，保护基金持有人的利益；二是要求对基金资产进行多样化的组合，避免风险过于集中；三是限制基金管理者进行自营业务；四是鼓励竞争，防止基金管理者操控市场和避免投资组合趋同；五是在审慎原则之下，基金管理人虽然拥有很大的自主权，但其背后是以严格的法律约束为保障的。如美国有《雇员退休收入保障法》；英国有《信托法》、《社会保障法》和《养老金计划规则》等。采用这种模式的国家有：美国、英国、加拿大、澳大利亚、荷兰等英美法系国家。现以美国为例，在这种监督模式下监督机构较少干预基金的日常活动，在很大程度上是依靠审计师、精算师等市场中介组织对基金运营进行监管，只是在当事人提出要求或基金运营出现问题时才介入。这种监督模式对基金管理者依靠专业背景进行投资给予了很大的发挥空间。

2. 严格限量监管模式

严格限量原则是指政府对社会保障基金投资实行较为硬性的管制，做出较为明确的限制和规定，包括对市场准入资格的限制，对合同条款的管理，对投资组合等都制定一些指导性原则。这种监管模式的主要特点是：第一，监管机构独立性强，权力较大，建立了独立的养老保险监管机构，代表国家对养老基金进行统一监管。第二，对基金投资比例有限制性的规定。监管机构根据这种规定，通过现场和非现场监管的方式密切监控基金的日常运营。第三，有严格的信息披露制度。第四，实行最低收益原则。实行此种模式的主要是大陆法系的国家，如法国、德国、日本等国以及广大的发展中国家如智利、菲律宾、马来西亚等国。以智利为例，严格限量监管模式的代理风险较小，但保值风险一般高于审慎型监管模式。

3. 两种模式的比较与分析

审慎型监管模式与严格限量监管模式各有利弊，对不同的风险，抵御能力不同，应根据具体国情和经济社会发展程度进行适时选择。

从资金投资权力来看，审慎型监管是较宽松的，因为管理人享有充分的资产配置权。但从另一方面来看，它又是非常苛刻的，因为在发生投资失败时，资金管理人必须能够举证自己当时的决策是符合谨慎性原则的。与审慎型监管相比较，严格限量对投资管理人在承担投资失败责任时比较有利，只要不违反预先规定的资产数量比例规定就可以免除承担投资损失的责任。

从社会保障基金收益率来看，采用审慎型监管方式的国家的基金收益率一般高于采用严格限量监管方式下的基金收益率。在审慎型监管方式下，不动产和股票投资收益率大于其他的投资组合的收益率，倾向于风险较高、灵活性强的投资组合。但这类投资组合的风险较大，对资本市场和法制环境的成熟程度具有相当高的要求，否则基金的安全难以保证。我国社会保障基金监管目前采取的是严格限量监管方式。随着资本市场的成长、个人账户逐步做实以及面对未来人口老龄化的压力，我们应该考虑尝试将现行的监管方式由严格限量监管向审慎型监管转变。①

---

① 余为恒．中国社保基金监管方式——从严格限量转向审慎型［EB/OL］．中国经济网．http：//finance.ce.cn/insurance/scroll-news/200702/09/t20070209 _ 10372837.shtml，2007-02-09.

三、《新社会保险法》中关于社会保险基金监管方面的若干规定

（一）日常监管

社会保险行政部门对社会保险基金的收支、管理和投资运营情况进行监督检查，发现存在问题的，应当提出整改建议，依法做出处理决定或者向有关行政部门提出处理建议。社会保险基金检查结果应当定期向社会公布。

社会保险行政部门对社会保险基金实施监督检查，有权采取下列措施：

（1）查阅、记录、复制与社会保险基金收支、管理和投资运营相关的资料，对可能被转移、隐匿或者灭失的资料予以封存。

（2）询问与调查事项有关的单位和个人，要求其对与调查事项有关的问题作出说明、提供有关证明材料。

（3）对隐匿、转移、侵占、挪用社会保险基金的行为予以制止并责令改正。

（二）监管机构

统筹地区人民政府成立由用人单位代表、参保人员代表，以及工会代表、专家等组成的社会保险监督委员会，掌握、分析社会保险基金的收支、管理和投资运营情况，对社会保险工作提出咨询意见和建议，实施社会监督。

社会保险经办机构应当定期向社会保险监督委员会汇报社会保险基金的收支、管理和投资运营情况。社会保险监督委员会可以聘请会计师事务所对社会保险基金的收支、管理和投资运营情况进行年度审计和专项审计。审计结果应当向社会公开。

社会保险监督委员会发现社会保险基金收支、管理和投资运营中存在问题的，有权提出改正建议；对社会保险经办机构及其工作人员的违法行为，有权向有关部门提出依法处理建议。

（三）监管处置

（1）社保经办机构及其工作人员有下列行为之一的，由社会保险行政部门责令改正；给社会保险基金、用人单位或者个人造成损失的，依法承担赔偿

责任；对直接负责的主管人员和其他直接责任人员依法给予处分：

（a）未履行社会保险法定职责的；

（b）未将社会保险基金存入财政专户的；

（c）克扣或者拒不按时支付社会保险待遇的；

（d）丢失或者篡改缴费记录、享受社会保险待遇记录等社会保险数据、个人权益记录的；

（e）有违反社会保险法律、法规的其他行为的。

（2）社会保险费征收机构擅自更改社会保险费缴费基数、费率，导致少收或者多收社会保险费的，由有关行政部门责令其追缴应当缴纳的社会保险费或者退还不应当缴纳的社会保险费；对直接负责的主管人员和其他直接责任人员依法给予处分。

（3）隐匿、转移、侵占、挪用社会保险基金或者违规投资运营的，由社会保险行政部门、财政部门、审计机关责令追回；有违法所得的，没收违法所得；对直接负责的主管人员和其他直接责任人员依法给予处分。

（4）社会保险行政部门和其他有关行政部门、社会保险经办机构、社会保险费征收机构及其工作人员泄露用人单位和个人信息的，对直接负责的主管人员和其他直接责任人员依法给予处分；给用人单位或者个人造成损失的，应当承担赔偿责任。

（5）国家工作人员在社会保险管理、监督工作中滥用职权、玩忽职守、徇私舞弊的，依法给予处分；构成犯罪的，依法追究刑事责任。

☞本章小结

社会保障基金问题尤其是社会保险基金问题是社会保障制度的核心问题。社会保障基金在其筹集和运行管理中，具有立法强制性、统筹互济性、基本保证性、资金专用性、积累储备性、资金融通性等特点。

社会保障基金按照其使用途径和性质不同，可分为社会救助基金、社会保险基金、社会福利基金、社会优抚基金四大类。按基金在社会保障制度中所处的层次来划分，社会保障基金又可分为基本保障基金、补充保障基金以及全国社会保障基金。

社会保障基金的运行过程是基金筹集、支付、使用和保值增值过程的统一。社会保障基金监管贯穿整个运行过程。社会保障基金的来源包括：国家、企业、个人多方或单方缴费；社会保障基金的投资收益；社会捐赠；滞纳金与罚金收入。

社会保障基金筹集的基本要求是“收支基本平衡”，包括“横向平衡”和“纵向平衡”两个方面的内容。社会保险基金筹集的财务机制可分为现收现付制、完全积累制、部分积累制三种模式。社会保障基金的筹资模式包括缴费制、缴税制、预算基金账户制。

社会保障基金支付有两种基本形式：一是实物形式，二是货币形式。此外，社会保障基金待遇还可通过服务方式来进行支付。

社会保障基金的投资秉承安全性、收益性、流动性原则。社保基金的投资管理大体可划分为三种类型：政府集中型管理模式、适当集中型管理模式和分散型管理模式。三种模式各有利弊，应根据各国国情具体选择。

确保基金的安全性和完整性是社保基金监管的首要目标。国际上通常将监管方式分为两类：审慎型监管模式和严格限量监管模式。我国社会保障基金监管目前采取的是严格限量监管方式。

☞关键术语

社会保障基金　完全积累制　现收现付制　部分积累制
缴费制　缴税制　预算基金账户制　社保基金投资
社保基金监管　审慎型监管　严格限量监管

☞思考题

1. 什么是社会保障基金？它有什么特点？
2. 简述社会保障基金的内容及构成。
3. 社会保障基金筹集的财务机制有哪几种？
4. 社会保障基金的筹资模式有哪些？试比较其异同。

5. 社会保障基金支付范围包括哪些项目？通过哪些方式予以支付？

6. 比较社会保障基金投资管理三种模式的成本及收益情况。

7. 结合目前我国社会保障基金监管的现状，论述我国社保基金监管模式的选择及强化监管的对策建议。

☞案例分析

国外社保基金如何监管

德国养老金保险公司是欧洲最大的法定养老金保险机构，拥有5 700多万名客户，占德国人口的2/3。德国养老金保险公司每年的支出在2 000亿欧元以上，如此巨大的资金如何安全、经济、有效运转显得意义重大。

按照德国《社会法典》及相关法律法规，德国包括医疗、意外伤害和养老在内的各类社会保险机构实行法律上独立的自我管理，并且由保险金的交纳者——投保人和雇主共同参与决策。为此，德国实行社会保险选举制度，投保人和雇主通过公开的选举，选出各自的利益代表者，进入社保行业的管理决策层。

按规定，在医疗保险、意外伤害保险和养老金保险的决策机构中，投保人代表和雇主代表的数量必须对等。代表大会或者管理委员会是社保机构的决策机构，相当于“议会”，不超过60人。广大投保人和雇主通过选举参与监督社保机构的资金和服务政策，并有可能共同决定代表大会或者管理委员会的行为方式。

德国养老金保险公司新闻发言人雷娜特·蒂曼女士对记者说，作为受国家和公民委托的服务提供商，德国养老金保险公司没有自身特有的利益，实行自我管理，向个人提供所有养老金方面的咨询、医疗或者职业康复以及向退休者或者其亲属支付养老金。目前，公司在德国建立了由1 000多个咨询处构成的客户服务网络。完善的公司治理结构从制度上杜绝了挪用养老金等违规行为的发生。

德国联邦养老金保险公司的执行机构是一个3人理事会以及一个扩大理事会。2005年10月，德国联邦养老金保险公司通过代表大会选出了6名代表，与3人理事会成员共同组成9人扩大理事会。理事会的决定与所有下属法定养老金保险机构有关，并负责法定的任务，如投保人在下属保险公司的分配等。代表大会和代表大会主席团是德国联邦养老金公司的自我管理机构。代表大会有60名成员，设立两名轮值主席职位，分别代表投保雇员一方和雇主一方。代表大会的96名代表通过选举产生22人组成的主席团，主席团设立2名轮值主席，分别由来自投保雇员和雇主的代表担任。

德国养老金保险公司在财务管理上公开透明，公司在因特网上公开历年养老金收入与支出记录，并且及时公布每月的收支明细，接受公众问询和社会监督。

雷娜特·蒂曼女士说，德国养老保险的特点是实行代际协议，即由今天在职人员和雇主承担退休者的养老金，下一代人同样承担今天在职人员将来的养老金。在职者和雇主每个月交纳的养老保险金，到月底都用于退休金的支付。在德国，由于养老金收入不抵支出，需要国家补贴才能维持正常运转，因此养老金投资无从谈起。政府部门的监管也是社保机构正常运作的有力保证。

德国联邦审计局负责对德国养老金保险公司进行财务审计。雷娜特·蒂曼女士说，联邦审计局每年都要对德国养老金保险公司的审计结果进行汇总，出台审计报告。

资料来源：刘向．国外社保基金如何监管［EB/OL］．新华网，http：//news. xinhuanet. com/fortune/2006-10/19/content_ 5224128_ 1. htm，2006-10-19.

◎ **分析与思考**

1. 德国社会保障基金监管有哪些特点？

2. 借鉴德国社保基金监管方式，结合我国社保基金监管实践，分析我国社保基金监管的不足并提出改进措施。

第4章 社会保障制度的改革与发展

本章学习要点

- 社会保障制度改革的国际经验
- 主要国家社会保障制度改革对中国的启示
- 中国社会保障制度改革的内容
- 中国社会保障制度改革的成效和问题

第一节　主要国家社会保障制度的改革与发展

一、美国的改革与发展

（一）起源与现状

在西方市场经济国家中，美国的社会保障体制以其最为保守、最强调市场经济的效率和节省原则的特色，成为包括中国在内的后起工业化国家建立社会保障体制的主要参照系。美国的社会保障制度起源于20世纪30年代的大萧条时期，旨在通过建立强制性退休金储蓄制度帮助那些因丧失工作能力而生活无依靠的老年人。1935年美国国会通过的《社会保障法》和1939年通过的《立法补充》奠定了其社会保障制度的基础。此后，美国逐步建立起了一套完善的社会保障体系，其制度范围涵盖了社会保险、社会福利、社会救济。其中最重要的社会保险包括了养老保险、医疗保险、失业保险和工伤保险。

美国的社会保障制度实行现收现付制模式（Pay-as-you-go），这些福利金并不是来自每年政府的一般预算，而是每个月公司雇主和雇员缴纳的工薪税（也就是所谓的社会安全保险税），目前它的税率为12.4%，其中一半由雇员自己负担。政府收到这些税金后会把它放进一个专门的账户，用以支付目前退休人员每月领取的社会福利金。有资格领取社会保障退休福利金的只限于美国公民和工作人口，而每月领取退休金的多寡，则依据工龄和工作时的工薪而定。由此可见，在该体系下，工作人口目前的工薪税不会被用做其年老时的退休金，而是发放给现在的退休人口作为其退休福利金。同样的，目前工作人口的社会福利金将由下一代的工作人员来支付。尽管该体系属于现收现付制，但由于它在实施初期的抚养率非常低，并且后来随着抚养率的不断提高，税率也不断提高，所以该体系每年都有相当数量的结余。其所积累的资金主要投资于安全、低收益的政府长期债券。

但是，随着人口老龄化的加剧，退休人员将越来越多。2000年美国20～64岁成年人相对65岁以上老年人的比例约是4.5∶1，而预测到2025年有可能达到3∶1，① 这样将造成纳税人减少而受惠人增多。这里，有两个方面的因素造成工作人口与老龄人口比例的下降：一是人均寿命的延长；二是美国人口从20世纪60年代起，人口出生率一直在下降。这就是说，领取养老金的人口数在增长，而缴纳保险税的人在减少。尤其是20世纪60年代“婴儿潮”时期出生的近8 000万人是目前对社会保障系统贡献最大的人群，然而，随着这批人退休期的到来，势必导致社会保障系统负担的加重。美国社会保障制度到了非改革不可的地步。

（二）改革趋势——私人保障体系的发展

1. 养老金保障方面的改革

养老保障体制改革的大方向，其实质是逐渐以“私人保障体系”取代“社会保障体系”。

私人性质的养老金保障项目之一，是主要由雇员和雇主双方出资的所谓“401K”计划。401K计划始于20世纪80年代初，是一种由雇员、雇主共同缴费建立起来的完全基金式的养老保险制度，适用于私人盈利性公司。401K

① 陈红．争议中的美国社会保障制度改革［J］．经济社会体制比较，2006（5）．

计划在 20 世纪 90 年代迅速发展，逐渐取代了传统的社会保障体系，成为美国诸多雇主首选的社会保障计划。首先，雇员根据自己的收入和支出状况自愿选择是否加入 401K 储蓄项目。如果加入，可以决定将收入的 1%～15%存入计划，雇员的应税收入中扣除相应的部分。实际上，随着富裕程度上升和人们短视观念的转变，大多数人开始选择以更多的收入存入 401K，一般储蓄比例选择在 10%～15%。政府为了防止过多的税收流失，已经将每人每年存入 401K 的最大金额限制在10 000美元。其次，雇主根据企业的财力、企业政策和法律规定对雇员的存款量进行追加。雇主追加的存款一般为本人存款量的37. 5%～75%，法律规定追加的最高限额为雇员工资的 15%。追加的部分在雇员达到一定的条件（如在本企业就业时间达到 5 年以上）以后归雇员本人所有。再次，一个企业的 401K 储蓄，可以由企业自由决定或交由共同基金、保险公司或银行等专业金融机构协助管理。储蓄金的利息等增值部分，按比例打入个人账户。一般规定本人退休（65 岁）以后方可支取 401K 储蓄。但是，在满足一定的条件时，个人可以向 401K 基金贷款。

私人性质的养老金保障项目之二，是雇员个人出资的 IRA 计划。IRA 计划的全称是个人退休账户（Individual Retirement Account），始建于 1974 年，是完全由个人出资、个人管理、减税鼓励储蓄、退休个人享受的个人养老金计划。目前，任何拥有纳税性收入（不包括社会保障收入）的人，都可以通过在银行设立一个专用账户来建立自己的 IRA 计划。在享受政府提供的所得税减免方式上，IRA 计划又可以分为在个人账户的存入和支取的两头实行“前免税后交税”的普通 IRA 和在两头实行“前交税后免税”的 ROTH IRA 两种。不过，无论何种 IRA，最后计算的交税都比一般的个人储蓄账户所交的所得税要少。

2. 医疗保险及救助方面的改革

美国的医疗保险从 1965 年算起，该年颁布法律成立了针对穷人的“医疗救助”体系和针对老年人的“医疗照顾”体系。“医疗救助”资金主要用于四个方面：（1）用于低收入的单身母亲及其子女的医疗开支；（2）用于那些没有纳入“医疗照顾”体系的低收入老年人的就医补助；（3）用于低收入的伤残人和孕妇的就医补助；（4）用于老年退伍军人的家庭护理开支。在这些方面，改革的措施主要是提高在享受这些援助时个人付费的水平，如挂号费、处方费、非处方药等方面的支出。

在“医疗照顾”体系上，美国政府提出的改革方向有四个方面：(1) 进一步提高“医疗照顾”保险的缴费水平，以抵消医疗费的价格上涨。建议的方案是新增“药物缴费”，开始每人每月为25~33美元。(2) 对于享受不同医疗服务层次的人实行区别收费。在一定程度上把保险支出和保险缴费挂起钩来。(3) 放开享受“医疗照顾”体系补贴的老年人的选择权，让他们可以在比重不足20%的公立医院和医生与比重超过80%的私立医院和医生之间进行选择，而不是像过去那样只能就医于指定的公立医院，同时以公立医疗机构和私立医疗机构之间展开的竞争，来降低过高的医疗费用。(4) 放开“医疗照顾”体系参与者在社会医疗保险和私人医疗保险之间的选择权，鼓励个人将医疗保险项目从社会保险转入私人商业保险。这样，就可以逐步扩大私人商业医疗保险的规模，同时相应缩小医疗社会保险的责任和风险，帮助实现医疗保险从社会体系向私人体系的过渡。

二、欧盟的改革与发展

目前，欧盟地区是世界上社会保障体系最为完善的地区，社会保障制度属于典型的“普享式”模式，内容丰富，种类齐全，水平普遍较高，社会成员的生老病死、失业、退休、入学、住房等均有相应的社会保障，而且绝大多数社会成员都可以普遍享有，有些成员国更是有高福利国家的美称。这种社会保障制度在相当长的时期内，促进了欧洲的经济发展，保持了社会稳定，保证了市场经济条件下的一定程度的社会公平。但是，也相应出现公共开支巨额增长、政府财政负担过重、自愿性失业增加等社会经济问题，欧盟社会保障体系到了非改革不可的地步。

（一）医疗保障制度的改革与发展

覆盖所有居民的医疗保障制度是欧洲社会模式的重要组成部分，也是欧洲福利国家和社会保障体系的重要支柱。但是，由于医疗保障制度涉及医疗服务供需双方、经费筹集、质量监管、费用控制等多因素、多环节，使其成为十分复杂、管理难度最大的一种社会保障制度。世界各国国情各异，医疗保障制度设计和运行机制千差万别。在欧盟内部，以英国为代表的国家医疗服务体系模式（包括爱尔兰、丹麦、瑞典、芬兰、意大利、西班牙、葡萄牙、希腊、马耳他、塞浦路斯等国）和以德国为代表的社会医疗保险模式（包括比利时、法国、奥地利、卢森堡等）是最具有代表性的两大模式。其他欧盟成员国的医疗保险和医疗服务体系在某种程度上糅合了上述两种典型模式的要素，同时又在某些环节上有所创新，形成了一些新的医疗保障类型。

英国国家医疗服务体系 NHS 建立于 1948 年，经历半个多世纪的运行，体现了其优越性，也暴露出一些问题。英国国家医疗服务体系旨在为英国的全体国民提供免费医疗服务。国家医疗服务体系由英国各级公立医院、各类诊所、社区医疗中心和养老院等医疗机构（也称为联合体）组成。这些医疗单位能够提供国民日常所需的医疗服务，能够满足大多数患者的需要。联合体通过健康中心和门诊部提供服务，有时还会到患者家中进行诊疗。这些预约和治疗都是免费的。支持国家医疗服务体系的资金 82%由政府财政拨款，12.2%出自国民保险税，其余部分来自社会及慈善机构的捐款和少量的非免费医疗收入。① 在医药管理方面，英国实行医药分离制，除牙科收取少量治疗费外，国家医疗服务体系下的医院门诊基本上不收费，约 85%的处方药免费。儿童、孕妇、一年期的哺乳妇女、60 岁以上的老人、低收入者和欠发达农村地区人群一律享受免费医疗。患者可以在国家医疗服务三级体系中得到医疗服务。一般常见病患者就医必须先到一级机构即基本护理机构②就诊，然后根据病情的需要转到相应的上一级医院治疗。一级医疗机构在转诊的时候，如果认定病情复杂可以直接转给三级，而二级医疗机构也可以转给三级。地区医院（第二级医疗机构）通常就是这个地区的医疗中心，而地区医院有的是好几家由同一套管理层管理。地区医院接待医治从第一级机构转诊来的患者。三级医疗机构是教学医院，以紧急救治和重大疑难病医院为主。卫生部是最高决策和管理部门，负责统筹规划英国的整体医疗发展蓝图，负责医疗服务战略制定和管理。英国国家卫生服务体系的运转费用主要来源于财政拨款，在控制费用方面具有很硬的约束机制，英国医疗费用在欧盟内部和发达国家中几乎是最低的。

德国是世界上最早实施社会医疗保险制度的国家，其基本原则是通过这

---

① 王延中．欧盟社会保障改革趋势及经验借鉴［J］．中国党政干部论坛，2007（1）．

② 包含医疗保健和社会关怀在内的综合服务机构数量最多，其资金使用约占英国卫生总预算的 75%。

个体系实现团结、互助、社会共济。该制度由法定医疗保险为主、私人医疗保险为辅的两大系统组成。凡收入在一定标准之下的人都有强制性参加法定医疗保险的义务，收入超过该标准的人可以自由选择加入法定医疗保险或私人医疗保险。保险费由雇员和雇主各付一半，按照一定百分比从工资中扣除。缴费基数设有封顶线和保底线，即超过封顶线的部分不再征缴，工资收入在保底线以下的可免除缴费义务。儿童原则上跟随父母名下，不需要缴纳保险金。政府每年根据情况对封顶线和保底线的标准进行调整。保险费取决于投保人的经济收入，收入高者多缴，收入低者少缴，无收入者不缴，但投保人享受的医疗服务没有不同。法定医疗保险提供的服务主要包括：各种预防保健服务、各种医疗服务、各种药品及辅助用品费用、各种康复性服务等。保险公司还承担疗养的全部或部分费用，支付最长 78 周的病休补贴以及就医部分交通费用等。德国的医疗保险体制曾被德国人引以为傲。一是保障水平高，二是服务质量好。但由于德国经济近些年来发展缓慢以及人口老龄化问题日益严重，德国的医疗保险体制也暴露出很多弊端。目前仅德国法定的各种医疗保险基金会每年支付大约1 500亿欧元，加上约 10%高收入人口的医疗保险，德国医疗费用已经超过 GDP 的 10%,① 成为一个成本仅次于美国行政管理支出的沉重负担。近年来，德国政府通过了不少新的医疗改革方面的法律，尝试对医疗保险体系进行革新，主要强调增加国民的“自我责任”，要求投保人个人分担部分医疗费用，但在具体改革措施等方面还存在不少分歧，进行下去还有不少障碍。

（二）养老保障的改革趋势——多支柱的老年保障体系构建

欧盟的老年保障体系在人口老龄化、经济增长迟缓和日益激烈的国际经济竞争压力下，日益成为欧盟劳动力市场和社会模式改革的重点。为应对经济全球化和国际竞争压力，需要把建立一个更加有效的积极劳动力市场政策置于优先位置，使人们具有劳动的积极性而不是仅仅依赖社会福利，以减少失业，强化社会保护体系的财务基础。针对老龄化，欧盟要实施积极的老年保障政策，引入弹性退休时间制度，为人们继续工作提供更多的激励，减少提前退休现

① 王延中．欧盟社会保障改革趋势及经验借鉴［J］．中国党政干部论坛，2007(1)．

象。同时，要保障养老保障的财务负担的代际平衡，需要更加仔细地设计养老保障三支柱体系①之间的平衡。欧洲一些国家尤其是新加入欧盟的新成员国已经根据世界银行推崇的“三支柱”养老保障模式进行了一些改革。但是，要建立全面覆盖的老年保障体系，仅仅依靠“三支柱”是不够的，因为总有一些社会成员难以覆盖在“三支柱”体系之内。因此，要实现养老金财务的可持续性及扩大社会保障覆盖面的双重目的，应当建立比“三支柱”更多的支柱，比如在社会化的养老保险体系之外，还应当建立以税收为基础的社会最低养老金制度以及以家庭为基础的非正式老年保障体系。

建立多支柱的老年保障体系将使在职人员为自己的老年进行积累和储蓄，这也意味着老年保障体系从现收现付制向部分积累制或者完全积累制转变。向部分积累制或者积累制转变的养老金有利于提高储蓄率以促进经济增长，并有利于实现代际收入平衡。但是，建立了部分积累制或者积累制的养老金制度必须与有效的投资结合在一起才能发挥上述作用，这就需要一个完善的资本市场与之相适应。如果不具备上述条件，建立一个空账运行的记账式积累制也是有价值的，这是一些欧盟成员国尤其是一些经济体制转轨国家的做法。这样做有利于明确个人的养老保障权益，实现保障模式的转换，又不需为账户资金(实际为空账）进行投资。

三、日本的改革与发展

（一）起源与现状

日本属于中等程度的福利国家，其社会保障制度建立在共同体主义上，是参照德国模式制定的。因此，日本表现出共同体主义基础上建立的社会保障制度的一般特征：制度是按大企业、中小企业和个体经营进行划分的，所以自然反映出了人们收入的多少、企业保险费支付能力的差距，由此极大地拉开了支付保险额的水准。保险费的收入成为财政来源的主要部分。日本现行的社会保障制度分为以下六类：公共援助、福利服务、社会保障（医疗、退休金、儿童津贴、事业保险以及劳工意外赔偿）、公共卫生、公共服务退休金以及对战

① 以国家基本养老、企业补充养老和个人储蓄性养老为三支柱的养老保障模式是世界性潮流。

争受害者的援助。

日本现行的社会保险制度主要有三项，即养老金保险制度、医疗保险制度和工伤事故保险制度。各项保险制度都是相关法律确立的。例如关于养老金的有《厚生养老金保险法》、《国民养老金法》、《农业从业人员养老金基金法》、《国会议员互助养老金法》等；关于医疗领域的有《健康保险法》、《老人保健法》等；关于雇用领域的有《失业保险法》、《劳动保险征收法》等；关于劳动灾害领域的有《工伤事故补偿保险法》、《国家公务员灾害补偿法》等。形成了一套比较完整的、与社会保险事业配套的法律体系，为社会保障制度的实施和管理提供了严密的法律依据。

养老金保险制度设立于1961年，又称国民养老金制度，该制度规定20岁以上的国民均有义务加入基础养老金，从此，日本实现了“国民皆有养老金”的目标。目前养老金的资金来源由两个部分构成，一部分为基础养老金，来源于个人缴纳的保险费和国家财政预算，厚生养老金和互助养老金的资金则由个人和企业对半分担；另一部分为报酬比例部分，除了基础部分外，还要考虑物价和工资的增长，即随工资的上升而增加的“工资滑动”部分和随物价上涨而出现的“物价浮动”部分。随着日本经济衰退的不断加剧和人口老龄化，在职人员缴纳保险费的负担越来越重，据厚生省统计，1999年在职人员所缴纳的保险费占其收入的19.5%，以后每5年提高5%，预计到2025年保险费在工资中所占的比例将会更大，国民收入的30%~35%将不得不用于养老金。为避免加重劳动人口的投保负担，2000年4月，日本对养老保险进行了修改，将首次领取雇员退休金收益的人所领取的金额削减5%，工资浮动体系将被冻结，退休金数额将只依据消费物价指数的变化进行调整。此外，雇员开始得到退休金收益的年龄也将提高到60岁。①

日本医疗保险制度资金的25%来自中央政府，12.5%来自县和地方政府，50%来自保险费的收入。医疗保险制度由“健康保险”和“国民健康保险”两个部分构成，“健康保险”制度设立于1922年，1927年正式实施该制度。承保对象为：拥有5人以上从业人员的事业所及国家或法人事业所雇用的职工；其他事业所的业主在征得过半雇员的同意后也可申请加入；雇用时间在六

① 厦门大学日本研究所．日本社会保障［EB/OL］．http：//japan.xmu.edu.cn/website2.aspx？language=gb&research_ id=12，2005-11-12.

个月以内的临时工和不满一个月的日工。其资金来源于雇员、事业主和政府三个方面，雇员缴纳其收入的 4.2%，事业主缴纳工资总额的 4.2%，政府承担由其掌管的健康保险部分的 16.4%以及日工的定向补助。① “国民健康保险”制度设立于 1938 年，从 1961 年开始改为义务实施，即强制实施。其承保对象为居住在市町村的农业从业人员、退职者和自由职业者等。从 1986 年 4 月起，被保人的范围扩大到居住在日本的所有外国人。其资金来源于被保险人按规定缴纳的国民健康保险税和政府拨款。

（二）改革与发展

日本从第二次世界大战之后建立社会保障制度起就没有停止对制度的改革和完善，20 世纪 80 年代中期后更是加大了改革的力度，历届内阁都把社会保障改革作为一项主要内容。社会保障审议会以社会保障的给付与负担为中心，进行了横跨各个制度的研究，于 2003 年 6 月发表了《关于今后社会保障改革方向性的意见》，明确提出了社会保障改革的几个基本点：一是与社会经济的调和。即随着社会经济的变化，从给付和负担两个方面把握与经济、财政之间的协调发展。二是确保制度的公平性。即在人口结构变动的过程中不让特定的年龄层承担过重的负担，避免给付和负担在特定的时期发生不均衡。三是在年金、医疗、护理等各种制度之间进行给付与负担的整合，进行年金制度、医疗制度、护理制度相互关联的综合性改革。具体改革内容如下：

2000 年 3 月，日本国会通过了养老金制度改革相关法案，将按月工资收取养老保险费改为按年收入收取；设立青年学生保险费补交制度；延长收取养老金保险费的年龄；逐步把开始领取养老金的年龄从目前的 60 岁提高到 65 岁；增加政府对养老金的负担。

2003 年 3 月，小泉内阁确定了《关于医疗保险制度体系及诊疗报酬体系的基本方针》。该方针在医疗保险制度体系方面明确了三条基本原则：其一，根据人口结构、就业结构等结构性变化采取灵活性对策，构筑经济财政平衡、稳定、可持续发展的医疗保险制度，坚持国民皆保险；其二，在尊重保险人的

① 厦门大学日本研究所．日本社会保障［EB/OL］．http：//japan. xmu. edu. cn/website2. aspx？language=gb&research_ id=12，2005-11-12.

自立性与自主性的基础上，力求医疗保险制度给付的平等与负担的公平，实现医疗保险制度的一元化管理；其三，加强保险人、医疗机构、地方公共团体之间的合作，对社区居民提供高质量、高效率的医疗服务。小泉内阁的医疗制度改革实际上是20世纪90年代以来日本医疗改革的延续，以增加患者的负担和优化医疗机构为主要内容。从中长期看，改革可以控制医疗费的持续增长，增加国民对医疗保险制度的信任，消除人们在健康医疗方面的不安，而这些将有助于日本经济的发展。

四、智利的改革与发展

作为拉丁美洲公共养老金制度“私有化”的突出代表，智利模式于1994年被世界银行政策研究报告称为当时“唯一完全放松集权的养老金制度模式”。智利的社会保障创新经历了一个较长的过程。在20世纪二三十年代，智利政府借鉴欧洲社会保障内容和经验建立了涵盖养老金、抚恤金、疾病补助和健康津贴等内容的社会保障体系。然而，随着时间的推移，该社会保障制度出现了很多问题和矛盾，陷入危机。20世纪80年代，智利对社会保障制度进行了根本性变革，随后，建立以个人账户为基础的完全积累制模式，也就是创新的“智利模式”，引发了全世界范围内的社会保障制度变革。

（一）社会保障的筹资制度

社会保障具体缴费比例根据保障项目而定，国家财政承担一定的补贴或担保责任。①

1. 养老保险

智利的养老保险由政府实施立法和监控，民营机构具体操作，个人账户强制储蓄，政府承担最终风险。雇主不缴费，不需要承担供款义务。雇员按月缴纳养老保险费（月工资的10%），缴费金额全部记入养老金的个人账户。雇员可自由选择基金管理公司，并向其支付一定比例的管理费。国家成立养老基金监管局，负责对基金管理公司的监管，并对最低养老金进行担保。

2. 医疗保险

① 王云.“智利模式”——拉美社会保障制度的典范[J].天津社会保险，2009(3).

智利的医疗保险分为公共医疗保险和私营医疗保险两种，雇员可以选择其一参加。公共医疗保险参保者缴纳工资收入的 7%，财政对其中的生育保险进行补贴，并承担整个公共医疗保险的财政兜底责任；私营医疗保险参保者也缴纳工资收入的 7%，财政对其不承担责任。

3. 工伤保险

智利工伤保险制度的覆盖范围包括雇员、政府人员、学生以及一些自我雇佣者。雇主按雇员工资收入的 0.95%缴纳工伤保险费，雇员不缴费。

4. 失业保险

智利的失业保险由雇员、雇主、政府共同承担。雇员缴纳工资收入的 0.6%，雇主缴纳雇员工资收入的 1.6%，国家每年负担大约1 000万美元（相当于雇员工资的 0.8%），所有基金一并记入雇员失业保险的个人账户。

5. 家庭津贴

智利政府在 1981 年将原有的加入社会保险制度的工薪收入者和养老金领取者的家庭津贴计划合为统一家庭津贴，符合条件者（18 岁以下的未成年子女、怀孕 5 个月的妇女、家里有无工作的妻子、残疾丈夫、守寡母亲、父母死亡或被祖父母遗弃的孙子女、残疾或年龄超过 60 岁的父母）都可领取津贴。家庭津贴全部来源于国家财政。

（二）社会保障待遇

社会保障为公民提供养老、医疗、工伤、失业等方面保障以及困难补助。①

1. 养老保险

在智利，私营企业雇员和公务员，男性满 65 周岁，女性满 60 岁可以退休，享受养老金。养老金的领取办法有三种：一是分期提款方式；二是终生年金方式；三是部分提款加终生年金方式。养老金数额按本人退休前 10 年的月平均工资计算，全部由个人账户支付。如果个人账户费用不足，缴费年满 20 年，每月由国家财政最高补贴 60 美元的生活费；不满 20 年的，国家财政不予负担。

① 王云．“智利模式”——拉美社会保障制度的典范［J］．天津社会保险，2009(3)．

2. 医疗保险

在智利，公共医疗保险机构和私人医疗保险机构提供不同的待遇。公共医疗保险机构提供门诊、定期体检、住院、药品、牙医和生育照料等项目保障，参保者需要承担一定比例的医疗费用，分为0、20%、30%等几个档次（0是针对没有收入来源的个人）。在私人医疗保险机构中，参保者参照合同约定享受医疗保险待遇，但待遇不得低于公共医疗保险提供的待遇水平，参保者本人也需承担一定的医疗费用。

3. 工伤保险

智利的工伤保险待遇包括暂时性残疾、终身残疾、遗属和孤儿保障。职工发生工伤时，从工伤保险基金中支付各项待遇。

4. 失业保险

智利的失业保险待遇取决于雇员个人账户积累金额。凡按规定缴纳12个月以上的基金份额的劳动者失业后，可以在最初5个月内领取失业保险金。劳动者退休时，失业保险个人账户积累资金完全归劳动者个人所有。

5. 家庭津贴

申请人向当地政府提出申请，由政府根据有关规定对其资格进行认定，符合条件的发放津贴，补助额视个人的贫困程度而定。

第二节　社会保障制度改革的国际经验

一、国际社会保障改革经验的比较

从以上各国的改革实践来看，除了智利的改革模式被公认为成功外，美国、欧盟、日本社会保障转型成本高、成败尚无定论。但是国际社会保障改革或多或少具有以下几个方面的特征：

（1）社会保障制度改革的最初起因是人口结构变化（如老龄化）引起的社会保障中的财政困难，社会保障基金入不敷出或管理混乱。

（2）改革的重点在于调整政府和市场的比例，转变政府职能。各国政府的社会保障功能普遍被削弱，但是社会产品的主要提供者仍然是代表着不同社会利益的各级政府。

（3）改革的方向是在保持政府控制权的前提下“市场化”或“私有化”。

在社会保障制度的改革方面，培育市场比改革政府更加重要。即使是这样，市场提供的服务永远也不可能完全地替代政府提供的服务，因为市场的竞争原则高于社会的公平原则。

（4）改革的主要内容涉及养老和医疗，改革的主要措施包括增加公民的自我负担，适度降低社会福利以减少政府负担。

（5）改革是一个持续的过程。进入 21 世纪以后，社会保障制度仍然要改革。政府和市场会随着时代的发展不断地调整它们之间的关系以适应经济全球化发展，帮助人们抵御风险，同时体现社会成员之间的相互依存关系。

尽管共性明显，但由于不同的国别环境，各国改革的方式有一定的差异，例如，美国、日本都属于福利国家，虽然历经各届政府改革，但终因积重难返，私有化和市场化的改革成效还不确定，改革方案和效果也各自表现不同；而智利因本身就不是福利国家，加上政府的有力举措，实现了社会保障模式由现收现付向个人账户的成功转型。

二、国际社会保障制度改革的经验总结

（一）改革缴费和给付制度，增收节支

面对社会保障支出的巨大压力，20 世纪 80 年代以来，发达国家纷纷采取了削减社会保障和福利支出，同时提高社会保险税的缴纳比例等措施。

在削减社会保障和福利支出方面，以养老保险为例，主要是改革养老金计发办法，提高领取养老金的年龄，降低支付水平。改革养老金调整机制，改过去根据工资和其他经济因素的变化调整为现在的只随居民消费价格指数调整，即只保证养老金不贬值。这些措施的实施都将增加工人的支出，减少他们的收入。日本国会于 2000 年初通过法案，对养老保险制度进行了改革，将过去按月工资收缴养老保险费改为按年收入收缴，以前规定的 60 岁以上的老年人再就业后无需缴纳养老保险费，而现在改为 70 岁。同时，将领取养老金的年龄从 60 岁逐步提高到 65 岁，并且养老金削减 5%。①

为了增加社会保险资金的供给，发达国家的主要手段是提高雇主和雇员

① 梅哲．构建社会主义和谐社会中的社会保障问题研究［D］．武汉：华中师范大学，2006.

的缴费率，或者取消原有的社会保障缴费的收入最高限额。以前，欧美各国规定的社会保险费缴纳基数和比例，不是以全部工资总额为基数，而是以工资的一部分，即“缴费工资”为基数或下限的一定百分比缴纳。现在，为了大幅度增加社会保险基金收入，各国普遍提高了缴纳社会保险费基数的上限，而缴费基数和比例下限基本不动，有些国家甚至还取消了某些保险项目缴费的上限。

（二）社会保险制度的结构性变革

社会保险制度的结构性改革是改变过去单一的社会保险层次，改为多层次的社会保险制度，即建立国家基本保险、强制性企业补充保险和个人储蓄性保险的综合体系。如瑞士从1985年开始实施多层次社会保险制度模式，其基本思路是：在国家提供最低限度生活保障的基础上，突出强制性企业补充保险和个人储蓄性保险的作用，以强调劳动者的自我积累与自我保险意识。收入越低者，获得国家基本保险的程度越高，收入越高者，国家基本保险占其收入的比重越低。

（三）实行社会保障制度的私营化、资本化、市场化

西方各国在探索社会保障制度和“福利国家”的改革中，总的趋向是实行社会保障制度的私营化、资本化、市场化，改革的核心就是跳出国家包揽一切的思维方式和做法，政府尽量缩小干预社会保障的范围和项目，把这些项目交给非政府的志愿机关、合作社和其他社会团体承担。同时恢复某些传统的社会保障机制，如家庭、慈善机构、互助单位等。英国政府就要求地方政府、全国健康服务等部门将一系列服务项目通过招标改由私人承包，引入市场机制，让公民积极参与，鼓励私人养老保险、医疗保险与职业福利的发展，其目的是减轻国家和雇主对社会福利所承担的责任和财政开支；所谓资本化，主要是为了解决养老金的资金储备问题，有些国家允许在养老金的管理上采取私人保险公司的做法，用储备积累来支付养老金。这种改革将产生增加职工个人负担，扩大社会保障领域中的不平等等诸多新的问题。

（四）应对就业模式变革对社会保障制度进行调整

针对非全时就业和各种灵活就业模式的兴起，各国对传统的社会保障制度进行相应的改革，纷纷将临时就业、非全时就业、岗位分享等方式下的劳动者

纳入社会保障体系，使他们享有同其他就业者一样的权利。例如，荷兰在 1995 年成立了一个最大的养老基金会，向临时雇员提供养老金。针对日益增长的社会保障负担，提出促进再就业以减轻社会保障负担的思路，将过去政府主要为失业者提供尽可能优惠的失业保险待遇的做法，转为就业援助，转向再就业为龙头的思路。同时，政府出台一些鼓励雇用失业者的措施。如提供政府补助，降低企业为新雇用的失业人员缴纳社会保险费用等。

三、国际社会保障制度改革对我国的启示

我国是当今世界人口最多的发展中国家，同时又是从计划经济转向市场经济的转型国家，既有发展进程中的二元经济特征和显著的地区差别，又有计划经济体制遗留下来的以户籍制度为标志的城乡社会分离。最近 30 年当中的大规模农村劳动力转移，虽然为工业化和城市化注入了旺盛的活力，可是进入城市工业和服务业工作的上亿农村迁移劳动者（农民工和未获得城市户籍的农村高校毕业生），却不能获得与城市户籍就业者同等的社会保障和公共服务，实际上被排斥在城市社会的边缘。这一切，使得中国的社保改革比其他国家更为复杂和艰难。

与西方主要国家比较成熟的社会保障制度相比，中国社会保障制度改革与发展比较晚，但是可以借鉴国外的经验教训，具有“后发优势”。但是，这种借鉴意义究竟有多大，仍然取决于中国国情、国力。中国社会保障制度是在原有计划主导型模式上进行改革，改革的时代背景和经济基础与西方有很大不同。西方国家的社会保障体系是建立在工业化程度较高、市场经济制度比较完善的基础上，中国的改革基础则是城乡二元结构明显、计划经济程度深、人口基数大、经济发展水平低的基本国情，这些都构成了中国改革的制约和障碍。目前，当中国试图对传统社会保障体制进行改革的时候，正值社会保障改革浪潮席卷全球，以智利为代表的 DC 型完全积累制，以新加坡为代表的中央公积金制，世界银行向各国推荐的“多支柱”模式，欧亚部分国家的“名义账户制”成为各国社会保障改革学习和模仿的对象，这些模式对中国现阶段的社会保障改革都产生过深远影响。比如，西方发达国家对社会保障制度“过度保障”有很多经验教训，特别对福利国家模式提出了很多质疑和批评。这些反思和批评为我们设计社会保障制度提供了重要的参考，并在一定程度上影响着政策的制定。值得欣慰的是，不论是中国的经济改革还是社会保障制度，都

坚持了从实际国情出发的基本原则，这也是中国改革开放以来社会保障建设取得较大成效的根本原因。

第三节　我国社会保障制度的改革与发展

一、我国社会保障制度改革的内容

（一）养老保险的改革

国务院于1997年7月颁布了《关于建立统一的企业职工基本养老保险制度的决定》，统一了企业和职工个人的缴费比例，统一了个人账户规模，统一了基本养老金计发办法，标志着我国城镇企业职工基本养老保险进入制度统一阶段。2005年，统一了城镇个体工商户和灵活就业人员参保缴费政策，改革了基本养老金计发办法，扩大了自2001年在辽宁省开始的做实个人账户的试点范围。

2009年，国务院印发了《关于开展新型农村社会养老保险试点指导意见》，2009年起开展新型农村社会养老保险试点，2020年之前覆盖全国所有的农村适龄居民。建立起新型农村社会养老保险制度，实现了城乡居民在社会养老保险方面的制度平等。

2011年6月13日，国务院印发了《关于开展城镇居民社会养老保险试点的指导意见》，指导意见指出，2011年7月1日启动城镇居民养老保险试点工作。城镇居民养老保险试点实施范围与新型农村社会养老保险试点基本一致，2012年基本实现城镇居民养老保险制度全覆盖。年满16周岁（不含在校学生）、不符合职工基本养老保险参保条件的城镇非从业居民，可以在户籍地自愿参加城镇居民养老保险。

同时，有些地方还将"新农保"和城镇居民养老保险统筹安排，统一实施。截至2014年2月，已有15个省份将这两个制度合并，建立城乡居民养老保险制度。2014年2月，人力资源和社会保障部、财政部印发了《城乡养老保险制度衔接暂行办法》（以下简称《办法》）的通知。该《办法》打通了城镇职工养老保险、城镇居民养老保险、新型农村养老保险的参保通道。例如，参加城乡居民养老保险人员，达到城镇职工养老保险法定退休年龄后，城镇职工养老保险缴费年限满15年（含延长缴费至15年）的，可以申请从城乡居民养老保险转入城镇职工养老保险，按照城镇职工养老保险办法计发相应待遇；城镇职工养老保险缴费年限不足 15 年的，可以申请从城镇职工养老保险转入城乡居民养老保险，待达到城乡居民养老保险规定的领取条件时，按照城乡居民养老保险办法计发相应待遇。①

（二）医疗保险的改革

国务院 1998 年颁布《关于建立城镇职工基本医疗保险制度的决定》，明确了基本医疗保险实行社会统筹与个人账户相结合的模式，规定城镇单位职工都要参加基本医疗保险。为适应就业形式多样化的情况，2003 年、2004 年基本医疗保险覆盖范围延伸到城镇所有从业人员。为解决城镇非从业人员的医疗保障问题，2007 年开始进行城镇居民基本医疗保险制度试点。

2002 年 10 月，《中共中央、国务院关于进一步加强农村卫生工作的决定》明确指出：要“逐步建立以大病统筹为主的新型农村合作医疗制度”。自 2003 年下半年实施以来，新型农村合作医疗试点 2008 年已全面覆盖农村地区，2009 年第一季度参合人数已达到 8.3 亿。② 这一制度的建立，使农村居民医疗负担得到减轻，卫生服务利用率得到提高，农民因病致贫、因病返贫的状况得到缓解。

2009 年 12 月，人力资源和社会保障部、卫生部、财政部印发了《流动就业人员基本医疗保障关系转移接续暂行办法》的通知规定：城乡各类流动就业人员按照现行规定相应参加城镇职工基本医疗保险、城镇居民基本医疗保险或新型农村合作医疗，各地不得以户籍等原因设置参加障碍。农村户籍人员在城镇单位就业并有稳定劳动关系的，可以参加就业地城镇职工基本医疗保险。其他流动就业的，可自愿选择参加户籍所在地新型农村合作医疗或就业地城镇基本医疗保险，但不得同时参加和重复享受待遇。③

从中央到各级省市政府，为实现基本医疗保险关系异地转移接续工作的顺

① 人力资源社会保障部，财政部．城乡养老保险制度衔接暂行办法［EB/OL］．中华人民共和国人力资源和社会保障部网站．http：//www. mohrss. gov. cn/gkml/xxgk/201402/t20140228_ 125006. htm，2014-02-24.

② 曾利明．中国 8.3 亿人参新农合、筹资增至每人每年 150 元［EB/OL］．人民网. http：//medicine. people. com. cn/GB/9643534. html，2009-07-13.

③ 人力资源和社会保障部，卫生部，财政部．流动就业人员基本医疗保障关系转移接续暂行办法（全文）［EB/OL］．中国网．http：//www. china. com. cn/policy/txt/2010-01/19/content_ 19264106. htm，2010-01-19.

利进行，都陆续出台了各种各样的政策。目前，发改委、工信部、中央编办等12部门联合各地区正在推行异地就医即时报销试点，先期在15个省份100个地市开展跨省医保即时结算试点，服务城乡居民3亿人，逐步建立跨地区医疗保险即时结算模式①。按照《“十二五”期间深化医药卫生体制改革规划暨实施方案》提出，到2015年我国将全面实现省内医疗保险异地就医即时报销，初步实现跨省医疗费用异地即时结算机制②。

（三）失业保险的改革

国务院于1999年颁布了《失业保险条例》，标志着中国的失业保障制度逐步走向法制化轨道。失业保险的覆盖范围开始从国有企业扩大到包括国有企业、私营企业及其他企业的所有城镇企业和事业单位。失业保险制度与当时建立的下岗职工生活保障制度和城镇居民最低生活保障一起，构成了针对城镇失业人员尤其是大批下岗人员的三道保障线，在体制转轨和结构调整期间处理国有企业大量冗员下岗问题发挥了积极作用。

（四）其他社会保险的改革

2003年国务院颁布实施了《工伤保险条例》，各类企业以及事业单位、非营利组织等都必须为本单位职工建立工伤保险制度，工伤保险费由雇主缴纳，实行工伤预防、工伤补偿、工伤康复相结合的制度，确立了中国工伤保险制度的基本框架。同一时期，生育保险的参保率和覆盖面也不断扩大。

（五）社会救助制度的改革

1993年，上海市率先探索建立城市最低生活保障制度。1995年民政部向全国推广上海经验。1997年国务院发布了《关于在各地建立城市居民最低生活保障制度的通知》，1999年颁布了《城市居民最低生活保障条例》，规定家庭人均收入低于最低生活保障标准的城市居民均可申请领取最低生活保障待

---

① 赵鹏．100地市先期试点跨省医保即时结算 覆盖超3亿人［EB/OL］．凤凰网．http：//gongyi. ifeng. com/news/detail_ 2014_ 01/17/33100956_ 0. shtml，2014-01-17.

② 百度百科．“十二五”期间深化医药卫生体制改革规划暨实施方案［EB/OL］．http：//baike. baidu. com/link？url=LMFFu39kQoAtv8hnCDMjLrWM-QLglVop3CdbuWBcAXudmx_oqo8KOeO9-8F58tUVsp8k28LF_ lLzvK3d_ jewoK，2013-03-23.

遇。同时，为解决低保对象在子女教育、医疗、住房及取暖等方面的问题，逐步建立了医疗救助、教育救助、住房救助制度。2006 年国务院将五保供养资金纳入财政预算，2007 年决定在全国农村建立最低生活保障制度，确立了中国新的农村反贫困国家战略。

此外，2003 年颁布了《城市生活无着的流浪乞讨人员救助管理办法》，2008 年颁布了《突发公共事件应急管理条例》及《汶川地震灾后恢复重建条例》等法规，灾害应急机制、灾害救助制度逐步健全。

2014 年 2 月国务院颁布中华人民共和国国务院令第 649 号《社会救助暂行办法》，自 2014 年 5 月 1 日起施行。县级以上人民政府民政部门根据申请或者已获得社会救助家庭的请求、委托，可以通过户籍管理、税务、社会保险、不动产登记、工商登记、住房公积金管理、车船管理等单位和银行、保险、证券等金融机构，代为查询、核对其家庭收入状况、财产状况；有关单位和金融机构应当予以配合。县级以上人民政府民政部门应当建立申请和已获得社会救助家庭经济状况信息核对平台，为审核认定社会救助对象提供依据。①

（六）社会保障管理体制的改革

为保障和改革民生，1978 年我国设立了“中华人民共和国民政部”。1998 年 8 月国务院颁布《关于实行企业职工基本养老保险省级统筹和行业统筹移交地方管理有关问题的通知》，解决了过去长期存在的行业统筹与地方统筹条块分割的矛盾。1998 年新组建的劳动和社会保障部，统一管理城镇企业职工养老、医疗、失业、工伤、生育保险和农村社会养老保险。1999 年国务院颁布了《社会保险费征缴暂行条例》，对社会保险费征缴范围、征缴管理、监督检查和处罚等做了规定，社会保险体制逐步完善。2008 年，新一届中央政府把人事部与劳动和社会保障部合并为“人力资源和社会保障部”，进一步统一管理全国社会保险事务。养老保险的统筹层次不断提高，到 2006 年年底 13 个省区市实现了省级统筹，到 2011 年尚有 17 个省没有实现省级统筹。② 为应对将来人口老龄化可能带来的资金支付压力，国家从

---

① 国务院．社会救助暂行办法［EB/OL］．中华人民共和国中央人民政府网站．http：//www.gov.cn/flfg/2014-02/27/content_ 2624221.htm，2014-02-27.

② 国家统计局．中国统计年鉴 2013［EB/OL］．http：//data.stats.gov.cn/workspace/index？ m=hgnd.

2000年开始建立具有战略储备性质的全国社会保障基金，到2012年年底社会保险基金累计结余35 804亿元。①

二、我国社会保障制度改革的成效和问题

（一）中国社会保障制度改革的成效

1. 初步形成了现代社会保障制度

一是基本打破了计划经济体制下主要由“公有制单位管理保障”的旧体制，初步实现了社会保障制度的社会统筹和属地化管理，单位保障制度转换为社会保障制度。

二是新的社会保障制度覆盖面逐步向各种所有制类型的正规就业职工和部分灵活就业人员扩展，覆盖面不断扩大。截至2012年年底，全国城镇基本养老保险、城镇基本医疗保险、失业保险、工伤保险和生育保险参保人数分别达到30 427万人、53 641万人、15 225万人、19 010万人和15 429万人②。

三是新的社会保障制度内容不断完善。除不断发展的社会保险项目外，覆盖城乡居民的最低生活保障已经在2007年基本建立，新型农村合作医疗已经实现对农村居民全覆盖，城镇居民基本医疗保险制度发展迅速，城乡居民基本养老保险制度即将全国统一，灾害救助、教育救助、医疗救助、临时困难补助等综合社会救助体系和针对特殊人群的社会福利制度得到了一定发展。

2. 初步打破了完全以户籍划界的城乡二元社会保障制度

一些地区的一些社会保障项目实行了制度之间的有效衔接甚至同等保障待遇，实现了社会保障的城乡一体化发展。比如，浙江嘉兴等地的城乡居民合作医疗制度不再区分城乡户籍；北京2007年颁布的《北京市城乡无社会保障老年居民养老保障办法》，对符合规定的城乡老年居民每人每月发放200元的老年保障待遇。③

3. 初步建立了与市场经济体制相适应的现代社会保障制度的运行机制

① 国家统计局．中国统计年鉴2013［EB/OL］．http：//data. stats. gov. cn/workspace/index？m=hgnd.

② 国家统计局．中国统计年鉴2013［EB/OL］．http：//data. stats. gov. cn/workspace/index？m=hgnd.

③ 王延中．加快建立健全我国现代社会保障体系［EB/OL］．中国共产党新闻网．http：//theory. people. com. cn/GB/49154/49156/7766543. html，2008-09-03.

在由单位保障向社会化的社会保险制度的过程中，逐渐引入了国际通行的个人责任机制，体现了社会保障制度风险分担、权利与义务相结合的原则。在目前推行的五种社会保险制度中，除工伤保险由雇主承担交费责任外，其他社会保险制度以及新型农村合作医疗、城镇居民基本医疗保险制度，参保人员都要缴纳一定比例的费用。值得一提的是，中国在基本养老保险和医疗保险制度中，比较全面地引入了个人账户制度或家庭账户制度，适应了社会保障制度改革的国际趋势。

4. 为经济转轨期的中国经济发展和社会稳定发挥了积极作用

一是促进了经济体制改革与国有企业改革。由计划经济向市场经济的转轨，必然会造成劳动力的合理流动和一部分人因不能适应竞争环境而下岗、失业。20 世纪 90 年代，中国大约有6 000万名国有企业和城镇集体企业职工下岗，其中在亚洲金融危机爆发时的 1997 年和 1998 年就达到2 000多万人，对社会安定造成了巨大的威胁。经济体制的市场化改革迫切要求建立与之相应的社会保障制度，否则无法保障伴随体制改革深化出现的大批失业下岗职工的基本生活，不利于国有企业改革、经济结构调整和社会稳定。中国在改革过程中逐步建立了待业保险制度、失业保险制度，并且大力实施“再就业工程”，保障了下岗失业人员的基本生活，解决了相当数量人员的再就业问题，维护了社会稳定。

二是极大地缓解了贫困问题。经济快速发展提高了绝大多数城乡居民的收入和生活水平，但不可能完全消除贫困。事实上，一些生产条件和生态环境恶劣的农村地区，尽管开发性扶贫的投入很大，但是效益很低，相当数量的农民仍然难以摆脱贫困问题。同时，国有企业改制及由此产生的城市新贫困问题，严重制约了中国的经济发展和社会稳定。自 20 世纪 90 年代开始建立的城市居民最低生活保障制度，覆盖人群从 1997 年的 200 万人提高到 2013 年的2 064. 2万人。同时，2009 年已经基本覆盖全部农村地区的农村居民最低生活保障制度，使5 388万人得到救助。2013 年，救济城市“三无”人员 8. 6 万人，农村五保供养 537. 2 万人。① 中国社会救助制度取得了较好的社会功效。

三是促进了劳动力的转移和流动。社会保障制度的建立，使城镇职工逐步从单位所有制中解脱出来，变成可以双向选择的“社会人”，促进了劳动力的

① 民政部. 2013 年社会服务发展统计公报［EB/OL］. 民政部门户网站. http：//www. mca. gov. cn/article/zwgk/mzyw/201406/20140600654488. shtml，2014-06-17.

自由流动。同时，经济体制改革的不断深化，使农村劳动力大量向城镇地区流动，目前农民工的规模达到1.2亿人。他们逐步替代原来的国有集体企业职工，成为中国制造业和城镇服务业从业人员的重要组成部分。为此，国家正在积极探索建立农村和被征地农民、农民工的社会保障制度。

（二）中国社会保障制度改革中的问题

经过几十年来的努力，中国的社会保障体系已经奠定了一个基本完整的框架，新阶段的一个重要目标应当是使这个基本制度运行得更加顺畅和有效。从目前情况来看，还存在以下几个问题：

一是中国现行社会保障基金的筹集形式不规范，统筹范围小，覆盖面窄，社会化程度低，导致社会保障负担不公平，也不利于国家对社会经济的宏观调控。目前的社会保险制度直接从就业保障体制转变过来，由于承担着大批已退休职工的保险费用负担，缴费率很高，不适应灵活就业人员收入比例低且很不稳定的特点。城乡户籍制度仍然阻挡着农民工和失地农民进入城镇职工保险制度。此外，大多数农村劳动者和农村居民没有被纳入社会保障体系，整个社会保障制度的覆盖面仍然较窄，离人人享有社会保障的目标还有很大差距。

二是社会保障历史债务缺乏明确的处置方案。根据多个研究机构的测算，我国的养老金隐性债务高达数万亿元到十几万亿元不等，但这只是养老金隐性债务几种定义或算法中的一种结果。因为算法及参数的不同对结论的影响非常大，所以在面对各种测算结果时常常会觉得无所适从。在这种情况下，从寻找并确定决策依据的角度来讲，最重要的就是要找到一个可以现实地解决问题的突破口。

三是政府手段和市场机制的作用不协调。企业年金制度建立起来，以及个人账户逐步做实以后，政府作用和市场作用的边界或范围比以前更加清晰了，但是政府如何运用自己的行政手段才能与市场机制的作用相协调，而不是互相干扰或互相抵触，仍然是个需要认真学习和谨慎处理的问题。单纯依靠行政手段容易陷入“一刀切”的陷阱，在面对众多个体的细微差别时往往是无效率的。

四是中央与地方在管理事务的责权方面划分不清。在区分了政府和市场的边界的前提下，要进一步划分好中央政府和地方政府在社会保障中的责任。概括地讲，政府的责任在于管理公共社会保障计划，以及为半公共社会保障计划和非公共社会保障计划提供有所区别的公共管理和公共服务。

五是多头管理降低了农村社会保障的效用。当前，我国农村社会保障管理体制正处在城乡分割、条块分割、多头管理、各自为政的状态之中。从管理机构看，在乡镇企业工作的农村职工的社会保障统筹和农村养老归劳动部门管理，医疗保障归卫生部门和劳动者所在单位或乡村集体共同管理，最低生活保障和优抚救济归民政部门管理。另外，在一些部门和乡村制定了一些社会保障的办法和规定，同时其管理也各自为政，结果形成了条块分权的局面。

六是中国社会保障事业发展存在着较大的地区性差异。由于中国社会保障事业分散管理（分属于人力资源和社会保障部、民政部、卫生和计划生育委员会、总工会等部门管理），其计划和统计缺乏集中、统一的规划和制度，缺乏整体的观念和准确全面的数据，更没有综合、系统的指标体系，很难对各省、市、自治区的社会保障水平进行评价和分析。

三、中国社会保障制度发展的未来展望

改革开放以来，中国社会保障制度建设已经奠定了一个比较坚实的基本制度框架。展望未来，应当根据中国经济社会发展的阶段性特征和社会保障自身的发展规律，加快建立健全“老有所养、学有所教、病有所医、劳有所得、住有所居”的现代社会保障体系。

（一）社会保障建设的目标和原则

党的“十七大”报告提出了“加快建立覆盖城乡居民的社会保障体系，保障人民基本生活”的社会保障方针。“十八大”报告则提出，要统筹推进城乡社会保障体系建设。要坚持全覆盖、保基本、多层次、可持续方针，以增强公平性、适应流动性、保证可持续性为重点，全面建成覆盖城乡居民的社会保障体系。鉴于此，社会保障体系建设的近期目标，应以“全覆盖、保基本、多层次、可持续”为原则，增强社保公平，实现人人享有社会保障的目标。

“全覆盖”，就是要尽快健全社会保障制度并迅速普及城乡，把人人享有基本社会保障作为社保制度建设的优先目标；“保基本”，就是要从我国社会主义初级阶段的基本特征出发，充分考虑各方面承受能力，确定与经济社会发展相适应的基本保障水平；“多层次”，就是要以政府主导的社会保险、社会救助、社会福利为基础，以城乡基本养老、基本医疗、最低生活保障制度为重点，以慈善事业、商业保险为补充，构建多层次体系，满足人民群众多样化的保障需求；“可持续”，就是在着力解决现实突出问题和历史遗留问题的同时，着眼长远，统筹协调，探索建立长效机制，保持社会保障事业长期、稳定、可

持续发展。①

（二）社会保障建设的制度框架

现代社会保障制度是十分复杂的庞大体系，每一种社会保障项目具有各自的特点与运行规律。要积极探索并根据不同社会保障项目的具体特点，使社会保障项目的制度安排与运行机制符合自身运行规律，又适合国情特点。我国多层次的社会保障体系主要分三个层次。第一是“托底层”。主要是通过最低生活保障、医疗救助、农村“五保”等制度对城乡的贫困家庭和居民给予社会救助，通过社会福利制度对鳏寡孤独等特定群体给予照顾。所需资金全部由政府支出。第二是“主干层”。主要是通过实施权利与义务相联系的社会保险制度，为参保人员提供养老、医疗、失业、工伤、生育等基本保障。政府强制或引导社会保险制度实施，并承担必要的财政责任。第三是“补充层”。国家鼓励和引导用人单位根据条件，建立企业年金、职业年金和补充医疗保险制度，发展商业保险，以满足不同社会成员保障需求。②

在养老保障方面，养老保障体系必须是多支柱、多层次的，必须体现个人负责精神和家庭责任，但是前提是到 2020 年基本实现养老保障覆盖所有老年人，尽量把更多的劳动者纳入养老保险体系。

在医疗保障与医疗服务提供方面，要使医疗保障制度覆盖全体劳动者和城乡居民，加强政府主导的城乡社区卫生服务体系建设，完善医疗服务和药品生产流通市场秩序，限制卫生服务机构逐利性行为，引导城市大型卫生服务机构规范发展。

在就业服务与失业保障、社会救助方面，在保障退出劳动力市场竞争人员基本生活的前提下，政策取向是鼓励和引导劳动力就业和再就业，大力实施积极就业政策和就业援助。实施城乡最低生活保障、特困人员供养、受灾人员救助、医疗救助、教育救助、住房救助、就业救助、临时救助八项社会救助制度。

在社会福利服务与社会发展方面，政府应当重视并不断加大投入，并引导社会力量进入社会服务事业，这既是促进消费，更是促进发展，因为社会福利服务包括教育福利、医疗服务、就业援助、适当的住房保障等，都属于发展型

① 百度百科．社会保障体系［EB/OL］. http：//baike. baidu. com/link？ url = l8-QuK-Pje8653welXET8ne4nHEF2tLzhlz30a11B0RR8HS6-E48LLSu60iVgYvNp#5_ 1，2013-05-23.

② 百度百科．社会保障体系［EB/OL］. http：//baike. baidu. com/link？ url = l8-QuK-Pje8653welXET8ne4nHEF2tLzhlz30a11B0RR8HS6-E48LLSu60iVgYvNp#5_ 1，2013-05-23.

社会政策。发达国家在经济起飞阶段之后，更重视社会保障制度建设，尤其是发展型社会政策的实施；这对保持经济社会协调发展发挥了重要作用。

综上所述，建设社会保障制度与确保国民经济效率运行并不是替代关系。经验表明，发展型社会政策与经济发展是相辅相成、互相促进的。这些经验值得我们借鉴和学习。只要我们的制度设计科学合理，符合发展规律和我国实际情况，社会保障建设将使我国经济继续保持活力和竞争力，同时使全体劳动者和国民都能享有更加公平、水平更高的社会保障和社会福利。

☞本章小结

通过对近年来美、欧、日和智利社会保障制度改革的经验总结，可以发现当前国际社会保障制度改革具有四个方面的特征：(1) 改革缴费和给付制度，实现增收节支；(2) 构建多层次的社会保险制度；(3) 实行社会保障制度的私营化、资本化和市场化；(4) 应对就业模式变革对社会保障制度进行调整。这些都给中国社会保障制度改革提供了经验和借鉴。然而，考虑城乡二元结构较深、市场经济制度不全的基本国情，以及社会保障制度构建尚晚的历史事实，中国社会保障制度建设应当根据国内经济社会发展的阶段性特征和社会保障自身的发展规律，加快建立具有中国特色的现代社会保障体系，即以“全覆盖、保基本、多层次、可持续”为原则，建立多支柱和多层次的养老保障体系，建立覆盖全体劳动者和城乡居民的医疗保障体系，建立积极有效的就业服务和社会救助体系，建立政府为主、社会力量广泛参与的社会福利体系。

☞关键术语

社会保障制度　　私人保障制度　　多支柱　　保基本　　广覆盖

☞思考题

1. 简述美、欧、日和智利社会保障制度改革的共性和差别。
2. 简述当前主要国家社会保障制度的改革经验及对中国的借鉴意义。

3. 简述中国社会保障制度改革的成效和问题。

4. 理论联系实践，论述当前中国社会保障制度改革的趋势和方向。

☞案例分析

胡晓义：建公平社保体系　将推四大改革

中国人力资源和社会保障部副部长胡晓义2014年3月23日表示，今后一个时期，我国将着力解决社保领域存在的不公平、不可持续的问题，重点推进四方面任务（具体如下），努力建立惠及全民的社会保障制度。

1. 实现社保的全覆盖，以基本养老保险、基本医疗保险为重点，实施“全民参保登记计划”，真正实现全体人民老有所养、病有所医。

2. 推进机关事业单位的保险制度改革，着力解决与企业职工养老保险制度并行的“双轨制”、待遇差等矛盾。

3. 大力推进城乡统筹。他透露，国务院已经决定合并实施新农保和城居保，建立统一的城乡居民基本养老保险制度，城乡居民的基本医疗保险的统筹也要进一步推进。

4. 搞好社会保障各项制度之间的衔接转续，为市场在人力资源配置中起决定性作用扫清制度障碍。

资料来源：胡晓义．建公平社保体系　将推四大改革．中华人民共和国中央人民政府网站［EB/OL］．（2014-03-23）．http：//www. gov. cn/xinwen/2014-03/23/content_ 2644184. htm.

◎ **分析与思考**

1. 请简要阐述社保的全覆盖的意义、问题及对策。

2. 请简要阐述解决机关事业单位与企业职工养老保险“双轨制”的意义、问题及对策。

3. 请简要阐述基本养老保险城乡统筹的意义、问题及对策。

4. 请简要阐述基本医疗保险关系转移接续的意义、问题及对策。

第5章 社会保障法治建设

本章学习要点

- 社会保障法的概念、特征及作用
- 社会保障法法律体系
- 国外社会保障法的发展历史与发展趋势
- 中国社会保障法存在的问题和发展趋势

第一节 社会保障法律制度概述

一、社会保障法的概念和特征

社会保障制度起源于英国，是伴随着资本主义经济发展而建立的一项社会制度，其主要作用是以国家为责任主体，规避在工业化生产过程中出现的各种社会风险，保障公民的生活安全，同时提高公民的生活水平，是实现社会公平和社会稳定的一种方法和手段。如早在1601年英国就颁布了《济贫法》。18世纪末，德国颁布了《疾病社会保险法》，率先建立了现代社会保险制度体系。直至1935年，美国颁布了《社会保障法》，这不仅是人类历史上第一部社会保障法，同时它为"社会保障"（Social Security）一词作为一个统一而规范的用词奠定了基础，此后，"社会保障"即被有关国际组织及世界各国所接受和使用，成为以政府和社会为责任主体的福利保障制度的统称。①

---

① 郑功成．社会保障学［M］．北京：商务印书馆，2008.

社会保障制度和社会保障法是不能够相互取代的两个概念，两者之间是属概念和种概念的区别，社会保障制度包括社会保障法律制度，除此之外，社会保障制度还包括所有通过社会来承担风险的保障制度，例如慈善机构、社会保障管理和经营机构的社会保障组织的内部机构的规章制度，甚至还包括家庭内部自己制定的有关抚养和赡养的家规。因此，社会保障法是社会保障制度的组成部分，是调整社会保障关系的法律规范的集合。① 在法律渊源②上，社会保障法既包括作为基本法律的社会保障法，还包括行政机关及其相关部委等职能部门制定的社会保障行政规范和规章，同时包括在地方上能够产生法律效力的社会保障地方性法规和规章，而我国签订加入的国际条约在一定范围内也能成为我国社会保障法的法律渊源。

社会保障法与其他法律相比较而言，有如下特征：

（一）社会保障法在性质上归属于社会法

传统的法律分类方法将法律划分为公法和私法，例如民法属于私法，而刑法、行政法属于公法。社会法的出现超越了传统的分类方法，而归属于第三法域——社会法。那么什么是社会法呢？美国学者海伦·克拉克在其所著的*Social Legislation*一书中对社会法的定义为许多学者所引用，他指出："我们今天所称'社会法'，这一名词的第一次被使用是与俾斯麦的贡献有关，他在1886年曾立法规定社会保障，以预防疾病、灾害、残废、老年等意外事故。其立法意义一方面是为了保护在特别风险下的人群的利益，另一方面是为了大众的利益，我们今天使用这一名词必须包括这两个方面的意义。"③ 而更具体明了的界定认为，社会法是调整在各种社会问题的发生和解决的过程中所产生的各种社会关系的法律规范的总称，是伴随着国家力图通过干预私人经济以解决市场化和工业化所带来的社会问题，应对经济、社会和生态可持续发展的需求，而在私法公法化和公法私法化的进程中逐渐产生和发展起来的第三法域。因此，

---

① 刘诚．社会保障法及其相关概念辨析［J］．求索，2004（2）．

② 在法学意义上的"法律的渊源"是指法律的表现形式，即哪些形式的规范性文件能够成为社会保障法。例如国务院颁布的《工伤保险条例》是行政法规，是发生工伤保险时可适用的社会保障法的范畴。

③ 林嘉．论社会保障法的社会法本质——兼论劳动法与社会保障法的关系［J］．法学家，2002（1）．

社会法包括劳动法、社会保障法、经济法、环境法、自然资源法等。①

所以，从以上对社会法的界定来看，无论是从内容上还是从作用上，社会保障法是以实现社会利益为目标，为全体社会成员提供基本生活安全保障，从而实现社会的公平和社会的长治久安。社会保障法具有典型的社会法的性质。

（二）社会保障法是强制性和非强制性法律规范的统一体

法律的强制性是指法律的推行和实施依赖于强制，这种强制性是一种迫使他人服从的力量，不服从将会导致强制或制裁，法律的强制性是与国家的军队、警察、监狱、执行庭相联系的。而非强制性的法律规范我们可以在法理上称为授权性规范，权利对于权利人而言，是一种可以选择的自由，即权利人自己可以进行作或不作的选择，同时也可以要求相对人——义务人作或不作。因此，权利不具有强制性，其实现也不需要强制。

社会保障法正是这种强制性和非强制性法律规范的结合体，其强制性的内容涉及社会成员基本保障权益的项目，明确规定了国家（各级政府）、社会、企业和个人及有关各方在社会保障中必须履行的义务，如在社会保险项目的参与上，法律所规定的内容是不容用人单位和劳动者根据自己的意愿进行选择而参与社会保障的具体项目。社会保障基金的筹措的比例同样由法律事先进行强制性规定，例如我国的社会保险资金的筹措，除了生育保险和工伤保险由用人单位全额支付之外，对于生育、养老、失业保险都是由用人单位和劳动者按比例分担，因为是用人单位进行基金的代扣代缴，因此在相应的社会保险法缺失的前提下，《劳动合同法》甚至规定了用人单位不及时缴纳社会保险金所应承担的法律制裁或后果。同样，强制性的法律规定还表现在社会保障的待遇标准、计算方式等方面。非强制性规定在社会保障法中是辅助性规定，例如，救灾救济、扶贫救济中的捐赠，就是由社会成员自愿选择的，不具有法律强制力的行为；还如对城市流浪乞讨人员的救助，一般情况下，被救助者也可以进行接受救助与否的选择，不再像以前一样进行“收容遣送”。

（三）社会保障法中并非所有的法律权利和义务相对等

权利和义务是法律制度的核心和基础，法律强调权利和义务的对等性，即

① 学界对社会法不论是广义还是狭义的界定，都将社会保障法作为社会法外延的范畴。王全兴．经济法基础理论专题研究［M］．北京：中国检察出版社，2002.

享受法律权利是以履行法律义务作为前提，而履行了法律义务就应相应享有法律权利。同样，按照马克思主义哲学的观点，没有无权利的义务，也没有无义务的权利。但是，在社会保障法中，例如，社会保险种类的生育保险和工伤保险，是由用人单位和国家承担义务，而劳动者无需承担相应义务而享有的保险权利。失业保险中，尽管在职的劳动者履行了缴纳失业保险金的义务，但是并非所有的缴费者都享受失业保险待遇。除此之外，对于社会保障中的社会救济、社会优抚和社会福利法律关系，享受社会保障权利的公民，不需要履行相应的社会保障义务，只要是符合一定的条件或主体身份，即可享受。例如社会救济，只要公民生活在国家规定的贫困线和最低生活标准以下，就可以获得国家救济；对城市流浪乞讨人员的救助，只要是符合相应条件的公民，都可以在不缴纳任何费用的前提下获得救助站的救助。因此，有相当一部分社会保障法在内容的规定上没有体现法律的权利和义务的对等性特点。

（四）社会保障法调整的法律关系主体具有多样性和特殊性

法律关系是一部分社会关系经由法律的调整而演变成的社会关系。法律关系的组成要素中，主体要素是前提和基础，没有确定的主体，法律适用就没有对象。在社会保障法律关系中，其主体要素包括国家或政府、乡村集体组织、用人单位、社会公共事务管理机构、公民等，主体种类多样化而且相互交错，关系复杂，而最为特殊的主体是国家或政府。在对社会保障制度进行具体论证的过程中，学者们都认为在市场经济中，市场作为“看不见的手”能够调节供需平衡，但是无法增进公共利益，例如不完全的竞争市场、公共物品的供给问题和外部性现象，因此，政府的介入成为必然，是要由政府构建另外一只“看不见的手”——政府机制的“社会保障”，来解决市场经济无法解决的社会问题。但是，政府的作用或地位在社会保障制度中的定位，成为构建这个制度的核心。在欧美工业发达国家较为完善的社会保障机制中，政府同样也在该制度的实施中起到了重要作用，例如瑞典，构建了一个由国家全权保障的“从摇篮到坟墓”的社会保障网。但是社会保障制度发展至今，越来越多的国家发现了“父爱式”的福利国家模式，政府在财政上不堪经济负担，人民也患上“福利病”——宁愿领域救济金而不愿意寻找工作等现象，因此近年来这些国家纷纷进行了社会保障制度改革，减轻和分散政府的责任，调动市场和个人机制的作用。但是这只是要解决以往的高福利政策所酿成的政府财政危机并导致经济效率下降这一弊病，就高层自身无法克服的“市场失灵”而言，政府仍应是社会保障关系的主体。① 这种主体地位应变为主导型的主体地位，政府主要进行社会保障的制度构建和设计，其次是对社会保障的推行和实施进行管理和监督，而更多的具体职能则由“第三方组织”来承担，如社会保障基金的保值增值问题等。

二、社会保障法的地位

在我国现存的法律部门中，社会保障法究竟归属于哪个法律部门，这也决定了社会保障法在法律体系中的地位问题。而何谓法律部门，是指根据一定的标准和原则，按照法律调整社会关系的不同领域和不同方法等所划分的同类法律规范的总和，而所有的法律部门汇集而成的我国的法律体系。那么，一个法律制度是不是构成独立的法律部门的判定标准何在？在理论上，一般认为划分法律部门的标准有两个：一是法律调整的对象，即根据法律规范所调整的社会关系的不同进行分类，例如民法调整平等主体间的人身和财产关系，而行政法虽然也涉及财产关系与人身关系，但是不属于平等主体之间的关系，这就把民法和行政法划分开来；二是法律调整的方法，即根据法律规范调整具体社会关系所使用的方式、手段的不同进行分类，比如民法与刑法都是调整财产关系和人身关系的法律规范，而民法以自行调节为主要方式，刑法以强制性干预为主要调整方式，这样就把民法和刑法划分开来。

（一）社会保障法的调整对象

社会保障法的调整对象是社会保障关系，所谓的社会保障关系是国家、各类单位和社会成员在社会保障活动中所发生的各种社会经济关系的总和。在社会保障关系的内容上，国家《“九五”计划和 2010 年远景目标纲要》指出：“加快养老、失业、医疗保险制度改革，初步形成社会保险、社会救济、社会福利、优抚安置和社会互助、个人储蓄积累保障相结合的多层次社会保障制度。”因此，在我国社会保障关系包括社会保险关系、社会救济关系、社会福利关系、社会优抚安置关系，同时通过社会互助、个人保障的方式构建多层次的社会保障关系。还有学者从主体角度对社会保障关系进行归纳总结，认为社会保障法具有八个方面的关系，其中包括最基本的国家（中央和地方政府）

① 社会保障法的调整对象［OL］. 中顾法律网 . http：//news. 9ask. cn/baoxianlipei/bx-lp/201006/717956_ 2. html，2010-06-19.

与全体人民之间的关系，用人单位和劳动者之间的关系，社会保障机构和社会成员之间的关系等。①

但是，作为口语化的表达，我们通常将社会保障法与劳动法合称为“劳动和社会保障法”，这是否说明，社会保障法属于劳动法部门的子法律呢？我们可以比较两者之间的关系进行辨别：首先，在调整对象上，劳动法调整的是用人单位和劳动者之间的劳动关系；社会保障法调整的是包括国家、用人单位、公民（劳动者）、社会保障经办机构在内的因社会保险、社会救济、社会福利、优抚安置等发生的关系。其次，在调整的主体上，劳动法的主体体现了“三方原则”，即包括国家、劳动者和用人单位；社会保障法的主体更具有广泛性，包括国家、社会保障机构、社会成员、用人单位、农村集体组织等。最后，在法律调整的目的上，劳动法主要是通过规范用人单位和劳动者之间的劳动关系，倾向性地保护劳动者的合法权利；社会保障法的目的主要是为了保障社会全体成员在遭受各种意外风险时的基本生活，促进社会稳定。

因此，综上所述，社会保障法有其独立和独特的调整对象，这是社会保障法成为独立法律部门的基础和前提。

（二）社会保障法的调整方式

社会保障法的调整方式是指社会保障法律规范调整具体社会关系所使用的方式、手段，例如民法部门主要是通过自行调整方式，最大程度地保障当事人之间的意思自治和自由，而刑法是通过国家强力的作用来打击犯罪和维护社会稳定，因此，刑法是强制性干预的调整方式和手段。社会保障法由于其调整的社会保障关系的多元化和复杂性，单靠一种调整手段是不够的。如社会保险关系中，国家作为社会保险制度的构建者，是通过强制性的手段来推行这种制度。而在社会救助关系中，公民对社会的捐助行为是自愿行为，基本可以适用民法中的赠与合同进行规范；而对挪用社会保障基金的违法犯罪行为，必须追究责任人的刑事责任，采用的则是刑事方法。社会保障法综合运用不同的调整方法，这并不能否定它作为部门法地位的存在价值，相反，这正表明它所具有的法学交叉学科和边缘学科性质的独特之处。②

① 黎建飞．社会保障法［M］．北京：中国人民大学出版社，2008.

② 史探径．我国社会保障法的几个理论问题［J］．法学研究，1998（4）.

因此，从对社会保障法的调整对象和调整方式的论证中，我们可以发现，现有的任何一个法律部门都无法涵盖社会保障法的所有内容，社会保障法应与行政法、民法、经济法、刑法、诉讼法等法律部门一样，属于仅次于宪法的独立法律部门。

三、社会保障法的作用

法的作用泛指法对个人及社会发生影响的体现。社会保障法的作用也同样体现了这部法律对所规范的主体和社会关系产生的影响。但是，要理解社会保障法的作用，首先要认识到社会保障法的价值，“法是人所创造的，法是为了人的需要，符合人的属性创造出来的。因而法也就必然的具有满足人的相应需要的意义。那种先于法、高于法而存在，并随时指引着法、成为法的精神指导和理想目标的重要的精神存在，就是法的价值”。因此法的价值的要义是指法律在其发生作用的过程中用来促进和保护哪些价值。① 在一般意义上，法律价值包括秩序、公平、正义、效率、自由、利益等。法的价值取向决定了法发挥作用的方向，因此法的作用是对法的价值的具体体现。社会保障法的法的价值体现在：一是安全。保障社会安全是社会保障法的首要价值。社会保障制度本身就是一种社会安全体系，它通过对在经济生活中遭遇疾病、伤害、失业、年老、生育、死亡的公民提供一种社会化保障而消除社会成员的不安全感。二是公平。社会保障法保障的第二个法律价值就是促进社会公平，这种社会公平是通过对收入的再分配方式，将高收入者的一部分收入适当转移给收入较少的群体，来缩小社会成员之间在社会地位上的悬殊差别，促进社会公平目标的实现。三是效率。在哲学范畴中，公平和效率看似是相互矛盾的一对价值，但是社会保障法所实现的效率是在保证公平优先的基础上的兼顾性法律价值。即在经济衰退、失业增加时，通过社会保障金的支出，向失去职业和生活苦难的人们提供相应的购买能力，唤起社会有效需求，并在一定程度上促进经济的复苏。②

因此，在法的价值指导下，社会保障法在实际生活中发挥的作用体现在：

---

① H. 科因．法哲学［M］．北京：华夏出版社，2002.

② 李珍教授认为在社会保障制度中，“公平和效率”的关系在许多情况下是一致的，或者是公平可以转化为效率。参见李珍．社会保障理论［M］．北京：中国劳动社会保障出版社，2007.

（一）保证社会的公平、稳定和安全的实现

社会公平是人类社会发展过程中人们所共同追求的道德价值，社会保障法要实现的社会公平是权利的公平和分配的公平。

权利公平是社会成员享有的由法律授予的权利，是人类社会最基本的生存权，如宪法权利，我国《宪法》第45条明文规定：公民在年老、疾病或丧失劳动能力的情况下，有从国家和社会获得物质帮助的权利，国家发展为公民提供享受这些权利所需要的社会保险、社会救济和医疗卫生事业。其次是分配的权利，社会保障法要保证的是收入的分配公平。市场经济在自身的竞争机制的引导下，导致了社会成员收入的差别，而通过社会保障的再分配功能，实现贫富地区、单位、人群之间的资金互济，达到缩小贫富悬殊差距的目的，这也是社会法所追求的实质公平。

社会保障法又被誉为“社会安全网”和“社会减震器”。社会保障制度本身就是一个社会安全体系，它通过对在经济生活中遭遇疾病、伤害、失业、年老、生育、死亡的公民提供一种社会化保障而消除社会成员的不安全感。1935年美国两院通过《社会保障法》时，正如罗斯福总统所言：“早先，安全保障依赖家庭和邻里互助，现在大规模的生产使这种简单的保障方法不再适用，我们被迫通过政府运用整个民族的积极关系来增进每个人的安全保障；实行普遍福利政策，可以清除人们对旦夕祸福和兴衰变迁的恐惧感。”① 而通过对市场经济中这些弱势群体进行利益的补偿，保证了他们的基本生活水平，而避免了个人的经济问题演变成为危害社会的不利因素，促进了社会的稳定和和谐。而社会保障法产生的历史恰恰也证明了社会保障在缓和社会矛盾，稳定社会秩序方面的作用。例如罗斯福总统把《社会保障法》看做其“新政”的“奠基石”，以此减少社会冲突、稳定社会秩序。

（二）社会保障法是建立和发展市场经济的必然要求

社会保障法为市场经济的发展提供的是一种安全保障，尽管社会保障法对于经济安全的促进作用是比较间接的，但在社会主义市场经济建立和完善的过程中，社会保障法对于我国市场经济安全却显得越来越重要了。

---

① 刘传刚，王运华．论社会保障法的价值［J］．渤海大学学报（哲学社会科学版），2007（4）．

社会保障法为经济发展提供的保障体现在：首先，社会保障法为劳动力的再生产提供了物质基础。市场经济的发展必然要求建立能够合理流动的劳动力市场，劳动力流动的过程中，一部分劳动者会因此失去工作机会而面临生活来源断流，社会保障金的支出保证了这一部分劳动者能够维持基本的生活水平，同时为其寻找新的工作提供了物质保证。而对于企业而言，劳动力正常的进入和退出也让企业没有了后顾之忧，保证了它们可以适时地进行经济结构调整，转变企业经济增长方式，从而有效地提高经济效率。其次，社会保障法是宏观调控的重要手段。社会保障法通过调整社会保障待遇的减少和增加，保证了市场供求关系的平衡。在经济发展较好，失业率下降的时候，社会保障金的支出会减少，于是在需求过旺中起到一定的抑制需求的作用；而在遇到经济危机，经济衰退、失业率上升的时候，社会保障基金起到一定程度的增加需求、刺激经济增长的作用。最后，通过社会保障立法的规定，国家对社会保障金的保值增值进行有效的管理和监督，使基金能够投向国家基础设施和重点项目的建设，从而成为国家对国民经济进行宏观调控的有效手段。①

（三）社会保障法是建立社会主义和谐社会的“润滑剂”

市场是为市场主体进行商品交换构建的平台，在市场“潜规则”的指挥下，市场主体用合法的手段和方式追逐利益，人与人之间的道德伦理和友爱互助被“强资本”替换成世风日下和弱肉强食。社会保障法律制度的首次建立，其核心的价值是追求人类社会的公平和平等，因此改变了由经济地位所决定的社会地位的差别，体现出绝大多数人对共同利益的关心以及人们之间的相互尊重和关心。社会保障法的建立也打破了市场经济发展中人与人之间的“唯利是图”的价值观，倡导尊老、扶弱、济贫、友爱相助和谐共存，有助于培养人们的社会责任感、区社认同感、集体意识、权利与义务的统一、预防与分担风险的观念，这就使社会成员之间由失调的关系转为和谐、健康的关系，这种社会活动的结果，又将形成一种强大的社会舆论和良好的社会风尚，推动人们增强道德意识和道德责任，以建立社会主义人与人之间平等、团结、友爱互助的新型关系。②

---

① 黎建飞．社会保障法［M］．北京：中国人民大学出版社，2008.

② 杨玉芝，鹿桂香．论社会保障功能［J］．沈阳师范学院学报（社会科学版），2000（6）.

四、社会保障法律体系

法律体系通常是指一个国家全部现行法律规范分类组合为不同的法律部门而形成有联系的统一整体。简而言之，法律体系就是部门法体系。这是法律的一般理论。作为单独的部门法，由现行的所有调整相同或类似的社会关系或对象的法律构成的体系，形成部门法的法律体系。

社会保障法是独立的法律部门，除了社会保障基本法作为制定社会保障具体法律制度的理论依据之外，按照社会保障制度体系的构成，我国社会保障法体系（见图 5-1）应包括：

- 社会保障基本法
  - 社会保险法
    - 失业保险法
    - 养老保险法
    - 疾病保险法
    - 工伤保险法等
  - 社会救济法
    - 贫困救济法
    - 自然灾害救济法
    - 慈善事业法等
  - 社会福利法
    - 住房补贴法
    - 生育补贴法
    - 义务教育法
    - 职业培训法等
  - 优待抚恤法
    - 军人伤残抚恤法
    - 军人优待法等

图 5-1　社会保障法体系

（一）社会保险法律制度

社会保险制度具体规定劳动者在年老、失业、患病、工伤、生育等情况下可获得帮助和补偿。因此该法律制度应包括基本的社会保险法，具体分支涉及具体的保险制度，如养老保险法、医疗保险法、失业保险法、工伤保险法、生育保险法等。

（二）社会救济法律制度

该制度具体规定公民在遭受自然灾害或者公民发生严重困难的情况下可获

得经济帮助。法律制度应包括基本的社会救济法，其次根据救济的客观事实形成如城市最低生活保障、自然灾害救济、见义勇为救济、慈善捐助等具体法律制度。

（三）社会福利法律制度

社会福利制度主要针对不同的社会成员在分享社会发展成果方面提供经济帮助。具体涉及老年人福利、残疾人福利、社区服务，城镇居民福利津贴等项制度，同时还包括有相应主体设立文、教、卫、体等社会公益项目的法律规范。

（四）社会优抚安置法律制度

该制度下，由国家和社会按照规定对法定的优抚对象提供确保一定生活水平的资金和服务、带有褒扬性质的一种特殊保障。其主要对象是军人及其家属。如军人优抚安置法、军人伤残抚恤法等。

最后，需要说明的是，上述社会保障法的体系仅仅列举了以法律作为规范性文件的社会保障法的种类，而作为抽象意义上的法的范围是更广泛的，例如还有以行政法规、部门规章以及地方性法规和规章等形式表现出来的社会保障法，而这些形式的社会保障法律规范数量庞大，内容复杂、细致，因此不便于列举，但它们同样是社会保障法重要的和不可缺少的组成部分。

第二节　国外社会保障法律制度

一、国外社会保障法发展的历史

社会保障法律制度是随着资本国家经济的发展而逐渐发展起来的社会制度。社会保障法始于英国，而正式制度的建立始于德国，美国是对社会保障进行最为全面和系统的规定的国家，而且至此之后，“社会保障”一词被世界各国及世界劳动组织所接受，成为一个统一而规范的称法。

（一）社会保障法雏形期

英国社会保障法律制度是在传统社会救济制度的基础上发展起来的。1601年英国颁布了世界上第一部《济贫法》，该法产生于一个以农业经济为主体的社会中，在内容上具有明显的局限性：认为政府济贫是统治者的恩惠，强调对劳动者的惩罚而较忽略对需求者的帮助。但它毕竟在人类历史上第一次以专门法律的形式对社会保障事项做了规定，确立了国家采取积极手段对贫民进行救济的责任。该部法律的颁布意味着社会保障从临时性走向制度化，从随意性走向法律化，标志着西方社会保障制度的初步形成。18 世纪下半叶，工业革命的开始使英国再次面临严重的社会问题。新《济贫法》奠定了现代社会保障立法的基础，形成了政府直接管理社会保障事业的传统，并成为以后欧美各国社会保障立法的典范。

1.《济贫法》

1601 年，英国政府颁布了《济贫法》，这部法律是在传统社会救济制度的基础上发展起来的国家救济制度。尽管英国政府颁布的这部《济贫法》是为了解决“不工作”的流浪者引发的社会问题，迫使其进行劳动的一部带有“惩罚”性质的救助法律制度，但是它的颁布标志着人类历史上第一次用正式制度的方式对社会保障制度进行了统一的规定，解决了当时依靠教会和世俗社会慈善救济的不足。

《济贫法》规定的救济对象有三种：（1）由劳动能力的贫民；（2）无劳动能力的贫民；（3）无依无靠的孤儿。救济措施包括：（1）建立地方行政和征税机构；（2）为有劳动能力的人提供劳动场所；（3）资助老人、盲人等丧失劳动能力的人，为他们建立收容所；（4）组织穷人和儿童学艺，建立贫民习艺所；（5）提倡父母子女的社会责任；（6）从比较富裕的地区征税补贴贫穷地区。

但是这部《济贫法》带有一定的时代局限性，政府的救济行为并非慷慨之举，获得救济的人往往以丧失个人尊严、个人自由和政治权利为前提。因为当时主导英国政府行为的新教教义以及伦理观认为，贫穷是万恶之源，它不仅造成道德原则的扭曲或沦丧，而且由于与其伴随而来的刑事犯罪和政治动荡对于社会秩序产生威胁，因此新教提出对贫穷者必须进行必要的压制和惩戒。① 因此，政府对贫民的救济就成为一种“惩罚和矫正”相结合的手段，来达到稳定社会秩序、保障富人阶级利益的目的。

2. 新《济贫法》

1834 年，英国议会通过了新《济贫法》，宣布停止向济贫院以外的穷人

① 樊启荣. 社会保障立法观念的演进及其价值取向［J］. 贵州警官职业学院学报，2004（3）.

发放救济金，强迫他们重新回到习艺所去。新《济贫法》是在国王威廉四世的组织之下对原有的《济贫法》的改革，新法创立了第一个全国性的行政机构——济贫委员会，该委员会是在废止由各教区掌握的济贫行政管理权，合并临近若干教区的基础上建立起来的，将济贫由分散变为集中，克服了地方济贫管理腐败和不称职的局限，为在全国范围内建立统一的社会保障制度奠定了基础。新《济贫法》认定救济不是消极行动，而是一项积极的福利措施。将社会救助确定为公民的合法权利，确认人人有生存的权利，救济成为国家和社会的一项义务。但新《济贫法》规定了极为苛刻的领取救济的条件，要求领取者必须住进济贫院，取消对无业贫民的一切金钱和实物救济，他们只能去习艺所从事待遇低廉的繁重劳动。①

前后两部《济贫法》对稳定当时的社会和促进、巩固资本主义经济产生了积极的作用，也为世界各国建立相应的社会保障制度发挥了范本式的作用，而随着工业化的发展，社会保障制度以此为契机在世界各国蓬勃发展起来。

（二）社会保障法形成期

社会保障法的核心制度社会保险法并没有顺势在工业革命发源之地英国发展起来，而是在更适应工业化发展的德国形成和壮大起来。19 世纪 80 年代，德国不仅完成了国家的统一，而且国家经济发展迅猛，很快成为欧洲工业化国家的“老大”。但是随着资本主义经济的发展，德国的阶级矛盾也日益加剧，劳资矛盾随之爆发。为了安抚工人阶级，调和劳资矛盾，稳定刚刚建立的德意志帝国的统治大厦，首相俾斯麦进行了一系列的社会改革，社会保险法律体系的形成就是这次改革的成果。

1881 年 11 月 17 日，德皇发表《黄金诏书》，宣布建立“社会保险”，采取一系列改善工人生活待遇的措施，以立法的形式建立了社会保险制度。1883 年德国制定了世界上第一部《疾病保险法》，为手工工人和非手工工人患病时提供生活和医疗保险；1884 年又制定了《工伤保险法》，对因工受伤的劳动者提供补偿；1889 年又颁布了《老年残废保险法》，为全体工业劳动者提供老年和残废时的生活保障。以上三项立法奠定了德国社会保障的法律基础。1911 年，德国又颁布了《孤儿寡妇保险法》，连同以上三项法律组成《社会保险法典》，史称“帝国社会保险法典”。1923 年又制定《帝国矿工保险法》，1927

① 丁康．世界社会保障法律制度的历史演进［J］．江汉论坛，2001（12）．

年颁布《职业介绍和失业保险法》。至此，德国创立了以社会保险为主的社会保险制度。

上述社会保险法体系的构建标志着社会保障制度的形成，而以此为核心内容的社会保障制度很快成为欧洲其他工业化国家建立本国社会保障制度的模本。法国于1894年颁布了《劳动工伤补偿法》；1910年又制定了《劳动者农民年金保险》，在工业和农业工人中推行强制性的年金制度；1928年又颁布了《社会保险法》，在全国范围内推行疾病、生育、死亡、残疾、老龄等保险。英国于1908年颁布《老人年金保险法》，规定国家为年满70岁，年收入低于21英镑的老年人提供每周1先令的养老金；1911年又颁布《国民保险法》，对健康及失业保险做了法律规定。意大利在1898年和1910年分别制定了《老龄残废保险法》和《生育保险法》。瑞典从19世纪后半期就已出现了医疗保险的合作组织，1901年出台了《工伤补偿法》；1913年颁布了《老龄金制度》；1918年制定《工伤事故保险法》；1926年颁布《国民保险法》；1934年制定《失业保险法》。①

各国所建立起来的社会保障法律体系，不仅标志着社会保障制度作为一项独立的制度被国家纳入正式制度的范围，同时也标志着社会保障法作为独立的法律体系的形成。

（三）社会保障法成长期

19世纪末到20世纪初，欧美国家建立的社会保险法律制度作为经济发展的重要手段发挥了积极的作用，但是以1929年的一场波及全世界的经济危机为分界线，社会保障法的新的发展由此展开。1929年经济危机的发生，打破了“市场万能”的神话，新的经济理论的构建要求政府介入市场经济中，通过宏观调控的手段，解决市场无法解决的问题，如不完全的竞争市场、公共物品的供给问题和外部性现象。美国虽然在19世纪末20世纪初经过经济的强劲发展已经占据了世界经济霸主的地位，但是社会保障制度相对落后，因此在经济危机发生之后，无产者和老年人因为生活无着、流离失所所引发的阶级矛盾尖锐化。为了解救陷入经济危机困境的美国，同时也为了平息因为经济危机而酿成的社会危机给美国社会带来的巨大震荡，福兰克林·罗斯福当选为总统之后制定并实施了他的铁腕政策——新政。新政理论的基石恰恰就是由国家向全

① 丁康．世界社会保障法律制度的历史演进［J］．江汉论坛，2001（12）．

社会实施社会救济、社会保险和社会福利，强调国家对经济生活的干预，通过拉动社会的有效需求来带动经济的复苏和发展。正如罗斯福总统在 1934 年 6 月 8 日在其文中所言："根据我国宪法，联邦政府所以建立的目的之一是增进全民之福利，提供福利所依存的这种保障也就是我们的明确职责。这三大任务——家庭安全、生活保障、社会保障——在我看来，乃是我们能够像美国人民提出的最低限度的承诺。"①

在新政的基础上，1935 年参众两院通过并颁布了《社会保障法》，并成立了执行法律的联邦社会保障署。该部《社会保障法》开篇便称："本法案旨在增进公共福利，通过建立一个联邦的老年救济金制度，使一些州得以为老人、盲人、受抚养的和残废儿童提供更为可靠的生活保障。为妇幼保健公共卫生和失业补助法的实行作出妥善的安排。"法案共 10 章，规定了各种补助款、救济金，最重要的内容是规定了老年人、失业人员和未成年儿童的保障。

《社会保障法》的主要内容有：② 社会保障是大机器生产的客观需要；以"普遍福利"为核心的社会保障制度作为建国方略；初期社会保障项目应包括失业、养老、家庭保险，实行"家庭平安、生活保障、社会保障"；实行"以工代赈"的现代社会救助，反对消极的救济行为；实行以地方为主的失业社会保险和强制性、多层次的养老保险；社会保险必须促进自我保障意识的确立；社会保障项目必须逐渐展开。

1935 年的《社会保障法》是美国历史上非常重要而关键的法律，它成为美国社会保障事业体系化的基础。尤其是对"社会保障"一词的确立和使用，为世界各国对社会保障制度进行研究和使用确立了统一而规范的名称，也成为我们对现代社会保障制度发展进行探索的一个新的历史起点。

二、国外社会保障法的特点

社会保障制度经过近一个世纪的发展，由原来简单的效仿或有限的移植，到现在的各国社会保障制度都与本国的经济发展水平进行调适而改革、修订，形成各具特色的"本土化"社会保障法律制度。这些有代表性的国家现行的

① 黎瑛，方连英．美国社会保障制度的基石：1935 年美国《社会保险法》评述[J]．襄樊职业技术学院学报，2005（1）．

② 黎瑛，方连英．美国社会保障制度的基石：1935 年美国《社会保险法》评述[J]．襄樊职业技术学院学报，2005（1）．

社会保障制度，足以体现和代表一个新的社会保障法律制度的新格局。

（一）国外社会保障法模式

1. 自由保险模式——美国

有学者称其为多元化社会保障模式或自由保险型。其特点为社会保障的实施分别由联邦政府、州及地方政府和团体及私人组织来承担；社会保障形成了以社会保险为中心，以社会救助和社会福利为补充的保障网络；社会保障制度的推行主要以立法为依据，实施强制性保险，尽管社会保障的覆盖面很广，但是保障的程度很低；社会保障制度中的社会保险项目主要以雇主和雇员缴费为主，国家主要承担的是社会福利和社会救助的责任，例如主要为伤残、年老和医疗保险提供津贴；除了社会保障部分，公民还通过私人或补充保险来弥补社会保障的不足。

2. 福利国家模式——瑞典

有学者称其为福利国家型社会保障模式，其高福利的社会保障为公民提供了从“从摇篮到坟墓”的一切社会保障，涉及社会生活的各个领域，包括儿童服务、教育保障、住房保障、残疾保障、医疗保障、最低生活补助金、工伤补贴、失业保险、老年人保障等；社会保障水平高，而且强调均等化，即全体公民，不论收入高低、身体残疾与否、年龄大小，都会均等地享有各种社会福利和社会服务；社会保障基金主要由国家和企业来承担，依靠高额的个人所得税来维持这种高福利支出的财政需要。

3. 投保资助模式——德国

作为世界上最早进行社会保险立法的国家，德国的社会保障模式被称为“投保资助型”模式，这种模式强调了公民参与社会保障的强制性，并且定期缴纳社会保险费从而享有申请保险待遇的权利；国家在社会保障管理中发挥着积极的作用，通过完善而有效的社会保障制度体系，促使劳资关系融洽和和睦；社会保险、社会赡养、社会救助和社会补贴是德国主要的社会保障制度，社会保险中的失业保险、养老保险、事故保险和医疗保险被誉为德国社会保障体系的四大支柱。

4. 个人积累模式——新加坡

新加坡的保障模式是以公积金制度为核心的个人积累模式，法律规定，只要是参加工作获得工资或薪金收入的人都必须参加该制度，个人公积金按工资收入的一定比例由雇主和雇员共同负担，所有权归个人所有，退休之后，按月发放。国家只是充当监督者的角色，由官方性质的公积金局负责管理。这种模式强调个人的自我保障，缺乏互济性。

（二）国外社会保障法的特点

尽管各国所推行的社会保障模式不同，但是有一个共同的特点就是各国社会保障政策的实施和推行都建立在一套完善的法律制度的基础之上，通过立法规定保障人和被保障人之间的权利和义务。就这些具有典型代表的国家社会保障法实施情况而言，国外社会保障法律制度的特点如下：

1. 社会保障法的发展不是一蹴而就的，是通过比照经济发展的水平和社会生活的需求而经过不断的修订、调适而形成的社会保障法律体系。因此，各国的社会保障法不具有雷同性，缺少一般法律制度所具有的移植和照搬的意义。例如，罗斯福新政时期之后的 70 多年的时间里，美国的社会保障制度经历了继续发展和扩大的时期，到调整巩固时期，直至奥巴马政府在 21 世纪进行了社会保障的重大改革，完善了国家医疗保障制度，这一切说明了美国模式的存在除了与它们的经济、文化相匹配，更重要的是与每一位执政者的执政理念以及推行的政策相一致。

2. 国外社会保障法是以社会保障基本法为起点，逐步发展而形成的社会保障法律体系。社会保障法不同于传统意义上的民法、刑法，法律涉及的社会生活领域广，跨越的学科门类多，立法技术手段复杂，各国首先制定了一部原则性的基本法来统领其他社会保障子法律的发展，为子法律提供立法的价值目标和立法宗旨。如 1935 年美国颁布实施《社会保障法》之后，历届总统分别在住宅、教育培训、老年残疾遗嘱等方面进行了立法，包括 2010 年奥巴马政府通过的以医保改革为背景的医保法案，这些立法都是旨在实现 1935 年《社会保障法》的目标："本法案旨在增进公共福利，通过建立一个联邦的老年救济金制度，使一些州得以为老人、盲人、受抚养的和残废儿童提供更为可靠的生活保障。为妇幼保健公共卫生和失业补助法的实行做出妥善的安排。"法国则拥有一部社会保障法典，其中容纳了上千部社会保障方面的法律，这是大陆法系立法的模式和习惯。

3. 在现代社会，世界各国都有自成体系的社会保障法，而且基于调整对象的复杂性，各国社会保障法涉及的保障项目较多，涉及社会生活中的各个方面，因此就立法的数量而言，社会保障法典统率之下的社会保障法律数量庞大，立法的种类也是名目繁多（见表5-1、表5-2、表5-3）。①

表5-1　　　　世界各国（地区）社会保障立法情况

洲　别	已有立法的国家（地区）数	各项目已有立法的国家（地区）数				
		养老保险	疾病、生育保险	工伤保险	失业保险	家属、家庭补助
亚洲	39	37	28	37	13	8
非洲	45	40	30	45	5	23
欧洲	37	37	36	37	37	36
美洲	36	36	36	34	8	9
大洋洲	11	11	4	7	2	2
合计	168	161	134	160	65	78

表5-2　　　　世界各国（地区）社会保障立法情况

首先立法项目	工伤保险	养老保险	疾病、生育保险	失业保险	工伤保险与养老、疾病保险同时	养老保险与疾病、生育保险同时	合计
国家（地区）数	117	13	8	3	22	5	168

表5-3　　　　世界各国（地区）社会保障立法情况

时间 / 数目 / 洲别	1883—1889	1900—1909	1910—1919	1920—1929	1930—1939	1940—1949	1950—1959	1960—1969	1970年以后	合计
亚洲			2	10	4	5	11	1	6	39
非洲			2	4	16	13	4	2	4	45
欧洲	16	5	6	8		1	1			37
美洲		2	11	6	6	2	3	2	4	36
大洋洲	1	1				1	2	5	1	11
合计	17	8	21	28	26	22	21	10	15	168

① 史探径．世界社会保障立法的起源和发展［J］．外国法译评，1999（2）．

4. 各国社会保障法的基本理念是实现社会公平，从而实现社会的长治久安。人类社会发展的历史是一部人类追求社会公平、平等的历史。而作为一项社会制度，法律同样也是用自身特定的调整手段和方法来追求社会所需要的平等或公平价值。不同的研究者对平等或公平给出了不同的理解和界定，如罗尔斯在其《正义论》中提到，人类社会的正义问题乃是社会中分配的公正，他用“分蛋糕”的例子证明了这一点；而朗斯曼在其《相对劣势与社会正义》一书中也提道：“在一个有争议的社会，必然有财富的不断移转，从最富有的移转到最贫穷的人，除非在最贫穷以上的人能够根据上述的原则来证明他们拥有较多的财富权利，在缺乏这些特殊条件时，其财富移转逐渐向中间平均数回归。”① 与之相反的是市场经济所遵循的“优胜劣汰”的基本规律决定了人类社会必然是一个有差别的阶层社会。因此，为了抵消市场经济发展给人类社会带来的“副作用”，我们通过社会保障法律制度，运用社会保障工具，以国家为主导来对公民初次分配的财富进行再分配，在不损害富人的财产利益的基础上，将社会财富转移至穷人或疾病、失业、老年人等弱势群体，达到社会的财富平衡，从而实现社会的平等或公平。因此，这种转移的理论基础之一就是建立在社会公平之上的。

三、国外社会保障法的发展趋势

进入 21 世纪，伴随着知识经济和信息时代的开启和发展，人类社会的财富积累也达到规模空前的程度，似乎人类社会已经摆脱了贫困、疾病、失业、年老等工业化社会带来的各种社会问题，但是恰恰相反，在实际生活中这些问题不但没有解决，而且有加剧的趋势。例如，2008 年的经济危机破坏作用的辐射效果产生了这些数据：日本在 2009 年上半年的失业率达到 5.2%，美国为 9.5%，欧盟为 10.9%，失业人口都是以百万计，而失业问题带来的连锁反应例如财政危机、社会暴力事件也日益频繁。因此，正如国际劳动组织所获得的调查报告所显示的，社会保障制度不仅仅是反对贫困，而有着更为深远的目的，这就是必须维持生活水平和质量，增加个人的安全感。经济更加繁荣并不能取消社会保障，必须防患于未然，看到预防性措施的重要地位。因此，“把分散的社会保障法规统一起来并尽可能加以巩固，同时应该用最明白易懂的语

① 林嘉. 论社会保障法的社会法本质：兼论劳动法与社会保障法的关系 [J]. 法学家，2002 (1).

言草拟法规”。①

当然，法律随着社会制度的发展和变革进行及时的修订势所必然，但是纵观世界各国的社会保障制度，似乎在进入21世纪之后，面临着对制度进行变革以适应更加多元化的社会保障需求的诸多困惑，而问题的关键依然是“公平优先、兼顾效率”的基本原则能不能有效实现，例如“高福利”国家的典范瑞典，因为社会保障的财政支出超过其收入，所以国家为这种高福利背上了沉重的包袱；美国社会保险中，国家不对工薪阶层提供医疗保险，而是由雇主和雇员承担责任，附加雇主通过向私有商业保险购买医疗保险而提供给员工的补充商业保险，而这种医疗保险模式因为其“高支出、低效率、欠公平”等问题长期困扰着民主党人，奥巴马政府2010年3月签署的医疗保险改革法案，为美国实现医疗保障的全民覆盖铺平了道路，该法案被称为美国社会保障体系45年来最大变革。独树一帜的智利社会保障模式，其养老保险私营化的模式在许多社会保障学的专家看来，属于逆潮流而上的失败的模式，“这种改革只能在革命或反革命的斗争情况下出现，况且这种改革经过10多年的实践并未实现其诺言，在其他拉美国家的推广情况亦不理想，从而得出发达福利国家不可能采纳智利模式的结论，并告诫说智利经验的负面教训应当是那些坚信私营化替代社会统筹将增加大众福利的人民警醒”。②

除了本国社会保障立法的发展，在全球经济一体化发展的大趋势下，社会保障法治的国际合作日益增多，通过召开国际会议，制定有关社会保险的国际公约和共同纲领，阐述普遍适用的原则、标准和行动方案；而作为国际组织，国际卫生组织、国家社会保障协会、国际社会工作者协会以及国际社会福利协会等在社会保障立法方面也有所贡献，尤其是国际劳工组织，从1919年制定《国际劳工组织章程》起，有关社会保障事务的国际劳工公约和建议书就有几十个，成为社会保障国际立法的权威机构。③

① 史探径．世界社会保障立法的起源和发展［J］．外国法译评，1999（2）．

② 郑功成．社会保障学［M］．北京：商务印书馆，2000．

③ 国际劳工公约中关于社会保障的公约和建议书主要分为两大类：综合性公约和各种专项公约。综合性公约主要有4个：《保障生存条例建议书》（1944年第67号）、《社会保障最低标准公约》（1952年第102号）、《社会保障同等待遇公约》（1960年第118号）以及《维护社会保障权利公约》（1982年第157号）和建议书（第167号）。专项公约针对各种保障项目制定，内容涉及生育、工伤、医疗、养老、伤残、失业等各个方面。

第三节　中国社会保障法律制度

一、中国社会保障法的发展历史

我国社会保障法的发展有着特定的发展背景和轨迹，如独特的儒家文化影响、历史发展的不同路径以及经济模式的变革，这些都是影响社会保障法律制度产生、发展和完善的因素，同样也使我国的社会保障法与其他资本主义工业化国家的社会保障法大相径庭，从而形成了具有中国本土特色的法律制度。

中华人民共和国成立之后，在原有的新民主主义革命时期制定的社会保障法律制度的基础上，新政权对社会保障法律制度进行了社会主义的制度改造，先后在劳动保险、失业救济、军人优抚、女职工权益等方面进行了初步的立法。这些比较有代表性的法律文件有：1951 年政务院颁布了《中华人民共和国劳动保险条例》，这一条例使暂时或长期丧失劳动能力的职工，在生活上有了基本的保障。对于生、老、病、死、伤、残等情况的保险有了具体规定。条例规定保险经费由企业负担，职工不缴纳社会保险金，劳动保险事业交由工会办理，并且还举办各种集体劳动保险事业。1954 年政务院颁发了《关于女工作人员生育假期的规定》。1958 年出台了《关于工人、职员退休处理的暂行规定》、《关于企业、事业单位和国家机关中普通工和勤杂工的工资待遇的暂行规定》、《关于国营、公私合营、合作社营、个体经营的企业和事业单位的学徒的学习期限和生活补贴的暂行规定》、《关于工人、职员回家探亲的假期和工资待遇的暂行规定》，这四部法律由于是在我国的第二个五年计划时期颁布的，主要是对经济发展的第一个五年计划时期的社会保障法进行部分调整和改革。①

上述社会保障法，立法层次低、立法的技术手段落后而且无法形成自成体系的社会保障法律体系，例如这些社会保障法基本是以“条例”、“暂行规定”、“规定”的字眼出现的规范性文件，没有社会保障基本法作为统领。内容上涉及的保障项目非常少，保障水平低且按照公民身份享有社会保障权利的痕迹非常明显等。直至“文化大革命”开始，我国的社会保障法律制度建设暂告一段落，国家进入了严峻的政治斗争时期，这不仅影响了国家工业化大生

① 丁康 . 21 世纪世界社会保障制度展望［J］. 当代财经，2000（8）.

产的建设，而且经济的停滞也造成包括社会保障法律制度在内的所有法律制度建设和发展的滞后。

我国社会保障法律制度真正蓬勃发展是以1978年十一届三中全会的召开为标志和转折，它开启了中国改革开放的伟大时期，直至21世纪，我国的工业化的现代化建设日渐繁荣，经济发展逐步走上正轨，社会财富与日俱增，同时人民的收入也逐步提高，那么工业化发展中不可避免的社会问题的出现，也是我国社会保障法律制度发展的良好契机。《国民经济和社会发展“九五”计划和2010年远景目标纲要》（以下简称《纲要》）明确提出，我国社会保障制度改革的总体目标是：加快养老、失业、医疗保障制度改革，初步形成社会保障、社会救济、社会福利、优抚安置和社会互助、个人储蓄积累保障相结合的多层次社会保障制度……制定相应政策，切实保护妇女、成年人、老年人、残疾人等社会群体和优抚对象的合法权益。建立城市最低生活保障制度和抚恤制度，依法安置退役军人，积极发展社会福利事业和社区服务，加强福利设施建设。因此，该《纲要》为构建社会保障法律体系和内容指明了方向，我们的社会保障法律体系理应由社会保障基本法和社会保障单行法所构成。

根据《纲要》的指示，我国社会保障法律体系得到长足发展，2006年12月22日劳动和社会保障部拟出了《社会保险法》草案，草案四易其稿，最终于2010年10月28日中华人民共和国第十一届全国人民代表大会常务委员会第十七次会议通过，2011年7月1日起正式施行。《社会保险法》在法律上明确规定了国家建立基本养老、基本医疗和工伤、失业、生育等社会保险制度，并对确立基本养老保险关系转移接续制度，提高基本养老保险基金统筹层次，建立新型农村社会养老保险制度、城镇居民养老保险制度和新型农村合作医疗制度等作出原则规定，这将会为各项社会保险项目的实施提供基本和统一的法律指引和规范。这部法律颁布的意义在于它是“在保障和改善民生领域又一部支架性法律，是新中国成立以来第一部社会保险制度的综合性法律，是党和政府履行‘让人人享有社会保障’承诺的法律保证”。然而，《社会保险法》作为基本法，其内容仅具有原则性、抽象性的规定，并不能替代已经实施的多项社会保险行政法规或规章。而在此之前，我国社会保险的各项保险项目以及社会救济和社会福利都是以国务院行政法规或规章的形式实施的，这是对社会制度进行法律调整不够成熟和完善决定的立法手段和方法，但是应该来说这种立法手段和方法可以通过对实践中的实际需求进行调试而为立法机关进行系统立法提供基础和根据。因此，对养老保险、医疗保险、失业保险、工伤保险、生育保险、社会救济等社会保障进行的立法包括：1998 年《关于建立城镇职工基本医疗保险制度的决定》；1999 年《失业保险条例》；1999 年《城市居民最低生活保障条例》；2003 年国务院颁布并于 2011 年修订实施的《工伤保险条例》。

与此同时，农村经济结构的调整和变化，使得农村大家族结构模式被小家庭结构模式所取代，农村原有的家庭保障功能逐渐弱化，其中还包括一大批涌入城市的新生代农民工，这些群体因为“农民”的身份，而被划在了享受同等社会保障权利的界限外，而由此引发的社会问题日渐增多。因此，在二元化社会结构暂时没有改变的情况下，我国也在农村社会保障立法工作方面采取实际的行动，2002 年 10 月，《中共中央、国务院关于进一步加强农村卫生工作的决定》明确指出：要“逐步建立以大病统筹为主的新型农村合作医疗制度”，“到 2010 年，新型农村合作医疗制度要基本覆盖农村居民”，2003 年卫生部、财政部和农业部三部委经过国务院批准同意，发布了《关于建立新型农村合作医疗制度的意见》，全文共十三章，七十四条，为在广大农村地区建立新型农村合作医疗提供了规范性文件的依据。对于农村社会最为关注的养老问题，也纳入国家在农村建立新型养老保险的措施，2009 年国务院发布了《国务院关于开展新型农村社会养老保险试点的指导意见》，为新农保的实施提供了指导意见。

二、《社会保险法》的制度创新

《社会保险法》共 12 章 98 条，规定了总则、基本养老保险、基本医疗保险、工伤保险、失业保险、生育保险、社会保险费征缴、社会保险基金、社会保险经办、社会保险监督、法律责任等。较之之前零散的社会保障政策性规定，这一次的《社会保险法》在制度上有所创新，主要体现在：

（一）扩大了社会保险的覆盖范围

党的十七大报告明确提出了到 2020 年基本建立覆盖城乡居民的社会保障体系的目标，作为体现社会公平原则的社会保险制度，理应在正式制度上明确享受主体的范围，因此在具体的制度设计上，基本养老保险和基本医疗保险覆盖了所有职工和城乡居民，工伤保险、失业保险和生育保险覆盖了所有用人单位及其职工。

（二）明确了社会保险的国家责任

社会保险是一种公共产品，国家有义务为每一个公民提供必要的生存保障，解决公民的生存之忧，从而促进社会的稳定和发展。因此，《宪法》第45条规定："中华人民共和国公民在年老、疾病或者丧失劳动能力的情况下，有从国家和社会获得物质帮助的权利。国家发展为公民享受这些权利所需要的社会保险、社会救济和医疗卫生事业。"从而确立了社会保险的国家责任。《社会保险法》作为《宪法》公民权利义务转化为具体权利的部门法，在其法律条文中进行了具体的规定，明确了国家或政府的责任。

具体包括：（1）提供资金支持和财政补贴的义务，根据《社会保险法》的规定，县级以上人民政府对社会保险事业给予必要的经费支持。国家通过税收优惠支持社会保险事业（第5条）。县级以上人民政府在社会保险基金出现支付不足时，给予补贴（第65条）。国有企业、事业单位职工参加基本养老保险前，视同缴费年限应当缴纳的基本养老保险费由政府承担。基本养老保险基金出现支付不足时，政府给予补贴（第13条）。国家设立全国社会保障基金，由中央财政预算拨款以及国务院批准的其他方式筹集的资金构成，用于社会保障支出的补充、调剂（第71条）。此外，在新型农村社会养老保险、新型农村合作医疗、城镇居民社会养老保险、城镇居民基本医疗保险等制度，政府也要承担财政补贴义务。（2）提供社会保险服务的义务，《社会保险法》规定，社会保险经办机构提供社会保险服务，负责社会保险登记、个人权益记录、社会保险待遇支付等工作（第8条）。（3）监督管理义务，《社会保险法》规定，国家对社会保险基金实行严格监管。国务院和省、自治区、直辖市人民政府建立健全社会保险基金监督管理制度，保障社会保险基金安全、有效运行。县级以上人民政府采取措施，鼓励和支持社会各方面参与社会保险基金的监督（第6条）。

（三）提高社会保险基金的统筹层次，明确了社会保险关系的转移接续制度

《社会保险法》明确规定，基本养老保险基金逐步实行全国统筹，其他社会保险基金逐步实行省级统筹，具体时间、步骤由国务院规定（第64条）。《社会保险法》规定，个人跨统筹地区就业的，其基本养老保险关系随本人转移，缴费年限累计计算。个人达到法定退休年龄时，基本养老金分段计算、统一支付（第19条）。个人跨统筹地区就业的，其基本医疗保险关系随本人转

移，缴费年限累计计算（第 32 条）。职工跨统筹地区就业的，其失业保险关系随本人转移，缴费年限累计计算（第 52 条）。统筹层次和社会保险关系转移接续是一个相辅相成的制度规定，统筹层次低使得社会保险基金的运行成本高、运行风险大，还不利于对基金进行监管，降低了社会保险应该承担的社会和经济的功能。而跨统筹地区的转移接续使得职工的缴费年限能够累计计算，保证了缴费职工社会保险权益的持久享有。

（四）养老保险的缴费年限更加灵活多变

《社会保险法》规定，允许参保人缴费至满 15 年，即达到法定退休年龄时累计缴费不足 15 年的，可以延长缴费至满 15 年。至于不愿意延长缴费至 15 年的，可以申请转入新型农村社会养老保险或者城镇居民社会养老保险。之前的规定只是简单规定了享受养老保险的基本条件是：一是达到法定退休年龄，即男 60 周岁，女 55 周岁的基本退休年龄，二是缴费年限达到 15 年。而没有考虑到实践中实际存在的问题，例如达到了退休年龄而缴费未满 15 年以及农村没有缴费而已经达到 60 周岁的情形，而《社会保险法》的规定有效地解决了职工基本养老保险与农村社会养老保险和城镇居民社会养老保险制度之间的对接。

（五）规定了医疗保险基金和工伤保险基金先行支付和追偿权制度

《社会保险法》中规定，医疗保险基金的先行支付和追偿权主要涉及工伤事故是由第三人造成的侵权损害，但第三人拒不支付或者无法确定第三人时，为了确保受伤害的参保人员得到及时救治，规定可以由基本医疗保险基金先行支付，基本医疗保险基金先行支付后，有权向第三人追偿（第 42 条）。除此之外，《社会保险法》在社会保险经办、社会保险费的征缴、社会保险信息系统建立及信息保护、社会保险监督机制等方面还做了很多创新的规定，使得《社会保险法》形成一个权、责、义完善的制度体系。

三、中国社会保障法存在的问题

任何一个制度都会在与实践的磨合中凸显出制度本身存在的问题，尽管我国社会保障立法工作已经取得了一定的成绩，但是存在的缺陷如下：

第一，立法工作滞后，除了作为基本法的《社会保险法》，其他领域的法律制度建设有待跟进，因此社会保障法律体系难以在短时期内形成。

第二，立法层次低，稳定性和权威性不足。

第三，社会保障立法的规定比较混乱，在保障制度中存在着部门分制、政出多门、多头管理的现象。

第四，立法内容不完备，难以适应社会保障的统一管理和协调，且还存在社会保障覆盖面窄、社会保障程度低和社会保障费用负担畸轻畸重等现象。

第五，社会保障法法律责任的缺失，使得法律的监督机制无法发挥其应有的作用，实施机制弱化，当事人享有的权利难以兑现和保障。

第六，国际化程度差，在经济全球化发展趋势之下，中国已经加入了WTO组织，但是社会保障法的内容无法与国际化的劳动、资本等因素相对接。

四、中国社会保障法的发展趋势

（一）协调“公平和效率”的基本价值

在我国经济体制转轨的特殊时期，包括城乡居民的利益、劳动者和用人单位的利益，不同收入、职业群体的利益，国家、用人单位和被保障人之间的利益相互交错，随时都会产生冲突，那么这种多元化的以经济收入为内容的强弱利益关系就成为社会保障立法首先应该解决的问题，因为“法律必须对各种利益冲突加以平衡，从而不只是人类社会在无谓的利益纷争中毁灭”。① 就社会保障制度的本质而言，社会保障制度是对社会关系中弱势者的偏袒，因此，不论是从社会保障的本质还是从一国的经济发展水平出发，我国的社会保障立法在处理公平和效率的基本价值的关系时都应确定“公平优先，兼顾效率”的价值取向，国家保障社会弱势群体的基本生活水平，共享经济发展的成果，从而实现社会基本的公平。而在必要的时候，社会保障将在经济发展的困难时期发挥其调控经济的杠杆作用。

（二）二元社会保障制度逐步趋于融合和一体化

在2013年召开的十八届三中全会中，全会在其《中共中央关于全面深化改革若干重大问题的决定》提出的“健全城乡发展一体化体制机制的改革”举措中要“整合城乡居民基本养老保险制度、基本医疗保险制度，推进城乡

① 社会保障法：形式公平与实质公平的抉择［OL］. http：//www.cnss.cn/xwzx/gdyl/200701/t20070111_ 112269.html，2007-01-11.

最低生活保障制度统筹发展，稳步推进城镇基本公共服务常住人口全覆盖，把进城落户农民完全纳入城镇住房和社会保障体系。”的想法。

这一战略政策的推进速度出乎人们的想象，这也得益于 2010 年通过的《社会保险法》的指导性规定，“省、自治区、直辖市人民政府根据实际情况，可以将城镇居民社会养老保险和新型农村社会养老保险合并实施”。在 2014 年年初，国务院应时出台了《关于建立统一的城乡居民基本养老保险制度的意见》，决定将新型农村社会养老保险（新农保）和城镇居民养老保险（城居保）两项制度合并实施，在全国范围内建立统一的城乡居民基本养老保险制度。截至目前，已经有山东、云南、上海、四川、天津等 15 个省份完成了城乡居民基本养老合并。合并后各地缴费档次均有所调整，另有部分地区提高了基础养老金水平。

（三）形成完备的社会保障法律体系

基本的步骤是首先制定社会保障基本法，为社会保障的实施提供基本的法律规范；其次是社会保障的单行法，如社会保险法、社会救济法、社会福利法等；最后是地方性规范性文件的制定，各地可以根据实际情况制定符合地方发展水平的社会保障规范性文件，如社会保障的实施细则或办法，以弥补前述两个法律的不足。

（四）合理规划社会保障法的内容

在“广覆盖、低水平”的宗旨下，扩大社会保障法的各项保障项目和法律适用主体的范围，尽可能将涉及社会弱势群体利益关系的立法工作优先，如《残疾人权益保障法》、《妇女儿童权益保障法》等。

（五）强化社会保障法的监督作用和实施机制

除在《社会保障法》中详细而明确地规定法律责任外，还应突出刑法处罚条款的作用，完善刑法中对社会保障犯罪行为的定罪和追究的法律条文规定。同时社会保障纠纷解决的司法体制应该完善，如借鉴国外模式，社会保障纠纷应交由专门的审判庭或审判法院来审理，例如有些地方在人民法院中已设立了社会保障法庭，对欠缴社会保险费的企业采取强制的司法措施，追缴了社会保险费，以实现“司法最终解决”的法律威慑作用。

（六）借鉴和吸收国际组织在社会保障方面的立法内容

例如，我国已经批准的公约有：《本国工人与外国工人关于事故赔偿的同等待遇公约》、《残疾人职业康复与救济公约》、《就业政策公约》等，在经济发展水平不断提高的情境下，这些公约一方面能为我国社会保障法律的修订和调整提供参照的标准，同时也为经济全球化趋势下我国与跨国企业解决社会保障方面的问题提供了解决方法和依据。

☞本章小结

本章通过对社会保障法概念和特征的分析，辨析了社会保障法与社会保障制度之间的联系和区别，分析了社会保障法作为独立的法律部门的地位，从而决定了社会保障法作为一项法律制度在社会生活中的社会价值和作用。社会保障法作为独立的法律部门，其法律体系是对具体的社会保障制度的反映和体现，根据我国现有社会保障制度的设计，社会保障法律体系包括：社会保险法律制度、社会救济法律制度、社会福利法律制度、社会优抚安置法律制度。

社会保障制度的起源在国外，其表现形式从一开始就是法律，例如英国1601年的《伊丽莎白济贫法》。随着资本主义经济的发展，社会保障制度作为对资本主义经济的体现和调整，经历了雏形期、形成期和成长期，直至21世纪，各国社会保障法的发展进入了一个“攻坚阶段”——即便是社会保障法律制度完善的国家，也因为社会保障制度所适应的社会经济环境的变化，都处在改革的十字路口。介绍和分析国外典型国家的社会保障法的发展历史和特点以及未来的发展趋势，对正处于社会保障制度改革阶段的中国构建社会保障制度具有借鉴意义。

中国的社会保障法律制度发展落后，一方面归因于我国特定的经济发展路径和模式，另一方面是基于我国特定的经济发展历史形成的城乡二元社会模式。现有的社会保障法律制度也是一种城乡二元模式——城镇社会保障制度和农村社会保障制度。中国社会保障法律制度存在的问题是显而易见的，因此，中国社会保障法未来的发展趋势应该是形成一部统一的社会保障基本法，然后构建具有中国特色的社会保障法律体系。

☞关键术语

社会保障法　　社会保障法律体系　　伊丽莎白济贫法
城乡二元社会

☞思考题

1. 简述国外社会保障法的发展历史。
2. 简述我国社会保障法存在的问题。
3. 简述我国社会保障法的法律体系。

☞案例分析

工伤的界定

吴富原是丽水市俊达仪表有限公司的招聘工人，在该公司整表车间检油表岗位工作，实际拿的是计件工资。2006 年 2 月 28 日，吴在上班时，见同车间班组的铆上盖岗位人手紧张，影响到自己岗位的流程操作，遂前去帮忙，在帮忙过程中因操作不当右手被机器压伤致残。市劳动社会保障局认定其为工伤，但公司不服，向法院提出诉讼。公司认为，吴是公司的招用工人，在整表车间检油表岗位工作，事发当天吴未经公司和车间管理人员的指派和许可，擅自到铆上盖岗位开机操作导致受伤。因其受伤并非在本职岗位上，又未经公司临时指派，故不符合工伤认定条件，要求依法撤销。而社保局认为，吴在上班时间、工伤场所，因工作原因受伤，且不属于蓄意违章等排除工伤认定的情形，符合工伤认定条件。吴也称，出事故前，他曾和其他工人多次到铆上盖岗位帮忙，公司并没制止，他的工作应属正常的工作范围。

资料来源：继续教育权益案例分析［OL］. http：//lydgxx. lyge. cn/news_view. asp？newsid=787，2008-12-08.

◎ **分析与思考**

根据我国《工伤保险条例》的规定，试分析吴富受伤致残是否属于我国法律规定的工伤保险范畴。

第6章 老年保障

本章学习要点

- 老年保障理论及制度类型
- 城镇职工基本养老保险的制度结构
- 企业年金的制度设计
- 农村养老保险的制度发展历程和制度结构
- 老年救助制度和老年人社会福利制度的基本内容

第一节 老年保障概述

随着各国经济的快速发展，人口老龄化问题日益严重，为解决这一问题，各国在逐步发展和完善老年保障制度。老年保障制度是指国家和社会组织根据老年人的生活需求和精神需要，以提高老年人的基本生活水平和精神生活为目的的一种社会保障制度，它是老年社会保险制度、老年福利制度和老年救助制度三者的结合体。其中老年救助制度是老年保障的基础，老年社会保险制度即社会养老保险制度是老年保障的核心，而老年福利制度则代表着老年保障的发展趋势和最终目标。

一、老年保障理论

（一）老年风险理论

生老病死是不以人的意志为转移的自然规律，而我们每个人都希望自己能够老有所养，老有所依。老年人为经济的发展、社会的进步奉献了自己的力量，在经历了一生的辛劳而进入老年后，其劳动能力已经基本丧失，依靠劳动获取生活资料的能力已经不复存在，在没有养老保障的情况下，我们是很难应对这些老年风险的。首先，人步入老年时期，身体各项机能减退，会使他们的劳动能力丧失，失去依靠劳动获取生活资料的能力。其次，老年人面临着更大的疾病风险，他们的医疗开支和护理开支也会大大增加，这一部分的开支无疑将成为老年人的一个沉重负担。再次，老年人还面临着长寿风险。一方面，长寿风险可能导致过早死亡的消费者留下大量的非意愿遗产，降低生命周期消费效用。另一方面，长寿风险的存在也可能导致个人预留的储蓄面临非理性消费而导致储蓄不能满足晚年生活的需要，而使老年人陷入困境。此外，对退休后的开支过于乐观或退休计划投资过于保守以及通货膨胀风险和资金的时间价值风险等的存在都会加重老年人的经济和社会风险。

老年人为社会的进步、经济的发展作出了他们的贡献，现代社会的种种进步离不开他们的辛勤劳动，因此，担负起老年人的养老责任，解决他们的困难，是社会义不容辞的责任。建立有效的养老保障体系不仅是社会和国家义不容辞的责任，同时还能解除在职者的后顾之忧，对于鼓励在职积极工作，维护社会的安定团结都有着重要作用和意义。

（二）人口老龄化理论

自第二次世界大战后，全球人口出生率明显下降，同时人口预期寿命延长。这种双向发展趋势几乎使全球的人口结构趋于老龄化。根据联合国提供的最新数据，2002 年，全世界 60 岁以上的老人占到了世界总人口的 10%，到 2050 年这个数字将上升到 21%。① 人口老龄化已经成为当今世界上一个共同的社会问题。需要供养的老年人增加，人口预期寿命延长，新生人口的减少，造成了劳动力短缺，加重了劳动人口和整个社会的负担。由人口老龄化而引发的养老金危机已经成为各国政府面临的严峻问题。需要指出的是，在社会化大生产背景下的今天，由人口结构的主动转型而导致的人口老龄化与人口结构失去控制而导致的人口老龄化是不一样的，长寿老人数量的增加也应是人类文明发展的一个重大福音。我们的政府和社会应高度重视人口老龄化对社会经济文

---

① 全国老龄工作委员会办公室，中国老龄协会．第二次老龄问题世界大会暨亚太地区后续行动会议文件选编［G］．北京：华龄出版社，2003.

化和老年保障体系等各方面的冲击，并从最宏观的层面到最微观的组织都做好相应的准备。

（三）养老模式理论

人都有老去的时候，都要面对养老的问题。但各国养老的形式和养老的途径会有所不同。这些不同的特点组合起来就形成了各种养老模式。从实践中看，养老模式有不同的分类，可以依据资金来源不同划分，也可以依据养老所在的地方划分，还可以依据养老需求的不同划分。目前比较主流的养老模式大致可以分为以下四种：

1. 家庭养老

目前，对家庭养老概念的界定，大致有三种观点：第一种，亲情说。认为家庭养老就是亲情养老。第二种，方式说。认为家庭养老是一种养老方式或运作形式。第三种，家庭说。认为家庭养老就是家庭或家庭成员支持的养老。本章在综合各学者的观点的基础上认为家庭养老是指以家庭为单位为老年人提供物质上的供养、生活上的照顾和精神上慰藉，家庭养老支持力主要是老人自身、子女、伴侣或亲属。

家庭养老方式的优势有五点：一是熟悉的家庭环境、人际关系、社区环境有利于老年人的身心健康；二是养老成本低，可以充分利用原有的家庭资源，如居住环境、家具、耐用消费品和生活设施等和社区资源；三是方便子女和亲人照顾；四是能更好地满足精神赡养需求；五是符合传统的养老心理和习俗。劣势则在于，单纯靠家庭养老，子女必须抽出时间来照顾老人，然而由于工作压力较大，难免产生倦怠心理，由此容易引起代际冲突；更重要的是，家庭养老不能提供专业的护理，如果老人突发疾病就得不到及时、有效的救治。

2. 机构养老

机构养老是指以社会机构为基地，依靠政府财政补贴、亲属资助和老人自有储备资金，由统一机构为老年人提供物质支持，生活照料和精神慰藉的养老方式。目前的机构养老可分为针对农村五保户和城市三无人员的免费性质的机构养老和提供有偿服务的机构养老两种。

机构养老方式的优势有四点：一是服务专业化，能够使老人得到更专业的生活照料和医疗护理；居住环境好，专为老人设计无障碍设施。二是休闲时间多，老人与老人一起进行集体生活能排解孤独。三是能够减轻工作繁忙子女的负担。四是对于喜欢独立生活的老人，符合其独立生活的尊严感。劣势在于老人需要重新适应环境、重建人际关系，容易与其他老人发生冲突；生活成本较高，需要额外支付基本生活设施租赁费用；缺少儿孙的精神慰藉；对身体状况一般要求能够半自理。

3. 社区养老

社区养老又称为以居家养老为主，社区服务为辅的养老模式，是指作为对家庭养老和社会养老的补充，是以法律为依托的在社区内设立专职的社区养老机构，通过社区养老机构进行协调和调动社区内的资源，对社区老年人提供物质支持与精神慰藉。在社区内有专职专员为老年人提供一系列服务，切实保障老年人的基本生活需求，甚至满足老年人更高层次的部分需求。

社区养老的优越性在于：养老的资源、生活照料和情感慰藉等不仅来自于家庭，而且还来自于家庭之外的社区。这种养老方式既是家庭养老功能的延伸，也是社会养老的一种变通，它能够弥补家庭养老的不足，并充分发挥家庭养老与社会养老二者的长处，既节约了国家的资源，又方便了老人以及他们的家属，并满足了老人“老有所养、老有所乐”的要求。但是这种养老模式需要有科学、系统的规划，对管理的要求较高。

4. 自我养老

自我养老就是在整个养老阶段上，主要依靠自己提供经济供养和生活照顾以及精神慰藉，甚至当其中的一项或两项自己不能独立解决需要依靠家庭和社会力量时，自己仍然有资源存量与之进行交换。自我养老实质是养老资源的自我积累。

自我养老减轻了国家和社会的负担，同时也减轻了老人亲属的负担，可以缓解因养老而产生的代际矛盾。对于独立意识强的老人来说还满足了其自尊心的要求。但是自我养老不能体现社会关怀，不利于老人心理健康。

二、老年保障的制度类型及特点

（一）养老保险及其特点

生老病死是我们人类繁衍生息的一种自然规律，养老需求自然也是人类社会的客观需要。政府在社会范围内通过相应的职能机构负责退休人员的晚年生活，使凡是符合退休养老条件的社会成员，都能获得稳定的生活保障，这种制度上的老年保障就是养老保险了。养老保险是由国家立法规范，用人单位、个人和政府筹资，为保障劳动者在年老退出劳动领域后的基本生活而建立的一种社会保险制度，它是老年保障的核心制度安排。

最早的养老保险起源于法国。1669年，法国制定了《年金法典》，规定对不能继续从事海上工作的老年海员发给养老金。具有现代意义的养老保险最先出现于德国。1889年5月24日，德国国会通过《退休金保险计划》，1891年1月1日生效。继德国之后，西方各国相继建立了养老保险制度。国际劳工大会通过了若干涉及养老保障的公约和建议书。其中有1933年的《工商业或自由职业、受雇佣人及厂外工人与家庭用工的强制性老年保险公约》（第35号），1952年的《社会保障（最低标准）公约·第五部分（养老金）》（第102号），1980年通过的《老年工人建议书》（第162号）。在国际劳工大会影响下，当时一部分发展中国家，如新加坡、马来西亚、印度、缅甸、泰国等，也先后建立了不同层次的养老保险制度。养老保险是世界各国比较普遍实行的一种社会保障制度，一般具有以下几个基本特征：

1. 享受待遇期限长

参加养老保险的劳动者一旦达到享受待遇的条件或拥有享受养老保险的权利，就可以长期享受，一直延续至其死亡。

2. 费用开支巨大

养老保险的对象范围广，因年老而退休几乎是每个劳动者一生中都会遇到的，尤其是在人口老龄化高峰期，享受养老保险的人数更多，因而养老保险是社会保险项目中开支最大的。

3. 参加养老保险就能享受待遇

养老保险是社会保险制度中受保者身份最稳定的，参加养老保险者进入法定的养老年龄，都可以享受养老保险待遇。而参加其他社会保险项目，并非都能享受相应的待遇。

4. 保障水平适当

养老保险是保障劳动者在年老退休时的基本生活需要，保障劳动者适当的生活水平，即养老保险的整体水平要高于城镇居民最低生活保障线和失业保险金的水平，低于社会平均工资和个人在职时的收入水平。

5. 保障方式多层次

广义的养老保险，不仅包括国家法定的基本养老保险，还包括用人单位建立的补充养老保险、个人自愿参加的储蓄性养老保险等。建立和完善多层次的养老保险体系，已成为一种国际趋势。

6. 与家庭养老相联系

养老保险的产生与发展，虽然取代了传统家庭养老的部分或大部分功能，但是养老保险与家庭保险是相互联系、相得益彰的统一体，养老保险不能完全取代家庭养老。二者在保障程度和所起的作用上成反比。养老保险保障程度较低时，家庭养老的作用就提高。反之，养老保险保障程度较高时，家庭养老的作用就降低。

由于养老保险体现了政府直接的老年保障理念、政策与实践，我们可以根据世界各国推行养老保险制度的实践，把老年保障划分为四种模式：普遍保障模式、收入关联模式、强制储蓄模式和多层次模式。

（二）老年保障的制度类型及特点

1. 普遍保障型老年保障模式

普遍保障型老年保障模式是指国家为老年人提供均一水平的养老金，以保障其最低生活水平养老保险计划的老年保障模式。这种模式强调的原则是：对不能依靠自身劳动满足自身基本生活需要的老年居民普遍提供养老保障。北欧国家、英国、澳大利亚、新西兰等国均采用此种养老保障模式。普遍保障模式的特点是：

（1）实施范围广。普遍保障模式的养老计划覆盖个体国民，甚至覆盖在本国侨居一定年限的外国居民，因而是一种人人皆养老的保障计划。

（2）与个人收入状况无关。无论是不是工薪劳动者，也无论退休前工资多少，或是否有稳定的职业和收入，均为其提供均一水平的养老金，具体给付方式，或采取绝对金额给付，如英国 1991 年规定，无论男女老年人，一律按每人每周 46.9 英镑的绝对金额给付；或按某一收入基数规定的一定比例支付普遍养老金。在一些国家，如瑞典，普遍养老金的给付与领取者对社会的贡献大小、以往的收入、家庭生活状况以及投保时间均无关系，凡达到法定退休年龄，均可获得相同数额的养老金。

（3）资金来源主要靠国家财政补贴。澳大利亚养老保险资金主要来自政府公共税收，集中财力给最需资助的老年人。丹麦养老保险基金的 90% 由国家财政提供。可见，国家财政资助是普遍保障模式的资金来源。随着 20 世纪 70 年代以来社会保障制度出现危机，普遍保障模式开始逐渐降低国家财政资助的比重，通过强调发展各类补充养老保险计划，增大企业和个人对社会保险的责任。

实际上，普遍保障模式也仅仅提供最低生活需求。尽管它覆盖面广、透明度高，便于实施，而且能够体现社会公平原则，但由于它保障力度有限，不得不辅以企业补充养老保险计划和其他类型的补充计划，以保障老年劳动者获得基本生活保障。因此，普遍保障的老年保障模式虽然在不少国家还保留其基本形态，体现国家普遍保障的社会政策目标，但由于各种补充养老保险计划作用的日益突出，普遍保障型老年保障模式已逐步向以普遍保障为核心的多层次老年保障模式过渡。

2. 收入关联型老年保障模式

收入关联型老年保障模式是指通过社会保险机制为工薪劳动者建立的退休收入保险计划。它强调缴费与收入、退休待遇相关联，并建立在严格的保险运行机制基础之上。世界上大多数国家实行的是收入关联型老年保障模式。收入关联型老年保障模式的基本特点如下：

（1）实施三方负担的财务机制。养老保险通过企业、个人和国家三方负担社会保险费用，是自世界第一个养老保险制度在德国建立以来，社会保险制度一直遵循的一个基本原则。按照社会保险法律，企业和个人必须按工资或收入的一定比例缴纳养老保险费，从参加保险计划之日，缴纳养老保险费就与收入相关联。收入关联型养老保险模式通过三方负担的财务机制，筹集养老保险基金，并经多年的营运和积累，有助于养老保险制度的正常运转。

（2）实行与收入关联的给付机制。收入关联型老年保障制度的一个重要特征，就是养老保险的给付水平与收入相关联。保险金给付机制中最主要的部分是工资挂钩养老金，它以退休者在就业期间领取的最高工资或几十年的平均工资作为计算基础，在养老保险金与劳动者就业期间的劳动贡献之间建立起某种关联。不仅如此，收入关联型养老保险给付结构和水平的更为重要的制约因素是收入替代率。它是指劳动者领取的养老保险金占退休前收入的比例，旨在表明养老金同劳动者退休前收入的某种关联，反映劳动者领取的保险金在何种程度上体现了养老保险的保障目标。因此劳动者退休前的平均工资、收入替代水平和投保期限共同构成收入关联保险金的给付水平。

（3）具有较强的收入再分配特性。收入关联型老年保障模式在筹资方式、给付结构等方面都有别于普遍保障型老年保障模式和强制储蓄型老年保障模式，呈现出较强的收入再分配特性，如缴费基数下限与上限的规定。给付结构中也有明显的不同代际、不同收入水平间的收入再分配特性。通过特定的技术机制，高收入阶层向低收入阶层进行某种程度的收入转移，从而体现老年保障的社会政策目标。

（4）集中统一管理，社会化程度很高。作为在世界许多国家推行的老年保障制度，收入关联模式在立法管理、行政管理、信息管理等方面都强调统一管理。在不少发展中国家，由于二元经济的特定结构，收入关联型老年保障成为在城镇居主导地位的社会养老方式，发挥了重要的作用。

需要指出的是，收入关联型老年保障模式在20世纪70年代经历鼎盛发展阶段以来，面临着日益严峻的制度危机。主要表现在养老保险费用支出急剧膨胀，成为导致国家财政预算困难的重要因素之一；在人口老龄化的背景下，以现收现付为基础的收入关联模式，正面临着前所未有的危机局面；并且这种模式自身还存在着不利于经济发展的诸多制约因素，因此，近二十多年来，西方国家的收入关联模式一直在实施旨在削减待遇标准，降低支出，缓解财务机制严重危机的调整与改革，这已构成西方国家社会、经济、政治生活中的一个中心议题。

3. 强制储蓄型老年保障模式

强制储蓄型老年保障模式是指通过建立个人退休账户的方式积累养老保险基金，当劳动者达到法定退休年龄时，将个人账户积累的基金、利息及其他投资收入，一次性或逐月发还个人作为养老保险金。国家通过有关社会保险法，规定个人、企业按收入的一定比例存入职工的个人退休账户，由专门机构负责基金管理和投资营运，因而它是一种强制储蓄型养老保障模式。这种模式主要是在二十多个亚非国家和一些拉美国家推行。强制储蓄型老年保障模式以新加坡中央公积金制度和智利商业化管理的个人账户最为典型。

新加坡模式的基本特点可简述如下：

（1）强调劳动者的自我积累，自我保障意识。通过建立个人账户的方式使会员缴费与退休待遇之间具有十分密切的内在经济联系，极大地增强了该模式的内在动力。

（2）实行由劳动者个人、企业共同负担养老保险费用的原则。根据经济发展状况，不断调整缴费比例，避免了国家大包大揽格局和养老保险费用支出过度膨胀的弊端。

（3）以养老保险为龙头，带动其他经济保障计划的顺利实现。新加坡模式在建立健全储蓄养老计划的同时，相继建立起医疗保险计划、投资教育计划等各项经济保障计划，促进了各项社会政策目标的顺利实现。

（4）政府以适当方式进行宏观调控，确保公积金计划顺利实施。这种干预，不仅体现为制定有关法令法规，以确保计划的强制性，表现为对公积金局的管理实行正确引导，还表现为对公积金计划长期稳定运行的利率机制进行干预与调整。显然，政府的这一干预对确保公积金计划的稳定运行，具有至关重要的意义。此外，政府提供税收优惠，承担最后担保作用，是该模式运行的重要条件。

（5）新加坡模式强调劳动者生命周期的收入再分配。通过强制储蓄的方式，将劳动者青壮年时期的收入积累引导至退休后使用，但比较忽略劳动者之间及劳动者代际收入再分配。这一特性有其积极的一面，尤其在人口老化背景下，代际冲突日趋尖锐，具有重要意义。当然，它在社会共济方面存在缺陷。若无其他措施，则难以实现对低收入劳动者的基本经济保障。

与新加坡中央公积金制度不同的是，智利的养老保险制度规定，职工必须按工资收入的10%按月缴纳保险费，并存入个人退休账户，企业一般不缴费；并且智利模式中是由相互竞争的养老基金公司负责管理个人账户基金，注重基金的投资营运与保值增值；保险金待遇上要取决于个人退休账户积累额及投资收益状况。当职工达到法定退休年龄后，通过不同方式领取退休养老金，或购买年金保险，或从个人账户中逐月支取。多年来，智利模式取得重大成就，受到国际货币基金组织和世界银行的高度重视。

4. 多层次老年保障模式

多层次老年保障模式是国家根据不同的经济保障目标，综合运用各种养老保险形式而形成的老年经济保障制度。多层次老年保障制度是第二次世界大战后在一些工业化国家逐渐形成并在20世纪80年代颇受重视的老年保障模式。显然多种保障形式的结合事实上是不少工业化国家已有的制度安排，如北欧诸国在普遍保障基础上建立的收入关联的保障模式，美国在政府社会保险计划基础上建立的对特殊社会群体的社会救助计划等，但较为典型的多层次老年保障模式是瑞士等国在20世纪80年代中期重大结构性改革后形成的三个层次的保障模式：第一个层次，由国家建立强制参加的国民年金保险制度，提供最基本的老年经济保障；第二个层次，建立法定的企业补充养老保险计划；第三个层次，建立个人储蓄性养老保险，旨在提供较高收入保障，并且各个层次的保障程度及协调都纳入国家的总体经济保障计划。对众多发展中国家以及经济转轨国家而言，多层次老年保障模式对于解决当前面临的养老保险制度危机具有重要的现实意义。

20世纪90年代以来，世界银行、国际货币基金组织的专家在总结一些国家多层次老年保障模式经验的基础上，提出通过四个层次构建新的养老保险模式。第一个层次，国家举办的、以强制储蓄计划为特征的养老保险计划。它强调和鼓励劳动者的自我保障意识，在劳动期间为日后的退休经济保障提供资金积累和准备。这一层次可为劳动者提供应对长期不确定收入风险的保险保障。第二个层次，国家举办的以收入再分配为特征的养老保险计划。它强调社会公平原则，为那些无法通过自我积累实现养老保险目标的低收入劳动者提供基本收入保障，同时它还有助于克服通货膨胀风险和难以预测的收入波动风险，保障劳动者实现最低限度的退休经济保障目标。第三个层次，由企业建立的、国家予以税收等各项政策优惠的补充养老保险计划。它强调与就业相关联和提供补充退休收入保障，作为多元化退休机制的一种补充，发挥着日益重要的作用。第四个层次，由劳动者个人和家庭建立的以自愿储蓄或其他方式建立的补充性退休收入保障计划。发展这一保障层次的意义在于弥补国家举办养老保险计划之不足，为相当规模的人口群体提供更高程度的退休收入保障。实行多层次的养老保障体系可以避免政府责任和负担过重可能导致的各种矛盾，此外，责任分担还能够对个人及企业产生激励效应，有利于提高效率。多支柱的养老保障体系能够更好地分散风险，提高效率，能够有效地应对人口结构变化和经济波动。需要指出的是，每一层次的保障结构服务于各自不同的养老保险目标，然而在运行中，往往又存在某种程度的冲突。鉴于各国具体的国情不同，问题的关键在于如何根据本国基本国情和自身发展条件，有效地组合或合理配合，发挥各层次的长处，克服其不利之处，用国家可以利用的各种资源和方式，妥善解决日趋复杂的老年经济保障问题。在此意义上，多层次养老保险模式可望成为21世纪许多国家养老保险改革发展的目标模式。

三、老年保障制度改革的发展趋势

（一）兼顾公平与效率原则

公平与效率是老年保障的两个重要原则。二者是对立统一的辩证关系，公平是效率的前提，而追求效率是为了更好地实施公平，而在一定的时点，具体的制度设计上又必须体现出二者的侧重。只有寻求到二者的平衡，养老保障制度才能产生最佳的效果。现代养老金制度的初衷就是以维护公平为目标，保障老年人的晚年生活，调节收入差距，调和劳资双方矛盾，促进社会稳定发展，可见公平是老年保障制度的根本原则。而20世纪80年代智利成功实现养老金私营化管理后，福利国家也开始将一部分目光转移到效率上来，将更多的激励因素引入养老金制度，如降低对养老保险基金的补贴比例，大力发展商业性养老保险等措施都是为了改善社会保险的实施机制，为经济带来效益和稳定，而经济发展和高效率相对于一项福利性的社会保障改革从长远看更有助于养老问题的解决。

（二）从单支柱转向多支柱

养老金制度的目标要由单一的消除贫困、解决基本生活问题，向促进储蓄和经济增长、消除贫困等多重目标转化。保障制度逐步走向自我完善、自我发展，而且由以单一的基本养老保险为主向多种层次、多种形式的多元支持体系转变，建立起企业（团体）补充养老保险、强制性储蓄保险、个人年金保险等多个层次，共同保证养老目标的实现。

（三）由政府经营转向市场化运作

养老金的市场化运作包含两层含义：一是政府为养老金制度的顺利实施提供法律保障，给予税收优惠，在遵循市场化的前提下，而通过基金运营实现制度的自我平衡；二是政府只对基本保障项目进行管理，并制定全国统一的标准，其他项目都交给非盈利性机构或商业机构负责。政府的职能只限于进行法律监督、政策指导和最后担保，并不直接参与经营。养老金制度的推行和改进离不开政府的宏观指导，即使在市场经济条件下也如此，因为市场不是万能的，它存在诸多的局限性。但是过多的政府干预会造成管理运营效率低下，容易滋生腐败，产生资金挪用问题，同时还会滋生国民的依赖和懒惰情绪。

世界银行的数据表明，只有交给具备独立经营权或交给有利益约束的私营机构进行商业化经营的养老金制度，才能真正实现基金的保值增值。以基金私营化运作比较成功的智利为例，智利将养老金交由私营机构进行统一的运营，年收益率达到了13%以上，这既促进了国家经济的发展，又为养老金的足额支付提供了资金保证。

第二节 城镇老年保障

城镇老年保障制度是面向城镇老年居民的社会保障制度，和农村老年保障制度一起组成老年社会保障制度。城镇发展的优势特点及与社会大生产的紧密联系，使得各国的老年社会保障制度最早都是产生于城镇，城镇老年保障制度的完善与发展又成为农村老年保障制度的蓝本与推动力。城镇老年保障制度主要由城镇职工基本养老保险制度、机关事业单位养老保险制度、企业年金制度以及城镇居民养老保险制度等组成。

一、城镇职工基本养老保险制度

（一）城镇职工基本养老保险制度在中国的发展历程

城镇职工基本养老保险制度是指由社会保险征缴机构依法以社会保险税（费）形式征集以及由国家财政专项补贴而形成专项资金，用于保证城镇劳动者在未来退休时享受基本生活水平的社会保障制度。

中国的城镇职工基本养老制度大体经过了四个发展阶段：

第一阶段从20世纪50年代初到70年代末。中国颁布了《劳动保险条例》，主要特点是“低工资、高就业、高补贴、高福利”，企业对职工的生、老、病、死、残承担无限责任，并通过层层行政程序转为国家兜底。

第二阶段从20世纪80年代初到1997年。1986年，国务院发布的《国营企业实行劳动合同制暂行规定》中规定：企业按照劳动合同制工人工资总额的15%为合同制工人缴纳养老保险基金，合同职工本人也要按照自己标准工资的3%缴纳养老保险费。1991年，国务院明确规定：“改变养老保险完全由国家、企业完全包下来的办法，实行国家、企业、个人三方共同负担，职工个人也要缴纳一定的费用。”从此，个人缴费由合同职工扩大到所有职工，缴费标准开始时可不超过3%，以后逐年增加。1993年，党的十四届三中全会在《关于建立社会主义市场经济体制若干问题的决定》中，对社会保障制度改革确定了一个重大原则，即“社会统筹与个人账户相结合的原则”。1995年，国务院决定在全国范围内试行基本养老保险费用社会统筹与个人账户相结合的办法，并提出了两个具体实施方案，同时赋予各地结合本地实际自由选择和补充修改的权力。1995年以来的养老体制改革启动了新体制，但各地选择的方案差异很大，带来了很多新问题。1997年，国务院在总结各地试点经验的基础上，发布了《关于建立统一的企业职工基本养老保险制度的决定》。

第三阶段从1997年到2005年。中国在20世纪90年代中期开始了第三个阶段的改革，围绕“一个中心、两个确保、三条保障线”的目标建设新的社会保障机制。基本养老保障模式从现收现付向“社会统筹与个人账户相结合”的体制转变，从1995年《国务院关于深化企业职工养老保险制度改革的通知》的提出，到20世纪末基本建立起适应社会主义市场经济体制要求，适用城镇各类企业职工和个体劳动者，资金来源多渠道、保障方式多层次、社会统筹与个人账户相结合，权利与义务相对应，管理服务社会化的养老保险体系。这一阶段的主要特点就是确立了“低水平、广覆盖、多层次、双方负担、统账结合”的社会保险主要思想。

第四阶段从 2005 年开始到现在。2005 年，国务院颁布了《国务院关于完善企业职工基本养老保险制度的决定》。这是我国城镇职工基本养老保险制度的又一次重大改革。这次改革的背景是原制度（国发［1997］26 号文件）在运行过程中出现了计发办法不合理、空账等问题，从而影响了养老保险制度的前景。新制度在多个方面有所突破，不仅扩大了基本养老保险的覆盖范围、逐步做实个人账户，还改革养老金的计发办法，形成参保缴费的激励机制。从 20 世纪 50 年代的城镇职工基本养老制度建制到制度实施现状可以看出，我国对现行养老保险进行了一系列改革，已建立了社会统筹和个人账户相结合的养老保险制度，对维护社会稳定、促进经济发展发挥了积极的作用。

（二）城镇职工基本养老保险的制度结构

1. 保障对象及范围

城镇职工基本养老保险范围涵盖了所有城镇企业单位职工，通常只以企业职工作为保障对象，但许多国家的保险制度具有连带属性，即包括家属的养老保险，如美国实行的社会养老保险制度就是包括家属在内的连带型养老保险。

2. 基金来源、分担比率与费率

关于城镇职工基本养老保险基金的来源，有三支柱型筹资模式，以分担筹资压力，一般包括雇主按员工工资总额的一定比例缴纳、雇员按工资的一定比例缴纳、国家给予一定补贴；也有二支柱型，由雇主和雇员、雇主和政府、雇员和政府等两方负担的，如新加坡的强制储蓄型养老模式就由雇主和雇员自己缴付，充实公积金，而财政并不给予补贴；以及雇主、雇员、政府等单一支柱型，如同属强制储蓄型养老模式的智利则只通过雇员本人自己强制储蓄来筹措基金。中国恢复城镇职工基本养老保险后实行三支柱模式，即由雇主、雇员、国家三方筹资以形成养老保险基金。

同样的，基于国情的差别，各国城镇职工基本养老保险的负担比率以及分担比例也有很大的区别，甚至在实行三支柱型筹资模式的国家中，雇主和雇员政府负担比率以及各自分担的比例都不同。但大多数国家还是以雇员和雇主的缴费为主，缴费比例各自负担一半，例如德国在 20 世纪 80 年代规定雇主雇员都缴纳工资额的9.25%，瑞士则规定雇主雇员各自缴纳4.2%。也有国家规定雇主缴费比例高于雇员，但最大的差别主要体现在各国政府负担的比例上。从各国实践来看，实行国家福利型模式的政府的支出较高，如丹麦、新西兰、加拿大等国政府负担比例在60%左右；而实行投保资助型的国家居中，如美国、意大利、阿根廷等国政府负担比例在10%~30%；实行强制储蓄型的国家政府支出一般较低，只有在基金出现重大危机时才出手援助，如新加坡、马来西亚、智利等国政府负担比例在2%以下。我国城镇基本养老保险制度改革以来，形成了雇主缴付工资总额的20%，雇员缴纳工资的8%的分担方式，政府则从制度本身抽身，充当调控者的身份，只在出现危机时才给予补贴。

3. 领取条件

城镇职工基本养老保险的领取条件除部分国家参考工龄和居住期限条件外，一般主要包括：一是达到法定退休年龄，国际上一般为60~65岁，如日本、德国等采取65岁这一标准。但也有高于和低于这一区间的，如美国、瑞典、丹麦的退休年龄为67岁，马来西亚则男女均为55岁，而我国则采取男60岁、女50岁的标准，其中，干部可根据需要适当延长5岁。总的来说，在经济发达国家和地区，退休年龄普遍高于发展中国家和地区以及落后地区，同时，伴随人口寿命的普遍延长以及老龄化危机的加剧，提高退休年龄将是各国今后的改革趋势。二是达到法定最低缴费年限，国际上一般为20~25年，如日本就规定25年的缴费期限。不一而足，同样考虑国情因素，也有高于低于这一区间的，如西班牙政府1996年与工会联盟约定缴费年限为35年，法国的缴费年限则为37.5年，依照我国现行规定，只要缴费满15年即可领取城镇职工基本养老保险金。由国际上退休年龄的普遍推迟所致，各国法定缴费年限也在近年来呈现不等的上升趋势。

4. 养老待遇及计发办法

在养老待遇的标准的确定上，通行的方式有缴费确定型（DC）、收益确定型（DB）。一般遵循权利与义务对应、保障基本生活水平、分享社会经济发展成果等原则。而具体的养老保险待遇水平则取决于各国国情，如对经济发展水平、城市化程度、制度建立的时间等因素进行综合考虑拟定。

计发办法上，综合世界各国的实践经验可以分为绝对金额制和薪资比例制。前者是将被保险人，实行连带养老保险的国家还包括被保险人供养的直系亲属，按照一定标准划分为若干种类，每一种类按照同一绝对额发放养老金；后者以被保险人退休前某段时间的平均工资或最高工资为基数，参考投保年限，按此基数的一定比例计算养老金发放额。

5. 管理方式

按照政府参与及掌控程度，城镇职工基本养老保险可以分为政府管理、社会管理、私营管理三种主要管理模式。大多数采取以政府为主的政府管理模式，如新加坡就是一个政府管理的极端模式，政府实行全面主导型的管理，将城镇职工基本养老保险包括在中央公积金计划之内进行统一管理；德国则是社会管理模式的典型代表，实行高度自治化管理，政府的功能主要体现在政策制定以及实行一般监督，由工会等社会组织进行具体管理；智利自1980年改革以来，实行私营管理模式，除一些具体法规政策的制定以及一般监督的实施之外，政府不介入养老保险的管理，完全交由私营机构自行运作。中国现行的城镇职工基本养老保险管理采用的是政府管理模式，与新加坡并入中央公积金统一管理不同的是，我国采取的是分权式的政府管理模式，由政府委托或授权公共机构进行管理具体业务。

二、机关事业单位养老保险制度的发展与改革

为公职人员建立养老保障制度的历史由来已久。很多国家在全国养老保障体系建设起来之前，就已经有了公职人员的养老保障制度。像孟加拉国、博茨瓦纳、黎巴嫩、马尔代夫等国，至今正式的养老金制度还仅仅局限于公职人员中。公职人员在养老保障方面的优先性和必要性，大致可认为是以此保证公职人员的正直、敬业和独立，增强公共职务的吸引力。

从外国养老保险制度的历史沿革情况看，大部分国家一般都是先建立公职人员的退休养老保险制度，而后才有企业雇员和其他社会成员的养老保险制度。较早的如1790年法国政府、1825年的普鲁士王国为其公职人员建立的退休制度，均早于其私营部门的养老保障制度。在英国，1859年为其国家公职人员制定了《老年退休法》，而将企业雇员包括在内的《国民老年年金法》于1908年才正式建立。在我国，针对企业雇员的现代社会保障制度到改革开放之后才产生，但为官员建立的退休养老制度则源远流长。中国古代官吏的养老制度称为“致仕”，据记载大体在汉代形成，在唐、宋时代得到了完善和发展。关于“致仕”后的生活保障，多是以赐物为方法。汉代规定，年俸禄在二千石以上者，可带原俸禄的1/3回家养老。魏、晋时期的官吏或赐给实物，或采用授予“顾问”性质的闲职，供养终身。唐代对退休大臣不但赏赐从优，而且明文规定：“五品以上致仕者，各给半禄。”有突出贡献的，经皇帝恩准，

可得全禄。京官六品以下，外官五品以下，退休时各给一份承业田以养老。到了宋代、明代，退休官员的俸禄进一步提高。

我国机关事业单位的养老保险制度始建于20世纪50年代初期。在此后的几十年里进行了一些小的调整，但从总体上看，至今其基本体制框架和组织模式仍沿袭20世纪50年代所确立的体制，其特点是：资金筹资方式为现收现付，个人不承担缴费义务；替代率高，一般为60%~90%；养老金发放及退休人员的管理由原单位承担；较低的资格限制，达到退休年龄，工龄满10年即可享受养老金。1993年以后，我国企业职工完成了由单位退休向养老保险制度的过渡，实行了基本统一的社会化养老金制度。但机关事业单位的退休制度并没有太大变化，退休人员待遇与在职人员的关联度甚至还得到了强化。企业离退休人员的待遇随之逐渐拉大。2004年，全国企业退休职工退休金人均为7 831元，事业单位的职工退休金为14 644元，机关单位的职工退休金为15 932元。2000年至2004年的5年间，全国企业职工的退休金以年均6.31%的速度增长，机关和事业单位职工的退休金增长速度分别是13.45%和11.67%。① 这造成了企业职工认为退休待遇给付不公，养老保障差距存有较大的抱怨和不满，不利于社会的稳定团结。20世纪90年代以来，一些地方政府开始对机关事业单位养老保险制度进行改革，由于不是中央政府统一组织，方式与内容不完全一致，但基本都借鉴了企业养老保险改革的一些做法，如普遍引入个人缴费，不同单位间实施费用统筹等。2009年1月28日国务院要求五个试点省份正式启动事业单位工作人员养老保险制度改革。改革的本质是要调整利益关系。从企业养老保险制度十多年来改革的情况看，虽然在制度建设上有了很大的完善，也积累了一定数量的基金，其作用是毋庸置疑的，但困难也很现实。因而事业单位养老保险制度的推出不仅应妥善处理好改革前后待遇水平上的平稳衔接，而且要斟酌把握改革的合理时机，与此同时，在条件成熟之时，积极推动公务员养老保险制度改革。

三、企业年金制度

（一）企业年金制度的定义及在中国的发展

企业年金制度，是指企业及其职工在依法参加基本养老保险的基础上，

① 汪晓东．不同的养老保险制度——同样是退休待遇大不同［N］．人民日报，2006-07-24.

自愿建立的补充养老保险制度。企业年金制度即由企业退休金计划提供的养老金，它是多层次养老保险体系的组成部分，由国家宏观指导、企业内部决策执行，其实质是以延期支付方式存在的职工劳动报酬的一部分或者是职工分享企业利润的一部分，是保障退休者退休收入多元化的一个补充机制。经过一百多年的发展，企业年金制度已经成为发达国家养老保险体系中的一个重要支柱。

对于刚刚进入老龄化的中国来说，企业年金制度具有特别重要的意义，它是完善我国的老年保障体系，建立适应市场机制的福利保障制度所必不可少的重要内容。因此，早在20世纪90年代初，中国政府就开始着手推进这一制度。1991年《国务院关于企业职工养老保险制度改革的决定》提出："国家提倡、鼓励企业实行补充养老保险。"1994年我国《劳动法》用法律形式规定："国家鼓励用人单位根据本单位实际情况，为劳动者建立补充保险。"1995年劳动部颁布《关于建立企业补充养老保险制度的意见》，明确管理主体、决策程序、资金来源、计发办法等主要政策。1997年《国务院关于建立统一的企业职工基本养老保险制度的决定》明确，要在国家政策指导下大力发展企业补充养老保险。2000年《关于印发完善城镇社会保障体系试点方案的通知》确定将补充养老保险名称规范为企业年金。2004年《企业年金试行办法》、《企业年金基金管理机构资格认定暂行办法》等相继颁布。2005年5月16日劳动和社会保障部正式受理企业年金基金管理机构资格申请。2005年8月2日劳动和社会保障部公布获得企业年金基金管理资格的机构名单。经过近20年的发展，中国企业年金运营的制度环境已基本规范，为未来的发展提供了良好契机。虽然补充保险的雏形可追溯到30年前工会组织举办的职工互助补充保险，但严格意义上的企业补充保险制度始建于1991年。截至2007年底，作为第二支柱的企业年金基金累计结存1 519亿元，缴费职工人数929万，有3.2万户企业建立了企业年金。① 中国现代企业年金制度4年来的实践证明，它不仅为基本保险基金增值保值提供了有益的经验和借鉴，而且在养老保险多支柱体系建设中发展速度明显加快，社会作用不断增强，取得了30年来最好的成就。

---

① 邓大松，刘昌平．改革开放30年中国社会保障制度改革回顾、评估与展望［M］．中国社会科学出版社，2009.

（二）企业年金制度的分类及其特征

1. 受益基准制与供款基准制

从养老金给付刚性方面看，分为受益基准制（Defined Benefit，DB）计划与供款基准制（Defined Contribution，DC）计划。在养老金计划的实施中，由一个养老保险机构依据特定计算公式，预先确定每个计划参与者的养老金收益，向参与者提供养老金承诺，这就是DB计划。在DB计划中，退休人员的福利水平取决于他们工作年限的长短和退休前工资水平。另一种养老金计划的实施方式是按照一定的公式确定每个计划参与者的缴费水平（通常是统一的供款率），并为每个计划参与者设立个人账户，其缴费积累于个人账户之中，待其退休后，按照个人账户上缴费积累和基金投资回报额向退休人员计发养老金，这就是供款基准制。在供款基准制中，退休人员得到的年金取决于他们个人账户上的积累水平。DB与DC计划的重要区别是受益与供款之间的关联性，DB计划因具有弱关联或无关联而实现收入再分配，DC计划却因具有强关联而表现出很强的激励性。

2. 强制型与自愿型

按缴款方式，企业年金可以分为强制型与自愿型。顾名思义，强制型计划就是用强制缴款的资金设立基金；自愿型计划就是用自愿缴款的资金设立基金。

3. 封闭型与开放型

按成员范围，企业年金可以分为封闭型与开放型。在封闭型计划中，成员仅限于某一个雇主或某一群雇主（行业或商会等）所辖的雇员，一般是DB类型。基金常常较多地投资于雇主，比如，在瑞典和芬兰，养老金计划的资金可回借给雇主，并通过破产保险防止雇主的破产风险。开放型计划基本上以契约型基金的法律形式存在，任何人都可以参加，包括个体，不存在固定的出资人和保证人，缴款主要来自成员的DC类型供款。开放型计划有多种形式：商业保险公司以保险协议的形式提供协议福利、互助会形式、单位信托基金形式、开放式投资公司形式等。

4. 信托型、基金会型、公司型与契约型

按照法律形式，企业年金可以分为信托型、基金会型、公司型与契约型。信托型计划是将年金基金交受托人管理，受托人可以是独立法人，也可以是自然人委员会。受托人可以自己管理受托资产，也可将一些职能再委托给其他专业机构。英语系国家澳大利亚、加拿大、美国、英国等国家较多采用这种基金形式。基金会型计划是独立法人，成立的目的仅仅是为了受益人的利益管理养老金资产。瑞士采用这种基金形式。公司型计划也是独立法人，计划的成员将养老金资产投入公司，成员是公司的股东。匈牙利、捷克等国家采用这种基金形式。契约型计划不是独立法人。墨西哥、西班牙、波兰等国家采用这种基金形式。

我国企业年金的组织形式可采用以信托（或基金会）方式管理的、开放型的、自愿性的、基金制、供款基准制计划。这是因为DC计划具有很强的缴费和监管激励，同时DC能使企业从不确定的未来养老金给付中脱离出来，因此能为企业和雇员广泛接受。再加上我国基本养老保险制度中的统筹账户部分是强制性DB计划，个人账户部分是强制性DC计划，且基本保障的替代率水平较高，因此我们认为，我国的企业年金计划应实行自愿性DC计划。另外，与企业年金的自愿性一致，我国的企业年金宜采用开放型计划。而与开放型DC计划相一致的委托管理机制应为信托型或基金会型。

四、企业年金制度的运行机制设计

（一）企业年金制度的基本框架

从图6-1可以看出，企业年金制度的基本框架可分为三个环节：

1. 在企业年金保险费的征收环节中，社会保障部门向企业和个人征收企业年金保险费。企业年金保险费进入企业年金个人账户，交给个人账户基金管理委员会管理。

2. 在企业年金基金的投资环节中，个人账户基金管理委员会通过遴选经监管委员会授权的投资管理机构和基金保管人实现企业年金基金多元化投资。

3. 在企业年金的给付环节中，企业年金的给付由参保劳动者在银行、保险公司和投资机构间自由选择。

4. 社会保障部门、基金监管委员会和外部监督机构对企业年金资金运行的三大环节进行全程监管。

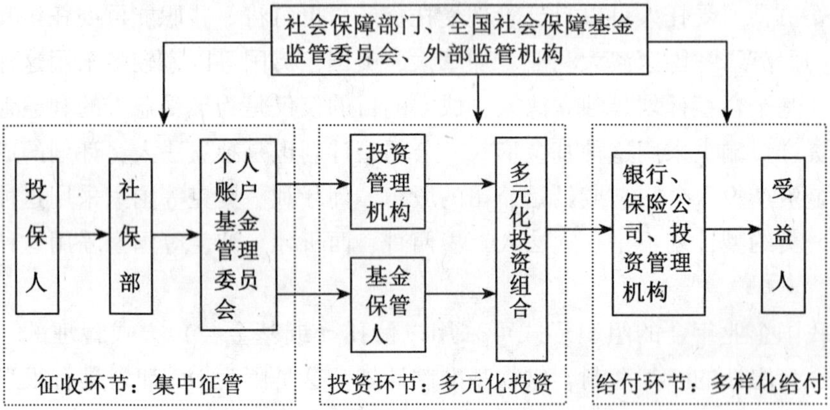

图 6-1　企业年金制度的基本框架图

（二）企业年金保险费征管机制

保险费的征管有两种基本模式：集中征管与分散征管。在集中征管模式下，一个公共机构有责任征收供款，并转移供款到不同的机构或基金。要准确地做到这一点，征收机构需要区分每个雇主和雇员以及供款额。在分散征管模式下，征收是每个代理机构或基金的责任，可以减少中介机构。表 6-1 从八个方面对这两种征管模式进行比较。从表中可以看出，除了存在时滞和缺乏竞争，集中征管比分散征管模式更优。因此，建议我国的企业年金保险费由社会保障部门实行集中征管。

表 6-1　**两种征管模式的比较**

标准	集中征管	分散征管
规模经济	高	重复建设成本
时间	可能产生时滞	比较及时
控制机制	简单	复杂
交叉控制	税收和其他供款	没有
激励机制	财务	收益性
强制力	绝对	间接或不存在
成本	规模经济，但存在垄断	竞争，但缺乏规模经济
透明度	信息共享减少腐败风险	存在不合适地使用特权信息的潜在问题

（三）企业年金基金投资主体

企业年金基金投资管理人可以有三种选择：一是各金融机构在兼营多种业务的同时，也开展基金管理和资产管理业务；二是成立专门年金基金管理公司，专门从事年金基金投资管理业务；三是由专业基金公司或资产管理公司经营，对年金基金与其他基金品种实行分账管理。由于我国的《商业银行法》和《证券法》均以法律形式对金融分业经营进行了明确规定，第一种情况与现行法律相悖。但随着条件成熟以及加入WTO后混业经营逐步推行，相关法律相继出台和完善，可以考虑其他金融机构参与。第二种情况固然可以避免政府直接管理年金基金可能导致的腐败和不信任问题，但同时存在创建成本（Set-up Expense）和营销成本很高、规模不经济以及年金基金公司间的恶性竞争等问题。一般认为，在金融市场不发达、金融机构自律水平较低、内控制度和监管制度不健全时易于采取该模式，其典型代表是智利。这种方式在我国目前的条件下可以考虑，但并非最有效的方式。第三种情况既与我国目前的法律相符合，又避免了第二种情况存在的问题：其一，以竞争方式遴选基金管理公司，可以避免由公共机构垄断基金经营权可能导致的资源配置无效率和腐败问题；其二，专业基金管理公司经过市场选择而存在，因此具有良好的市场竞争能力；其三，由于年金基金的规模和交易量都比较大，因此，大基金管理公司可以利用这种竞价优势，寻找在边际成本限度内收取管理费用的投资经理。

（四）企业年金给付机制

对于养老金的给付，大多数国家都采取多样化的方式。如新加坡中央公积金（Central Provident Fund，CPF）计划使退休者在满62岁时有三种方式领取养老金受益：仍然留在中央公积金中、将公积金存入特许的银行定期领取养老金、购买年金。智利私人管理的养老金制度使职工退休后有三种方式领取养老金：留在养老基金管理公司（Administradores de fondos de pensiones，AFPs）定期支取、即付年金、延付年金。强制年金化在英国有很长的历史，英国规定由国民保险供款计划（National Insurance Contribution，NIC）筹资的个人账户必须完全年金化，但规定由个人供款筹资的个人账户不必完全年金化，这部分的25%可以以免税的形式一次性支取。如果个人在75岁之前退休，账户的其余部分将采取三种形式之一给付：一是从人寿保险公司购买年金；二是购买专门为个人账户设置的年金；三是从投资机构定期支取。但是在75岁时，无论最初采取何种方式都必须转化为年金。

考虑到企业年金本身的性质、自愿发起和参与的政策以及劳动者个人选择自由，我国的企业年金也应采取多样化方式给付：从投资管理机构定期支取、购买生存年金、由银行定期支付。从性质来看，企业年金是一种较高层次的保障，是对基本保障的补充，它的建立以及实施程度完全依赖于单个企业的经济效率。因此，作为对基本社会保障的一种补充，没有必要对企业年金的给付实行强制年金化。从当前国家对企业年金的政策来看，企业年金实行自愿发起、劳动者自愿参与政策，国家对实行企业年金计划的企业仅从政策上给予鼓励和扶持，并不做强制性安排。因此，作为一种指导性计划，企业年金的给付不必实行强制年金化。从个人选择的角度来看，个人在退休期会面临各种突如其来的不测，如医疗照料等，个人还存在遗赠动机，多样化的给付方式有助于个人积累预防性储蓄和遗赠财富。因此，考虑到个人选择自由，企业年金的给付也不必实行强制年金化。

五、城镇居民养老保险制度

2011年6月13日，中国政府网发布《国务院关于开展城镇居民养老保险试点的指导意见》；2011年7月1日，全国范围逐步开展城镇居民社会养老保险试点推广工作，2012年基本实现城镇居民养老保险制度的全覆盖。城镇居民养老保险政策的试点地区以新农保为基础，将参保对象锁定在既没有参加城镇职工养老保险，也不在“新农保”保障范围之内的群体，有利于逐步将养老保险覆盖面扩展至全体居民，实现“老有所养”的发展目标，实施过程中提倡将两者逐步并轨结合。

1. 基本原则

城镇居民养老保险试点的基本原则是“保基本、广覆盖、有弹性、可持续”。一是从城镇居民的实际情况出发，低水平起步，筹资标准和待遇标准要与经济发展及各方面承受能力相适应；二是个人（家庭）和政府合理分担责任，权利与义务相对应；三是政府主导和居民自愿相结合，引导城镇居民普遍参保；四是中央确定基本原则和主要政策，地方制定具体办法，城镇居民养老保险实行属地管理。

2. 参保范围

年满16周岁（不含在校学生）、不符合职工基本养老保险参保条件的城镇非从业居民，可以在户籍地自愿参加城镇居民养老保险。

3. 基金筹集

城镇居民养老保险基金主要由个人缴费和政府补贴构成。

（1）个人缴费。参加城镇居民养老保险的城镇居民应当按规定缴纳养老保险费。缴费标准目前设为每年100元、200元、300元、400元、500元、600元、700元、800元、900元、1 000元10个档次，地方人民政府可以根据实际情况增设缴费档次。参保人自主选择档次缴费，多缴多得。国家依据经济发展和城镇居民人均可支配收入增长等情况适时调整缴费档次。

（2）政府补贴。政府对符合待遇领取条件的参保人全额支付城镇居民养老保险基础养老金。其中，中央财政对中西部地区按中央确定的基础养老金标准给予全额补助，对东部地区给予50%的补助。

地方人民政府应对参保人员缴费给予补贴，补贴标准不低于每人每年30元；对选择较高档次标准缴费的，可给予适当鼓励，具体标准和办法由省（区、市）人民政府确定。对城镇重度残疾人等缴费困难群体，地方人民政府为其代缴部分或全部最低标准的养老保险费。

（3）鼓励其他经济组织、社会组织和个人为参保人缴费提供资助。

4. 建立个人账户

国家为每个参保人员建立终身记录的养老保险个人账户。个人缴费、地方人民政府对参保人的缴费补贴及其他来源的缴费资助，全部记入个人账户。个人账户储存额目前每年参考中国人民银行公布的金融机构人民币一年期存款利率计息。

5. 养老金待遇

养老金待遇由基础养老金和个人账户养老金构成，支付终身。

中央确定的基础养老金标准为每人每月55元。地方人民政府可以根据实际情况提高基础养老金标准，对于长期缴费的城镇居民，可适当加发基础养老金，提高和加发部分的资金由地方人民政府支出。

个人账户养老金的月计发标准为个人账户储存额除以139（与现行职工基本养老保险及新农保个人账户养老金计发系数相同）。参保人员死亡，个人账户中的资金余额，除政府补贴外，可以依法继承；政府补贴余额用于继续支付其他参保人的养老金。

6. 养老金待遇领取条件

参加城镇居民养老保险的城镇居民，年满60周岁，可按月领取养老金。

城镇居民养老保险制度实施时，已年满60周岁，未享受职工基本养老保险待遇以及国家规定的其他养老待遇的，不用缴费，可按月领取基础养老金；距领取年龄不足15年的，应按年缴费，也允许补缴，累计缴费不超过15年；距领取年龄超过15年的，应按年缴费，累计缴费不少于15年。

要引导城镇居民积极参保、长期缴费，长缴多得；引导城镇居民养老保险待遇领取人员的子女按规定参保缴费。具体办法由省（区、市）人民政府规定。

7. 基金管理

城镇居民养老保险基金纳入社会保障基金财政专户，实行收支两条线管理，单独记账、核算，按有关规定实现保值增值。试点阶段，城镇居民养老保险基金暂以试点县（区、市、旗，以下简称试点县）为单位管理，随着试点扩大和推开，逐步提高管理层次；有条件的地方也可直接实行省级管理。

建立城镇居民养老保险制度是深入贯彻落实科学发展观、加快建设覆盖城乡居民社会保障体系的重大决策，是调整收入分配结构、扩大国内消费需求的重大举措，是统筹城乡发展、推进基本公共服务均等化的重要政策，是实现广大城镇居民老有所养，促进家庭和睦、社会和谐的重大民生工程。

我国人力资源和社会保障部于2012年11月底就《城乡养老保险制度衔接暂行办法》公开征求我国城乡养老保险将实现衔接转换意见，截至2012年12月16日。该办法提出，我国职工养老保险、新农保以及城镇居民养老保险将实现衔接转换，缴费年限也将明确换算办法。2014年2月7日召开的国务院常务会议决定，我国将在已基本实现新型农村社会养老保险、城镇居民社会养老保险全覆盖的基础上，依法将这两项制度合并实施，在全国范围内建立统一的城乡居民基本养老保险制度。2月21日，国务院印发《关于建立统一的城乡居民基本养老保险制度的意见》。《城乡养老保险制度衔接暂行办法》于2014年2月24日正式颁发，于2014年7月1日正式实施。我国统一的城乡居民基本养老保险制度初步形成。

第三节　农村老年保障

老年保障的典型制度形式是养老保险，以1889年德国颁布的《老年及残废保险法》为标志，人类进入现代社会养老历史时期已经有100多年，全球大约有170个国家和地区实行了社会养老保险制度，其中有70多个国家覆盖到农村人口。世界各国的社会制度不同，经济发展水平不等和文化背景各异，因此在确定农村社会养老保险的目标、保险资金的筹集模式、保障水平与范围等方面也存在诸多差异。从养老保险资金的筹集模式上看，目前已有的农村社会养老保险模式基本上有以下三种：一是投保资助型，这一模式是目前世界上大多数国家对农民实行的社会养老保险模式，以德国、日本、美国等为典型代表。二是强制储蓄型。目前世界上少数发展中国家对农民实行这种模式的社会养老保险，而亚洲实行比较成功的国家是新加坡。三是福利国家型，以英国、瑞典、加拿大为代表。

一、农村养老保险制度的发展历程

（一）国外农村养老保险制度的发展历程

从世界各国的一般情况看，无论是发达国家，还是发展中国家与转型国家，农民社会养老保险制度建设都要落后于其他群体的养老制度。目前，西方发达国家普遍建立了农民养老保险制度，发展中国家由于国力较弱、农民缴费能力差等多方面因素，农村养老保险发展普遍较为滞后，保障水平也远低于发达国家。

从各国社会养老保险发展的历程来看，社会养老保险制度都是从工业延展到农业，从城市延展到乡村，一般都经历了漫长的过程，在农村，也都是先覆盖农业工人，再扩展到纯农民（见表6-2）。直到20世纪40年代以后，主要工业化国家的养老保险的覆盖范围才进一步扩大到农村，农业雇佣劳动者和农场主也被纳入养老保险的体系中，由政府全额为农民提供养老金，也就是所谓的公共年金。20世纪70年代后，一些国家在农村地区建立了专业性农民年金，农民自己要负担一部分保费外，各国政府还鼓励农民参加个人储蓄性计划，作为老年收入的额外补充。至今工业国家已经建立了由公共年金、农民年金计划和个人储蓄性计划三个层次组成的农民养老保障，也就是所谓的“三柱式”农民社会养老保障体系。由于各国的经济状况、人口结构以及文化等方面的不同，各国的农村养老保险的发展也不尽相同。

表 6-2 部分国家养老保险制度延伸到农村的时间比较

类型	国家	建立职工养老保险的时间	延伸到农业工人		覆盖到农业企业主/自耕农	
			起始年份	城乡时间差	起始年份	两种农民群体时间差
投保资助型	德国	1889	1957	68	1995	38
	法国	1910	1952	42	1952	0
	日本	1941	1958	17	1971	13
	韩国	1973	1988	15	1994	6
强制储蓄型	智利	1924	1952	28	1981	29
	新加坡	1953	—	—	1985	—
福利国家型	斯里兰卡	1958	—	—	—	—
	南非	1928	1968	40	1992	24

资料来源：杨翠迎．农村基本养老保险制度理论与政策研究［M］．杭州：浙江大学出版社，2006.

大部分国家的农村养老保险一般包括在全民养老保险之中，即农民作为全体公民中的一部分享受同等的养老保险待遇，不再另行制定专门针对农民的农村养老保险制度。比如，瑞典的基本养老保险是由国民基础养老保险与国民附加养老保险所构成的，其保障对象为全体国民或居民，农民作为本国公民也被包括在内，农民在享受的养老保险待遇和必须满足的条件等方面与其他公民基本相同。农民是以公民这一抽象身份享受养老保险待遇的。只有少数国家有专门针对农民的农村养老保险制度，如 1952 年，法国政府单独为农民建立了社会养老保险。加拿大的养老保险体系比较健全，既有覆盖全民的养老保险，又有专门适用于农民的养老保险。所以加拿大的农民所享受的养老保障是较全面的。

（二）中国农村养老保险制度的发展历程

1. 农村养老保险的萌芽期（1949—1980年）

中华人民共和国成立后，党和政府十分重视农民的社会保险和生活福利问题，我国农村开始着手建立以社会救助、社会福利和社会优抚安置为内容的社会保障制度。1956年，一届人大三次会议就明确规定了五保供养制度。从严格意义上说，这一时期的社会养老并非社会保险意义上的社会养老，因为五保供养制度属于社会保险体系中较低层次的社会救助活动。但是，农村五保供养制度是我国农村集体经济条件下最成体系的一种社会化保障制度，开创了我国农村社会养老的先河，它对农村社会养老保险制度的产生和发展都有着重要的启示和借鉴意义，是我国农村社会养老保险制度的萌芽。

2. 农村养老保险的探索期（1981—1992年）

（1）初探阶段（1981—1990年）。1985年，国家"七五"计划提出"建立中国农村社会保障制度雏形"的任务。1986年，全国农村基层社会保障工作座谈会议根据我国农村的实际情况决定因地制宜地开展农村社会保障工作，发展以社区为单位的养老保险。1989年，民政部选择北京大兴县、山西左云县进行县级农村社会养老保险试点。到1989年，全国已经有19个省、自治区和直辖市的190多个县（市、区、旗）进行了农村养老保险方面的探索，800多个乡镇建立了乡（镇）本位或村本位的养老保障制度，并积累了一定的资金。

（2）试点阶段（1991—1992年）。1991年1月，国务院授权民政部在有条件的地区，开展建立农村社会养老保险制度的试点。1991年6月，国务院在《关于城镇企业职工养老保险制度改革的决定》中进一步明确了农村（含乡镇企业）的养老保险制度改革由民政部负责。同时原民政部农村养老办公室制定了《县级农村社会养老保险基本方案》（草案），确定了以县为基本单位开展农村社会养老保险的原则，并在山东、湖北、江苏等省组织了较大规模的试点。1991—1992年两年试点期间，成效显著，全国近600个县开展了大规模的试点并积累了丰富的经验。

3. 农村养老保险的发展期（1993—1997年）

1994年国家组建了农村社会养老保险管理服务中心，健全了中央级管理机构。1995年10月，民政部在浙江省杭州市召开全国农村社会养老保险工作会议，明确了在有条件的地区积极稳妥地发展农村社会养老保险制度，并力争在 2000 年初步建立，2005 年基本建立农村社会养老保险制度。到 1997 年底，全国已有 30 个省的2 097个县开展了农村社会养老保险工作，8 288万农村人口参加了养老保险，基金积累近 140 亿元。与此同时，建立了农保机构27 797个，形成了有专职农保人员24 163人，兼职农保人员28 251人和数十万人代办员的队伍，基本形成了中央部委、省、地、县、乡、村多级工作网络和上下贯通的管理体系，基本操作程序比较规范，管理制度也在逐步健全，在农村大部分地区，初步建立了农村社会养老保险制度。

4. 农村养老保险的停滞时期（1998—2008 年）

1998 年政府机构改革，农村社会养老保险由民政部门移交给劳动与社会保障部。这个阶段国家主管部门在是否应由国家出面举办农村社会养老保险的问题上产生了分歧。自 1996 年以来，我国利率连续下调，对农村养老保险个人账户的承诺利息造成巨大压力。为了使资金能够平衡运行，养老保险账户的利率只好下调，造成投保人实际收益明显低于按过去高利率计算出的养老金。加之其他多种因素的影响，全国大部分地区农村社会养老保险工作出现了参保人数下降、基金运行难度加大等困难，一些地区农村社会养老保险工作甚至陷入停顿状态。2000 年 3 月，劳动与社会保障部向当时的温家宝副总理提交了关于农保制度整顿和规范情况的特别报告。

5. 新型农村社会养老保险时期（2008 年至今）

2008 年，大部委改革，原来的劳动与社会保障部与人力资源部合并为人力资源与社会保障部。农村养老保险制度建设也进入了突破性阶段。2009 年 8 月 19 日，全国新型农村社会养老保险试点工作会议闭幕，中央政府提出，新农保 2009 年试点范围为全国 10%的县，以后逐步扩大试点，到 2020 年前基本实现全覆盖。亿万农民将和城市居民一样享有基本社会保险，沿袭几千年的农民“养儿防老”传统，将逐渐被具有基本性、公平性、普惠性的新农保制度所取代。

二、农村养老保险制度的制度结构

（一）国外农村养老保险制度结构

随着社会保障制度的演进，一些国家为农民提供了基本社会养老保障。农民基本社会养老保障的制度安排取决于本国的经济发展状况、社会保障理念、社会保障道路选择等多方面的因素。具体来讲，有的国家采取非缴费性的农民养老福利制度，有的不加区别地将农民纳入国民养老保障体系，也有的则专门建立了针对农民的养老保险制度。

1. 纳入非缴费性的国民养老保障制度

建立非缴费性养老保障制度的主要是英国及英联邦国家、北欧国家以及非洲一些发展中国家。这一类国家奉行贝弗里奇的福利国家理念，建立全民普享的公共养老保障制度，农民也同样享受公共养老金待遇。这种模式的特点是，待遇全民普享，一般实行等额养老金，替代率比较低，养老金水平与个人收入无关，资金来源于国家公共税收，个人无需缴纳任何费用。加拿大、瑞典、丹麦、澳大利亚、新西兰等属于这种情况。

另一类是南美的阿根廷、巴西、乌拉圭、玻利维亚，非洲的南非，亚洲的印度等国家，由于农民等低收入群体普遍比较贫困，缴费能力弱，也实行非缴费性的养老保障制度。以瑞典为例：瑞典现行的养老保险制度分为三层，第一层是公共养老金制度，第二层是工作单位养老金，第三层是商业养老金。与农民直接相关的主要是第一层的公共养老金制度，分为最低保证养老金和收入关联养老金。

（1）参保对象。最低保证养老金主要是帮助那些没有任何收入来源或收入较低的老年人。收入关联养老金要求在一定收入以上的公民，不区分雇员、个体经营者、公务员，都强制参保。

（2）资金来源。最低保证养老金资金来源于国家财政，公民不缴纳社会保险税。收入关联养老金由政府、企业和个人三方共同负担。个人缴纳的养老费计入个人账户，雇主缴费与国家财政补贴计入现收现付基金。

（3）养老金给付条件。最低保证养老金要求养老金领取者在瑞典居住满 3 年，从 65 岁开始领取。收入关联养老金没有最低参保时间的限制，法定退休年龄为 65 岁，允许提前退休或延迟退休。提前退休最早可以从 61 岁开始领取养老金，但养老金低于法定退休年龄后退休的养老金水平，若延迟退休，养老金可增加。

2. 建立农民养老保险制度

德国、日本、美国、韩国等国家采取这种模式，为农民建立了养老保险制度。制度要求农民缴纳养老保险费，公共财政在筹资上给予资助或托底。以德国的农村养老保险制度为例：

德国农村养老保险制度概况：

（1）投保对象。法定投保人为农场主及其配偶和共同劳作的家属。农场主经营的农业企业需超过老年保障金当年确定的最低规模，最低规模在联邦范围内平均为 4 公顷。但大型农业企业中被雇用的雇员不属于农村养老保险的范畴，而应投保于普通工人或职员法定养老保险。

（2）资金来源。德国农村养老保险制度实行现收现付的筹资模式，资金来源于投保人缴纳的保险费和联邦政府的补贴。其中投保人缴纳的保险费占绝大部分，只有大约 1/3 的部分来源于国家补贴，且保费不足的部分才由政府予以补助。所有农场主的缴费数额是相同的，与企业的大小以及经营效益无关。每一个共同劳作的家属若未依法或根据申请被免除保险义务，也有缴费义务，保费由其所在的企业农场主承担，保费为该农场主保费的 1/2。

（3）养老金的给付条件。农民享受养老金需要具备三个基本条件：第一，年龄条件，男女分别年满 65 岁和 60 岁。第二，缴费条件，必须按规定交满 180 个月。第三，附加条件，农民必须在 50 岁以后转移他的农业企业，脱离农业劳动成为农业退休者。

农村养老保险最低投保年限一般为 15 年，获取丧失劳动能力养老金的最低投保年限为 5 年。若早于法定退休年龄领取养老金，则领取的养老金在整个领取养老金的时间均要打折。

（4）给付形式。养老金的给付形式主要是现金给付，包括老年年金、丧失劳动能力年金等。此外，在出现特定风险时也给予实物给付。例如，在农民面临或出现丧失劳动能力的情况时，投保者可以获得康复性医疗，目的在于避免他们丧失劳动能力或改善和恢复其劳动能力，维持基本生活。如果投保者由于接受康复服务、丧失劳动能力、处于孕期或母婴保护期或死亡，农业企业的正常运营无法维持，那么，农村养老保险机构还可以提供经营帮助和家政帮工。

（5）机构设置。目前德国有 13 家农村养老保险机构，分别设立在当地的农村工伤事故保险机构，并在全国组建了一个自己的总联合会，即农村养老保险机构总联合会。它们的自治机关为名誉型的达标大会和理事会，在选举这两个委员会的成员时，会员被分为没有外来劳动力的独立从业者和雇主两类。另外，在农村养老保险机构总联合会的理事会中，也有相关联邦政府部门的代表参加，但是他们只有发言权没有表决权。

3. 纳入完全积累的国民养老保障计划

目前世界上只有少数亚、非国家实行这种国民社会养老保险制度模式，以亚洲的新加坡和南美的智利为代表。该模式保险基金来源于雇主和雇员按照工资收入的一定比例缴纳的保险费、独立劳动者或自雇者按照个人收入的一定比例所缴的保险费，国家不进行资助，不负担保险费，仅给予一定的政策性优惠。新加坡是较早实行完全积累制的全民养老保障计划的国家，另外一个典型是智利。但这两个国家在推行完全积累制度的全国养老保障计划时，强制要求雇员必须参加，但允许农民自愿参保。

20世纪70年代后，受石油危机的影响，工业化国家为了减轻社会保障对政府的财政压力，纷纷采取措施大力发展企业年金（补充养老保险）。在此背景下，为了提高农民养老保障水平，缩小城乡差别，大多数工业化国家，如日本、美国、加拿大针对农业经营者先后建立了补充养老保险——即专门的农民年金计划。与企业年金计划不同的是，农民年金计划基本由政府组织经办，并提供高额的财政补贴，政府在此相当于承担了企业年金中的雇主角色。如日本于1971年正式实施了《农业劳动者年金基金法》，建立了农民补充养老金计划，目前基本政策规定为：20周岁以上、60周岁以下的第一类国民年金参保人（20岁以上、60岁以下的农民、个体经营者等），年从事农业生产经营时间不少于60天的，均可自愿参加。

除发展农民补充养老保险外，工业化国家政府一般还鼓励发展个人储蓄性养老保障计划，如有的国家通过免征所得税的政策优惠扶持个人储蓄性计划。美国于1981年曾立法规定对于没有职业年金计划的城市雇员及农民给予养老储蓄优惠，在储蓄时不需纳税，计划的最高存款额为每年2 000美元；日本民间的农业相互救济协会举办的人身共济保险也对农民养老及其他社会保障发挥了重要的补充作用。

（二）中国农村养老保险的制度结构

中国的农村养老保险制度几经发展变化，于2009年起开展了新型农村社会养老保险试点。新型农村养老保险（以下简称“新农保”）制度的内容：

1. 参保范围

2009年9月1日国务院颁发的《国务院关于开展新型农村社会养老保险试点的指导意见》，规定新农保的参保对象为年满16周岁（不含在校生）、未参加城镇职工基本养老保险的农村居民，可以在户籍地自愿参加新农保。从各地的试点办法来看，有的地区规定为农村居民，有的地区已经把参保对象扩大到城乡居民，但主要的地区参保对象为纯农民。

2. 资金来源

新农保基金由个人缴费、集体补助、政府补贴构成。（1）个人缴费。参加新农保的农村居民应当按规定缴纳养老保险费。缴费标准目前设为每年100元、200元、300元、400元、500元5个档次，地方可以根据实际情况增设缴费档次。参保人自主选择档次缴费，多缴多得。国家依据农村居民人均纯收入增长等情况适时调整缴费档次。（2）集体补助。有条件的村集体应当对参保人缴费给予补助，补助标准由村民委员会召开村民会议民主确定。鼓励其他经济组织、社会公益组织、个人为参保人缴费提供资助。（3）政府补贴。政府对符合领取条件的参保人全额支付新农保基础养老金，其中中央财政对中西部地区按中央确定的基础养老金标准给予全额补助，对东部地区给予50%的补助。地方政府应当对参保人缴费给予补贴，补贴标准不低于每人每年30元；对选择较高档次标准缴费的，可给予适当鼓励，具体标准和办法由省（区、市）人民政府确定。对农村重度残疾人等缴费困难群体，地方政府为其代缴部分或全部最低标准的养老保险费。国家为每个新农保参保人建立终身记录的养老保险个人账户。个人缴费，集体补助及其他经济组织、社会公益组织、个人对参保人缴费的资助，地方政府对参保人的缴费补贴，全部计入个人账户。个人账户储存额目前每年参考中国人民银行公布的金融机构人民币一年期存款利率计息。

3. 养老金待遇

养老金待遇由基础养老金和个人账户养老金组成，支付终身。中央确定的基础养老金标准为每人每月55元。地方政府可以根据实际情况提高基础养老金标准，对于长期缴费的农村居民，可适当加发基础养老金，提高和加发部分的资金由地方政府支出。个人账户养老金的月计发标准为个人账户全部储存额除以139（与现行城镇职工基本养老保险个人账户养老金计发系数相同）。参保人死亡，个人账户中的资金余额，除政府补贴外，可以依法继承；政府补贴余额用于继续支付其他参保人的养老金。国家根据经济发展和物价变动等情况，适时调整全国新农保基础养老金的最低标准。

4. 养老金待遇领取条件

年满60周岁、未享受城镇职工基本养老保险待遇的农村有户籍的老年人，可以按月领取养老金。新农保制度实施时，已年满60周岁、未享受城镇职工基本养老保险待遇的，不用缴费，可以按月领取基础养老金，但其符合参保条件的子女应当参保缴费；距领取年龄不足15年的，应按年缴费，也允许补缴，累计缴费不超过15年；距领取年龄超过15年的，应按年缴费，累计缴费不少于15年。

5. 基金管理

试点阶段，新农保基金暂时实行县级管理，随着试点扩大和推开，逐步提高管理层次；有条件的地方也可直接实行省级管理。各级人力资源社会保障部门履行新农保基金的监管职责，试点地区新农保经办机构和村民委员会每年在行政村范围内对村内参保人缴费和待遇领取资格进行公示，接受群众监督。

6. 新老制度衔接

原来已开展以个人缴费为主、完全个人账户农村社会养老保险（老农保）的地区，要在妥善处理老农保基金债权问题的基础上，做好与新农保制度衔接。在新农保试点地区，凡已参加了老农保、年满60周岁且已领取老农保养老金的参保人，可直接享受新农保基础养老金；对已参加老农保、未满60周岁且没有领取养老金的参保人，应将老农保个人账户资金并入新农保个人账户，按新农保的缴费标准继续缴费，待符合规定条件时享受相应待遇。

第四节　老年救助制度和老年人社会福利制度

一、老年救助制度

老年救助制度是社会救助制度中十分重要的分支。因为老年人随着年龄的增长，劳动能力是逐步下降的，所以收入来源较少。而且老年人这个特殊群体的医疗需求较高，所以，国家和社会需要对其进行社会救助。老年救助制度是指国家通过立法实施，对退出劳动领域、不能维持最低生活水平的老年人给予经济、医疗和生活照顾方面的服务制度。老年救助制度是为了维持老年人这个特殊群体的最低生活水平，它是老年社会保障体系中保障层次最低的保障机制。

（一）最低生活保障救助

最低生活保障的含义是，法律赋予每一个公民在不能维持最低生活水平时，由国家和社会按照法定的标准向其提供满足最低生活需要的物质援助的最低安排。最低生活保障的目标是消除生活中的贫困。造成老年人生活贫困的因素有很多，例如老年人的劳动能力下降直接导致收入的减少，或者是因病致贫等。所以国家和社会必须建立健全社会保障制度，对曾经为社会作出贡献，而如今年老体衰的老年人贫困阶层给予救助，保障其基本生活水平。

（二）医疗救助

医疗救助是老年社会救助中的主要形式，是指由政府出面，经多方筹资，在政策制定和医疗服务中为生活贫困的老年疾病患者提供医疗健康服务或者给付一定医疗费用救济的医疗保障制度。

与年轻人比较，老年人的显著特征就是其身体素质逐渐下降，患病率较高。在我们国家由计划经济向市场经济转型过程中出现了“看病贵、看病难”以及“因病致贫”等现象市场，所以为保障老年人的晚年生活，必须对需要医疗技术和医疗费用的疾病患者给予医疗救助。医疗救助通过多种方式体现，包括：(1) 对救助对象实行医疗费用减免政策。(2) 国家向救助对象提供财政补贴，代缴医疗保险费，将因无能力缴费而不能参加基本养老保险的人员纳入基本养老保险的覆盖范围。(3) 建立专项医疗救助基金。对救助对象因医疗费用支出过大造成困难给予救济，以减轻他们就医的直接经济负担。(4) 社会和慈善救助。这是指社会和慈善组织为贫困老年人员组织开展的义诊、义捐和无偿的医疗治疗活动。

（三）住房救助

老年救助包括对老年人的衣、食、住、行、医等进行救济，其中住房对老年人生活保障具有基础性的作用，只有有了一个较为稳定的住所，人们才能安心地从事其他活动。对于老年人的住房救助可以分为城镇老年人口住房救助和农村老年人口住房救助。在城镇，住房救助主要是廉租住房制度，其保障方式是以发放租赁住房补贴为主，以实物配租、租金核减为辅。在农村，主要是资助农村特殊困难的老年人的搬迁、修缮和新建住房，以及资助因灾害倒房户的恢复重建。

目前，我国正处于经济社会转型时期，市场经济发展尚未成熟，加之房地产行业快速发展，使得相当数量的中低层收入家庭出现住房困难问题，所以我国必须借鉴世界各国的经验，如美国、英国、日本等发达国家已采取多种措施推行廉租住房制度，例如为最低收入家庭兴建住宅、提供优惠贷款、对住房投资减税等，在实践中不断完善住房保障制度。

（四）法律援助

法律援助是一项法律社会救助制度，是国家为保障贫弱者以及残疾人的合法权益而提供的免费或者部分免费的法律帮助，是保障受救助者的人权的社会公益性法律制度。法律援助资金主要包括政府财政拨款，法律援助资金以及从律师管理费或者公证管理费中适当提取的专项基金。

法律社会援助具有以下特征：（1）公平性。法律社会援助是法律制度中的一种，所以必须遵循公平、公正和公开的原则。对于弱者的法律援助是社会救助制度中的基本内容，是为了保护经济弱势者免于因为经济原因而不能利用法律手段维护自己的合法权益，体现了公平性原则。（2）及时性。法律社会援助是通过减、免、缓交有关诉讼费、律师费等，使经济困难的老年人在面临法律问题时能够及时得到帮助。（3）局限性。法律社会援助是针对经济困难当事人提供的一种临时性救助，它与其他形式的社会救助不同，只针对当时受救助者的法律事件给予援助。

（五）生活服务救助

生活能力下降以及患病率递增是老年人的显著特征，因此对老年人的生活照顾也就成了老年社会救助制度中不可或缺的一部分。生活服务救助主要是指老年人的生活起居、家务料理等方面的需求，由于老年人特别是高龄老年人中因自然生理老化、意外、疾病或者瘫痪等导致生活不能自理或者部分不能自理的情况较为普遍，因此需要家庭或社会提供日常的生活照顾，保障受救助老年人的正常生活。

目前国家采取现金救助、实物救助以及服务救助相结合的救助方式保障贫困老年人的基本生活。

（六）农村五保供养制度

农村五保供养制度是指对符合《农村五保供养工作条例》的农村居民，在吃、穿、住、医、葬等方面给予的生活照顾和物质帮助。对于针对农村老年人的五保供养制度必须符合以下条件：第一，无法定扶养义务人或者有法定扶养义务人但是无扶养能力的；第二，无劳动能力的；第三，无生活来源的。只有同时具备这三个条件的老年人才有资格享受老年人的五保供养资格。

《农村五保供养工作条例》规定，五保供养的实际标准不应低于当地村民的一般生活水平，可以根据当地的经济条件，实行集中供养和分散供养。具备条件的乡、民族乡、镇人民政府应当兴办敬老院，集中供养五保对象，五保对象入院自愿，出院自由。分散供养是指有亲属或者邻居等在家供养的五保户。

应特别指出的是，随着农村税费改革和取消农业税等政策的全面实施，政府在保障农村五保对象的制度安排中发挥着日益重要的作用，一些地区的五保户被集中供养在政府主办的敬老院或者老年福利院，即表明它不仅具备传统的乡村集体救助制度的特征，也具备了国家福利保障的特色。

二、老年社会福利制度

随着经济社会的快速发展，人们的需要不断增加，老年人的生活也不再只满足于基本生活水平，而是对社会福利提出了更高的要求。传统社会的老年人社会福利局限于物质帮助，现代社会则更加强调宽泛的社会服务性及满足个人的全面发展。老年人福利是指国家和社会为了保障老年人的物质生活需要的基础上满足其精神需要而采取的政策措施和提供的设施和服务。老年人福利制度是老年人救助制度和养老保险的延续和提高，以“老有所养，老有所医，老有所为，老有所乐”为社会目标，是老年保障制度中层次最高的一项保障制度。

老年人社会福利的服务内容是为老年人的特殊需求而设立的，与现代社会发展程度密切相关，具有分享经济成果的特点。从老年人自身特点来说，老年人社会福利包括：

（一）老年人的经济保障

老年人的经济保障，也可以说老年人的收入福利，是指由政府出资，向老年人提供必要的、以现金形式支付的、用于保障老年人基本生活支出的福利性供给，这种福利通常被称为“老年人津贴”。因为随着年龄的增长，退出劳动领域或者无劳动能力的老年人收入来源大幅下降使得相当一部分老年人购买能力下降，特别是年龄增长、身体功能下降导致医疗开支增加，所以很容易使得老年人的生活陷入贫困，政府和社会提供老年人的收入保障是十分必要的。

（二）老年人的社会服务福利

身体素质的逐步下降，导致老年人经常患有一些慢性疾病，影响老年人的晚年生活质量，所以政府提倡采用家庭护理、社区护理和机构护理相结合的模式对老年人进行照顾。所谓家庭护理是指让老年人留在家中，享受家庭生活，但是由社会提供生活上的照顾，主要包括家庭寄养和家庭助理服务。社区护理是指让那些需要照顾的老年人住在自己家中或者尽可能地在靠近家庭的社区的机构中接受照料。老年人社区照顾的服务项目包括：解决老年人的住房安置问题，提供家庭之外的医疗卫生服务，从基本护理到技术性较强的专业护理，以及为老年人的全面健康而提供的专业咨询和情感援助。机构照顾是指在一定的专门社会服务机构内为老年人提供护理、食宿及生活服务照顾。通常分为三个层次：一是老年人公寓，主要面对生活能自理的人，公寓提供一些辅助性服务；二是疗养院或者老年福利院，为老年人提供的全天候的专业护理以及医疗服务；三是老年人护理院，主要向生活不能完全自理或者完全不能自理的老年人提供完全的生活照顾和护理服务。

（三）老年人的医疗保健

老年人的医疗保健服务是老年人福利的一项重要内容，重视老年人医疗保健是老年保障的必然要求。老年人生理功能衰退，抵御疾病的能力下降，患病率较高，因此他们需要更好、更专业的照顾。通常医疗保健的内容包括：建立老年人的健康检查制度，组织老年人定期到医院做身体检查，若发现有疾病，及时采取医疗措施；专门为老年人看病设立“绿色通道”，即建立老年病医院或者老年人病科，开展老年人的治疗工作；由国家组织和财政拨款或者由社区建立康复疗养机构，制定康复疗养计划，使老年人的健康问题能够得到解决。

（四）老年人的其他服务福利

除了保障物质生活和医疗保健，老年人的精神文化需求也是不可忽视的。因此，在城市或者经济条件较好的地方，政府鼓励社区或者单位建立专门的老年人休闲娱乐的活动场所，如老年人活动站、老年中心等，为老年人提供文化、教育、娱乐、体育活动设施，为老年人提供优惠服务，满足老年人的精神需要。

目前，在我国，长期的城乡二元结构的影响，贫富差距的客观存在，使我国农村老年人的社会福利主要侧重于具有社会救助性质的农村“五保”制度，国家真正意义上的农村老年社会福利事业并未得到发展。不过有一些经济较发达地区的农村老年人社会福利也在逐步发展。

由于出生率和死亡率的下降，人口老龄化和高龄化的现象在世界各国蔓延，特别是发达国家和高福利国家，政府每年通过财政拨出大量经费，向老年人提供各种福利服务，目前各国福利主要包括现金资助和福利服务，并主要用于日常生活和医疗费用减免方面，大量集中在各种福利服务上，特别是在以下几个方面较为突出：一是生活服务。提供老年人津贴（丹麦）、饮食配送（美国、德国、瑞典、日本等）以及丰富余暇生活的服务（法国）。二是医疗保健服务。主要提供医疗护理和家庭服务（丹麦）、住院和医院疗养性服务（英国）。三是养老设施的服务。主要包括收容设施（美国）、老人公寓和老年人护理院（荷兰、英国、法国）、高龄者住宅和中长期滞留中心（法国），高龄者住宅由能够自理的老年人入住，兼有饮食和护理服务等。

各国的老年社会保障制度虽然取得很大的成就，但是在经济危机的背景下，面对人口老龄化、生产现代化、经济市场化的新形势，老年社会救助与老年社会福利制度也出现一些问题，老龄人口的普遍增长，给世界各国都带来了十分严峻的社会问题，特别是老年人平均寿命的延长，老人的医疗和护理服务需求迅速增加，也就更需要护理服务。随着老人福利内容更加丰富，福利支出在公共预算中所占的比例节节攀升，无疑构成了对经济增长和社会发展的一种挑战。

☞本章小结

本章以养老保障为核心，从理论依据、制度分类和中国的主要制度实践三个方面进行了阐述。主要的老年保障理论有老年风险理论、人口老龄化理论和养老模式理论。老年保障的制度类型可分为普遍保障型老年保障模式、收入关联型老年保障模式、强制储蓄型老年保障模式和多层次老年保障模式。城镇老年保障制度是面向城镇老年居民的社会保障制度，和农村老年保障制度一起组成老年社会保障制度。城镇老年保障制度主要由城镇职工基本养老保险制度、机关事业单位养老保险制度和企业年金制度组成。再加上老年救助制度和老年人社会福利制度，就构成了一个较为完整的老年保障体系。中国的老年保障制度自中华人民共和国成立初期开始建设，经过近二十年的大力改革与发展，已经取得重大成就，但制度的进一步推进、激励机制的引入以及对老年人权益保障的落实等，还有待进一步发展与完善。

☞关键术语

老年风险理论　人口老龄化理论　养老模式理论　普遍保障型老年保障模式　收入关联型老年保障模式　强制储蓄型老年保障模式　多层次老年保障模式　城镇老年保障制度　农村老年保障制度　城镇职工基本养老保险制度　机关事业单位养老保险制度　企业年金制度　老年救助制度　老年人社会福利制度

☞思考题

1. 简述养老保险模式的类型及特点。
2. 多层次养老保险模式的内容及重要意义是什么？
3. 简述补充养老保险计划的类型与特征。
4. 中国机关事业单位养老保险发展现状如何？应从哪些方面进行改革？
5. 简述中国农村养老保险制度的发展与改革历程。
6. 简述中国城镇职工养老保险制度的主要内容与改革趋势。
7. 简述老年社会救助制度与老年社会福利制度的主要内容。

☞案例分析

法国政府要啃硬骨头

法国是典型的福利国家，公民享有多方面的福利保障，主要包括：失业救济、疾病保险、工伤保险、养老金制度、住房补助、残疾人补助、多子女补助等，细分起来有近40种。各种补助的领取，有严格的条件与规定。在这个制度的保护下，除极少数例外，每一个法国人，从出生到死亡，都会得到基本的社会保障，不至于流离失所。“这就是所谓的从出生到死亡的保障制度。”其社会保险制度曾取得过许多成功经验，但近些年来也出现了严重的财政危机，法国社会福利保障制度到了不推行改革就难以为继的关头。2003年7月24日，法国国民议会和参议院相继通过了引起广泛争议的退休制度改革法案。这标志着拉法兰政府成功地迈出了包括退休制度、国家机构、医疗保险和教育体系改革在内的一系列社会改革的第一步。

拉法兰政府于2003年推出了退休金改革计划，根据新的规定，国营机构的工作人员现行的退休年龄需要延长两年才可以领取全额退休金。在致法国人民的公开信中，拉法兰表示政府有信心推动议会通过改革方案。如果政府对人口老龄化问题袖手旁观，不改革现行的养老金制度，预计到2020年，养老金短缺将达到500亿欧元，法国人领取的养老金数额将被减掉一半。尽管如此，因退休制度涉及大多数人的实际利益，改革遇到了很大的阻力，为了阻止政府改革方案的通过，法国各地游行罢工不断。

2003年5月，法国几家主要工会的代表同社会事务部部长就政府的退休金制度改革方案进行谈判，工会要求政府冻结改革方案，而且不得降低退休金。在社会事务部部长与工会进行谈判的同时，总理拉法兰在议会做解释说服工作。他说政府改革的态度是坚定的，但谈判的门是敞开的。改革的难度大，是因为积重难返，但如果不改革，整个退休金制度将彻底崩溃。面对各界的不满，拉法兰政府顶住压力，与包括工会组织在内的社会各界开展对话，并最终使该项改革方案在中右翼政党控制的议会获得通过。另一方面，拉法兰政府也为推进改革措施付出了很大代价。

资料来源：于杨．退休金改革触发法国大罢工［J/OL］．中国新闻周刊，2003（2）．http：//ies. cass. cn/yjzx/ozsh/200306/399. asp.

◎ **分析与思考**

1. 法国的改革体现出社会养老保险改革的哪些趋势？
2. 法国的改革对中国有哪些有益的启示？

第 7 章 医疗保障

本章学习要点

- 社会医疗保险的概念、特点及系统构成
- 世界医疗保障模式及特点
- 医疗保险基金筹资机制及费用支付方式
- 我国医疗保险体系及制度框架

第一节　医疗保障概述

一、医疗保障相关概念

医疗保障是指公民由于疾病或伤残等原因暂时或永久丧失劳动能力致使收入减少或中断时，获得物质补偿或医疗服务以保证其生活来源的一系列政策和措施的总和。医疗保障体系包括三个层次：第一层次是国家提供的社会医疗保险，在整个医疗保障体系中居主体地位；第二层次是企业或单位提供的补充医疗保险，对国家提供的社会医疗保险起重要补充作用；第三层次是个人投保的商业医疗保险，是整个医疗保障体系的重要组成部分。

社会医疗保险是指国家以立法形式通过强制性的规范或自愿的契约，在一定区域的一定人群中筹集医疗保险基金，并为该人群的每一个成员公平地分担，对由于疾病所引起的纯粹以补偿医疗费用为主要目的的社会保险制度中的一个险种。补充医疗保险（也称为用人单位补充医疗保险）是指在国家相关法规、政策的原则规范和指导下，以用人单位为直接责任主体而建立的一种具有政策性、团体福利性的保障制度。商业医疗保险是指被保险人发生疾病或意外伤残时，由保险人（商业保险公司）按照保险合同规定的给付保险金赔偿的一种保险。

二、医疗保障模式

早在19世纪80年代，疾病医疗保险作为现代社会保障体系中最早出现的社会保险项目在德国诞生，国家或政府由此正式介入国民健康的保障问题。经过一个多世纪的发展，许多国家已形成了有自己特色的医疗保障模式。目前，世界上共有四种主要的医疗保障模式：全民医疗保障模式、社会医疗保障模式、商业医疗保障模式和强制储蓄医疗保障模式。

（一）全民医疗保障模式

全民医疗保障模式是指政府直接举办医疗保险事业，通过税收形式筹措医疗保险基金，采取预算拨款给国立医疗机构的形式，向本国居民直接提供免费（或低收费）医疗服务。该模式盛行于西方福利国家，尤以英国和瑞典最为典型。

该模式的主要特点有：国家是医疗保健和医疗保障体系的绝对主管和调控者，私营性医疗保健服务的比重很小；基金筹资主要依靠国家一般形式的税收；医疗服务覆盖面几乎遍及全体国民；医疗服务各个环节高度公共化；国民看病享受免费医疗保健服务。

英国的医疗制度又称为国民健康服务制度（National Health System, NHS），无论是劳动者还是非劳动者，无论个人支付能力的大小，都可以得到免费的全方位医疗服务，90%以上的居民由国家提供医疗保健服务。英国的国民健康服务体系主要通过家庭诊所、社区诊所、公立医院向公众提供医疗服务。家庭诊所和社区诊所遍布全国，按人口分布构成保健网，主要向广大非重症、急症患者提供医疗服务，是英国国民健康服务体系的主体，占全部国民健康服务体系资金的75%；公立医院由国家财政提供经费，主要服务对象为危重病人。

（二）社会医疗保障模式

社会医疗保障模式是通过国家立法强制实施，雇主与雇员缴纳保险费，政府酌情补贴，建立社会保险基金用于雇员及其家属医疗保障的一种制度。德国是这一模式的典型代表。

该模式的基本特点是雇主和雇员分别依法按单位工资总额和个人收入的一定比例缴纳医疗保险费，政府酌情给予补贴；只有参加社会医疗保险的人才能获得相应的医疗服务。

德国的医疗保障制度分为社会医疗保险和商业医疗保险两类。

1. 社会医疗保险

社会医疗保险由政府强制实施，政府按区域和行业设立法定的医疗保障机构，雇员与雇主依法各自承担50%的保险费，由法定医疗机构为雇员及其家属提供医疗保障服务，国家一般不直接补贴，其保障对象包括收入在一定限额以下的所有在职人口以及退休人口、失业者、农民等，包括投保者家属。法定医疗保险费的总支出中，用于受保者本人的支出和用于其家属支出的比例分别为21.7%和78.3%。社会医疗保险制度由三方供款，并实行自治，其医疗保险机构及其联合会、医疗保险签约医生及其联合会以及州医院协会均为自治机构。医疗保险机构和医疗机构之间是相互合作的伙伴关系，投保人可选择不同的医疗保险机构和不同的医疗服务机构，并实行医药分开经营。病人享受医疗服务，需自付一定比例费用。

2. 商业医疗保险

商业医疗保险的投保对象主要为不参加法定医疗保险者，如自由职业者、独立经营者、公务员、高收入者，也包括一些希望在法定医疗保险基础上提高保障程度的人。社会医疗保险制度覆盖了90%以上的人口，再加上商业医疗保险制度，全国共有99.5%的人口享有医疗保障。①

（三）商业医疗保障模式

商业医疗保障模式是在国家商业保险法规的规范下，把医疗保险作为一种特殊商品，由专业商业保险组织进行生产和销售，按市场法则自由经营的医疗保险模式，美国是该模式的典型代表。

该模式的主要特点是：个人或组织实行自愿购买原则，不具有强制性；卫生服务机构以私立为主，大多数公民通过参加商业性医疗保险获得卫生服务；

① 杨红燕．世界各国主要医疗保障模式比较分析［J］．中国卫生事业管理，2002（9）．

政府提供的医疗保障主要确保老年人、残疾人、穷困或失业人口等特殊群体的医疗保障；所有的医院实行“管”与“办”分离。

美国的医疗保障制度是以私人保险公司举办的商业性医疗保险为主、政府实施的社会医疗保障计划和社会组织举办的非营利性医疗保险为辅的体制。

1. 商业医疗保险

商业医疗保险分为两类：第一类是以营利为目的的私人保险公司举办的商业性医疗保险。美国商业医疗保险大部分由企业为雇员购买，雇主同保险公司签订合同，按一定条件为雇员及其家属提供保险，雇主为雇员支付部分或全部的保险费，作为企业的一项福利。政府鼓励企业为雇员提供保险，对这些企业为雇员购买保险的开支实行税收减免。第二类是由社会组织举办的非营利性的医疗保健组织，如蓝十字会、蓝盾卫生协会、健康维持组织（HMO）和优先提供者组织（PPO）等。投保者预先定期缴纳保险费，医疗保健组织按合同提供医疗服务。

2. 社会医疗保障

政府实施的社会医疗保障分为两类：第一类是针对老年和失能者的医疗照顾计划（Medicare），其保障范围包括65岁以上的老年人、65岁以下的部分残疾人、永久性肾功能衰竭需要透析或换肾的病人。第二类是针对贫困和伤残者的医疗救助计划（Medicaid），其保障对象包括低收入人群、孕妇、失能者以及部分医疗照顾计划受益人。该项计划所需资金由各州政府和联邦政府各出资一半，州社会福利厅负责管理。各州自行规定州内公民享受医疗补助的条件以及标准。

（四）强制储蓄医疗保障模式

强制储蓄医疗保障模式是按国家法律规定，强制个人或单位建立储蓄医疗保险基金，存入个人保健储蓄账户，逐年积累，用于支付医疗保险费用的制度。新加坡是这一模式的典型代表。

该模式的主要特点有：医疗保险基金来源于个人或个人与单位共同缴纳的费用，政府只负担无力支付医疗费用者的医疗救助费用；雇员个人账户上的钱用来支付自己及家庭成员的医疗费用，基金运行采用完全积累制；每个人都为自己终身的医疗保健需求储蓄，不存在社会成员之间的转移分配。

新加坡的医疗保障制度由“三重安全保健网”构成，以确保每个人都有求医受诊的可能和机会。

1. 保健储蓄账户计划

保健储蓄账户计划（Medisave Account）是一种国家强制性医疗储蓄计划，强制人们将部分收入存储到账户中，用以支付个人及家庭成员的住院医疗费用和一些昂贵的门诊治疗费用，是公积金制度中主要的医疗保障计划。

2. 健保双全计划

健保双全计划（Medishield）是非强制性的大病医疗保险计划，具有社会统筹的性质，采用的是风险共担的社会保险机制。其目的是为了帮助参加者支付大病或慢性病的医疗费用，弥补保健储蓄不足以应对重病病人医疗费用的缺口，是保健储蓄账户计划的补充。该计划覆盖所有的新加坡公民，外国人和永久居民也可以享有，但政府对住院费用部分补贴较少，个人自付比例较高。

3. 保健基金

保健基金（Medifund）是由政府设立的带有救济性质的捐赠基金，主要为那些没有参加保健储蓄和健保双全计划或因保健储蓄账户计划不充足，又没能力支付医药费的贫困国民提供医疗补助。

三、社会医疗保险的特点

由于疾病风险的特殊性和医疗保健服务需求与供给的特殊性，社会医疗保险除了具有其他社会保障项目的福利性、互济性、社会性、强制性等共同特点外，还具有其自身的特点：

1. 普遍性

疾病风险本身具有时间跨度大（从生到死）、不确定性高（随时随地）、风险损失差异大（如一般小病只需花费几十元，大病可能要花费几十万元）等特殊性，难以对其做出准确的预测和有效的防范。而养老保险的风险是可以预先精确测算的，养老金的水平也可以预先确定。

2. 复杂性

医疗保险涉及用人单位、员工、社会医疗保险机构、医疗机构（医院）、药品服务提供机构（药厂）等多个利益主体。同时，医疗消费存在严重的信息不对称问题，医疗消费费用水平弹性很大。这就使得医疗保险非常复杂，被公认为世界性的难题。

3. 短期性

医疗消费是即期消费，由于疾病发生的随机性和突发性，医疗保险提供的补偿也只能是短期性、经常性的。

四、社会医疗保险系统

社会医疗保险风险转移、补偿损失的作用是通过社会医疗保险系统的运作得以实现的。社会医疗保险系统由医疗保险机构、被保险人、医疗服务提供者组成，这三方之间及其与政府之间的相互作用形成医疗保险系统运作的动力。社会医疗保险系统中的三角四方关系如图 7-1 所示。

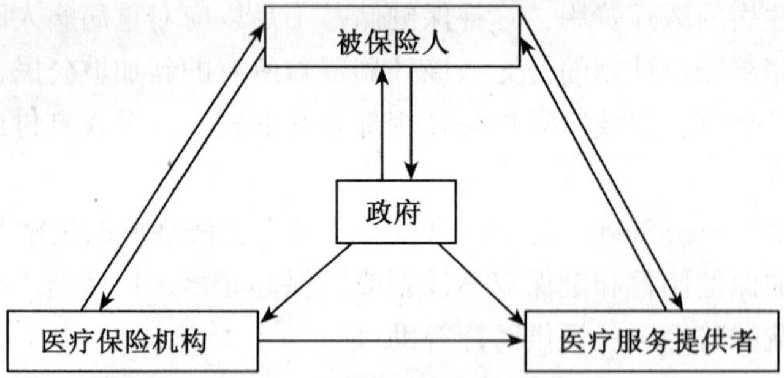

图 7-1　社会医疗保险系统中的三角四方关系

（一）医疗保险机构与医疗服务提供方

医疗保险机构与医疗服务提供方之间是一种商业契约关系，医疗保险机构可以自办医院，也可以同医院签订有关合同，委托其为医疗保险享受者提供服务。二者之间通过契约的方式来明确医疗服务提供方的责任，如医疗服务范围、项目、质量要求、收费标准、付费方式以及合同期限等。医疗服务提供方应按照医疗保险管理部门的有关规定，在就诊、转诊、转院、检查、治疗、收费等方面进行严格管理。医疗保险机构对医疗单位节省医疗成本的办法应给予及时指导，包括住院费、住院时间、诊断性检查的使用、开药等方面。①

（二）医疗保险机构与被保险人

政府作为公众利益的保护者，具有为公民提供部分医疗保健费用的义务。医疗保险机构作为国家政策的执行者，会从被保险人的整体出发，考虑医疗保

① 赵曼．社会保障学［M］．中国财政经济出版社，2003.

险的筹资水平和医疗费用水平，来确定被保险人可获得的医疗服务范围。同时，医疗保险机构为了降低保险成本，会让被保险人分担一部分医疗费用从而提高他们的费用意识，减少过度利用医疗服务的行为，达到控制医疗费用的目的。

（三）被保险人与医疗服务提供方

被保险人与医疗服务提供方之间是一种医疗保险服务消费与供给的关系，是缴付费用和提供服务的等价交换关系。但是医疗保险市场中的信息不完全性，使得被保险人与医疗服务提供方都可能出现逆向选择和道德风险行为，同时“第三方”付费制度形式也可能出现两者合谋，这就需要政府制定合理、恰当的医疗保险政策来规避这些风险。

（四）政府与其他三方

政府通过经济、法律、行政等手段介入医疗保险领域三方运作系统，处于三方关系之上的领导地位。政府的具体作用包括：一是通过立法强制性手段征收社会保险税或费；二是通过收入再分配的形式对被保险人或医疗服务提供方进行补贴；三是通过各种手段协调和保障三方的利益。

第二节　社会医疗保险基金筹资与给付

一、社会医疗保险基金筹资机制

社会医疗保险基金是医疗保险机构通过法定或合同的形式，由参保者个人和单位缴纳的用于偿付投保对象因疾病、伤残或生育等产生的全部或部分医疗费用的专项资金。为了及时、足额地筹集医疗保险基金，保证医疗保险顺利运行，必须遵循“以支定收、收支平衡、略有结余”的原则。一般来说，社会医疗保险采取现收现付制，通过以支定收，使医疗保险收入与支出在年度内大体保持平衡。

（一）社会医疗保险基金筹资来源

社会医疗保险资金来源包括国家财政拨款、用人单位缴纳的医疗保险费、个人缴纳的保险费、基金投资收益和其他方面的收入，其中国家、单位和个人是主要来源，其他收入包括医疗保险机构罚没的滞纳金、社会团体或个人的捐赠等。三种主要资金来源的不同组合，会形成不同的基金筹资模式。目前，社会医疗保险基金筹集模式主要有四种。

一是政府全额负担，即由政府全额负担或基本负担医疗保险费用。

二是个人全额负担。有几种医疗保险一般由个人全额负担：个人参加的商业医疗保险；互助医疗保险等补充形式的医疗保险；一些没有单位的工作人员的医疗保险，如自由职业人员等的医疗保险。

三是政府和个人共同负担，主要适用于没有职业或者收入很低的人群。

四是政府、用人单位和个人三方共担。这是大多数国家采用的方式。在三方负担的比例上，各国的情况有所不同，特别是企业和个人的负担比例，各国差距比较大。

（二）社会医疗保险基金筹资方式

社会医疗保险基金筹资方式有多种：一是按工资的一定比例缴纳保险费；二是按个人总收入的一定比例缴纳保险费；三是按固定金额缴纳保险费；四是按一定的地理区域缴纳不同级别的保险费。

一般来说，采用最多的方式是与工资挂钩，即采用工薪税的方式。由于世界各国的国情不同，社会医疗保险的缴费基数和比例也不相同。例如，德国按工资总额的一定比例缴纳医疗保险金，平均缴纳的保险金占工资总额的百分比为12%~14%，雇员与雇主各缴纳一半。新加坡每个有工作的劳动者都被强制参加医疗保健储蓄，不同的年龄组投保的费率不一样。每年有约为本人工资的6%~8%（雇员、雇主各缴一半）的款项划入雇员个人保健储蓄账户。

（三）社会医疗保险基金的构成

筹集起来的社会医疗保险基金根据不同的用途可以划分为四个部分。

一是医药补偿费，它是社会医疗保险基金最主要的用途，主要用于被保险人生病就诊后，门诊、住院等各项医药费用的补偿，一般占总基金收入的80%。

二是预防保健费，主要用于实施儿童计划免疫、妇女产前产后保健以及一些地方病的预防等支出的成本费、劳务费和补偿费。

三是风险储备金，主要用于突发性、偶发性的大病、重病爆发流行时或医疗保险基金出现赤字时的支付调节，具体提取比例根据医疗保险历年出现的赤字情况而定。

四是管理费，主要用于医疗保险业务管理方面的费用，包括医疗保险机构管理人员的薪水、奖金、福利以及保险机构的设备、办公经费等。

二、社会医疗保险费用支付方式

社会医疗保险费用的支付是指参保人缴纳保险费后，保险机构依据合同的规定或法律的规定，对被保险人因患病而发生的医疗费用进行给付，或者直接补偿医疗服务提供者为参保人提供适宜服务所需的费用。社会医疗保险的支付方式就是社会医疗保险费用的具体支付办法和途径。

社会医疗保险分担和抵御风险的功能主要是通过社会医疗保险费用的支付来实现。社会医疗保险费用支付方式直接影响着医疗费用的控制、医疗资源的流向和医疗保险制度的保障效果，在医疗保险制度中具有重要的杠杆作用并占据主导地位。

按不同的支付对象，社会医疗保险费用支付方式可分为对医疗服务需方的支付和对医疗服务供方的支付两大类。前者是被保险人就诊时先垫付费用，然后凭就医的费用凭证向医疗保险机构进行结算。后者是医疗保险机构直接向医疗服务机构支付费用。

（一）医疗服务需方支付方式

医疗服务需方支付方式也称为医疗社会保险费用分担方式，是指在医疗保险费用支付过程中，被保险人参与分担一部分医疗费用的支付方法。其目的是为了有效地控制过度需求造成的医疗费用的过快增长。一般常见的需方支付方式主要有起付线（Deductible）、共同付费（Co-insurance）、定额自付（Co-payment）和封顶线（Ceiling Line）等。

1. 起付线

起付线方式也称为扣除保险，即被保险人就医时，医疗费用在最低限额以下的部分由病人自付，最低限额以上的全部或部分费用才由保险机构支付。这个最低限额就是“起付线”。起付线方式的优势是有利于控制医疗消费需求；节省处理金额少、数量多的小额费用报销手续，降低管理成本；当起付线定得较高时，起到保大病、保高额费用的作用，相对于共同付费方式有较好的公平性。起付线方式的主要缺陷是起付线定得较高时，对于低收入家庭可能是较大的经济负担，从而阻碍一些个人和家庭获得必要的医疗服务。

2. 共同付费

共同付费方式也称为比例自付方式，是指参加医疗保险的个人按照规定的比例自付医疗费用的分担方式。共同付费方式的优势是能降低医疗服务价格，同时可以促使参保人选择价格相对较低的医疗服务。其缺陷是可能引起享受医疗卫生资源的不公平现象。对于消费较高的医疗费用，一些收入较低的家庭可能会主动放弃一些必要的医疗服务或提前结束治疗而引发更严重的病情。

3. 定额自付

被保险人每得到一次门诊或住院服务时，都需自付一定数额的医疗费用。一般来说，这种分担方式适用于采用按人头付费方式和定额付费方式的国家。定额自付方式的优势是比较容易管理，其缺陷是可能诱发医生增加治疗的次数。

4. 封顶线

封顶线方式又称限额保险，保险机构设立最高支付限额，在这个限额以下的部分由保险机构支付，超出这个限额的医疗费用由病人自己负担。这个最高限额是医疗保险机构支付的“封顶线”。设置封顶线的优势就是可以有效地控制医疗费用的增长，而且可限定在人们所要求的范围之内，这样就可以避免出现保险机构费用超支。这种支付方法的缺陷是它降低了医疗保险的功能和水准。因为发生在少数人身上的重大疾病负担风险，正是医疗保险所要解决的风险问题，而限额方式把这一难以预测的最后风险又还给了保险人。

（二）医疗服务供方支付方式

按照费用发生和支付时间先后，医疗服务供方支付方式可分为后付制（Post-payment System）和预付制（Pre-payment System）。后付制是指在医疗服务发生之后根据服务发生的数量和支付标准进行支付的方式，按服务项目付费是最典型的后付制。预付制是指在医疗服务发生之前，按照预定的支付标准，向医疗服务提供方拨付医疗费用的方式，包括按人头付费、按病种付费、总额预算制、定额付费等。

1. 按服务项目付费

按服务项目付费（Fee for Service，FFS）是一种最传统、应用最广泛的费用支付方式，即病人在接受医疗服务时，按服务项目（如诊断、治疗、化验、药品和护理等）的价格计算费用，然后由医疗保险机构向病人或医疗服务提供者支付费用，所偿付费用的数额取决于各服务项目的价格和实际服务量。

按服务项目付费方式的优势是方便实行，容易调动医方工作积极性，被保险方可以获得及时服务；这种方式的缺陷是容易产生过度服务和诱导需求现象，费用控制力度较弱。

2. 按人头付费

按人头付费（Capitation）是指医疗保险机构根据医院或医生服务的被保险者的人数，定期向医院或医生支付一笔固定的费用，在此期间医方负责提供合同规定的一切医疗服务，不再另行收费。

按人头付费方式的优势是可以促使医疗服务供方自觉采取费用控制措施，如开展疾病预防、健康教育、定期体检等活动，以期最大限度地降低发病率，减少费用开支。这种方式的缺陷是可能诱使供方选择低风险的入保者以降低服务费用，并限制所提供服务的数量和质量，从而直接损害医疗保险的公平和效率。

3. 按病种付费

按病种付费（Diseases Related to Groups，DRG）是以国际疾病诊断分类标准（ICD-9）将疾病按诊断、年龄和性别等分为若干组，每一组又根据病情轻重程度及有无并发症确定疾病诊断相关组分类标准，结合循证医学（Evidence-based Medicine，EBM）依据，通过临床路径（Clinical Pathway，CP）测算出病种每个组各个分类级别的医疗费用标准，并预先支付费用给医疗服务机构的医疗保险费用支付方式。按病种付费方式最早在美国老年医疗保险中被采用，目前世界上已有许多国家引进并参照DRG，建立了适合本国的病例组合系统，如加拿大的CMG（Case Mix Groups），英国的HRG（Health Resource Groups）和HBG（Health Benefit Groups），澳大利亚的AN-DRG（Australia National DRG）和AR-DRG（Australia Refined DRG），德国的G-DRG，日本的DPC（Diagnosis Procedure Combination）。

按病种付费方式的优势是将竞争机制引入定点医院的管理，可以激励医院为获得利润而主动降低成本，缩短平均住院日，有利于控制医疗费用的过快上涨。这种方式的缺陷是由于现行疾病分类还不是完全科学，不能把疾病的严重程度全部考虑进去，导致同一病种的费用变异过大；医疗机构甚至可以通过多次住院、出院，使同一病案获得多次补偿；测算各种疾病的费用是一项庞大的工程，完善信息系统的过程中，审查和管理的成本较高。

4. 总额预算

总额预算（Global Budget）是由保险机构根据与医院协商确定的年度预算

总额进行支付。在总额预算制下，医院预算额度一旦确定，医院的收入就不能随服务量的增长而增长，一旦出现亏损，保险机构不再追加支付，亏损部分由医院自负。合理确定预算是实施该支付方式的关键环节，预算的确定需要考虑的因素有医院规模、服务质量、服务地区人口密度、医院设备与设施情况、是否为教学医院、上年度预算执行情况和通货膨胀率等。预算总额一般每年协商调整一次。

总额预算方式的优点在于对费用有高度的控制权，迫使供方积极参与费用控制，保险机构管理简化，成本下降；这种方式的缺点在于确定科学合理的预算额度比较困难，供方有可能阻碍病人住院治疗，减少一些必要的服务项目，影响供方主动发展业务的活力，服务质量和态度下降。

5. 定额付费

定额付费（Flat Rate），也称按服务单元付费，指医疗保险机构按预先确定的住院床日费用标准支付住院病人每日的费用，按预算规定的每次费用标准支付门诊病人的费用。同一医院所有病人的每日住院费用或每次门诊费用支付都是相同的、固定的，与每个病人每日或每次治疗的实际花费无关。西欧各国广泛采用这种办法，但各国的费用标准与计算方法不尽相同。

定额付费方式的优势是能鼓励医生降低每住院床日成本和每门诊人次成本，提高工作效率。该方式的缺陷是医院可能通过诱导需求和分解服务人次以及延长住院时间来增加收入；医疗机构还可能出现拒收危重病人，降低服务水平等现象。

实际上，社会医疗保险费用的支付方式远不止以上几种，这些支付方式各有利弊，在费用控制、服务质量以及管理要求方面会产生不同的效应，如表7-1所示。

表7-1　**不同医疗保险费用支付方式效应比较**

支付方式	费用控制	服务质量	管理
按服务项目付费	很差	很好	非常难管理
按人头付费	非常好	较好	非常容易管理
按病种付费	好	较好	难管理
总额预算制	非常好	较好	容易管理
定额付费	较好	差	很容易管理

资料来源：孙光德，董克用．社会保障概论（第三版）[M]．北京：中国人民大学出版社，2008.

因此，国际上社会医疗保险支付方式的发展趋势之一，就是从单一支付方式向多元化混合支付方式发展。发展趋势之二是"预付制"代替"后付制"、"预付制"与"后付制"有机结合，在支付方式中增加预期性成分，将经济风险转移给医疗机构，能控制医疗费用的不合理增长。

第三节 中国社会医疗保险制度及其改革发展

中国的社会医疗保险制度包括"城镇职工基本医疗保险制度"、"城镇居民医疗保险制度"、"农村新型合作医疗制度""城乡居民大病医疗保险"以及民政系统建立的"医疗救助制度"五大制度。这五大制度的建立、健全和完善，为实现"保障基本，广泛覆盖"，人人享有基本医疗保障的目标构建了一个基本框架。

一、城镇职工医疗保险制度

（一）城镇职工医疗保险制度改革历程

中华人民共和国成立初期建立的公费医疗（机关事业单位人员）制度和劳保医疗（企业职工）制度，对于保障职工身体健康、促进经济发展和维护社会稳定发挥过重要作用。随着经济体制的转轨，传统医疗保险制度的缺陷日益明显，主要表现在：一是缺乏有效的费用控制机制，致使公费医疗和劳保医疗费用开支均大大超过国内生产总值的增长速度，无论是财政还是企业均不堪重负；二是在医疗费用过快增长的同时，全社会医疗资源却浪费惊人、配置无序，医疗服务行为发生偏差；三是随着国有企业改革的深入，原来由企业包揽的劳保医疗制度已经发生了很大变化，部分职工有因此而面临失去医疗保障的可能；四是随着多种经济成分的发展，越来越多外资企业的中方雇员和私营企业的从业人员及其他各类非公有经济成分中的劳动者得不到基本的医疗保障，不利于体现社会公平。①

从20世纪80年代开始，针对现行医疗保险制度暴露出的问题，各地开始了改革探索。从改革的历程看，大致可分为以下三个阶段：

1. 初步改革阶段（1988—1994年）

① 郭士征．社会保障学［M］．上海：上海财经大学出版社，2004.

1988年国家提出医疗社会保险制度改革的方向是逐步建立医疗社会保险费用由国家、单位、个人三方合理负担的职工医疗社会保险制度。1989年国家决定在辽宁省丹东市、吉林省四平市、湖北省黄石市、湖南省株洲市开始试行大病医疗费用社会统筹（即大病统筹）的试点。1989年以后随着对传统医疗保险制度改革的深化，许多地区陆续推行了离退休人员的医疗费用社会统筹，并且统筹的覆盖面在不断扩大，到1995年全国已有314个市县的42.4万名离退休人员实行了医疗费用的社会统筹。大病医疗费用社会统筹及离退休人员医疗费用社会统筹两项改革相对于传统的医疗保险制度来说，已是由企业保险向社会保险迈进了一大步，突出体现了医疗保险作为社会保险的互助互济功能，这在一定程度上减轻了许多中小企业和困难企业的医疗风险压力，但是这些改革依然没能从根本上改变企业保险的状况，同时由于只是改革的初期阶段，对于许多工作尚缺乏经验和统一的标准，在实际操作中也遇到一定的困难。

2. 探索阶段（1994—1998年）

1994年4月，国家体改委、财政部、劳动部、卫生部联合颁布了《关于职工医疗制度改革的试点意见》，确定在江苏省镇江市和江西省九江市（以下简称“两江”）按照社会统筹与个人账户相结合的模式进行职工医疗保险制度改革试点。这是由企业保险向社会保险的彻底转化，从而使传统的公费劳保医疗制度彻底退出历史舞台，并为在全国建立新型城镇医疗保险体制奠定了基础。1996年年初，国务院在总结“两江”医疗保险改革试点经验的基础上，扩大试点范围，并决定在每个省、自治区选择两个大中城市进行医疗保险制度改革试点，以加快医疗保险改革的步伐。由于各地的改革方式与内容不尽相同，形成了各具特色的改革模式，如以“两江”为代表的“三段通道”模式，以海南、深圳为代表的“板块”模式，以青岛、烟台为代表的“三金”模式。

3. 全面推进阶段（1998年至今）

1998年12月，国务院颁布了《关于建立城镇职工基本医疗保险制度的决定》，标志着我国城镇职工医疗保险制度改革进入一个崭新的阶段。该决定明确规定在全国范围内进行城镇职工医疗保险制度改革，城镇所有用人单位，包括企业（国有企业、集体企业、外商投资企业、私营企业等）以及机关、事业单位、社会团体、民办非企业单位及其职工，均应参加基本医疗保险。至此，我国传统的公费和劳保医疗制度完全被新型的职工基本医疗保险制度所替代。2003年5月，劳动和社会保障部出台《关于城镇职工灵活就业人员参加医疗保险的指导意见》，并于次年 5 月又出台《关于推进混合所有制企业和非公有制经济组织从业人员参加医疗保险的意见》，将灵活就业人员、混合所有制企业、非公有制经济组织从业人员和农村进城务工人员纳入医疗保险范围。2006 年 5 月，劳动和社会保障部发布《关于开展农民工参加医疗保险专项扩面行动的通知》，全面推进了农民工参加医疗保险的工作。

（二）城镇职工基本医疗保险制度基本框架

城镇职工基本医疗保险是为补偿劳动者因疾病风险遭受经济损失而建立的一项社会保险制度。通过用人单位和个人缴费，建立医疗保险基金，参保人员患病就诊发生医疗费用后，由医疗保险经办机构给予一定的经济补偿，以避免或减轻劳动者因患病、治疗等所承受的经济风险。

1. 基本原则

城镇职工医疗保险制度改革的基本原则可概括为“基本水平、广泛覆盖、双方负担、统账结合”。即基本医疗保险的水平要与社会主义初级阶段的生产力发展水平相适应；城镇所有用人单位及其职工都要参加基本医疗保险，实行属地管理；基本医疗保险费由用人单位和职工双方共同负担；基本医疗保险基金实行社会统筹和个人账户相结合的模式。

2. 覆盖范围

城镇所有用人单位，包括企业（国有企业、集体企业、外商投资企业、私营企业等）、机关、事业单位、社会团体、民办非企业单位，都要参加基本医疗保险。乡镇企业及其职工、城镇个体经济组织业主及其从业人员是否参加基本医疗保险，由各省、自治区、直辖市人民政府决定。

3. 缴费办法

基本医疗保险费由用人单位和职工共同缴纳。用人单位缴费率应控制在职工工资总额的 6%左右，职工缴费率一般为本人工资收入的 2%，退休人员个人不缴纳基本医疗保险费。随着经济的发展，用人单位和职工的缴费率可做相应调整。

4. 统筹基金和个人账户

基本医疗保险基金由统筹基金和个人账户构成。基本医疗保险“统账结合”运作机理如图 7-2 所示。职工个人缴纳的基本医疗保险费全部计入个人账户。用人单位缴纳的基本医疗保险费分为两个部分：一部分用于建立统筹基金，另一部分划入个人账户。划入个人账户的比例一般为用人单位缴费的

30%左右，具体比例由统筹地区根据个人账户的支付范围和职工年龄等因素确定，对退休人员个人账户的计入金额和个人负担医疗费的比例给予适当照顾。

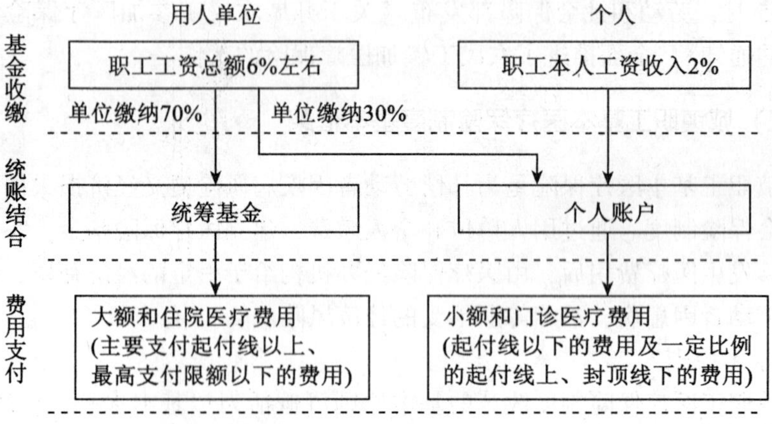

图 7-2　基本医疗保险“统账结合”运作机理

5. 统筹基金的起付标准和最高支付限额

统筹基金的起付标准原则上控制在当地职工年平均工资的10%左右，最高支付限额原则上控制在当地职工年平均工资的4倍左右。统筹基金起付标准以下的医疗费用，从个人账户中支付或由个人自付；统筹基金起付标准以上、最高支付限额以下的医疗费用，主要从统筹基金中支付，个人也要负担一定比例。

6. 基金的管理

基本医疗保险基金纳入财政专户管理，专款专用，不得挤占挪用。社会保险经办机构负责基本医疗保险基金的筹集、管理和支付，并建立健全预决算制度、财务会计制度和内部审计制度。社会保险经办机构的事业经费不能从基金中提取，由各级财政预算解决。

7. 医疗服务的管理

劳动保障部会同卫生部、财政部等有关部门制定基本医疗服务的范围、标准和医药费用结算办法，制定国家基本医疗保险药品目录、诊疗项目、医疗服务设施标准及相应的管理办法。各省、自治区、直辖市劳动保障行政管理部门根据国家规定，会同有关部门制定本地区相应的实施标准和办法。

8. 特殊群体的医疗待遇

离休人员、老红军、二等乙级以上革命伤残军人的医疗待遇不变，医疗费用通过原资金渠道解决。退休人员参加基本医疗保险，个人不缴纳基本医疗保险费。国家公务员在参加基本医疗保险的基础上，享受医疗补助政策。

二、农村合作医疗保险制度

（一）农村合作医疗保险制度发展历程

1. 传统的农村合作医疗制度

我国农村合作医疗制度始建于20世纪60年代中期，“把医疗卫生的重点放到农村去”、“全民防疫”、“血防”乃至消灭传染性疾病是被当做一项爱国政治运动来落实的。20世纪70年代，农村合作医疗的覆盖率达到全国行政村的90%，合作医疗与农村保健站（卫生室）以及“赤脚医生”一起成为解决我国农村缺医少药问题的三件法宝，政府对药品生产和销售的严格控制，使得质量可靠而价格低廉的药品供给成为可能。当时，中国农村集预防、医疗保健于一身的三级（县、乡、村）医疗卫生服务网络已初步形成。被世界卫生组织誉为“发展中国家解决卫生经费的经典范例”。20世纪80年代，因“家庭联产承包制”的推行，合作医疗随着其依附的集体经济的“空壳化”迅速解体。1985年，农村合作医疗覆盖率降至5%，农民又重新回到了自费医疗的状态。后虽经政府几度号召，农村合作医疗的恢复与重建工作收效仍不明显，农民的健康保障问题仍然突出。

2. 新型农村合作医疗制度

2002年10月，中共中央、国务院颁发了《关于进一步加强农村卫生工作的决定》，重新开启了农村合作医疗制度的建设工作。2003年国务院办公厅转发了卫生部、财政部、农业部《关于建立农村新型合作医疗制度意见的通知》，进一步明确了目标原则、组织管理、筹资标准、资金管理、医疗服务管理等基本政策。自此，我国农村合作医疗的发展进入了一个新的时期。

我国新型农村合作医疗制度自2003年开始在全国部分县（市）试点以来取得了显著成效。截至2013年年底，全国有2489个县（区、市）开展了新型农村合作医疗，参合人口数达8.02亿人，参合率为98.7%。2013年度筹资总额达2 972.5亿元，人均筹资370.6元。全国新农合基金支出2 909.2亿元；补偿支出受益19.42亿人次，其中：住院补偿0.93亿人次，普通门诊补偿

15.2 亿人次。①

（二）新型农村合作医疗保险制度的主要内容

新型农村合作医疗，简称“新农合”，是指由政府组织、引导、支持，农民自愿参加，个人、集体和政府多方筹资，以大病统筹为主的农民医疗互助共济制度。其具有以下几个特点：

（1）实行个人缴费、集体扶持和政府资助相结合的筹资机制。个人缴费水平、政府财政资助水平以及集体经济的扶持力度，根据不同地区的经济条件由地方政府决定。目前，中央财政对参合农民每人每年资助 60 元。参合农民个人缴费数额，原则上每人每年不低于 10 元，经济发达地区可在农民自愿的基础上，根据农民收入水平及实际需要相应提高缴费标准。

（2）以“补大”为主，与“补小”结合。农村合作医疗基金主要补助参加新型农村合作医疗农民的大额医疗费用或住院医疗费用。有条件的地方，可实行大额医疗费用补助与小额医疗费用补助相结合的办法。

（3）实行县（市）级统筹。新型农村合作医疗制度一般以县（市）为单位进行统筹。县级人民政府成立由有关部门和参加合作医疗的农民代表组成的农村合作医疗管理委员会。

（4）新型农村合作医疗基金专款专用。新型农村合作医疗基金专户储存，专款专用，严格实行基金封闭运行。农村合作医疗经办机构定期向农村合作医疗管理委员会汇报合作医疗基金的收支、使用情况，保证参加合作医疗农民的参与、知情和监督的权利。

三、城镇居民医疗保险制度

2007 年 7 月，国务院发布了《关于开展城镇居民基本医疗保险试点的指导意见》（国发〔2007〕20 号），提出 2007 年在有条件的省份选择两至三个城市启动试点，2008 年扩大试点，争取 2009 年试点城市达到 80%以上，2010 年在全国全面推开，逐步覆盖全体城镇非从业居民。2010 年 6 月国务院对其中几项政策进行调整，主要是提高政府补助金额和居民待遇水平。目前，全国

① 国家卫生和计划生育委员会．2013 年我国卫生和计划生育事业发展统计公报[EB/OL]．http://www.nhfpc.gov.cn/guihuaxxs/s10742/201405/886f82dafa344c3097f1d16581a1bea2.shtml，2014-05-30.

城镇居民基本医疗保险参保人数近 3 亿人。城镇居民医疗保险制度的主要内容包括：

1. 参保范围

不属于城镇职工基本医疗保险制度覆盖范围的中小学阶段的学生（包括职业高中、中专、技校学生）、少年儿童和其他非从业城镇居民都可自愿参加城镇居民基本医疗保险。

2. 筹资水平

试点城市应根据当地的经济发展水平以及成年人和未成年人等不同人群的基本医疗消费需求，并考虑当地居民家庭和财政的负担能力，恰当确定筹资水平；探索建立筹资水平、缴费年限和待遇水平相挂钩的机制。

3. 缴费和补助

城镇居民基本医疗保险以家庭缴费为主，政府给予适当补助。对试点城市的参保居民，政府每年按不低于人均 60 元的标准给予补助。在此基础上，对属于低保对象的或重度残疾的学生和儿童参保所需的家庭缴费部分，政府原则上每年再按不低于人均 10 元的标准给予补助。对其他低保对象、丧失劳动能力的重度残疾人、低收入家庭 60 周岁以上的老年人等困难居民参保所需家庭缴费部分，政府每年再按不低于人均 60 元的标准给予补助。

4. 费用支付

城镇居民基本医疗保险基金重点用于参保居民的住院和门诊大病医疗支出，有条件的地区可以逐步试行门诊医疗费用统筹。

5. 组织和服务管理

对城镇居民基本医疗保险的组织和医疗服务管理，原则上参照城镇职工基本医疗保险的有关规定执行。

6. 基金管理

城镇居民基本医疗保险基金纳入社会保障基金财政专户统一管理，单独列账。

7. 充分发挥城市社区服务组织等的作用

整合、提升、拓宽城市社区服务组织的功能，加强社区服务平台建设，做好基本医疗保险管理服务工作。大力发展社区卫生服务，将符合条件的社区卫生服务机构纳入医疗保险定点范围；对参保居民到社区卫生服务机构就医发生的医疗费用，适当提高医疗保险基金的支付比例。

四、城乡居民大病保险制度

城乡居民大病保险是在基本医疗保障的基础上，对大病患者发生的高额医疗费用给予进一步保障的一项制度性安排，是基本医疗保障制度的拓展和延伸，是对基本医疗保障的有益补充。为进一步完善城乡居民医疗保障制度，健全多层次医疗保障体系，有效提高重特大疾病保障水平，2012 年 8 月国家发展改革委等六部门联合出台了《关于开展城乡居民大病保险工作的指导意见》(发改社会〔2012〕2605 号)。截至 2013 年年底，25 个省份制定了城乡居民大病保险试点实施方案，确定了 134 个试点城市。2014 年在全国全面推开城乡居民大病保险试点工作。

1. 保障对象和范围

大病保险的保障对象包括城镇居民医保和新农合的参保人，其保障范围与城镇居民医保、新农合相衔接。城镇居民医保、新农合按政策规定提供基本医疗保障。在此基础上，大病保险主要在参保人患大病发生高额医疗费用的情况下，对城镇居民医保、新农合补偿后需个人负担的合规医疗费用给予保障。高额医疗费用可以个人年度累计负担的合规医疗费用超过当地统计部门公布的上一年度城镇居民年人均可支配收入、农村居民年人均纯收入为判定标准。

2. 保障水平

以力争避免城乡居民发生家庭灾难性医疗支出为目标，合理确定大病保险补偿政策，实际支付比例不低于 50%；按医疗费用高低分段制定支付比例，原则上医疗费用越高支付比例越高。

3. 资金来源

从城镇居民医保基金、新农合基金中划出一定比例或额度作为大病保险资金。城镇居民医保和新农合基金有结余的地区，利用结余筹集大病保险资金；结余不足或没有结余的地区，在城镇居民医保、新农合年度提高筹资时统筹解决资金来源，逐步完善城镇居民医保、新农合多渠道筹资机制。

4. 承办方式

城乡居民大病保险采取向商业保险机构购买大病保险的方式。地方政府卫生、人力资源社会保障、财政、发展改革部门制定大病保险的筹资、报销范围、最低补偿比例，以及就医、结算管理等基本政策要求，并通过政府招标选定承办大病保险的商业保险机构。招标主要包括具体补偿比例、盈亏率、配备的承办和管理力量等内容。符合基本准入条件的商业保险机构自愿参加投标，中标后以保险合同形式承办大病保险，承担经营风险，自负盈亏。商业保险机构承办大病保险的保费收入，按现行规定免征营业税。

五、城乡医疗救助制度

我国城乡医疗救助制度是指通过政府拨款和社会捐助等多渠道筹资建立基金，对患大病的农村五保户和贫困农民家庭、城市居民最低生活保障对象中未参加城镇职工基本医疗保险的人员、已参加城镇职工基本医疗保险但个人负担仍然较重的人员以及其他特殊困难群众给予医疗费用补助（农村医疗救助也可以资助救助对象参加当地新型农村合作医疗）的救助制度。

为了进一步完善城乡医疗救助制度，保障城乡困难群众能够享受到基本医疗卫生服务，2009 年 6 月民政部、财政部、卫生部、人力资源和社会保障部联合颁布了《关于进一步完善城乡医疗救助制度的意见》（民发〔2009〕81 号）。该意见明确提出用三年左右时间，在全国基本建立起资金来源稳定，管理运行规范，救助效果明显，能够为困难群众提供方便、快捷服务的医疗救助制度。其主要内容包括：

1. 救助范围

在将城乡低保家庭成员和五保户纳入医疗救助范围的基础上，逐步将其他经济困难家庭人员纳入医疗救助范围。其他经济困难家庭人员主要包括低收入家庭重病患者以及当地政府规定的其他特殊困难人员。具体救助对象界定标准，由地方政府根据本地经济条件和医疗救助基金筹集情况、困难群众的支付能力以及基本医疗需求等因素制定。

2. 救助方式

对城乡低保家庭成员、五保户和其他经济困难家庭人员，资助其参加城镇居民基本医疗保险或新型农村合作医疗并对其难以负担的基本医疗自付费用给予补助。

3. 救助服务内容

根据救助对象的不同医疗需求，开展医疗救助服务。坚持以住院救助为主，同时兼顾门诊救助。住院救助主要用于帮助解决因病住院救助对象个人负担的医疗费用；门诊救助主要帮助解决符合条件的救助对象患有常见病、慢性病、需要长期药物维持治疗以及急诊、急救的个人负担的医疗费用。

4. 补助方案

各地根据当年医疗救助基金总量，科学制定医疗救助补助方案。逐步降低或取消医疗救助的起付线，合理设置封顶线，进一步提高救助对象经相关基本医疗保障制度补偿后需自付的基本医疗费用的救助比例。

☞本章小结

医疗保障体系包括国家提供的社会医疗保险、企业或单位提供的补充医疗保险、个人投保的商业医疗保险三个层次，其中社会医疗保险在整个医疗保障体系中居主体地位。

经过一个多世纪的发展，许多国家已形成了有自己特色的医疗保障模式。目前，世界上共有四种主要的医疗保障模式：全民医疗保障模式、社会医疗保障模式、商业医疗保障模式和储蓄医疗保障模式。

社会医疗保险系统由医疗保险机构、被保险人、医疗服务提供者组成，这三方之间及其与政府之间的相互作用形成医疗保险系统运作的动力。

医疗保险基金筹资方式包括按工资的一定比例缴纳保险费；按个人总收入的一定比例缴纳保险费；按固定金额缴纳保险费；按一定的地理区域缴纳不同级别的保险费等。医疗保险费用支付方式按不同的支付对象，可分为对医疗服务需方的支付和对医疗服务供方的支付。常见的需方支付方式主要有起付线、共同付费、定额自付和封顶线等。医疗服务供方支付方式按费用发生和支付时间先后，可分为后付制和预付制。按服务项目付费是最典型的后付制，预付制包括按人头付费、按病种付费、总额预算制、定额付费等。

中国的医疗保险制度包括“城镇职工基本医疗保险制度”、“城镇居民医疗保险制度”、“农村新型合作医疗制度”、“城乡居民大病医疗保险”以及民政系统建立的“医疗救助制度”。这五大制度的建立、健全和完善，为实现“保障基本，广泛覆盖”，人人享有基本医疗保障的目标构建了一个基本框架。

☞关键术语

医疗保障　社会医疗保险　补充医疗保险　商业医疗保险

全民医疗保障模式　　社会医疗保障模式　　商业医疗保障模式
储蓄医疗保障模式　　社会医疗保险系统
医疗保险基金筹资方式　　医疗保险费用支付方式

☞思考题

1. 简述医疗保险系统构成及运作机理。

2. 当前国际医疗保险改革的主要趋势是什么?

3. 运用医疗保险相关知识，分析我国医疗保险改革的现状与问题。

4. 如何才能实现我国医疗保险制度各个模块的有序衔接?

☞案例分析

医保报销何时能够“全国通”

2015年2月，国家卫生计生委与财政部联合发文，将依托国家新农合信息平台，试点跨省就医即时结报，并建立全国跨省就医费用核查工作机制，争取用3年左右时间，基本实现新农合异地就医费用的核算和结算。

异地打工的人越来越多

在我国经济快速发展的今天，人们对工作单位的概念逐渐淡漠，对于无固定工作单位的打工一族来说，他们不知自己在这个城市能够待多久，也不知道下一个生活的地方是什么城市，更不知道他们将在哪里退休、哪里养老。而目前我国的医疗保险跨省结转是一个相当麻烦的事情。这就造成打工一族中很多人中断购买医疗保险。即使一些人选择在原籍购买医疗保险，结果又无法享受工作地的政府补助，一些企业也借此不为打工者购买保险。这造成一种社会不公。

周围老人们都等着异地报销那一天

随着家庭经济条件的改善，人们对养老地的选取并不限于工作地或籍贯所在地。事实上，老年人“夏天到北方去、冬天到南方去”这种“夏北冬南”式的生活方式正在逐渐形成。他们都迫切希望医疗保险能够全国联网结算计费。随着我国人口老龄化社会的到来，加之独生子女政策的后效应开始显现，这一需求必然会越来越大。

现在，在深圳生活的人口大约为 1 800 万。年轻人那么多，他们中的很多人，家里的老人已经搬来深圳和独生子女一起住。比如，一对哈尔滨的老两口到深圳来跟子女一起住，那么，他们如果生病，他们的医保卡在深圳的医院里刷完结不了账，而是要先拿现金交。然后在后面这一年里，还要在夏天，回到哈尔滨去跟原来单位申请报销。如果单位效益不好，还要再等半年。这种现象现在在北京和上海也很普遍。

资料来源：医保报销何时能够“全国通”［N］. 北京青年报，2015-3-12

◎ **分析与思考**

1. 目前我国异地就医报销的难点在哪里？
2. 解决目前我国医疗保险跨省报销的方法有哪些？

第8章 就业保障

本章学习要点

- 失业、失业率、城镇登记失业率
- 失业保险制度的功能与类型
- 享受失业保险待遇的资格条件与给付期限
- 失业保险基金的筹集方式
- 中国失业保险制度的主要问题与改革思路

第一节 就业保障概述

一、失业及失业保障

（一）失业与失业率

失业是指处于劳动年龄且有劳动能力的人，虽有劳动意愿但因社会各种原因而没有从事有报酬劳动的状况。国际劳工组织将“失业”定义为：一定年龄范围的劳动人口，同时满足下述三个条件的视为失业：（1）本人无工作，没有从事有报酬的职业或自营职业；（2）本人当前具有劳动能力，可以工作；（3）本人正在采取各种方式寻找工作。我国劳动保障部门对“失业”一词的界定是：失业是指劳动者在有劳动能力并确实在寻找工作的情况下不能得到适当职业而失去收入的状态。从上述对“失业”的两种界定中可以看出，失业是指处于法定劳动年龄阶段，并且有就业意愿与劳动能力的人，由于社会的各种因素所致，尚处于没有就业状态或被解雇后没有实现重新就业的一种社会现象。

失业率是反映一个国家或地区失业状况的主要指标，国际上通常以失业人数与在业人数和失业人数之和的比例反映失业率，即：

$$失业率=\frac{失业人数}{在业人数+失业人数}\times 100\%$$

我国目前使用的城镇登记失业率是指城镇登记失业人数同城镇在业人数与城镇登记失业人数之和的比例，即：

$$城镇登记失业率=\frac{城镇登记失业人数}{城镇在业人数+城镇登记失业人数}\times 100\%$$

在社会高度组织化与劳动社会化的环境中，劳动者一旦失业，便意味着失去了自己乃至整个家庭的生活来源，同时也失去了参与社会经济生活、获得社会归属感的机会。一个国家或地区失业群体规模过大，会威胁社会的安全稳定和经济的健康发展，因此，世界各国都十分关注失业问题。

与“失业”相对应的便是“就业”，就业是指有劳动能力并处在法定劳动年龄阶段的人，从事某一岗位的工作或合法的社会经济活动以获取劳动报酬或经营收入的一种活动。根据这一定义，就业需要具备三个条件：一是从事劳动的人必须处在法定劳动年龄阶段，且有劳动能力；二是从事的劳动必须是法律允许、社会承认的劳动；三是从事的劳动必须是有报酬或收入的劳动，义务劳动不能属于就业范畴。国际劳工组织认为，就业是指一定年龄阶段内的人们所从事的为获取报酬或为赚取利润所进行的活动。

关于劳动年龄的范围，各国规定不尽相同，有的只规定其下限，有的规定上下限。在劳动年龄上限的规定方面，有的对男性与女性分别规定了不同的劳动年龄，有的则不加区分。详见表 8-1。中国规定劳动年龄的下限为：男性及女性均为 16 岁；上限男性为 60 岁，女性体力劳动者为 50 岁，脑力劳动者为 55 岁。该年龄段内丧失劳动能力，或正在上学、服役的人口不属劳动适龄人口。根据以上界定，那些虽处在法定劳动年龄，但正在学校读书，在军队服役的人口不能视之为失业；没有就业意愿的无业者也不属于失业范畴。

表 8-1 世界部分国家和地区的法定退休年龄

男女退休年龄相同的国家和地区	法定退休年龄		男女退休年龄不同的国家和地区	法定退休年龄	
	男	女		男	女
中国香港	65	65	中国	60	55
韩国	60	60	中国台湾	60	55
日本	65	65	以色列	65	60
印度	55	55	俄罗斯	60	55
法国	60	60	罗马利亚	65	60
德国	65	65	保加利亚	61.5	56.5
美国	65	65	意大利	65	60
丹麦	67	67	英国	65	60
匈牙利	62	62	澳大利亚	65	62.5
墨西哥	65	65	巴西	65	60
埃及	60	60	古巴	60	55

数据来源：刘峥、潘锦棠：国家各国退休年龄现状分析比较［J］．甘肃社会科学，2005（5）：93-98.

（二）失业的原因

造成失业的原因是多方面的，在不同国家或一个国家的不同时期里，造成劳动者失业的因素并不完全相同。国际上一般将失业原因分为如下几类：

（1）摩擦性失业，即由求职的劳动者与社会可提供的岗位之间存在着时间上的差异导致的失业，如新生劳动力找不到工作，工人想转换工作岗位时出现的工作中断等。

（2）季节性失业，即某些行业生产条件或产品受气候条件、社会风俗或购买习惯的影响，使生产对劳动力的需求出现季节性变化而导致的失业，如空调、冷饮生产企业在冬季因减产而解雇部分工人。

（3）技术性失业，即企业因使用新机器设备和材料，采用新的生产工艺和新的生产管理方式，使得一部分劳动者因无法适应而导致的失业。

（4）结构性失业，即经济、产业结构的变化以及生产形式、规模的变化，促使劳动力结构进行相应调整而导致的失业。

（5）周期性失业，即市场经济国家由经济的周期性萎缩导致的失业。

从我国目前的情况分析，造成失业的原因主要有以下几个方面：

一是劳动力供大于求。我国是世界第一人口大国，根据国家统计局2014年2月24日发布的《中华人民共和国2013年国民经济和社会发展统计公报》，2013年末我国总人口为136 072万人，全年出生人口1 640万人，出生率为12.08‰；死亡人口972万人，死亡率为7.16‰；自然增长率为4.92‰。人口的持续增长意味着每年都有大批劳动适龄人口需要实现就业。尽管我国每年的就业人数都在增加，2013年全国就业人员为76 977万，比上年末增加273万人，其中，城镇就业人员38 240万人，比上年末增加1 138万人。从2009年至2013年，尽管我国城镇新增就业人数从1 102万增至1 310万，但每年需要安排的就业人数高达2 500万人，其中超过一半是青年就业者。在青年就业者中，约700万是高校毕业生。另外，每年还有900万到1 000万农村富余劳动力的转移就业。我国又是一个发展中国家，经济发展水平相对较低，其他经济资源相对短缺，制约了劳动力资源的开发利用。从发展趋势看，农村剩余劳动力有相当一部分将要转移到城镇之中，更加重了城镇就业的压力。另外，随着企业事业单位改革的不断深化，历史上形成的富余人员问题将要逐步得到解决，多年来积淀的大量冗员进入社会竞争就业岗位将成为必然趋势。可以说，劳动力供大于求的矛盾将在一个相当长的时期存在。二是我国近几年的经济增长速度放缓，这会导致新增的就业岗位有所减少；经济结构正面临着转型升级，与之相适应，劳动力结构必然要进行相应调整，从而不可避免地会造成部分人员失业，这种结构性失业的状况增加了失业压力。三是伴随着科技进步和劳动生产率的提高，一些领域特别是第一产业、第二产业的传统部门，不仅不能扩大就业容量，反而会减少用人，分流部分劳动力，致使失业人员数量增加。四是由于许多失业人员技能单一，文化素质水平不高，难以适应用人单位的需要，加上择业观念陈旧，加大了实现再就业的难度。五是我国的二元社会经济结构对劳动力流动和合理配置也有着明显的制约作用。

表8-2反映了我国2006—2012年的就业情况。

表 8-2　**2006—2012 年我国就业情况**　单位：万人、%

年份	就业人数	城镇就业人数	城镇登记失业人数	城镇登记失业率
2006	74 978	29 630	847	4.1
2007	75 321	30 953	830	4.0
2008	75 564	32 103	886	4.2
2009	75 828	33 322	921	4.3
2010	76 105	34 687	908	4.1
2011	76 420	35 914	922	4.1
2012	76 704	37 102	917	4.1

数据来源：《中国统计年鉴》2007—2013，http：//www. stats. gov. cn/tjsj/ndsj/.

（三）失业保障及其制度

从社会的层面上讲，就业也可以理解为劳动力要素和生产资料要素结合的状态，它是通过劳动过程中的人和物结合形成社会生产力，为社会创造财富。但这并不仅仅取决于劳动者个人，而是受各种社会因素的影响，如经济发展周期和政府政策等。对于广大劳动者而言，一旦失业便意味着失去了生活来源，因此，社会有必要提供满足劳动者及其家庭基本生活需求的费用，并为其提供再次就业的机会，这便是失业保障。失业保障具有保障基本生活和促进再就业的功能。

二、失业保险制度的类型

失业保险是指国家通过立法强制建立失业保险基金，对非因本人原因失去工作、中断收入的劳动者，提供限定时期的物质帮助以及再就业服务的一项社会制度。它是社会保障体系的重要组成部分，是社会保险的主要项目之一。综观世界各国的失业保险制度，大体上可分为以下三种类型：

1. 强制性失业保险制度

强制性失业保险制度是目前采用最多的一种失业保障模式，一般由国家立法强制实施，由政府直接管理或委托一个机构负责管理，凡属失业保险法覆盖范围的用工单位及劳动者都必须依法参加，雇主和个人没有选择的权利。

2. 非强制性失业保险制度

在这一制度下，劳动者可自愿选择是否参加失业保险，失业保险一般由工会组织建立，政府提供大量资金，失业保险的管理一般由失业基金会负责。

3. 失业救济制度

失业救济也是失业保险的一项制度，具体方式包括：（1）由政府或雇主支付一次性失业救济或一次性解雇费；（2）对不具备享受失业保险条件的失业者提供标准较低的失业救济；（3）不具备领取失业保险金（失业津贴）条件的失业者可以申请失业救济，但要接受家庭经济状况调查，符合条件者才可以领取。有的国家还规定，失业者在领取失业救济金或等待正式就业期间，必须参加一些公益性劳动。

以上述三种模式为基础，又可以派生出三种模式，一是非强制性失业保险制度与失业救济制度并行；二是强制性失业保险制度与失业救济制度并行；三是强制性失业保险制度与非强制性失业保险制度相结合。

劳动者失业期间，国家和社会有必要为其提供再就业服务。再就业服务是指国家和社会帮助失业者学习职业知识和实用技能，增强他们的就业能力和劳动能力，并对就业困难者直接提供就业机会，以帮助失业者重新实现就业。

三、失业保险制度的建立与发展

劳动者一旦失业，会给本人的物质与精神生活带来负面影响，甚至会拖累家庭。而大量失业的存在，还会影响一国的经济发展和社会的稳定。因此，世界各国都非常关注失业问题，西方工业化国家更是将失业率和经济增长率、通货膨胀率、国际收支平衡作为监控宏观经济运行的四个主要指标。我国也从1996年起将失业率作为国民经济和社会发展计划的主要宏观调控指标之一。失业保险就是一国政府为缓解失业压力，维护社会稳定、促进社会就业而实施的一项重要的社会政策。

失业保险起源于欧洲，最早实施的国家是法国，法国于1905年就建立了失业保险，挪威、丹麦也分别在1906年、1907年分别建立了失业保险制度。当时这几个国家实行的都是非强制性失业保险制度。最早实施强制性失业保险制度的国家是英国，1911年英国颁布《失业保险法》，实行强制性失业保险，并最终发展成为世界失业保险的主流。目前，世界上已有70多个国家和地区建立了失业保险制度，其中绝大多数国家和地区实行的是强制性失业保险。

与社会保险的其他项目相比，失业保险制度的建立和发展进程相对缓慢，1995 年，建立失业保险制度的国家和地区有 61 个，主要是中高收入国家，而建立了老年社会保险制度的国家有 158 个，其中，人均收入不足 700 美元的 48 个国家只有 13%建立了失业保险制度；人均收入为 700～3 000美元的 52 个国家和地区，有 35%建立了失业保险制度；而人均收入为3 000～5 000美元的 25 个国家和地区，有 52%建立了失业保险制度。由此可见，失业保险制度与经济发展水平密切相关。

在失业保险制度的发展过程中，国际劳工组织发挥了积极的作用。国际劳工组织制定的有关失业保险的公约和建议书主要有：1934 年《失业津贴公约》和《失业补贴建议书》；1952 年《社会保障最低标准公约》、1988 年《促进就业和失业保护建议书》等。这些公约和建议书为各国制定失业保险政策提供了基本原则和指导性意见。

除国际劳工组织外，联合国制定的许多国际条约中也涉及失业保险方面的内容，如第三次联合国大会通过的《世界人权宣言》第 23 条第 1 款规定：人人有权工作，自由选择职业，享受公平优裕的工作条件及失业的保障。

2007—2009 年，世界经济笼罩在由美国次贷危机所引发的金融危机阴影之下，西方各国失业率大幅攀升，2009 年上半年，美国的失业率已攀升到 9. 5%，英国、法国的失业率也升至 7. 9%和 9. 5%，冰岛的失业率达到 8. 6%，创下 1997 年以来失业人数的最高纪录，其他国家也受到程度不同的影响。居高不下的失业率严重影响经济的复苏，同时也凸显出建立和完善失业保险制度的必要性。

第二节 失业保险制度的基本框架

一、失业保险的覆盖范围

失业保险理应覆盖社会经济活动中的所有劳动者。但失业保险制度建立之初，世界各国基本上先将职业相对稳定的工薪阶层纳入其中，而把职业不稳定的季节工、临时工、家庭雇工、农业工人以及职业相当稳定的公务员和自由职业者排除在外。随着社会经济的发展，再逐步将上述社会群体纳入失业保险覆盖范围之内。目前，一些国家和地区失业保险覆盖范围已扩大到几乎所有的劳动者。但不同的劳动者所对应的失业保险模式并不一样。

二、享受失业保险制度的资格条件

享受失业保险待遇并不是无条件的，参加失业保险的劳动者必须符合规定的条件并履行一定义务后，方可享受失业保险待遇。虽然各国对失业保险的享受资格规定并不完全相同，但是一般要具备以下条件：

1. 失业者必须是非自愿失业

所谓“非自愿失业”，是指社会的、自然的等非失业者个人所能左右的因素造成的失业（如企业破产、经济原因引起的裁员、自然灾害等外在因素），在这种情形下，国家和社会有责任帮助他们渡过难关，为他们提供失业保险。而自愿性失业的责任全在于失业者本人，这种失业带来的后果理应由个人负责，国家和社会没有义务为他们提供失业保险。

2. 失业者必须处于法定劳动年龄并具备工作能力

劳动年龄的界限各国略有不同，世界银行建议规定为15~64岁；我国规定的劳动年龄界限为男16~60岁，女16~55岁。未达到劳动就业年龄的人不存在就业问题，因此也谈不上失业问题。超过法定劳动年龄的退休者，享受退休待遇，不再是就业者，当然也不存在失业和享受失业保险权利的问题。

3. 有就业愿望

在我国，失业者失业后，除必须到政府指定的劳动就业服务机构登记外，还应表示愿意或接受政府指定机构所提供的职业培训和就业指导，才有权享受失业社会保险待遇。

4. 依照法规或章程履行被保险人义务

与其他社会保险制度一样，失业保险制度也应贯彻权利与义务对等的原则。一是失业者失业前通常要缴足一定期限的保险费，大多数国家规定，领取失业金的合格期限为失业前一年内已参加失业保险的劳动者；二是失业前有为企业和社会工作过一段时间的经历。也有国家对刚刚毕业但非本人原因而无法很快找到工作的大中专毕业生有所照顾，他们即使没有工作经历，也可以领取失业金。

有些国家除规定享受失业保险权利必须具备上述条件外，还规定对有些情况造成的失业，或者对有些失业者，不能提供失业保险待遇。这些情况主要包括：因失业者“行为不端”而被解雇的；拒不接受职业介绍机构提供的适当工作的；拒不参加职业介绍机构举办的职业技术培训的；无正当理由自动离职者；出于经济或政治原因，介入劳资纠纷而导致企业停产而使自己失业的，等等。如英国规定，因直接参与劳资纠纷而失业者没有领取失业津贴的资格；德国规定，由于本人违背合同条约而被解雇者不能领取失业津贴；希腊则规定，如果由于自动离职、犯错误而被开除，或罢工或怠工，抑或拒绝所提供的适当工作及必需的职业培训，失业者通常会被永久取消领取失业金资格。

三、失业津贴的给付标准

失业保险的给付待遇一般应包括：规定失业者领取失业津贴（有的国家称其为失业保险金）的时限，超过规定期后仍未实现就业，将停发失业救济金以及提供给失业者家属的生活补助金。为确保失业者及其家属的基本生活需求，又不致诱导失业者对保险制度的过度依赖，各国在制定失业保险待遇的给付标准时普遍遵循三个原则：一是要能保障失业者及其家属基本生活的原则；二是保险待遇水平低于失业者原工资水平的原则；三是权利和义务相对等的原则。

关于失业金给付额，大多数国家规定，失业者的失业保险金为该失业者最近时期平均工资的一定百分比（一般为 40%～75%），其数额与其工龄、投保期限、工资水平及年龄、是否供养配偶及其他亲属等因素相关联。给付额度一般有三种计算方法：

（1）薪资比例制。即按失业者离职前工资的一定比例给付。使用这种给付方法的国家有一个共同特点：对低收入者给予一定的照顾，其比例或定额要高些，有些国家还规定最低标准和最高限额。

（2）均一制。即对符合规定的失业者一律按同一基准给付失业保险，而不与失业前的工资收入相关联。这是对给付以离职前本人劳动收入为依据的方法的改进，主要目的是防止人们不愿从事较低收入职业的现象出现。一般有两种实施方法：一种是按近期社会平均工资的一定比例给付，如德国和加拿大的比例是 60%，美国为 50%。另一种是按政府规定的绝对金额给付，如英国政府规定，凡符合给付资格条件的失业者，单身者每周为 30.8 英镑，有配偶者每周为 49.8 英镑，有孩子者酌情另加。

（3）混合制。即将薪资比例制和均一制结合而形成的一种方法，实行这一方法，失业保险金一部分和失业前的工资水平挂钩；其余部分按一定绝对数额给付。如法国的失业保险给付是离职前工资的 40%，再加上定额 46.32 欧元，合起来约占离职前工资的 58%。这种给付方式的一大特点是失业保险金定额发放与动态发放相结合，既可满足失业者及其家庭的基本生活需求，又可根据环境变化进行修正，因此起一种调节阀的作用。

一些国家除了发给失业者失业保险金外，还提供失业援助以及基于经济状况调查的救助方案，这样，失业者领取正常救济金期满后，如果经济收入低于规定水平，或者家庭抚养负担较重，仍可继续得到一些经济援助。

四、失业津贴的给付期限

失业保险规定给付期限是世界各国失业保险制度的一项普遍内容，一般包括：

1. 失业保险基金给付期上限

目前世界多数国家都规定了失业保险金的最长给付期，但差别很大，一般为26~52周，如美国有47个州为26周，3个州为30周；英国为6个月；意大利为180天，经济萧条时期可以延长；韩国为90~240天，根据年龄和缴费年限确定，但参加培训的失业者，失业津贴最长可领取一年。有的国家规定的时间较长，如德国规定55岁以下为12个月，超过55岁为18个月。各国最长给付期设定的依据也不相同，一般有以下两类做法：第一类根据年龄、受保期、失业率决定给付期限。一般是年龄越大，受保期越久，失业给付期限也就越长。瑞士联邦政府规定，享受失业救济金的失业者，必须在最近两年内就业18个月，在地方介绍所登记失业，能从事适当工作并愿意工作。至于失业救济金额，单身为收入的70%，已婚者为80%，至多支付85天；缴纳保险费12个月者可领取180天，缴纳18个月者则为250天。第二类是根据一些相关因素把失业津贴给付期分为几个档次，具体方法：一是失业津贴的给付期一般结合被保险人参保和缴费记录确定；二是有的国家考虑到大龄失业人员重新就业的实际困难，在参保和缴费时间规定的基础上，规定了更长的给付期；三是有的国家将失业津贴给付期与失业率相联系，根据失业程度做出相应调整。

2. 领取失业保险的等待期

设置失业津贴等待期也是世界大多数国家普遍的做法，主要有两个方面的考虑，一是排除期限很短的给付，减轻政府相关部门的工作量，节约管理费用；二是为了防止冒领失业津贴的行为和有意制造非自愿失业的行为。

各国对领取失业保险等待期的长短规定各不相同，大多数国家都规定了3~7天的等待期，如日本为7天，以色列为5天，英国为3天，芬兰为5天，美国大多数州为7天。等待时间的长短，取决于各个国家的就业政策以及就业保障基金的规模和财政状况。也有一些国家已取消了等待期，规定从失业的第一天起便可享受失业金待遇，如法国、德国、西班牙、葡萄牙、保加利亚等国。

五、失业保险基金的筹集

世界各国失业保险基金现行的筹集方式主要有以下几种：

1. 由雇主、受保人、政府三方共同负担。即雇主和雇员缴纳失业保险费，政府予以财政补贴。如英国、德国、加拿大、日本等国采用这种筹集方法，但三方负担比例各国并不相同。瑞士受保人和雇主都按 0.3%的比例缴费，政府在失业率较高、支付数额超过失业保险基金承受能力的情况下，由联邦政府和州政府提供低息贷款。加拿大则由受保人缴纳收入的 2.35%，雇主缴纳工薪总额的 3.29%，政府为失业率超过 4%的地区承担额外的救济费用及其他有关费用。

2. 由雇主和受保人分担。法国、希腊、以色列等国采用这一筹集方式。法国的失业保险基金主要来源于受保人缴纳收入的 1.92%，雇主缴纳工薪总额的 4.08%的失业保险费，政府仅承担综合方案的全部费用。在希腊，失业保险金全部来源于雇主和受保人，受保人缴纳工薪总额的 1%，雇主缴纳工薪总额 2%的失业保险费。

3. 由雇主和政府承担。意大利、冰岛以及美国部分州采用此种筹集资金方式，在这些国家和地区，个人不需缴纳失业保险金。

4. 完全由雇主负担。伊朗、约旦、印度尼西亚等国采用这一筹集资金方式。这些国家规定，雇主解雇雇员时，需一次性支付给雇员相当于 12 个月的工资收入，或根据在本企业工作年限，按每年工资的一定比例发放解雇费给失业者。

5. 完全由政府负担。中国香港地区、新加坡、新西兰、澳大利亚等国家和地区采用这一筹集资金方式。在这些国家和地区，失业保险金全部由政府负担，雇主和雇员均不需缴纳。

除此之外，还有个别国家实行或曾经实行由政府和个人负担或完全由个人负担的失业保险金的筹资方式。

由以上可见，世界各国失业保险基金的筹集方式有明显的差异，在已建立失业保险制度国家中，约 40%实行的是雇主、雇员和政府三方共同负担的资金筹集方式。一国究竟采用哪种失业保险金筹集方式，一是取决于国家经济发展水平和企业、劳动者的经济承受能力；二是企业、劳动者对失业责任的认知和政府政策的导向。

六、失业保险制度存在的问题

目前，世界各国的失业保险制度都面临着一系列的问题，需要改革和调整，但不同国家所面临的问题不尽相同。

在发达国家，失业保险制度所面临的问题，一是获得失业保险的门槛过低，覆盖范围过大，导致失业保险基金收不抵支，给国家财政带来沉重的压力；二是失业津贴标准过高，导致失业保险金养懒汉的现象较为普遍，从而挫伤了就业者的劳动积极性。

而在发展中国家，则由于失业保险制度缺失或失业保险金标准过低，对劳动者的失业保护措施不到位，劳动者一旦失业，个人及其家庭的生活水准将大幅度降低。

第三节　中国失业保险制度的建立与完善

一、中国失业保险制度的沿革

中华人民共和国成立之初，百业凋敝，城镇失业人员多达400多万人，约占当时城镇职工人数的26%，问题十分严峻。在这种情形下，1950年6月，当时的政务院制定了《救济失业工人暂行办法》，对失业保险享受范围、基金来源、发放办法等做了详细规定。该《办法》规定从三个方面筹措失业保险基金：国营企业、私营企业按职工工资总额的1%缴纳保险费；政府拨款；社会各界援助。保险对象为国营、私营企业与码头运输业失业职工以及文教部门失业人员。当时救助的目标是保证社会安定，恢复发展生产，巩固新生政权。这一时期对失业人员主要实行失业救济与就业安置相结合的保障措施，采用以工代赈、生产自救、发放救济金、专业培训和动员返乡生产等多种方法。通过这一系列措施，到1957年我国已基本上消除了中华人民共和国成立前遗留的失业问题。从1958年起，原有的失业保险制度不再发挥效力，这主要是因为在当时条件下，我国在理论上将失业问题归结为资本主义特有的现象，根本否认社会主义公有制下也存在失业的可能性。在实践中实行的是国家“统包统配”制度和劳动用工的“终身制”，在这种“双保险”的就业制度下，劳动者一旦被录用，就意味着端上了铁饭碗。因此，没有也不可能把失业保险问题摆到适当位置予以考虑。

自20世纪80年代进入改革开放新时期后，随着企业改革的不断深入，原有的统包统配用工制度的弊端逐渐暴露，为此，国务院决定对国营企业新招工人实行劳动合同制度，并允许企业辞退违纪职工。同时，一些企业因经营不善、缺乏竞争活力，难以维持生存，甚至破产或濒临破产，职工失业成为不可避免的现象。为适应国有企业经营机制的转换和劳动用工制度的重大变革，保障职工失业后的基本生活，建立失业保险制度就被提上改革的重要议事日程。

改革开放以来，我国失业保险制度的发展大致经历了三个发展阶段：

第一阶段，搭建失业保险制度基本框架（1986年7月至1993年4月）。1986年7月，国务院发布了《国营企业职工待业保险暂行规定》，对失业保险制度的主要构成要素如实施范围、资金来源、支付标准、管理机构做了规定：一是保障待业人员基本生活和促进再就业相结合；二是基金主要由企业承担，统筹使用；三是兼顾需要与可能，合理确定待业保险待遇的项目、期限和标准；四是政府通过法规和政策，组织实施待业保险工作，并在必要时提供财政补贴；五是建立分工明确、协调有序的待业保险管理体系。考虑到当时人们还难以接受“失业”，因此，该《暂行条例》用了“待业”一词，并将其在国有企业的适用范围做了明确限定：依法宣告破产的企业职工；濒临破产的企业在法定整顿期间被精简的职工；终止或者解除劳动合同的职工；企业辞退、除名或者开除的职工。

第二阶段，对失业保险制度进行必要的补充与完善（1993年4月至1999年1月）。20世纪90年代以后，由于经济体制改革力度的加大，市场竞争日趋激烈，国有企业纷纷精简人员，压缩职工规模，将富余人员剥离出企业。为此，1993年4月，国务院颁布了《国有企业职工待业保险规定》，对原有的失业保险制度做了部分调整：一是扩大了失业保险覆盖范围，将保障对象从原来的国有企业的四种人员扩大到撤销和解散企业的全部职工，停产整顿企业被精简的职工，企业辞退、除名或者开除的职工，宣告破产企业的职工共七类九种人员，并规定企业化管理的事业单位也依照执行；二是适当降低失业保险的统筹层次，将基金省级统筹调整为市、县级统筹，并在省和自治区建立调剂基金；三是明确失业保险应当与就业服务工作紧密结合，同时授权省级人民政府，可以批准从失业保险基金中支出为解决失业人员生活困难和促进再就业确需支付的其他费用；四是将缴纳基数由企业标准工资总额改为工资总额，并对费率规定了一个幅度，对失业保险待遇的发放办法也进行了修正；五是制定了罚则。

第三阶段，我国失业保险制度步入法制化和规范化轨道（1999年1月至今）。其标志是国务院于1999年1月颁布的《失业保险条例》。与1993年颁布的《国有企业职工待业保险规定》比较，《失业保险条例》在以下几个方面取得了突破和变化：一是改“待业保险”为“失业保险”；二是失业保险范围扩大到城镇企业事业单位的职工；三是明确提出，失业保险基金由国家、企业、职工个人三方共同承担；四是失业保险的对象由原来的七种人扩大到凡非自愿失业、办理了失业登记并有求职要求、按规定履行了缴费义务的失业人员都可以申请享受失业保险待遇；五是调整了失业保险金的给付期限和计发办法；六是对失业社会保险制度与社会救济制度的衔接做出规定；七是对违反《失业保险条例》规定的一系列行为，制定了惩罚条款；八是失业保险基金开支中增加了职业培训和职业介绍补贴项目。《失业保险条例》充分体现了社会主义市场经济体制下失业保险制度的基本特征及要义，为今后具有中国特色的失业保险制度建设与发展打下了坚实的基础。

在建立失业保险制度的同时，我国还全面开展了就业服务工作，1998年6月22日，中共中央和国务院发布了《关于切实做好国有企业下岗职工基本生活保障和再就业工作的通知》，进一步推动了我国就业保障制度的建设。同时，我国开始建立失业预防制度，包括建立失业预警体系，适度约束失业率。2002年9月，国务院发出《关于进一步做好下岗失业人员再就业工作的通知》，再次推出一系列强化失业预防和就业扶助，促进再就业的政策和配套措施，初步形成了有中国特色的、积极的就业政策框架。2005年，国务院下发了《关于进一步加强就业再就业工作的通知》，对原有的政策进一步延续、扩展、调整和充实。2008年1月1日，《中华人民共和国就业促进法》正式实施，其内容涉及促进就业的原则与方针，政府促进就业的职责与工作机制，建立政策支持体系，规范市场秩序，发展职业教育和培训以及就业服务和就业援助等方面。

二、中国失业保险制度的基本内容

1999年国务院颁布实施的《失业保险条例》是中华人民共和国成立以来最为完备的一项失业保险法规。它对失业保险的对象、失业保险的基金来源、失业保险的待遇标准、失业保险的管理监督及处罚规则做了明确规定。

（一）失业保险金的领取对象和领取条件

由于失业社会保险的对象是因非本人意愿暂时中断就业劳动者。因此，《失业保险条例》对于享受此待遇人员规定了严格的资格条件：

（1）按照规定参加失业保险，所在单位和本人已按照规定履行缴费义务满 1 年的；

（2）非因本人意愿中断就业的；

（3）已办理失业登记，并有求职要求的。

同时，《失业保险条例》还规定，失业人员在领取失业保险金期间有下列情况之一的，停止给其发放失业保险金，并同时停止其他的失业保险待遇：

（1）重新就业的人员；

（2）应征服兵役的人员；

（3）移居境外的人员；

（4）享受基本养老保险待遇的人员；

（5）被判刑收监执行或者被劳动教养的人员；

（6）无正当理由拒不接受当地人民政府指定的部门或者机构介绍工作的人员；

（7）有法律、行政法规规定的其他情形的人员。

（二）失业保险基金的筹集与给付

1. 失业保险基金筹集

（1）失业保险基金的来源

失业保险基金的来源主要有四个方面：

一是城镇企业事业单位和城镇企业事业单位职工缴纳的失业保险费。按照《失业保险条例》的规定：城镇企业事业单位按照本单位工资总额的 2%缴纳失业保险费。城镇企业事业单位职工按照本人工资的 1%缴纳失业保险费，这是失业保险基金的主要来源。城镇企业事业单位招用的农民合同制工人本人不缴纳失业保险费。

二是失业保险基金的利息收入。企业缴纳的失业保险费转入企业所在地的失业保险机构在银行开设的“失业保险基金专户”，专项储存、专款专用，任何部门、单位和个人不得挪用。失业保险基金存入银行后，按照城乡居民储蓄存款利率计息，所得利息纳入失业保险基金，这是失业保险基金的补充部分。

三是财政补贴。当遇到保险基金储蓄不够充足，入不敷出时，地方财政给予补贴。这是保险基金的补助部分。

四是依法纳入失业保险基金的其他收入。如失业保险基金储备金投资运营后的收入，运用生产自救费开展生产自救活动所获的纯收入，滞纳金的收入，等等。

（2）失业保险基金的费率水平

失业保险基金筹措的基本原则是基本筹集与基本支出平衡。为了应付实际风险发生率及给付率的不断变化，失业保险要提取特别风险准备金，以满足紧急需要。

失业保险基金费率是根据以往的经验数据和对当前的经济发展、就业状况的预测分析确定的，保险费率为工资的一个固定百分比。《失业保险条例》适当提高了失业保险基金的缴费率。

（3）失业保险基金的财务机制

失业保险属于短期支付类项目，一般采取现收现付的财务机制。其优势在于无巨额积累基金，不受通货膨胀的影响，不会发生基金贬值问题等。其局限性在于：必须经常调整费率导致操作不便；管理上或政治上的原因易于影响保险费率的调整，无法迅速核定。许多国家在法律上明文规定采用弹性费率制，授权主管机构根据失业保险财务收支的实际状况适时调整费率。我国的《失业保险条例》也规定：省、自治区、直辖市人民政府根据本行政区域失业人员数量和失业保险基金数额，报经国务院批准，可以适当调整本行政区域失业保险费的费率。

2. 失业保险基金的给付

（1）失业保险基金的使用范围

《失业保险条例》规定，失业保险基金用于以下五个方面的支出：一是失业保险金；二是领取失业保险金期间的医疗补助金；三是领取失业救济金期间死亡的失业人员丧葬补助金和其供养的配偶、直系亲属的抚恤金；四是领取失业保险金期间接受职业培训、职业介绍的补贴，补贴办法和标准由省、自治区、直辖市人民政府规定；五是国务院规定或者批准的与失业保险有关的其他费用。

（2）失业保险基金给付标准

失业保险待遇包括失业保险金、医疗补助金、丧葬补助金及供养直系亲属抚恤金，等等。失业保险金由失业保险机构按月发给失业职工，标准按照低于当地最低工资标准、高于城市居民最低生活保障标准的水平，由省、自治区、直辖市人民政府确定；失业职工医疗补助金的发放标准，由省、自治区、直辖市人民政府规定；失业人员领取失业保险金期间死亡的，参照当地对在职职工的规定，对其家属一次发给丧葬补助金和抚恤金；单位招用的农村户籍合同制工人连续工作满 1 年，本单位并已缴纳失业保险费，劳动合同期满未续订或者提前解除劳动合同的，由社会保险经办机构根据其工作时间长短，对其支付一次性生活补助，补助办法和标准由省、自治区、直辖市人民政府确定。

（3）失业保险金给付期限

《失业保险条例》规定，失业人员失业前所在单位和本人按照规定累计缴费时间满 1 年不足 5 年的，领取失业保险金的期限最长为 12 个月；累计缴费时间满 5 年不足 10 年的，领取失业保险金的期限最长为 18 个月；累计缴费时间 10 年以上的，领取失业保险金的期限最长为 24 个月（见表 8-3）。重新就业后，再次失业的，缴费时间重新计算，领取失业保险金的期限可以与前次失业应领取而尚未领取的失业保险金的期限合并计算，但是最长不得超过 24 个月。

表 8-3　**失业保险金给付期限对照表**

单位和个人累计缴费时间	领取失业保险金最长期限
1~5 年	12 个月
5~10 年	18 个月
10 年以上	24 个月

三、中国就业社会保障制度面临的主要问题

我国失业保险制度建立的时间虽然不长，但在促进经济发展、深化经济体制改革、保障失业人员基本生活和维护社会稳定等方面都发挥了积极的作用。但也应看到，现行的失业保险制度仍存在一些不能适应社会主义市场经济运行要求的问题，主要有：

1. 失业保险的覆盖范围过窄

各国失业保险制度的发展表明，失业保险的覆盖范围正不断扩大，基本上包括了有固定工作和正常收入的劳动者。我国《失业保险条例》关于失业保

险的覆盖范围，尽管比过去有所扩大，但也仅仅是包括城镇企事业单位的职工，这其中并不包括城镇企业的农村户籍合同制工人，至于国家公务员、乡镇企业职工更不在其中。根据人力资源和社会保障部与国家统计局2009年5月19日发布的《2008年人力资源和社会保障事业发展统计公报》，我国领取失业保险的人数仅占失业人员的29.4%，可见，我国的失业保险覆盖面还是比较窄的。图8-1显示的是2006—2012年全年发放失业保险金的人数。

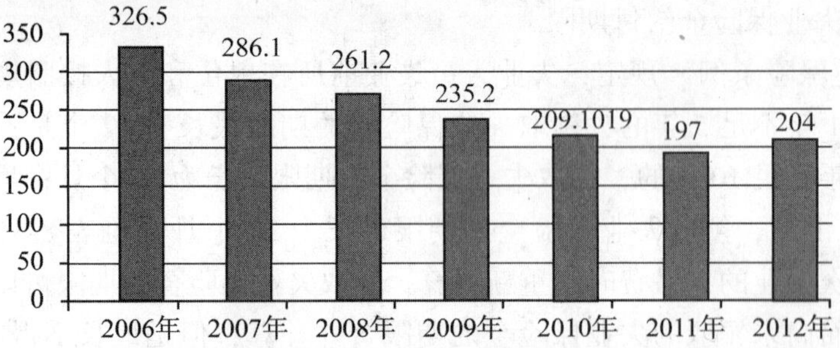

图8-1　2006—2012年全年发放失业保险金人数（单位：万人）

数据来源：国家统计局数据库，http：//219.235.129.58/reportYearQuery.do? id=0400&r=0.10991949319844307.

2. 失业保险资金筹集渠道单一

《失业保险条例》第五条规定，失业保险基金由下列各项构成：城镇企事业单位和城镇企事业单位职工缴纳的失业保险费，失业保险基金的利息，财政补贴，依法纳入失业保险基金的其他资金。失业保险资金来源渠道单一，使得失业保险救济功能不足，尤其是随着国有企业下岗职工基本生活保障向失业保险并轨工作的实施，失业人员数量猛增，失业保险成本大幅度提高，难以满足失业保险基金日益增多的需要。按照规定，领取失业保险金的失业者需要具备一定的条件：失业者必须是非自愿性失业，并且在失业后到指定失业机构进行失业登记，同时领取失业保险金还有就业时间、受保时间或缴纳保险费时间的规定。

3. 失业保险基金的管理不规范

我国对失业保险基金的管理不规范，各地建立的失业保险基金委员会只有政府部门和工会参加，缺乏广泛的社会参与，时常会出现保险基金被挪用、挤占等现象。对领取失业救济的资格审核也不够严格，失业保险金本应用于保障失业者的基本生活和促进再就业，但由于我国存在大量的隐性就业现象，失业保险金“浪费”现象突出。据调查，目前下岗人员中有一半以上处于不同形式的就业状态，有些地方甚至高达60%~70%，这部分人在享有就业收入的同时，仍领取失业保险金。

4. 失业保险基金统筹层次低

1993年我国将失业保险基金的统筹层次由省下放到市县，一方面固然提高了市县级政府的责任感与积极性，但由此所带来的新问题是：失业保险基金在全国由两千多个机构分散管理，资金分散，提高了管理成本，失业保险抵御风险的能力减弱。一般来说，统筹层次越高，抵御经济波动带来的失业影响的能力越强，社会保障的互济就越有保证。由于我国在经济发展上存在明显的地域差异，表现出失业保险基金的收支不同。经济发达的地区，企业经济效益好，就业形势好，失业保险基金的结存量也较大；而经济落后地区的失业保险基金却严重不足，失业人员多，基金的支出也大，从而出现了基金总量结存和区域基金短缺并存的局面。产生失业保险基金的地域性差异，不仅影响失业保险制度的顺利实施，也不利于失业保险基金的合理有效运用。

四、完善我国失业保险制度的基本思路

综观世界各国对失业保险制度的改革，基本上是从以下三个方面向前推进：一是使失业保险从消极地保障生活到积极地促进就业。实施积极的劳动力市场政策，努力激发失业者寻找工作的积极性，把失业保险待遇和促进就业措施结合起来，帮助失业者尽快就业，已经成为各主要市场经济国家的共识和普遍做法。二是改变传统的失业保护理念，提出“就业是最好的保障”和“从福利到工作”的观点。从把失业保险当成社会福利到把失业保险不仅看做保障措施，同时也作为促进就业的手段之一。许多国家对社会保护政策进行了改革，将获得津贴的权利与申请人接受由就业服务机构提供的工作岗位或培训岗位联系起来。三是强调“社会保护也是生产性要素”。国际劳工组织《全球就业议程》提出，社会保护是改善管理的一个不可或缺的工具，因为它可以增强经济的动力和劳动力的机动性，社会保护还可以稳定经济，在萧条时期提供收入替代。为了采用新方法更有效地减少职业风险，并消除影响促进就业和寻找就业机会的主要因素，需要对现有体制进行改革。根据国际劳工组织的建议，结合我国的实际情况，并借鉴世界各国的实践经验，进一步完善我国失业保险制度的基本思路主要有以下几点：

1. 扩大失业保险覆盖范围，规范基金征缴工作

失业保险的运行也遵循“大数法则”，即失业保险的覆盖范围越广，保障功能越强。

规范基金征缴工作也是完善失业保险制度的一个重要方面，要严格实行权利与义务相统一的原则，所有企业职工只有缴纳一定期限的保险费之后，方能享受失业保险待遇。在失业保险费率问题上，不宜采取一刀切的做法。我国现行失业保险费率按城镇企业事业单位工资总额的2%，职工按本人工资的1%的标准缴纳，这种制度忽视了企业之间、行业之间的差异，忽视了宏观经济条件下对不同行业产生的影响是不一样的。对此，有专家指出，我国应实行行业差别费率制（即在各行业不同失业率的基础上，将对各行业失业保险费用征缴的比率与该行业的失业风险程度结合起来，实行不同的失业保险金缴纳比率的制度）和分段费率制（即以宏观经济的不同景气阶段决定的，实行失业保险缴纳比率同经济景气与否相关联，使失业保险基金的筹集更具合理性）。①同时，我国现行的失业保险制度规定，失业人员领取失业保险金的期限最长为24个月，并按低于失业人员所在地企业最低工资标准、高于城市居民最低生活保障标准来确定失业保险金的标准。这一规定使失业人员申领失业保险金的期限过长、失业保险金的标准过低，很难尽快促进失业人员再就业和保障其基本生活。因此，应缩短我国失业保险金的支付期限，提高失业保险金的标准。国内有学者提出，失业保险金的支付期限应在12~18个月为宜，失业保险金的标准应按失业人员失业前最后5年内，个人平均工资的50%~60%确定。同时应明确失业人员在不同的失业保险金申领期间，应领取不同的失业保险金，逐步降低失业人员对失业保险金的依赖程度，激励失业人员积极寻找工作。②

目前失业保险实际的覆盖范围与制度设计目标相比还有一定差距。应根据《失业保险条例》的规定，将失业保险实施范围逐步扩大到包括国有企业职工、集体企业职工、外商投资企业中方职工、私营企业雇员和国家机关、团体、事业单位订立劳动合同的职工在内的城镇全体职工。

2. 提高失业保险金的利用效率

失业保险金的使用方向是保障失业者的基本生活和促进再就业。规范基金支出项目，保证基金合理支出，不仅对保障失业人员的基本生活和促进再就业

① 尹大明．我国失业保险制度的改革与发展研究［J］．经济体制改革，2003（1）．

② 安锦．我国失业保险制度的改革与发展取向［J］．社会科学论坛，2008（10）．

有利，而且还关系到失业保险制度的发展。因此，首先要保证失业人员能及时、足额领到失业保险金和享受其他失业保险待遇。其次，实行积极的就业政策。失业人员只有实现了再就业，才能减少基金支出，减轻财政和企业的负担。加强基金管理，建立管理部门的监督机制。对基金的征收、管理、使用以及支出的结构是否合理，都要有效地加以监督和管理，增强失业保险基金承受能力，保证失业保险制度持续发挥作用有可靠的资金支持。建立基金支付风险预警制度。对基金的管理和使用进行指导，以应对社会高失业率风险。关于失业保险基金管理，要借鉴国外先进经验，以立法的形式对失业保险基金进行监管，强化监管的技术措施。

3. 提高失业保险基金统筹层次

目前我国失业保险基金只是在直辖市和设区的市实行全市统筹，省、自治区建立失业保险调剂金，统筹层次低，调剂范围小。由于我国各地区经济发展不平衡，失业率存在较大差异，统筹层次低就导致一些失业率较高的经济欠发达地区出现了失业保险基金严重短缺，难以支付失业保险金的情况，而失业率较低的经济发达地区则出现了基金储备大的现象，其结果是不利于发挥失业保险的保障功能。因此，有必要提高失业保险基金的统筹层次，扩大失业保险基金的调剂范围。建议失业保险基金在省、自治区、直辖市一级进行统筹，在中央建立失业保险调剂金，以提高失业保险基金的社会化程度，更好地发挥失业保险应付劳动风险的能力。

4. 加强对失业保险基金运行的监管

目前，冒领、骗领失业保险金的行为在各地屡有发生，主要表现形式：一是国有、集体企业转制后继续正常运作，并招用原有的职工，当中有部分办理了领取失业金手续的人员又回到原单位工作。单位与这部分人没有签订劳动合同，形成了这部分人没有参加社会保险，边领取失业保险金，边参加工作领工资的情况。二是一部分失业人员办理了领取失业保险金手续，找到工作后，不办理停领失业保险金手续。由于用人单位参保意识薄弱，没有及时为他们办理参加保险，使该部分人员继续领取失业金。三是个别失业保险管理机构人员虚构失业人员姓名，骗领失业保险金。失业保险金被“大量冒领”造成的最突出的问题是，本已显得紧张的失业保险基金入不敷出。因此，要加大对冒领失业保险金行为的查处力度，严厉打击这种违法行为，及时追缴被冒领的失业保险金。同时应看到，造成这一问题的主要原因在于，长期以来，全国范围内对劳动者就业都缺乏一个统一的认定标准，各地政府都各自根据当地实际确定。由于劳动者就业状况随着市场经济的发展而变化，许多临时就业、弹性就业等部分用工形式难以界定。因此要研究制定更加科学、可操作的就业认定标准；要进一步规范失业保险金发放操作流程，明确申领和操作程序，建立健全失业保险金领取备案制度，有效杜绝冒领、骗领现象，保证失业保险基金的安全运行。

5. 尽早制定我国的《就业保险法》

发达国家失业保险制度改革的一个重大举措，就是将“失业保险法”改为“就业保险法”，日本、加拿大分别于1974年和1996年将失业保险法更名为“雇用保险法”和“就业保险法”。韩国在1993年推出失业保险制度伊始就称其为“就业保险法”。英国1996年10月对失业保险制度实行了改革，把失业津贴改为求职津贴，并规定，领取求职津贴的失业人员如果提前找到工作，可以一次性领取没有享受完的津贴，目的是鼓励失业人员尽快实现再就业。这些国家对于解决失业问题的根本出路在于积极扩大就业的认识更加明确，由此导致理念上的变化。我国应借鉴国外行之有效的经验，将工作的重点由失业救济转移到广开就业门路，积极促进就业上来。从我国当前的就业形势看，尽早制定《就业保险法》十分必要，一是为失业人员提供更加规范有效的必要援助，以保证其基本生活和求职活动；二是强化政府与社会对人力资源的开发责任，以及激发用人单位对其员工的技能培训；三是约束用人单位的解雇行为，以预防失业。

帮助失业人员实现就业，政府与社会应提供切实有效的就业服务，一是在失业保险基金的各项开支中，应加大失业培训的投入，这对失业者个人来说，是解决其问题之根本。二是在政府政策主导下建立规范的职业介绍机构和就业培训中心，帮助失业人员掌握所需技能，实现再就业。失业培训主要有两种：一种是职业培训，主要是为提高劳动者从事某一职业所需要的专业知识所进行的培训。另一种是转业培训，主要是因为市场竞争和产业结构调整，使得一部分劳动者必须从原来的工作岗位上分流出来而转到新的工作岗位，因此必须在转岗前对他们进行必要的培训。促进失业人员就业，是建立失业保险制度的最终目的。三是要加强对失业人员的职业培训和职业介绍工作，建立健全就业服务体系，大力发展公共就业服务机构，加快建设劳动力市场信息网络，推动劳动力供求信息的交流。四是要拓宽就业渠道，培育新的就业增长点，不断开发就业岗位。国家应采取积极的政策和各种优惠措施，大力发展有利于安排劳动者就业的第三产业、中小型企业和非公有经济，鼓励劳动者从事社区服务业，对失业人员自谋职业，应给予各种优惠政策。通过各种措施的落实，实现失业人员的再就业。①

在我国调整经济发展方式，经济结构转型升级，以及事业单位分类改革和政府行政体制改革向纵深发展的新形势下，全国失业保险工作座谈会于2012 年 5 月在贵州省贵阳市召开，会议研究分析了当前我国面临的形势，就下一阶段的失业保险工作进行了部署。人社部副部长信长星在会上指出，一要加快修订失业保险条例。条例修订要注重顶层设计，体现企业、职工的利益和诉求，注意吸收借鉴国外经验。二要继续做好扩大失业保险基金支出范围试点工作。东部 7 省（市）要对现有失业保险基金支出项目进行统一规范，规范资金管理，妥善处理好失业保险基金与就业专项资金的关系。三要稳步推进失业动态监测和失业预警工作。进一步增强样本的代表性、提高数据的时效性，加强数据分析应用。失业预警工作要在取得试点经验的基础上稳慎推进。四要切实做好淘汰落后产能和兼并重组企业职工安置工作。及时了解掌握职工安置情况，指导和帮助企业做好职工劳动关系处理、社会保险关系接续和再就业等工作。五要进一步做好失业保险扩面征缴、提高统筹层次、加强基金管理等工作。②

上述这些措施的施行，将进一步完善我国的失业保险制度，使之更好地发挥“安全网”作用。新的形势下，我国的失业保险工作要更加牢固地树立服务就业大局的意识，为保持就业局势的稳定做出贡献。

☞本章小结

失业是指处于劳动年龄，且有劳动能力的人，虽有劳动意愿但因社会各种原因而没有从事有报酬劳动的状况。衡量一个国家或地区失业状况的主要指标是失业率，国际上通常以失业人数与

① 赵蓉等．社会保障法学［M］．兰州：甘肃人民出版社，2006.

② 人社部：加快修订失业保险条例，推进失业动态监测［OB/OL］．人民网，http：//finance. people. com. cn/insurance/GB/18017350. html.

在业人数和失业人数之和的比例反映失业率。与“失业”相对应的便是“就业”，就业是指有劳动能力并处在法定劳动年龄阶段的人，从事某一岗位的工作或合法的社会经济活动以获取劳动报酬或经营收入的一种活动。

就业保障制度的建立不仅为劳动者在失业期间，其本人及其家庭的基本生活需求提供保障，而且为其实现重新就业提供帮助和指导，从而有助于社会的稳定和经济的健康发展。

造成失业的原因是多方面的，国际上一般将失业原因分为：摩擦性失业、季节性失业、技术性失业、结构性失业、周期性失业等。

失业保险是指国家通过立法强制建立失业保险基金，对非因本人原因失去工作、中断收入的劳动者，提供限定时期的物质帮助以及再就业服务的一项社会保险制度。综观世界各国的失业保险制度，大体上可分为强制性失业保险制度、非强制性失业保险制度、失业救济制度三种类型。

失业保险起源于欧洲，最早实施的国家是法国。目前，世界上已有70多个国家和地区建立了失业保险。在失业保险制度的发展过程中，国际劳工组织发挥了积极的作用。

失业保险制度的覆盖范围应包括社会经济活动中的全体劳动者，但不同的劳动者所对应的失业保险模式并不一样。享受失业保险待遇的资格条件是：失业者必须是非自愿失业；失业者必须处于法定劳动年龄并具备工作能力；有就业愿望；依照法规或章程履行被保险人义务。

世界各国在制定失业保险待遇给付标准时，普遍遵循三个原则：一是能保障失业者及其家属基本生活的原则；二是保险待遇水平低于失业者原工资水平的原则；三是权利和义务相对等的原则。给付额度一般有三种计算方法：薪资比例制、均一制、混合制。为失业保险规定给付期上限也是世界各国失业保险制度的一项普遍内容，许多国家还设立了领取失业保险的等待期。

世界各国失业保险基金的筹集方式主要有：由雇主、受保人、政府三方共同负担；由雇主和受保人分担；由雇主和政府承担；

完全由雇主负担；完全由政府负担。

中国的失业保险制度产生于中华人民共和国成立初期，在改革开放时期得到发展。1999 年国务院颁布实施的《失业保险条例》对失业保险的对象、失业保险的基金来源、失业保险的待遇标准、失业保险的管理监督及处罚规则做了明确规定。

当前我国失业保险制度仍有待于进一步完善，应在社会经济发展的基础上逐步扩大失业保险覆盖范围、规范基金征缴工作、提高失业保险金的利用效率、加强对失业保险金运行的监管；还应适时将失业保险调整为就业保险，并尽早制定我国的《就业保险法》。

☞关键术语

失业　　失业率　　就业　　失业原因类型　　失业保险

失业保险待遇给付　　失业保险基金筹集

☞思考题

1. 简述享受失业保险待遇的资格条件与给付期限。
2. 简述我国失业保险制度的基本内容。
3. 简述世界各国失业保险制度的改革趋势。
4. 简述我国失业保险制度存在的主要问题与改革思路。

☞案例分析一

部分英国人宁愿吃救济

英国每年有 10 万户家庭领取比平均薪资更高的福利金，扣税前可拿到多达 30 899 英镑，而许多劳工只渴求能赚到23 422 英镑的平均薪资。

据英国《每日邮报》报道，其中有 5 万户家庭每周领到 500 多英镑，一年累计下来逾 26 000 英镑。

戴维一家每年便可领到 42 000 英镑的纳税人血汗钱。他们说，领福利金比出去工作还好。戴维夫妻和 7 个孩子住在 4 个房间的住宅，还有两辆汽车，其中一辆是奔驰车。

主管就业的国务大臣克里斯·格雷灵说："当数以万计的民众由福利金得到的收入，比辛苦工作维持家计的还多时，这一制度一定有问题。"他说政府会着手改革当今的制度。他认为目前的制度是"惩罚循规蹈矩出门工作的人"。

在前工党政府建立的福利制度下，英国依赖福利金生活的人数之多令人惊奇，有近70万户家庭每年领到超过15 000英镑的福利金，近200万名儿童的父母没有出门工作，这个数字在欧洲是最高的。

英国每年至少有1200万户符合工作年龄的家庭领取到福利金，政府每年支出850亿英镑。

资料来源：福利金高于平均工资，部分英国人宁愿吃救济．参考消息．2010-08-09.

◎ **分析与思考**

1. 你认为导致英国福利金制度问题的主要原因是什么？

2. 英国的教训对中国有什么启示？你认为中国应该如何避免失业保险金养懒人？

☞案例分析二

我该获得解雇补偿金吗？

吴××于1997年被某市某高校的一所二级学院录用，成为该校的一名编制内教师，2007年与校方又续签了为期5年的劳动合同。最近一段时间，吴老师感觉到很郁闷，因近年来招生计划大幅调减，学校决定裁减一部分人员，在2009年11月30日公布的裁减人员名单中，吴老师名列其中。但吴老师认为用人单位解除劳动关系应支付经济补偿金，为此她先找到学院人事部，得到的答复是，学院的人事及财务管理权属于投资方——某集团公司，他们无法解决吴老师的问题。吴老师又找到二级学院的投资方、某公司总经理论及此事，公司总经理提出，吴老师进校时公司已经为其缴纳了“五险一金”，解聘后可领取失业保险金，相当于已经给吴老师补偿了，所以公司无需支付其他形式的经济补偿金。吴老师并不认可公司的说法，一是为期 5 年的劳动合同尚未到期就被学院单方面解除，理应支付经济补偿金；二是担心自己成了失业人员后，以前的社会保险费会不会白缴了。

◎ **分析与思考**

1. 吴老师被解聘与二级学院无关吗？
2. 吴老师要求原所在单位支付经济补偿金是否合理？
3. 吴老师被解聘后，原所在单位为其缴纳的“五险一金”该如何接续？

第 9 章 工伤保障

本章学习要点

- 工伤及工伤保险的内涵
- 工伤保险的特征、原则、覆盖范围及基金来源
- 工伤认定与劳动能力鉴定的基本内容
- 工伤保险待遇的分类
- 工伤保险争议及其处理

第一节 工伤保险概述

一、工伤与工伤保险

1. 工伤的含义

工伤也称职业伤害，是指劳动者在从事职业工作或在规定的特殊情况下，遭受的意外伤害或职业病。

最初的工伤仅仅指劳动者在工作中因工作环境、工作条件不良等原因所发生的意外事故而造成的伤害，致使器官或生理功能受到损害。随着工伤保险制度的发展，“工伤”的外延随之扩大，从之前单纯的工伤事故延伸到包括职业病造成的伤害。1952 年，国际劳工组织在《社会保障（最低标准）公约》（第 102 号）中，用“职业伤害”代替“工伤”，职业伤害的范围包括工伤事故造成的伤害和职业病所造成的伤害。1964 年第 48 届国际劳工大会规定：工伤补偿应将职业病和上下班交通事故包括在内。

我国工伤的概念中包括伤、残、亡三种情况。伤是指劳动者在生产过程中因工伤事故或患职业病，身体器官或生理功能受到损伤，暂时地部分或完全丧失劳动能力。残是指劳动者在遭遇工伤事故或职业病后，经系统治疗和修养后仍不能完全复原，以致身体器官丧失或出现功能障碍，引起永久性的部分或完全丧失劳动能力。亡是指因工伤事故或职业病死亡。

根据国际惯例，凡是由工作或从事与工作有关的活动造成的伤残、死亡，均应按工伤来确定。根据国际劳工组织 1964 年第 121 号建议书，即《工伤事故和职业病津贴建议书》，以下事故应视为工伤事故：

（1）不论其原因，只要是在工作时间内，在工作地点或附近，或在工作场所外的任何地点因工作而发生的事故；

（2）在上班前后一段合理的时间内从事与工作有关的诸如运输、清理、备料、整理、维修、堆放或者收拾工具和工作服时等预备性和收尾性工作时发生的事故；

（3）工人往返于工作地点和生活地点的直接途中发生的事故。

2. 工伤保险的含义

工伤保险也叫工业伤害保险、职业伤害保险，是指为在生产经营活动中或在规定的某些特殊情况下遭受意外伤害、职业病伤害，以及因这两种情况造成死亡、暂时或永久丧失劳动能力的劳动者提供医疗服务、生活保障、经济补偿、医疗和职业康复，并为劳动者所供养的亲属提供遗属抚恤等物质帮助的一种社会保障制度。

早期的工伤保险仅仅是“工伤赔偿”，随着社会文明的进步，工伤保险的覆盖范围逐步扩展，保障功能不断增强，现代意义上的工伤保险，不仅包括对因工伤、残、亡者的经济补偿和物质帮助，而且包括促进安全生产，降低事故及职业病发生率，并通过现代康复手段，使受伤者尽快恢复劳动能力，促进其与社会的整合，也就是工伤预防、工伤补偿、工伤康复三位一体的社会保险项目。

二、工伤保险的特征

1. 实施范围广泛

虽然社会保险一般具有强制性，但工伤保险的强制性最为突出。从 19 世纪末开始，德国、英国、法国等工业化国家就以立法形式强制雇主必须对雇员的工伤负责。100 多年来，雇主负责工伤赔偿已从法律强制变成了一种习惯。

许多国家有专项立法，工伤保险在19世纪80年代首次立法的占10%，20世纪20年代立法的占43%，20世纪三四十年代立法的占43%，20世纪50年代以来，首次立法的占4%。由此可见，工伤保险实施的范围最广泛，凡是实行社会保险的国家，95%有工伤保险。

2. 保障性强

与其他保险制度相比，工伤保险的项目最多、最全面。它不仅是一次性的经济补偿，更是对伤残、死亡者全过程的保障。工伤保险项目众多，包括医疗期间的工资、工伤医疗费、伤残待遇、死亡职工的丧葬、抚恤及所供养直系亲属的生活待遇。在医疗康复期间，除免费医疗外，还有护理津贴、职业康复、伤残重建、生活辅助器具、伤残人员的转岗培训与就业以及工伤预防等。

3. 待遇优厚

工伤保险在社会保险体系中待遇最优，它比医疗保险、失业保险和养老保险的待遇都要高。工伤保险除了保障伤残人员的生活外，还要根据其伤残情况补偿因工受伤的经济损失。优厚的工伤保险待遇，体现了国家和社会对那些从事高危行业及岗位劳动的劳动者，以及为维护国家、人民生命财产安全和社会的安定见义勇为的人员进行保护和鼓励。

4. 给付条件宽

享受工伤待遇不受年龄、工伤条件的限制，凡是因工伤残的，均给予相应待遇。

5. 管理与实施较为复杂

与其他社会保险相比，工伤保险的待遇、制度和管理实施办法比较复杂，因此，在国际劳工局的出版物中，将其列为社会保障的一个“特殊分支”。

三、工伤保险的原则

1. 无责任补偿原则

无责任补偿原则又称“补偿不究过失”原则，是指无论职业伤害责任属于劳动者、雇主、其他人，还是三方共同的过失，都应该按照规定标准对受害劳动者进行伤害补偿。但这并不意味着对工伤事故的后果不予追究当事人的任何责任。事故发生后，相关部门会对发生事故的原因展开认真调查，在此基础上查明事故责任，这是为了防止类似事故重复发生，并不影响受伤害的职工享受工伤保险待遇。

2. 个人不缴费原则

工伤保险费由企业或雇主缴纳，劳动者个人不缴费，这也是工伤保险与其他社会保险的一个显著的区别。

3. 风险分担、互助共济的原则

工伤保险制度的基本原则之一，就是风险分担、互助共济。国家以法律的形式，向企业强制性征收保险费，建立工伤保险基金，采取互助共济的方法分担风险，缓解企业与行业之间因工伤事故或职业病发生概率不均衡所产生的不同负担，减少社会矛盾。

4. 区别因工负伤和非因工负伤原则

对因工和非因工的区分是建立工伤保险的前提和出发点。工伤保险制度中，对于界定“因工”与“非因工”所致伤害有明确规定。职业伤害与工作环境、工作条件、工艺流程等有直接的关系，因而医治、医疗康复、伤残补偿、死亡抚恤待遇等均比其他社会保险水平高，而且不受年龄、性别、缴费期限的限制。如果是“非因工”患病或伤亡，其待遇水平要比工伤待遇低得多。

5. 预防、补偿、康复相结合原则

工伤预防、工伤补偿与工伤康复三者是密切相联的。工伤预防是最基本的，生产活动应以安全第一，预防为主，尽量减少事故的发生。从被动的补偿走向积极的预防，是社会进步的标志，是对人的生命价值的重视。工伤事故发生后，应立即对受伤害者予以救治并给予经济补偿，使其能得到及时的救治，同时使其和家庭生活得到一定的保障。而对受伤害者进行医学康复和职业康复，则是为了使其完全或部分恢复劳动能力和生活自理能力，实现重新就业，自食其力。这也可以被视为一种对劳动生产力的低成本投资。

6. 确定伤残和职业病等级原则

工伤保险待遇是根据伤残和职业病等级而分类确定的。伤残和职业病等级的鉴定具有很强的科学性、技术性。因而，各国政府在制定工伤保险制度时，都制定了伤残和职业病等级，并通过专业的鉴定机构和人员，对受职业伤害职工的受伤害程度予以确定，区别不同伤残和职业病状况，以给予不同标准的待遇。

四、工伤保险范围

工伤保险范围包括工伤事故和职业病范围。在工伤保险建立初期，工伤的范围只包括企业意外事故，随着社会的发展，人们对工伤的认识也在深化，于是将职业病等也纳入工伤保险。

1952 年，国际劳工组织第 102 号《社会保障最低标准公约》对工伤保险的范围（认定条件）规定如下：

（1）身体受职业病伤害呈疾病状态者；

（2）由于永久或暂时失去劳动能力而完全或部分失去工资收入者；

（3）由于丧失劳动能力并因此中断工资者；

（4）由于供养者因工死亡而失去生活费来源者。

有关工伤范围的界定，总的趋势是不断地增加新的内容。例如，将职工上下班途中发生的意外事故视为工伤。据国际劳工局的统计，1925 年世界上仅有 7 个国家把这种非直接的工伤事故包括在工伤范围内，而到 1963 年 101 个会员国中已有 50 个把这种事故视为工伤。目前，许多国家进一步扩大了工伤保险的范围，把从事经济活动的人和从事非经济活动的人都纳入工伤保险制度之中。

我国《工伤保险条例》明确规定，“中华人民共和国境内的各类企业的职工和个体工商户的雇工，均有依照本条例的规定享受工伤保险待遇的权利”，并特别强调：“本条例所称职工，是指与用人单位发生劳动关系（包括事实劳动关系）的各种用工形式、各种用工期限的劳动者。”条例扩展了原来的适用人群，突破了不同所有制类型的区别，包括外资、合资、个体经济组织的劳动者均被要求参加工伤保险。机关、事业和社会团体的劳动者也将依据《工伤保险条例》的规定制定相应的实施办法。只要劳动者已事实上为企业提供了有偿劳动，就被视做该企业的职工，应当参加工伤保险。

五、工伤保险基金的筹集与管理

（一）工伤保险基金的筹集

工伤保险是社会保险的组成部分，要让工伤保险制度发挥保障劳动者及其供养亲属的合法权益，减轻用人单位负担的功能，必须有一个稳定的资金来源，因此，建立工伤保险基金是十分必要的。工伤保险基金是为支付工伤保险待遇，开展工伤预防和职业康复等费用而专门设立的一项社会保险基金，它是工伤保险制度顺利实施的物质保障，能够使劳动者在因工遭受意外伤害或患职业病时，得到及时的医疗救助和基本的生活保障。我国近几年工伤保险基金收支的情况如表 9-1 所示。

表 9-1　**2005—2012 年度我国工伤保险基金的征收与收支情况**

年份	年末工伤参保人数（万人）	享受工伤待遇人数（万人）	基金收入（亿元）	基金支出（亿元）	基金结余（亿元）
2005	8 478. 0	65. 1	93. 0	48. 0	164. 0
2006	10 268. 5	77. 8	121. 822 8	68. 490 9	192. 895 1
2007	12 173. 4	96. 0	165. 6	87. 9	295. 3
2008	13 787. 2	117. 8	216. 7	126. 9	384. 6
2009	14 895. 5	129. 6	240. 1	155. 7	468. 8
2010	16 160. 7	147. 5	284. 9	192. 4	561. 4
2011	17 695. 9	163. 0	466. 4	286. 4	742. 6
2012	19 010. 7	190. 5	526. 7	406. 3	861. 9

数据来源：中华人民共和国国家统计局．中国统计年鉴［M］．北京：中国统计出版社，2006—2013 年.

工伤保险实行现收现付制，也就是当期征缴的工伤保险费用用于支付当期的各项工伤保险待遇及其他合法支出。工伤保险基金筹集遵循以收定支、收支平衡原则；工伤预防、待遇补偿和职业康复相结合原则；无责任原则。

当今世界各国工伤保险基金的来源各不相同，主要分为雇主完全负担模式，雇主负担与政府补助相结合模式，雇主与雇员共同担负模式，雇主、雇员和政府三方负担模式以及其他模式。我国工伤保险基金的主要来源是用人单位缴纳的工伤保险费，以企业的工资总额作为征收工伤保险基金的基数，基金于税前提取。除此之外，还包括：工伤保险基金的利息收入和投资运营收入、财政补贴、滞纳金和罚金收入等。

（二）工伤保险基金的管理

工伤保险基金的管理包括基金的筹集和支付两个方面。建立工伤保险基金，一方面要考虑尽可能满足对给付待遇的需要；另一方面，也要考虑企业的承受能力。

费率机制是工伤保险管理的核心，确定合理的工伤保险费率机制的步骤是：（1）初步确定统筹范围内的平均费率水平；（2）确定行业差别费率；（3）确定各个企业的费率。①

① 孙光德，董克用．社会保障概论［M］．北京：中国人民大学出版社，2008.

工伤保险基金主要来源于企业缴纳的保险费，目前通行的做法一般是按企业工资总额的一定比例征收，这是因为企业工资总额相对稳定并具有可预测性。

平均费率水平为直接工伤风险损失率与管理性费率之和。直接工伤风险损失率指的是统筹范围内工伤风险损失与工资总额的比例；管理性费率则是指为保证工伤保险经办机构正常运转，履行其职能所必需的费用与工资总额的比率。① 我国《社会保险费征缴暂行条例》规定，用人单位必须按时向社会保险经办机构申报缴费基数，按时缴纳工伤保险费。用人单位的缴费基数为单位职工的工资总额，缴纳工伤保险费的数额为本单位职工工资总额与单位缴费费率之积。

由于不同行业发生工伤事故和职业病的概率是不一样的，导致对工伤保险基金的消耗程度也不一样。所以，在平均费率水平确立后，便要确立行业差别费率，即在统筹范围内确立不同行业的费率水平，使工伤保险缴费更加公平。行业差别费率一般由国家统一制定，为了合理分担执业风险，各行业间的费率水平不宜差别过大。

当行业差别费率确立后，还要根据企业的实际风险情况进行调整，即确定各个企业的费率。我国在实行行业差别费率的基础上，建立了单位缴费浮动机制，根据用人单位的工伤发生情况和工伤保险费使用情况确定用人单位缴费费率。

根据《社会保险费征缴暂行条例》的规定，工伤保险基金实行收支两条线管理，工伤保险基金存入社会保障基金财政专户。工伤保险基金用于《社会保险费征缴暂行条例》规定的工伤保险待遇、劳动能力鉴定以及法律、法规规定的用于工伤保险的其他费用支付。任何单位或者个人不得将工伤保险基金用于投资运营、建办公场所、发放奖金，或者其他用途。

第二节　工伤认定与劳动能力鉴定

一、工伤认定与劳动能力鉴定的相关概念

（一）工伤认定及其对象

工伤认定是指工伤认定机构根据法律法规的规定，确定职工受伤或患职业

① 孙光德，董克用．社会保障概论［M］．北京：中国人民大学出版社，2008.

病这一事实，是否属于应当认定（视同）为工伤的情形。根据国际通行的惯例，凡由于工作或从事与工作有关的活动而造成的伤残、死亡或患职业病者，均应按工伤确认。

根据我国的《工伤保险条例》，工伤认定是一种行政行为，由劳动保障行政部门负责。劳动保障行政部门对工伤认定实行地域管辖和级别管辖相结合的原则。通常情况下，职工发生事故伤害的，工伤保险的认定机关为统筹地区的劳动保障行政部门；职工患职业病，有关的当事人对职业病诊断有异议，由省级职业病诊断鉴定委员会做出最终鉴定结论的，则根据属地原则由用人单位所在地区的市级劳动保障行政部门来进行工伤认定。

工伤认定的对象一般包括具备下列条件的职工：一是存在受到伤害或者患职业病的事实；二是与用人单位存在劳动关系，包括事实劳动关系；三是要有相关的医疗诊断证明或职业病诊断证明。

这里的“职工”是指与用人单位存在劳动关系的各种用工形式以及各种用工期限的劳动者。包括在两个以上单位同时就业的灵活就业人员。

工伤认定应注意以下几点：

（1）《工伤保险条例》适应范围内的所有用人单位的职工受到事故伤害或者患职业病，申请工伤认定并符合受理条件的，工伤认定机构应予以受理。

（2）《工伤保险条例》适应范围内的用人单位未参加工伤保险的，其职工申请工伤认定并符合受理条件的，工伤认定机构应予以受理。

（3）无营业执照或者未经依法登记、备案的单位以及被依法吊销营业执照或者撤销登记、备案的单位的职工受到事故伤害或者患职业病的；用人单位使用童工造成童工伤残、死亡的，这些职工和童工不需要申请工伤认定，直接由单位予以一次性赔偿，单位拒不给付赔偿的，由劳动保障监察机构予以处理。

（二）工伤认定遵循的原则

工伤认定是对职工受到的伤害是否属于工伤范围做出判断，是确定职工是否享受工伤保险待遇的前提条件。《工伤保险条例》规定了应当认定为工伤、视同为工伤和不得认定为工伤三种情形，在进行工伤认定时应把握如下原则：

（1）工伤保险以承担社会责任作为工伤认定的出发点。工伤保险作为一种强制性的社会保险，其认定标准，经历了由民事责任到雇主责任，再到目前的社会责任的发展历程。只要没有证据否定其是工伤，在排除其他非工作的情形下，就应当认定为工伤。

(2) 将“因工作原因”作为工伤认定的核心。职工受到的伤害是否属于因工作原因，应由工伤认定机构根据具体情况做出判断。在工伤认定工作中，应对各方面情况进行综合分析，没有证据否定职工所受到的伤害与工作有必然联系的，在排除其他非工作原因的因素后，应认定为工作原因。

(3) 工伤认定应严格遵循法律的规定，在做出不得认定为工伤的决定时应有充分的证据。

(三) 劳动能力鉴定

劳动能力鉴定是指劳动者因工或非因工负伤以及患病后，劳动鉴定机构对其所进行的丧失劳动能力和生活自理能力程度的一种综合评定。

劳动能力鉴定由劳动能力鉴定委员会根据国家鉴定标准，运用有关政策和医学科学技术的方法和手段，对工伤职工劳动功能障碍程度和生活自理障碍程度进行鉴定。鉴定结论可作为工伤职工享受不同工伤保险待遇的依据。《工伤保险条例》第四章第二十四条规定，由劳动保障行政部门、人事行政部门、卫生行政部门、工会组织、经办机构代表以及用人单位代表组成的鉴定委员会负责此项鉴定。

劳动能力鉴定是给予受伤害职工保险待遇的基础和前提条件，也是工伤保险管理工作的一项重要内容。

目前国际上有两种劳动能力鉴定评价体系，一种是劳动能力测试，按同年龄、同性别健康人的平均劳动能力作为参照标准，评价伤残职工劳动能力的大小。其优点是：比较客观，可比性强。缺点在于：评价指标较多，操作难度较大。另一种是致残程度测试，将工伤、职业病伤残程度分为若干等级，再从器官损伤、功能障碍、医疗依赖三个方面将工伤职工归入某个等级，以此评价其致残程度。其优点是操作较为简便。缺点在于：不能准确反映伤残职工劳动能力的损失程度。

我国劳动能力鉴定分为劳动功能障碍和生活自理能力障碍两个部分，鉴定标准由国务院劳动保障行政部门会同国务院卫生行政部门等制定。其中，劳动功能障碍分为十个等级，最重为一级，最轻为十级；生活自理能力障碍分为三个等级，即生活完全不能自理、生活大部分不能自理和生活部分不能自理。

（四）工伤认定与劳动能力鉴定的关系

工伤认定与劳动能力鉴定有密切的联系，工伤认定是劳动能力鉴定的前提；而劳动能力鉴定是确定赔偿数额的依据。两者的区别在于：

（1）工伤认定的目的是确定伤害事故是不是因工作关系引起的，劳动能力鉴定的目的是确定工伤人员今后是不是还能够继续参加劳动，生活是不是能够自理。

（2）工伤认定需在发生伤害事故后及时做出；劳动能力鉴定则需在工伤治疗终结或者伤情稳定以后进行。

（3）工伤认定是行政行为，一般在政府相关部门主导下进行；而劳动能力鉴定是技术行为，一般由医学专家做出。

二、工伤保险资格条件的确定

（一）关于工伤认定的资格条件

工伤认定的种类，即工伤认定机构受理工伤认定申请后，做出工伤认定结论的类型。根据我国《工伤保险条例》，工伤认定结论分为：认定为工伤、视同工伤、不得认定或者视同工伤，具体规定如下：

1. 认定为工伤

《工伤保险条例》第三章第十四条规定：职工有以下情形之一的，应当认定为工伤：（1）在工作时间和工作场所内，因工作原因受到事故伤害的；（2）工作时间前后在工作场所内，从事与工作有关的预备性或者收尾性工作受到事故伤害的；（3）在工作时间和工作场所内，因履行工作职责受到暴力等意外伤害的；（4）患职业病的；（5）因公外出期间由于工作原因受到伤害或者发生事故下落不明的；（6）在上下班途中，受到机动车事故伤害的；（7）法律、行政法规规定应当认定为工伤的其他情形。

2. 视同工伤

《工伤保险条例》第三章第十五条规定：职工有以下情形之一的，视同工伤：（1）在工作时间和工作岗位，突发疾病死亡或者在48小时之内经抢救无效死亡的；（2）在抢险救灾等维护国家利益、公共利益活动中受到伤害的；（3）职工原在军队服役，因战、因工负伤致残，已取得革命伤残军人证，到用人单位后旧伤复发的。

3. 不得认定或者视同工伤

《工伤保险条例》第三章第十六条规定：职工有以下情形之一的，不得认定为工伤或者视同工伤：（1）因犯罪或者违反治安管理死亡的；（2）醉酒导致死亡的；（3）自残或者自杀的。

（二）关于职业病认定的资格条件

职业病是指劳动者在劳动过程中接触职业性有害因素所导致的疾病。按照国际通行的做法，职业病也应纳入工伤保险范围，享受同等待遇，以保护职工基本权益。1925 年国际劳工组织把铅中毒、汞中毒和炭疽病感染等三种疾病列入职业病的范围。1964 年通过的《职业伤害补偿公约》又把 15 种疾病列入职业病的范围。1980 年的国际劳工会议将职业病扩大到 29 种。事实上许多国家认定的职业病远远超出了国际劳工组织所列举的范畴。

我国的职业病认定范围是根据 2004 年 1 月 1 日起实施的《工伤保险条例》附录中的“职业病目录”，共有 10 大种、115 类。10 大种是：

（1）尘肺。如矽肺、煤工尘肺、石墨尘肺、碳墨尘肺等 13 种。此类职业病的起因是劳动者长期工作在生产性微尘浓度较大的场所，吸入的粉尘在体内（肺部）沉淀所致。

（2）职业性放射性疾病。包括外照射急性放射病、内照射放射病、放射性皮肤疾病、放射性肿瘤等 11 种。

（3）职业中毒。包括铅及其化合物中毒（不包括四乙基铅）、汞及其化合物中毒、锰及其化合物中毒等 56 种。

（4）物理因素所致疾病。如中暑、减压病、高原病、航空病、手臂振动病等 5 种。

（5）生物因素所致职业病。如炭疽、森林脑炎、布氏杆菌病。

（6）职业性皮肤病。包括接触性皮炎、光敏性皮炎、电光性皮炎、黑变病、溃疡等 8 种。

（7）职业性眼病。如化学性眼部灼伤、电光性眼炎、职业性白内障等 3 种疾病。

（8）职业性耳鼻喉口腔疾病。包括噪声聋、铬鼻病、牙酸蚀病等 3 种。

（9）职业性肿瘤。包括失眠所致肺癌、间皮瘤；联苯胺所致膀胱癌；苯所致白血病等 8 种病状。

（10）其他职业病。包括金属烟热、职业病哮喘、棉尘病等 5 种。

三、工伤认定的程序

（一）申请

在我国，劳动保障行政部门的工伤认定工作采取不告不理的原则，即只有当事人依法提出工伤认定申请，才能启动劳动保障行政部门的工伤认定工作，相反，劳动保障行政部门不能在当事人没有提出申请的情况下主动进行工伤认定工作。

按照《工伤保障条例》的规定，职工发生事故伤害或者按照职业病防治法规定被诊断、鉴定为职业病，所在单位应当自事故伤害发生之日或者被诊断、鉴定为职业病之日起30日内，向统筹地区劳动保障行政部门提出工伤认定申请。遇有特殊情况，经报劳动保障行政部门同意，申请时限可以适当延长。

用人单位未按照规定提出工伤认定申请的，工伤职工或者其直系亲属、工会组织在事故伤害发生之日或者被诊断、鉴定为职业病之日起1年内，可以直接向用人单位所在统筹地区劳动保障行政部门提出工伤认定申请。

用人单位未在规定的时间内提交工伤认定申请，在此期间发生的符合规定的工伤待遇等，由该用人单位负担。

申请人提出工伤认定申请，应当提交下列材料：

（1）工伤认定申请表。

（2）与用人单位存在劳动关系（包括事实劳动关系）的证明材料。

（3）医疗诊疗证明或者职业病诊断证明书（或者职业病诊断鉴定书）。

工伤认定申请表应当包括事故发生的时间、地点、原因以及职工伤害程度等基本情况。

（二）调查

根据规定，劳动保障行政部门在受理工伤认定申请后，根据审核需要可以对事故伤害进行调查核实，用人单位、职工、工会组织、医疗机构以及有关部门应当给予协助，职业病诊断和诊断争议的鉴定依照职业病防治法的有关规定执行，对依法取得职业病诊断证明书或者职业病诊断鉴定书的，劳动保障行政部门不再进行调查核实。此时，职业病诊断证明书、鉴定书等同于工伤认定结论。《工伤保险条例》第三章第十九条规定：职工或者其直系亲属认为是工伤，用人单位不认为是工伤的，由用人单位承担举证责任。

根据《中华人民共和国职业病防治法》第四条的有关规定，职业病诊断应当由省级以上人民政府卫生行政部门批准的医疗卫生机构承担。劳动者可以在用人单位所在地或者本人居住地依法承担职业病的医疗卫生机构进行职业病诊断。用人单位和医疗卫生机构发生职业病病人或者疑是职业病病人的，应当及时向所在地卫生行政部门报告。确诊为职业病的，用人单位应当向所在地劳动保障行政部门报告。

当事人对职业病诊断有异议的，可以向做出诊断的医疗卫生机构所在地地方人民政府卫生行政部门申请鉴定。职业病诊断争议由设区的市级以上地方人民政府卫生行政部门根据当事人的申请，组织职业病诊断鉴定委员会进行鉴定。当事人对设区的市级职业病诊断鉴定委员会的鉴定结论不服的，可以向省级人民政府卫生行政部门申请再鉴定。

（三）认定

按照规定，劳动保障行政部门应当自受理工伤认定申请之日起 60 日内做出工伤认定的决定，并书面通知申请工伤认定的职工或者其直系亲属和该职工所在的单位。当事人对劳动保障行政部门所做出的工伤认定不服的，可以向上一级劳动保障行政部门或者本级人民政府申请复议，对复议结果不服的，可以向人民法院起诉，也可以直接向人民法院起诉。

职工外出期间或者在抢险救灾中失踪的，其亲属或者企业应当向企业所在地公安部门、劳动保障行政部门报告。劳动保障行政部门应当根据人民法院宣告死亡的结论认定因工死亡。

四、劳动能力鉴定的程序

劳动能力鉴定是工伤保险制度的重要组成部分，指的是运用医学手段和方法对工伤职工的医疗康复程度和劳动能力丧失程度进行鉴别和评定。

劳动能力鉴定由用人单位、工伤职工或者其直系亲属向设区的市级劳动能力鉴定委员会提出申请，并提供工伤认定决定和职工工伤医疗的有关资料。设区的市级劳动能力鉴定委员会收到劳动能力鉴定申请后，应当从其建立的医疗卫生专家库中随机抽取 3 名或者 5 名相关专家组成的专家组，由专家组提出鉴定意见。设区的市级劳动能力鉴定委员会根据专家组的鉴定意见做出工伤职工劳动能力鉴定结论，必要时，可以委托具备资格的医疗机构协助进行有关的诊断。设区的市级劳动能力鉴定委员会应当自收到劳动能力鉴定申请之日起60日内做出劳动能力鉴定结论，必要时，做出劳动能力鉴定的期限可以延长30日。劳动能力鉴定结论应当及时送达申请鉴定的单位和个人。

申请鉴定的单位和个人对设区的市级劳动能力鉴定委员会做出的鉴定结论不服的，可以在收到该鉴定结论之日起15日内向省、自治区、直辖市劳动能力鉴定委员会提出再次鉴定申请。省、自治区、直辖市劳动能力鉴定委员会做出的劳动能力鉴定结论为最终结论。

自劳动能力鉴定结论做出之日起1年后，工伤职工或者其直系亲属、所在单位或者经办机构认为伤残情况发生变化的，可以申请劳动能力复查鉴定。

五、劳动能力鉴定的判定依据与分级标准

（一）判定依据

《工伤残评标准》依据伤病者于医疗期（又称停工留薪期）满时的器官损伤、功能及对医疗与护理的依赖程度，适当考虑了由于伤残引起的社会心理因素影响，对伤残程度进行综合判定分级。

（二）分级标准

残情按下列分级原则划分为一到十级：

一级：器官缺失或功能完全丧失，其他器官不能代替，存在特殊医疗依赖，生活完全或大部分不能自理。

二级：器官严重缺损或畸形，有严重功能障碍或并发症，存在特殊医疗依赖，或生活大部分不能自理。

三级：器官严重缺损或畸形，有严重功能障碍或并发症，存在特殊医疗依赖，或生活部分不能自理。

四级：器官严重缺损或畸形，有严重功能障碍或并发症，存在特殊医疗依赖，生活不能自理者。

五级：器官大部分缺损或明显畸形，有较重功能障碍或并发症，存在一般医疗依赖，生活不能自理者。

六级：器官大部分缺损或明显畸形，有中等功能障碍或并发症，存在一般医疗依赖，生活能自理者。

七级：器官大部分缺损或畸形，有轻度功能障碍或并发症，存在一般医疗

依赖，生活能自理者。

八级：器官部分缺损，形态异常，轻度功能障碍，有医疗依赖，生活能自理者。

九级：器官部分缺损，形态异常，轻度功能障碍，无医疗依赖，生活能自理者。

十级：器官部分缺损，形态异常，无功能障碍，无医疗依赖，生活能自理者。

六、我国现行劳动能力鉴定标准

目前我国与《工伤保险条例》相配套的劳动能力鉴定标准还未制定出来。实践中仍沿用《职工工伤与职业病致残程度鉴定标准》的有关规定，在确定工伤职工伤残等级的基础上进行劳动能力鉴定。

（一）职工工伤与职业病致残程度鉴定

《工伤残评标准》是国家技术监督局于1996年3月14日发布，同年10月1日实施的。该标准参考了世界卫生组织有关“损害、功能障碍与残疾”的国际分类和美国、英国、日本等国家残疾分级的原则与基准，为工伤和职业病患者在国家规定的医疗期满后进行医学技术鉴定提供了准则和依据。①

该标准按照临床医学和各学科间相互关联的原则，将残情的判定划分为五个门类，即神经内科、神经外科、精神科门；骨科、整形骨科、烧伤科门；眼科、耳鼻喉科、口腔科门；普外科、脑外科、泌尿生殖科门和职业病内科门。

这一标准有三个附录。附录A（标准的附录），是判定基准的补充；附录B（标准的附录），是职工工伤与职业病致残程度鉴定分级；附录C（提示的附录）是正确使用标准的说明。

（二）职工非因工伤残或因病丧失劳动能力程度鉴定标准

《疾病鉴定标准》是劳动和社会保障部于2002年4月5日颁布的，主要目的是为了规范全国职工非伤残或因病丧失劳动能力鉴定工作，从而规范非因工伤残或因病提前退休、退职和医疗期审批等行政行为。

这一标准由范围、总则、判定原则、判定依据、判定基准和正确使用标准

① 赵曼．社会保障学［M］．北京：中国财政经济出版社，2003.

的说明等6个部分组成。分为完全丧失劳动能力和大部分丧失劳动能力两个劳动能力丧失程度等级（档次），其中完全丧失劳动能力包括17个条目；大部分丧失劳动能力包括10个条目。

第三节　工伤保险待遇

一、工伤保险待遇概念及其确定原则

工伤保险待遇就是指劳动者因工受到伤害、患职业疾病或死亡时，其本人或遗属能够从国家、社会得到的物质补偿。

制定工伤保险待遇的标准应当遵循的原则是：

（1）与生产力发展水平相适应的原则。待遇过低或过高都是与生产力发展水平不适应的，会导致社会矛盾。工伤保险待遇标准还应当随着社会经济发展和群众生活水平提高而提高。因此，工伤职工或供养亲属的长期待遇，需要适时进行调整。

（2）切实维护和保障劳动者的基本权益的原则。在劳动关系中，获得劳动保护是职工的基本权利，工伤保险是劳动保护权利的延续。无论是工伤保险项目还是待遇水平都要从维护和保障劳动者的基本权益来考虑，使工伤职工得到必要的经济补偿。

贯彻工伤保险待遇原则，必须建立一个相对公平和统一的环境。所谓相对公平，就是制定工伤保险待遇的标准时，要充分考虑社会总体经济状况和职工总体工资收入，使工伤职工的待遇水平适度，既不能偏高，也不能偏低。所谓相对统一，就是在工伤保险待遇标准和享受待遇的条件方面必须有统一的规定，各行业、各地区不能各行其是。但也要考虑不同地区间职工收入的差异。我国在制定工伤保险待遇标准时，一是考虑了相同等级的工伤职工，待遇支付比例要相同的问题；二是考虑了工伤职工待遇与本地区职工生活水平相适应的问题。所以，现行的工伤保险待遇，既有统一的规定，又与各地的实际工资水平相衔接，给地方留有一定的空间。

二、工伤保险待遇的构成及其条件

世界各国工伤保险立法中，都明确规定了工伤保险待遇项目的构成。一般来讲，包括以下三项内容：一是职业事故的短期津贴。包括医疗费用、暂时丧

失能力的现金补偿及康复所需的费用等。二是职业事故的长期津贴。主要是对永久丧失能力的补偿，补偿方式有定期支付、一次性支付、定期支付与一次性支付相结合等。三是遗属补偿，即抚恤金。①

根据2003年颁布的《工伤保险条例》，我国的工伤保险待遇大致分为：工伤医疗待遇、伤残待遇、职业病待遇、职业康复待遇、因工死亡待遇。根据该条例的规定，职工因工作遭受事故伤害或者患职业病进行治疗，享受工伤医疗待遇，包括医疗康复待遇、伤残待遇以及死亡待遇。工伤保险待遇的基础是劳动者与用人单位之间所形成的劳动关系，它具有人身关系和财产关系的双重属性。在职工发生工伤事故后，基于这种劳动关系的存在，工伤保险将保障职工的收入水平和生活水平不至于因工伤事故而明显下降作为待遇给付的基本出发点。②

工伤保险待遇无论是短期津贴还是长期津贴，都需要符合一定的条件。一般认为，享受工伤保险待遇，必须符合下列条件：

（1）职工遭受事故伤害或者患病以后被认定为工伤。

（2）经劳动能力鉴定委员会鉴定伤残等级。

（3）按规定提出工伤保险待遇申请。

（4）供养亲属必须是工亡职工生前提供主要生活来源且无劳动能力的法定范围内的亲属。

（5）定期待遇的享受者必须是存活的人。

在我国，凡拒不接受劳动能力鉴定者、拒绝治疗者不能享受工伤保险待遇。除此之外，如果工伤职工或者其供养亲属在享受工伤保险待遇期间因为犯罪被收监执行的，则因他们的基本生活另有保障，也不能继续享受工伤保险待遇。虽然犯罪但没有被收监执行的缓刑犯可继续享有有关工伤保险的待遇；对于被假释的犯罪、保外就医，以及刑满释放后的人员，如果仍然符合享受工伤保险待遇条件的，则应当恢复享受工伤保险待遇。

三、工伤保险待遇水平

工伤保险是一个国家或地区社会保障体系的重要组成部分，公平是社会保障制度的本质与核心。因此，其待遇应着力体现以人为本、追求公平的精神，

① 孙光德，董克用．社会保障概论［M］．北京：中国人民大学出版社，2008.

② 孙光德，董克用．社会保障概论［M］．北京：中国人民大学出版社，2008.

以发挥对整个社会的公平、公正、和谐发展的积极促进作用。同时，工伤保险待遇水平必须与社会经济发展水平相适应，如果将其待遇压得过低，工伤职工及其家属将难以维持基本生活。待遇过高，超出了工伤保险基金的承受能力，其待遇支付必将发生困难而不具有可持续性，并可能会引起在职职工的不满。就暂时伤残待遇水平而言，世界各国大多为原有收入水平的 90%，我国则是支付原收入的 100%，这主要是考虑到，与发达国家相比，我国职工的收入水平相对较低，因此，暂时伤残待遇标准不宜定得过低。2003 年颁布的《工伤保险条例》也做了重大调整，一是职工停工留薪期内的待遇由原来的相当于职工本人伤前 12 个月内的平均工资，改为由所在单位照发原工资福利待遇，这符合补偿受伤害者本人直接经济损失的原则；二是对因工死亡的职工遗属待遇做出了更明确、详细的规定，供养亲属抚恤金计发基数由当地职工月平均工资改为职工本人工资，这也是符合国际惯例的，恰当地补偿遗属所受到的经济损失。

第四节 工伤保险争议

一、工伤保险争议

工伤保险争议是指工伤职工及其亲属与企业就工伤保险事宜发生的纠纷。工伤保险争议可能发生的领域十分广泛，不仅仅是劳资纠纷，在劳动能力鉴定、医疗待遇、护理等级、工伤津贴、伤残待遇、死亡待遇上，甚至在借调人员、出境劳务人员工伤待遇上，都有可能发生分歧和争执。另外，争执可能发生在工伤职工与用人单位之间，工伤职工与工伤保险经办机构之间，用人单位与工伤保险经办机构之间，工伤职工与劳动能力鉴定委员会之间，工伤职工与劳动保障行政部门之间，等等。因当事人不同、争议的问题不同，在处理工伤保险争议时适用的处理办法也不相同。

二、工伤保险争议的处理

发生了工伤保险争议，若双方不愿协商或者协商不成，可向当地劳动争议仲裁委员会申请仲裁。仲裁委员会由劳动行政主管部门的代表、工会代表和政府指定经济综合管理部门的代表、专家学者和律师组成，实行少数服从多数的原则。

我国《企业劳动争议处理条例》规定，属于工伤保险争议的范围包括：

（一）因工伤认定而发生争议

适用的法规和政策依据包括《工伤保险条例》、《中华人民共和国劳动保险条例》和全国总工会的《劳动保险问题解答》等。当事人可向当地劳动行政部门的社会保险行政机构申诉，也可以向劳动争议仲裁委员会申请仲裁。由劳动行政部门的社会保险行政机构处理的，当事人对其认定结论不服，可依法提起行政复议或行政诉讼；向劳动争议仲裁委员会申请仲裁的，只要符合受理条件，仲裁委员会应予受理并按有关规定委托当地行政部门的社会保险行政机构进行认定，然后依据认定结论和国家有关规定进行处理。

（二）因伤残等级认定而发生的争议

可以向当地劳动争议仲裁委员会申请仲裁，仲裁委员会受理后，先按有关规定委托当地劳动能力鉴定委员会进行伤残鉴定，然后依据鉴定结论及国家有关规定进行处理。职工对劳动鉴定委员会做出的伤残等级和护理依赖程度鉴定结论不服，可依法提起行政复议或行政诉讼。但是，职工对劳动争议仲裁委员会在处理工伤方面的劳动争议过程中委托当地劳动鉴定委员会所做的伤残鉴定不服的，不能提起行政复议或行政诉讼，而应按劳动争议仲裁程序进行。

（三）因工伤待遇给付问题而发生的争议

可向当地劳动争议仲裁委员会申请仲裁。但是，职工与社会保障经办机构发生的工伤待遇给付争议不属于劳动争议，劳动争议仲裁委员会不予受理。职工可向社会保险机构上一级主管部门申请行政复议。

处理工伤保险争议案件，应该在查清事实的基础上，依法及时处理；双方当事人在适用法律上应一律平等。发生争议后，应尽可能通过协商解决。不愿协商或者协商不成的，可以向本企业劳动争议调解委员会申请调解；调解不成的，可以向劳动争议仲裁委员会申请仲裁。当事人也可以直接向劳动争议仲裁委员会申请仲裁。对仲裁裁决不服的，还可向人民法院起诉。

☞本章小结

工伤也称职业伤害，是指劳动者在从事职业工作或在规定的特殊情况下，遭受的意外伤害或职业病。我国工伤的概念中包括伤、残、亡三种情况。

工伤保险是指为在生产经营活动中或在规定的某些特殊情况下遭受意外伤害、职业病伤害，以及因这两种情况造成死亡、暂时或永久丧失劳动能力的劳动者提供医疗服务、生活保障、经济补偿、医疗和职业康复，并为劳动者所供养的亲属提供遗属抚恤等物质帮助的一种社会保障制度，具有实施范围广泛、保障性强、待遇优厚、给付条件宽、管理与实施较为复杂等特征。实施工伤保险应贯彻无责任补偿原则；个人不缴费原则；风险分担、互助共济原则；区别因工负伤和非因工负伤原则；预防、补偿、康复相结合原则；确定伤残和职业病等级原则等。

在工伤保险建立初期，工伤的范围只包括企业意外事故，随着社会的发展，人们对工伤的认识也在深化，有关工伤范围界定的范围不断扩大。

工伤保险基金是为支付工伤保险待遇，开展工伤预防和职业康复等费用而专门设立的一项社会保险基金。工伤保险基金实行现收现付制，遵循以收定支、收支平衡、工伤预防、待遇补偿和职业康复相结合，以及无责任补偿等原则。

工伤保险基金的筹资模式主要分为雇主完全负担、雇主负担与政府补助相结合、雇主与雇员共同担负、雇主、雇员和政府三方负担以及其他模式。我国工伤保险基金的主要来源是用人单位缴纳的工伤保险费。

工伤保险基金的管理包括基金的筹集和支付两个方面。建立工伤保险基金，一方面要考虑尽可能满足给付待遇的需要；另一方面，也要考虑企业的承受能力。

费率机制是工伤保险管理的核心，确定合理的工伤保险费率机制的步骤是：(1) 初步确定统筹范围内的平均费率水平；(2) 确定行业差别费率；(3) 确定各个企业的费率。

工伤认定是指工伤认定机构根据法律法规的规定，确定职工受伤或患职业病这一事实，是否属于应当认定（视同）为工伤的情形。根据我国的《工伤保险条例》，工伤认定是一种行政行为，由劳动保障行政部门负责，实行地域管辖和级别管辖相结合。进行工伤认定要以工伤保险以承担社会责任作为工伤认定的出发点，将“因工作原因”作为工伤认定的核心，并应严格遵循法律的规定。

劳动能力鉴定是指劳动者因工或非因工负伤以及患病后，劳动鉴定机构对其所进行的丧失劳动能力和生活自理能力程度的一种综合评定。目前国际上有两种劳动能力鉴定评价体系，一种是劳动能力测试，另一种是致残程度测试。

职业病是指劳动者在劳动过程中接触职业性有害因素所导致的疾病。按照国际通行的做法，职业病也应纳入工伤保险范围，享受同等待遇。我国的职业病认定范围是根据2004年1月1日起实施的《工伤保险条例》附录中的“职业病目录”确定。

工伤保险待遇就是指劳动者因工受到伤害、患职业疾病或死亡时，其本人或遗属能够从国家、社会得到的物质补偿。包括短期津贴、职业事故的长期津贴、遗属补偿。工伤保险待遇水平应着力体现以人为本、追求公平的精神，还应与社会经济发展水平相适应。

工伤保险事宜发生争议，若双方不愿协商或者协商不成，可向当地劳动争议仲裁委员会申请仲裁。对仲裁裁决不服的，还可向人民法院起诉。

☞关键术语

工伤　工伤保险　工伤保险基金　工伤保险基金管理
工伤保险待遇　工伤保险争议处理

☞思考题

1. 简述工伤和工伤保险的含义。
2. 简述工伤保险的特征、原则及范围。
3. 简述工伤保障基金及其来源。
4. 简述工伤认定遵循的原则和程序。
5. 简述劳动能力鉴定的程序及判定依据、分级原则。

6. 简述工伤保险待遇种类。

7. 简述工伤保险争议及其处理机构。

☞案例分析一

2011年8月21日19点左右，焦作煤业集团方庄矿有限责任公司职工张来旺下班后骑电动自行车到中铝云台小区建设银行取工资，在回家途中经焦作市中铝一号路韩庄村口东侧处时与陈红喜驾驶的机动车相撞造成交通事故，导致张来旺死亡，经交警部门认定，陈红喜承担事故的全部责任。事故发生后，焦作煤业集团方庄矿有限责任公司申请工伤认定，2012年4月5日被告焦作市人社局以豫移（焦）工伤不认字【2012】001号不予认定工伤决定书，对2011年8月21日张来旺遭受交通事故死亡的情形不认定为工伤。后焦作煤业集团方庄矿有限责任公司在法定时间内向焦作市人民政府申请行政复议，认为下班途中应以第一目的地为准，张来旺从银行再到回家的途中是第二目的地，不是《工伤保险条例》所指的下班途中。2012年8月13日焦作市人民政府以焦政复决字【2012】14号行政复议决定书维持被告作出的“不予认定工伤决定书”。

焦作市解放区人民法院对此案的判决结果为：1. 撤销被告焦作市人社局《不予认定工伤决定书》；2. 本判决生效后六十日内，对张来旺之死重新作出工伤认定。

焦作市人力资源和社会保障局在焦作市解放区人民法院判决后，于2012年12月17日以豫移（焦）工伤不认字【2012】003号再次认定：2011年8月21日张来旺遭受交通事故死亡的情形不认定为工伤。其理由为：根据省厅豫劳社工伤【2005】10号文件规定：“上下班途中，受到机动车事故伤害的，应当认定为工伤。”认为该文件所指的“上下班途中”应理解为直接从居住场所（包括固定居住场所和临时居住场所）到工作场所或直接从工作场所到居住场所的途中。职工从居住场所出发，并非直接到达工作场所，而是中途去其他地方办理与工作无关的事务，则以最后出发地至工作场所的途中为上班途中；职工从工作场所出发，并非直接到达居住场所，而是中途去其他地方办理与工作无关的事务，则以工作场所至到达第一目的地的途中为下班途中。焦作煤业集团方庄矿有限责任公司职工张来旺系下班后先到银行取工资，然后从银行出发折返回家的途中发生交通事故死亡。发生交通事故的地点不是“第一目的地”，因此对2011年8月21日张来旺遭受交通事故死亡的情形不认定为工伤。

焦作市解放区法院在审理后认为：焦作（煤业）集团方庄矿有限责任公司职工张来旺因其维修工作性质，平时上大班无星期六、星期天。2011年8月21日下午下班后因家中急用钱，到距离单位最近的中铝建行取工资，然后骑电动自行车返回家途中发生交通事故被撞导致死亡。其下班路线应视为合理的下班途中，由此受到非本人主要责任的交通事故伤害的应依法认定为工伤。被告焦作市人社局认为银行是“第一目的地”，发生交通事故时不属于“在上下班途中”属于认定事实不清；且被告焦作市人社局作出的豫移（焦）工伤不认字（2012）001号《不予认定工伤决定书》已经被我院作出的（2012）解行初字第20号行政判决书依法撤销，而后在没有任何新的证据、新的理由的情况下又作出了与（2012）001号《不予认定工伤决定书》内容相同的（2012）003号《不予认定工伤决定书》，明显属于程序违法，应予撤销。

2013年4月22日，焦作市解放区法院（2013）解行初字第5号行政诉讼判决书依法判决：1. 撤销被告焦作市人社局《不予认定工伤决定书》；2. 本判决生效后六十日内，对张来旺之死重新作出工伤认定。

资料来源：110法律咨询网：http：//www.110.com/ziliao/article-373404.html.

◎ **分析与思考**

1. 河南省劳动和社会保障厅《复函》是否应当适用于本案关于工伤的认定？

2. 河南省劳动和社会保障厅制发的豫劳社工伤（2005）10号文将“将上

下班途中”的时间、路线以及目的地的合理性分解为“第一目的地”和“第二目的地”是否站得住脚?

☞案例分析二

2002年9月2日，华艺家具厂（私营企业）在传达室门外贴出招工启事，内容为其厂需招用跟车装卸工3名，对象为25岁以上的身强力壮的男子，有意者可于本月底前到厂部办公室报名，月薪面议。当月20日，时年63岁的陈大年在朋友介绍下到华艺家具厂报名并到医院进行了体检，体检结果为健康。25日，华艺厂通知陈大年和另两位被招用人员去上班，月薪定为680元。和其他大多数职工一样，华艺家具厂未与陈大年等三位装卸工订立书面劳动合同。2005年3月19日上班期间，陈大年跟华艺家具厂的送货车将家具送至某商住楼，在到达某商住楼卸货时不慎从车上摔下，造成颅脑损伤，住院治疗两个多月出院，并经当地劳动能力鉴定委员会鉴定为七级伤残。鉴定作出后，陈大年要求按照工伤性质享受工伤保险待遇，并要求华艺厂为其向劳保局申请工伤认定，遭到华艺厂的拒绝。陈大年于2005年9月23日向劳保局提出工伤认定申请。劳保局于同月29日向陈大年送达了不予受理的通知，理由是陈大年属于已超过法定退休年龄的人员，不属于与用人单位建立劳动关系的对象，此类人员不属于工伤认定受理及享受工伤保险待遇的范围。陈大年接到该通知后，于10月8日向法院提起行政诉讼，请求判令劳保局对其作出工伤认定，并依照工伤保险条例的规定享受工伤保险待遇。

资料来源：110 法律咨询网：http：//www. 110. com/ziliao/article-298178. html.

◎ **分析与思考**

1. 已到退休年龄的劳动者因工受伤能否享受工伤保险待遇?

2. 该案中的受害方是否应放弃工伤保险待遇的申诉，转为要求民事损害赔偿?

第10章 妇女儿童社会保障

本章学习要点

- 妇女儿童社会保障的基本内容
- 妇女儿童社会保障的历史发展进程
- 生育保险制度的特点及基本内容
- 我国妇女儿童社会保障制度的内容和问题

第一节 妇女儿童社会保障概述

一、妇女儿童社会保障的内容

妇女儿童社会保障是为保障妇女平等参与社会经济生活，保障母亲、儿童的身体健康与儿童成长而实施的一系列社会保障措施和计划，它使妇女、儿童享受到较为全面的社会保障，主要包括以下三大方面的内容。

（一）妇女就业保障

妇女就业保障是指通过国家立法和政府相关的政策与措施，保障妇女的就业权利和机会，建立男女平等的就业机制，对女职工实行特殊的劳动保护，使妇女能够平等地参与社会经济生活的一系列社会保障项目，它是保障妇女基本权益的集中体现。一般包括五个方面：

（1）通过国家立法保障妇女的就业权益，通过就业政策来指导、鼓励用人单位雇用女性劳动者。如对于雇用女职工达到规定数量的用人单位，政府给予社会保险税优惠的待遇等。

（2）通过国家立法限制用人单位对女职工进行解雇的权利。如立法禁止用人单位以结婚、怀孕、产假及哺乳为由解雇女职工等。

（3）通过国家立法保障女职工在就业期间与男职工享有同等的待遇。如同工同酬、同等的培训机会和同等的晋升机会等。

（4）为保障女职工在生产劳动中的安全和健康，国家立法对女职工实行特殊劳动保护。主要有禁止女职工从事有毒、有害、有危险及强体力的劳动，限定女职工工作时间等。如禁止女职工上夜班，对女职工实行“五期”（经期、孕期、产期、哺乳期和更年期）特殊劳动保护，安排哺乳女职工在工作时间内哺乳，禁止孕妇、哺乳母亲加班加点等。

（5）提高妇女受教育的程度。在当今知识经济时代，受教育不足必然会影响一个人的各方面发展及其能力的提高。所以，要切实有效地保障妇女的就业权益，除通过立法对妇女的就业权实施保障外，还应为妇女提供各种受教育的机会，如举办各种专项就业培训，以增强妇女在就业市场上的竞争力。

上述五个方面为妇女的就业提供了较为有利的条件，对扫除妇女就业障碍、促进妇女就业产生了积极的影响，有助于提高妇女就业率，也为充分保障妇女基本权益、提高妇女就业质量并改善妇女的生活质量奠定了较为坚实的基础。

（二）生育保障

生育保障是社会保障大系统中一个重要的子系统，是指对生育妇女在基本生活、经济、就业、健康、生育费用、哺乳等方面进行的多重保障制度，它通常以社会保险的方式来作出制度安排，再辅之以其他生育保障计划。生育保障关系到一个国家和民族的繁衍生息。生育保障既是保护妇女生育的事，又是一个国家和民族的大事。实施生育保障有助于保护妇女的生育功能，保护母婴健康，维持人类的自身繁衍；同时又能有效保护女性劳动力资源，为她们创造参与和发展的平等机会，为她们抚育子女提供有利条件，这对促进国家的经济发展和社会发展具有重大意义。因此，大多数国家都将生育风险列为必须给予保障的社会经济风险，建立生育保障制度。

然而，由于国情的不同，各国生育保障在覆盖范围、项目设置和待遇水平等方面都有所不同。在一些国家，建立了较完善的生育保障制度，生育保险、社会救助和社会福利三大制度相互衔接、补充，为妇女生育提供了有效保障。妇女无论在业与否，都在生育保障范围内，生育期间能享受到不同程度的物质帮助。如英国、美国等发达国家即如此。在另一些国家，生育保险只为女职工提供生育保障。还有少数国家至今仍未建立生育保障制度。

1. 生育保险制度

在生育保障体系中，生育保险制度的地位最为重要，它覆盖范围较广，保障具有稳定性。因此，生育保险制度在生育保障体系中始终发挥着极为重要的作用。生育保险是通过国家立法，在妇女劳动者因生育子女而暂时中断劳动时，由国家和社会及时给予物质帮助的一项社会保险制度。其宗旨在于通过向生育女职工提供生育津贴、医疗服务和产假等方面的待遇，保障她们因生育而暂时丧失劳动能力时的基本经济收入和医疗需求，帮助她们安全、健康地度过生育期，并使婴儿得到必要的照顾和哺育。目前，生育保险主要为生育女职工提供生育医疗、生育假期、生育津贴、育儿假期等几项待遇。

2. 其他生育保障计划

生育保险是针对职业妇女而设置的一项社会保险制度，在大多数国家还未涉及全体妇女。因此，很多国家通过其他一些生育保障计划为生育保险没有覆盖到的生育妇女提供健康和基本生活需要的帮助，例如家庭援助计划、妇女儿童福利计划及国民保健计划等。

（1）如果孕妇、产妇的生活在贫困线以下，国家以实物和现金的形式给予救济，以保障其基本生活需求和生育期的医疗需要。如 1996 年，美国的“贫困家庭临时援助计划”（TANF）中就规定：怀孕妇女且收入在联邦贫困线以下的家庭可以每月获得现金援助。

（2）给予孕妇、产妇及新生儿各种福利和照顾，包括不同程度地提供母婴关怀、接生、健康访问、家庭护理、接种牛痘等服务，还包括生育现金补贴、未婚母亲特别津贴、免费的婴幼儿用品和免费的奶品券证等。如在美国的孕妇福利中，有为没有资格领取法定怀孕雇员工资的人士设定的孕妇津贴和为那些接受收入补助金、家庭津贴、伤残工作津贴的人士而设的社会基金孕妇补贴金；在瑞典各地都设有母亲照顾中心，几乎所有的母亲在生育前后都可以在那里进行身体检查和咨询。

（三）妇女儿童健康和儿童成长保障

为保障妇女儿童的健康，很多国家都为妇女儿童提供了各种各样的保健服务。从各国设立的保健服务项目看，主要有六项。

1. 妇女保健

妇女保健是妇女保障的重要组成部分，它关系到整个民族素质提高和千家万户的幸福。因此，各国都非常重视妇女保健工作，对妇女保健问题的研究和妇女保健事业的迅速发展已成为世界性趋势。

妇女保健是针对妇女生理特点提供的特别保健，是为保护妇女身心健康而采取的医疗保健措施。最初，妇女保健工作是从孕产期保健做起的，并逐步成为一种制度。这是因为生育保证了人类的繁衍及世代延续，具有社会价值，而生育会导致生育妇女身体的损耗和一系列的生理变化。因此，对于女性承担的社会责任和身体健康的付出，社会应给予充分肯定和特别呵护，并把妇女孕产期保健作为社会福利制度的一项重要内容。随着社会的进步、医学科学的发展以及妇女就业人数的不断增加，妇女保健的含义和范围突破了上述狭义的解释，由昔日的“母婴保健中心”发展到女性一生各阶段和特殊情况下全过程的保健，包括妇女“五期”保健、妇女常见疾病防治等。

2. 家庭补贴

这是以家庭为对象设立的一种补贴制度，主要是对养育儿童的低收入家庭提供的帮助。家庭补贴是世界各国在进行社会福利和社会服务工作时一种最基本的工作计划形式，且项目日益扩大，种类繁多，如孕妇补贴、儿童补贴、多子女家庭补贴、单亲家庭补贴、家庭支持补贴、孤儿补贴、入学补贴和针对残疾儿童的残疾补贴等。以西欧国家为例，对生育子女的家庭给予定期支付的津贴。家庭有一个子女便可以享受家庭补贴，子女越多补贴越多，一般到四个子女为止。如法国对在法国居住并抚养两个以上子女且又都在 17 岁以下的家庭均可给予多子女补贴；英国则对每个儿童自出生起按周发给儿童津贴，对单亲家庭中的每一个孩子加发附加儿童津贴，对孤儿增加孤儿津贴；瑞典所有 16 岁以下的儿童每月都可以领到政府给予的儿童补助，三个子女以上的家庭还可以得到额外的津贴。

3. 限制使用童工，保护儿童身心健康

为有效避免过度劳动和职业伤害对儿童身心健康的摧残，国际劳工组织自 1919 年成立后就相继颁布了一系列有关限制、禁止雇用童工的国际公约。最早是在 1919 年、1920 年第一届、第二届国际劳工大会上通过了《最低年龄（工业）公约》和《最低年龄（海上）公约》，规定 14 岁为工业雇用儿童的最低年龄，禁止 14 岁以下儿童在海上工作。① 1973 年，又通过了旨在消除童

① 孙光德，董克用．社会保障概论［M］．北京：中国人民大学出版社，2008.

工劳动的《准予就业最低年龄公约》，规定最低就业年龄不低于完成义务教育的年龄，并在任何情况下不得低于15岁。1999年，第87届国际劳工大会通过《禁止和立即行动消除最恶劣形式的童工劳动公约》，呼吁立即采取有效措施确保禁止和消除最恶劣形式的童工劳动，主要包括奴役制和类似的做法，强迫征募儿童参与武装冲突，使用儿童卖淫和从事色情服务任何非法活动以及可能危害儿童的健康、安全和道德的工作，从而在全世界范围内有效禁止最有害的童工形式。之后，很多国家相继批准加入这一公约，在劳工组织183个会员国中，已有173个国家经批准了这一公约，并颁布禁止使用童工的法规。为鼓励更多的国家关注童工问题，国际劳工组织在2002年决定将每年的6月12日定为“世界反对雇用童工日”。2010年6月国际劳工组织又特别发表新闻公报，呼吁并敦促各国采取切实行动，力争到2016年消除最有害的童工形式。

上述公约对签约国有重要的约束和指导作用，为童工权利的保护提供了可能，在一定程度上有效地保护了儿童的健康成长。但遗憾的是，如今世界范围内的童工问题依然非常严重，特别是在发展中国家。根据国际劳工组织统计，至2013年全球有1.68亿名童工，也就是说，全世界每10个儿童中就有一名童工，① 因此，要全面消除童工现象还有较长的路要走。

4. 儿童保健

儿童的生存、健康发展及保护儿童的合法权利已成为世界各国政府和世界卫生组织共同关注的问题。很多国家都实施了儿童计划免疫和健康指导计划，且皆由国家免费提供，儿童享受更优惠、更周到的医疗保健服务，如免去挂号费，免费治疗牙病，生病需要照顾时家长还可以享有带薪护理假等。很多欧美国家，儿童保健工作已经法律化、制度化。其中，瑞典的儿童保健工作一直被公认为典范，从母亲怀孕到学龄前的儿童都是儿童保健工作的对象；所有儿童都要在儿童保健中心进行免费保健。此外，瑞典还为儿童提供健康照料，如瑞典各地都设有母亲保健中心，负责孕产妇的保健工作；孕妇产前产后护理及住院分娩都完全免费；学龄前儿童及中小学生在儿童保健中心和校卫生所看病完全免费；10岁以下儿童住院，孩子的父母去看望，每周至少也可以报销一次路费；父母因照看残疾儿童而不能工作时，国家提供

① 国际劳工组织统计称全球童工问题依然严峻［DB/OL］.（2014-06-28）http：//cn. nhandan. org. vn/international/in_ forcus/item/1227601.

其相当于提前退休金的补助，并规定在家中要照顾 16 岁以下伤残儿童的父母，可以领取儿童照料补助。

5. 儿童教育

儿童教育一直是各国社会福利支持的重点，体现了普遍的儿童成长保障，为儿童健康成长提供了极为有利的条件。很多国家规定，儿童免费接受中、小学教育，并同时享受免费的课本、文具及在校午餐等。如瑞典实行中小学的免费教育，学生的学习用具、课间午餐、教学设备等也是免费提供的。政府还向学生提供住宿补助、交通补助以及学习赠款、助学金和低息贷款等；日本实行九年制免费义务教育，教学费用由国家承担，对困难的学生，政府还给予物质帮助，使之享用各种奖学金和贷款，在小学普遍实行免费午餐制等。

6. 儿童照顾

这是一项有关照顾、保护儿童的保障项目。一般是在社区内设立儿童之家，为不能照顾孩子的家庭提供帮助；还兼有收留和教育孤儿、弃儿及残疾儿童的责任。如北欧国家对儿童照顾主要采取儿童日托这一制度性服务模式，这一责任的主要承担者是地方政府，这形成了以丹麦和瑞典为代表的北欧模式——公共托育服务制度，其特点为公共提供、平等普及、充分配合父母的工作需要。为了适应父母就业的需要，瑞典和丹麦还针对全国小学童大规模提供课后托育。此外，还有如家庭日托等基于社区的非正式照顾形式。

二、妇女儿童社会保障的发展历程

妇女儿童社会保障是随着社会的进步、妇女的解放而逐步产生和发展起来的。它大致经历了三个发展阶段：20 世纪 40 年代粗具规模，20 世纪 40 年代至 60 年代得到长足发展，20 世纪 70 年代后开始调整、完善。

（一）妇女儿童社会保障制度的初步建立

社会救助是妇女儿童社会保障的最初形式。西方国家的民间团体很早就有筹募资金、收养孤儿、救济贫困家庭的慈善举动。进入工业社会后，政府为解决社会矛盾，通过财政拨款和联合社会各界筹集资金向贫困家庭提供援助。因此，出现了妇女儿童社会保障的最初形式。

女工和童工劳动保护是妇女儿童社会保障的最初内容。1883 年英国颁布《工厂法》，以女工和未成年工为主要保护对象。1839 年德国颁布《普鲁士儿童保护法》，禁止使用 9 岁以下童工。1919 年起，国际劳工组织多次颁布妇女劳动保护公约和禁止、限制使用童工公约。19 世纪末社会保险制度诞生。此后，随着妇女大量涌入工业生产劳动，女工劳动保护和生育期间的生活保障就越来越成为一个社会问题，在工会组织和工人运动的推动下，意大利政府率先把生育保险列入疾病保险的范围。由此，产生了妇女儿童社会保障的第二个形式和内容。随后，西方国家在社会保险制度中开始增加生育保险的项目。1918 年，英国议会通过《产妇幼儿福利法》以保障孕妇和 5 岁以下儿童的健康，在世界上首次以专项法规的形式规范妇女儿童社会保障，丰富了妇女儿童社会保障的内容。1919 年国际劳工组织颁布的《生育保护公约》，规定了生育保护的内容。之后，西方国家又相继设立了生育补助、家庭补助等保障妇女儿童生活和健康的保障项目，到 20 世纪 40 年代，妇女儿童社会保障制度初步形成。

（二）妇女儿童社会保障制度的发展

第二次世界大战以后，随着西方国家社会保障制度的发展和成熟，妇女儿童社会保障得到重视和发展。国际劳工组织也在 1952 年重新修订《生育保护公约》，颁布《生育保护建议书》。1953 年，世界工联维也纳会议在争取社会保障的完备纲领中指出：真正的社会保险必须包括生育保险在内。① 另外，前苏联、东欧国家及第二次世界大战后独立的一批新兴国家也陆续建立起妇女儿童社会保障制度。这样，到 20 世纪 60 年代，妇女儿童社会保障的规模、项目和水平都有了极大的发展和提高，并形成了较为完备的体系。

1. 完善妇女儿童社会保障制度

第二次世界大战后，很多国家都制定或修订了社会保障和妇女儿童社会保障的有关法规，以法律的形式保护妇女和儿童各方面的权益，如劳动就业权利、同工同酬权利、享受劳动保护和生育保险待遇的权利、儿童保护和儿童教育权利等。

2. 增加妇女儿童社会保障项目

欧美发达国家在实施国民医疗保健时，为妇女儿童增加了原来仅覆盖工薪劳动者的医疗保险，实施家庭补助计划，建立家庭妇女自愿退休保险制度，增加妻子津贴、寡妇津贴等项目，为儿童建立、增设了各种类型的福利计划和福利设施，对妇女儿童实施了有效的社会保障。

---

① 孙光德，董克用．社会保障概论［M］．北京：中国人民大学出版社，2008.

3. 扩大规模、提高标准

第二次世界大战后，欧美发达国家扩大妇女儿童社会保障范围，将妇女儿童社会保障项目在全国范围内普遍推广，同时提高保障项目的标准。如家庭补助项目，在法国、美国、英国和瑞典都普遍实行，而且家庭补助的标准越来越高，英国在 1945 年开始实行家庭补助项目时，除第一个孩子外，其他孩子每周 25 便士，到 1975 年则提高至 1.5 英镑。①

4. 规范妇女儿童社会保障管理

欧美发达国家和第二次世界大战后独立的国家规定和完善了妇女儿童社会保障制度，并把它纳入社会保障体系，通过政府投资和多元化的筹资渠道，建立统一的基金账户，统一待遇标准，设立专门机构进行管理，使妇女儿童社会保障管理日趋规范化。

到 20 世纪 70 年代，妇女儿童社会保障在全世界范围内得到全面发展。但由于此时期社会保障水平不断提高，西方国家背上了沉重的财政负担，并被迫对社会保障制度进行改革，这其中也包括了对妇女儿童社会保障的改革，主要是降低待遇水平、削减福利开支，但妇女儿童社会保障的总体水平与调整前相比差异不大。此后，妇女儿童社会保障制度逐步调整完善。

第二节　生育保险

为保障生育妇女和新生儿的健康和基本生活，提高人口素质，保证劳动力的再生产，大多数国家都根据本国的经济社会制度，制定了相应的生育保障制度，而生育保险则是生育保障制度的主体部分。

一、生育保险的概念和特点

（一）生育保险的概念

生育保险是指女性劳动者在因生育子女暂时丧失劳动能力而中断经济来源时，由国家、社会及时提供必要的经济补偿和医疗保健服务的一种社会保险制度。它是一项专门保护职业妇女的社会保险，是对广大女性劳动者和人类种族繁衍表示关注和爱护的国际性措施，也是生育子女这一家庭事务得到社会承认

① 孙光德，董克用．社会保障概论［M］．北京：中国人民大学出版社，2008.

和资助的国际通行措施。

（二）生育保险的特点

生育保险与医疗保险、工伤保险和养老保险相比，有其鲜明的特点。

1. 保险内容和目的的特殊性

生育虽有风险，却是妇女一生中正常的生理现象和自然现象，在正常情况下，一般不需要特殊的治疗，住院生育妇女也不应被视为“病人”。所以，妇女生育期间的医疗服务是以保健、咨询、检查为主。例如指导孕妇把握、处理好工作与休养、保健与锻炼的关系，给予生育妇女足够的休养时间和物质帮助，在孕期、分娩和产后提供相应的营养补充、检查、咨询、护理、助产、医药等一系列的保健服务，使她们能够顺利地度过生育期，并保障母婴的平安和健康。这与医疗保险所提供的医疗服务以治疗为主是完全不同的。

生育保险的目的是既要保障生育妇女本人的健康和安全，又要保障婴儿的健康和平安，承担着重大的社会责任。正因如此，生育保险的待遇水平一般高于其他社会保险项目，带有明显的福利性。

2. 保险对象的有限性

与其他社会保险项目相比，生育保险的覆盖面相对较窄。一般情况下，生育保险的对象主要是参加保险的女性劳动者，并不包括所有的妇女。对此，各国都有一些规定性限制。但随着社会的进步和经济的发展，一些国家已将生育保险的对象逐步扩展到了男职工供养的配偶，甚至是所有妇女；还有一些国家和地区的生育保险制度规定，男职工在配偶生育后也可享受一定的带薪假期，以负责照顾生育后的妻子和婴儿。如瑞典政府就规定婴儿的父母皆可享受生育现金补助。

3. 保险待遇期限的共享性

妇女的生育行为有其特殊性：妇女怀孕后，在临产前的一段时间内因行动不便，不能正常工作；而分娩后，又需要一段时间来恢复身体、照料婴儿。妇女生育行为的这种特殊性决定了生育保险的假期应包括产前和产后两个阶段，在这两个阶段内，女职工都应享受生育保险的待遇。这是生育保险区别于医疗保险、失业保险和养老保险的又一个特点。

4. 保险待遇享受的阶段性

生育现象属于正常的生理现象，而这种生理现象又是在一定的时间内发生的，并不伴随妇女的一生。与疾病、伤残、年老等引起的病理变化不同，生育所引起的妇女劳动能力的丧失及经济收入的损失都是暂时的，因此，生育保险的待遇享受也就相应地具有一定的阶段性和暂时性特征。在生育保险项目中，医疗服务、产假、生育津贴、育儿假期等待遇都有明确的时间规定，如果超出规定的期限就不能再享受相关的待遇了。

二、生育保险制度的发展历程

最早提出“生育保险”的是德国，1883 年德国在颁布的《疾病保险法》中第一次提出“生育保险”这一概念。

最早的生育保险国际公约是 1919 年国际劳工组织颁布的《生育保护公约》，其目的是保证女职工在生产期间能够供养、照顾自己和婴儿，主要内容有：生育产假，生育津贴，就业保护，哺乳时间等。《生育保护公约》的颁布为女职工生育待遇的改善、提高奠定了基础。第二次世界大战以后，生育保险在世界范围内得以较快发展，到 1952 年已有 40 个国家为女职工提供了生育保护福利。

1952 年，国际劳工组织为推进生育保险在世界范围内的进一步发展，重新修订《生育保护公约》，并颁布了《生育保护建议书》以指导实施工作。公约和建议书对生育保护作了国际统一认同的规定，并提出了相应的建议。其内容主要包括：生育保护范围，适用于一切企业及农业产业的妇女，包括在家庭工作的有薪妇女；生育产假，产假至少 12 周，并建议可延长至 14 周；生育现金及医疗补助，产妇有权享受足以维持本人和婴儿适当生活水平的生育现金补助，以及包括产前、产时、产后护理、必要的住院护理在内的医疗补助，生育现金补助的计算，以生育女职工最近某时期的薪金收入为基数，至少应为该收入的 2/3；工作权利，禁止解雇生育休假期间的妇女；哺乳时间，每天两次，每次半个小时，哺乳中断工作的时间应算在工时之内。之后，世界上大多数国家都根据本国的实际情况，批准了国际劳工组织的《生育保护公约》，制定相应的措施，逐步建立起生育保险制度。

2000 年，国际劳工组织又对 1952 年的《生育保护公约》进行修订，该公约共 21 条，增加了健康保护条件、患病或并发症情况下的休假等新内容，在生育保护范围、产假时间、津贴、就业保护等方面也增加了一些新规定。总体来看，该公约规定的各项标准较高，如产假时间规定不得少于 14 周，比之前增加了 2 周。因此，迄今为止，只有为数不多的几个国家批准了这一公约。但不可否认，该公约的颁布，对世界各国生育保险制度的发展、完善起了极大的促进作用。

三、生育保险的内容

纵观世界各国生育保险制度，生育保险的内容主要包括生育保险的待遇项目和享受生育保险的条件两个方面。

（一）生育保险的待遇项目

1. 生育医疗待遇

这是为女职工生育提供医疗帮助的，包括孕期保健、分娩和产后母婴保健等一系列医疗服务和费用，以保障母婴的健康平安。各国生育保险提供的医疗待遇一般根据本国的经济实力和社会保险基金的承受能力而定，大多数国家的生育保险为女职工提供从怀孕到产后的医疗保健和治疗服务。在一些国家，还向男职工之妻提供此项待遇。而在另一些国家，这一项目可以放在医疗保险的范围内，成为医疗保险的子项目，如在实行全面医疗保险的英国已覆盖到全体妇女，规定所有本国居民均可享受生育方面的医疗服务。

2. 带薪产假

这是女职工在怀孕、生育和产后照顾婴儿期间所依法享有的休假。世界上绝大多数国家都对产假做了较为明确的规定，欧洲的一些国家，如丹麦、挪威、瑞典等国还规定，父亲也可以享受带薪产假。由于生育保险具有待遇期限共享的特点，故产假一般分为产前假和产后假两个阶段，多数国家还依据生产过程的难易程度和产出婴儿数把产假分为正常产假、难产产假和多胞胎产假。规定产假的长度一般考虑两个因素：一是有利于产妇恢复健康，二是人口政策和社会经济承受能力。1952 年和 2000 年的《生育保护公约》，分别规定产假至少为 12 周和 14 周。总体来看，多数国家规定的产假在 12～18 周，少数国家为 10 周，规定产假为 12 周的国家所占比例最大，还有少数国家在 20 周以上，如匈牙利为 20 周、意大利为 31 周、德国为 32 周、芬兰为 33 周。而在发展中国家，产假相对较短，如利比亚是 50 天、菲律宾是 45 天。此外，在一些发达国家，为了保护母婴健康、鼓励生育，还依据不同胎次来规定产假的长短，产假的长短与胎次呈正相关关系，如波兰、法国和保加利亚等国就规定，第一胎产假为 16～17 周，第二胎产假为 18～21 周，第三胎以后产假为 26 周。

3. 生育津贴

这是对女职工生育期间的经济收入损失依法给予的现金补偿，以保障其生育时基本的生活需要。母亲的营养状况直接影响母亲的健康和胎儿、婴儿的生长发育，所以生育保险的收入补偿，在一切险种中是最高的，生育津贴一般相当于妇女劳动者生育前的工资标准。1952 年的《生育保护公约》建议生育保险的工资替代率为 67%，而大多数国家为原工资的 100%，也有的国家为原工资的 2/3 左右，还有些国家只为生育休假的女职工保留工作岗位而不支付生育津贴。为平衡待遇，有些国家的生育津贴支付时间与产假长度不同步，产假长的国家往往会相应地减少生育津贴的数额，如芬兰产假为 33 周，其生育津贴却仅为原工资的 55%。生育津贴的支付期限一般从预产期前 6 周开始，到产后 6 周为止。其计算方法有均一制和薪资比例制两种。虽然生育津贴的标准受益人是生育职业妇女，但有的国家包含男工之妻，有的国家还规定了其他受益人，如芬兰、丹麦、挪威、瑞典等国规定，产妇返回工作岗位，生育津贴可支付给在家看护婴儿的职业父亲。生育津贴的计算方法有均一制和薪资比例制两种。

4. 生育补助

这是为补助由生育带来的开支，又称为子女补助。在一些国家，生育保险可为新生儿提供一定的现金和实物补助，如法国、葡萄牙、玻利维亚的“护理津贴”和“育儿津贴”，墨西哥、以色列提供的“婴儿用品津贴”等；有的采取实物发放的办法，如发放免费奶票凭证等。

5. 育儿假期

这是为母亲或父亲任何一方在产假期满后，能继续休假照顾婴儿而提供的。目前，育儿假期只在少数国家实行，且假期长短不一，相差较大，从 6 个月到 3 年不等。有些国家在育儿假期时还发给标准低于生育津贴的育儿津贴，有些国家则不对育儿假期时的收入损失进行补偿，而只为休假者保留职位、计算工龄。

在上述生育保险待遇中，医疗服务、产假和生育津贴是最为重要的保险项目。

（二）享受生育保险的条件

生育保险待遇的享受者，除在少数发达国家覆盖一切妇女外，大多数国家都是面向职业妇女；而在享受条件方面，除芬兰少数国家规定凡是本国公民均有资格享受外，绝大多数国家都对生育保险的待遇享受做了一定的条件限制。各国享受生育保险条件的规定不尽相同，大体可以分为以下几种情况：

1. 投保的限制，如意大利、日本、波兰、丹麦、几内亚和危地马拉等国规定，只有参加生育保险的职工才能享受生育保险待遇。

2. 投保时间的限制，即缴纳保险费且达到规定的最低期限，如墨西哥规定，妇女生育前1年内必须投保满30周才能享受生育保险。一般规定投保期限为产前最近的6个月，到生育后即终止。

3. 投保时间和受雇时间都达到规定的标准，如法国规定，投保人必须在产前投保满10个月，并在产前1年的最后3个月内受雇满200小时，才能享受生育保险待遇。

4. 居住权限制，如冰岛规定只有拥有该国常住权的母亲才可以享受生育保险金；卢森堡规定投保人需在国内居住满12个月且夫妻两人必须在该国居住3年才能享受生育保险。

5. 不规定具体的投保条件，凡符合国家公民资格和财产调查手续的妇女，一律可以享受生育保险待遇，如澳大利亚、新西兰等国。①

第三节　我国妇女儿童社会保障

中华人民共和国成立前，中国共产党就重视对妇女儿童的社会保障工作，并在中央苏区、抗日根据地及解放区根据地相继进行了这方面的尝试。中华人民共和国成立后，为切实保障妇女儿童的各方面权益，相继颁布了一系列法律法规，逐步建立了妇女儿童社会保障制度。

一、我国妇女儿童社会保障制度的演进

（一）我国妇女儿童社会保障制度的建立

中华人民共和国成立初期，党和政府在领导人民进行各项建设事业的同时，着手进行妇女儿童社会保障方面的工作，到20世纪60年代我国妇女儿童社会保障制度初步形成。

1. 保障妇女就业权益，建立劳动保护制度

1954年颁布的《中华人民共和国宪法》第42条规定：公民有参加劳动的权利。这样，通过国家宪法保障了妇女的就业权，为妇女劳动权利的实现

① 孙光德，董克用．社会保障概论［M］．北京：中国人民大学出版社，2008.

提供了可靠的法律依据。此外，政府还采取一系列具体措施为妇女提供各种就业机会，提倡同工同酬，使妇女享有与男子平等的就业权利，实现男女就业平等。

国家对女工采取劳动保护，制定并公布一系列法规。20 世纪 50 年代初期，开始建立初步的女工劳动保护制度，主要是在女工较为集中的纺织系统进行妇科病普查普治的工作，在企业建立女卫生室，女职工每人每月发给卫生费 5 角等。1956 年，政府制定《中华人民共和国女工保护条例（草案）》，系统列出了各项保护条例，拨专款改善卫生设施和劳动条件，针对妇女“四期”（经期、孕期、产期、哺乳期）的生理特点，提出具体保护措施。同年，国家建设委员会和卫生部颁发《工业企业设计卫生标准》、国务院公布《工厂安全卫生规程》，都要求工厂设置女工卫生室、孕妇休息室等福利设施。1960 年中共中央批转劳动部、全国总工会、妇联党组《关于女工劳动保护工作的报告》指出：“对从事井下采掘、支柱等笨重的体力劳动和接触特别有害妇女生理机能的有毒物质的女工，应当坚决调整她们的工作，并做好解释工作，做到既保证她们的安全健康，又不损伤她们的积极性”。由此，女工劳动保护制度开始系统实行。1955 年，农村开始实行妇女“四期”劳动保护制度，次年，国务院下发了《高级农业生产合作社示范章程》，对农村妇女的劳动保护问题做了明确规定。1961 年，全国妇联向中央呈报了《关于进一步贯彻农村妇女劳动保护政策的请示报告》，党中央批转各地认真贯彻执行。到 20 世纪 60 年代初期，在全国范围内初步建立了女工劳动保护制度。

2. 建立生育保险制度

中华人民共和国成立伊始，政府就把有关女职工权益的维护以立法的形式加以确定。1951 年政务院颁布的《劳动保险条例》第 16 条规定：女工人与女职员生育，产前产后共给假 56 日，产假期间，工资照发；怀孕检查或分娩时，其检查费与接生费由企业行政方面或资方负担；女工人与女职员或男工人与男职员的配偶生育时，由劳动保险基金项下发给生育补助费 4 元。1953 年公布修正后的《劳动保险条例》，劳动部发布《劳动保险条例实施细则》，对企业女职工的生育保险待遇做了更为详细具体的规定。1952 年政务院发布《关于各级人民政府、党派、团体及所属事业单位的国家工作人员实行公费医疗预防的指示》，1955 年国务院发布《关于女工作人员生育假期规定的通知》，规定了机关、事业单位女职工的生育待遇，由产假、产假工资、生育补助费、孕产期医疗保健费四个部分组成，把生育费用纳入公费医疗项目，由财政拨款。至此，生育保险制度初步建立，女职工生育待遇的覆盖面从企业女职工扩大到机关、事业单位的所有女职工。

3. 初步建立妇女儿童福利制度

（1）对职工子女医疗费的支付在相关文件中做出了具体规定。如1951年颁布的《劳动保险条例》规定：工人与职员供养的直系亲属患病时在该企业医疗所、医院、特约医院或特约中西医师处免费诊治，手术费及普通药费，由企业行政方面或资方负担二分之一，1955年财政部等部委联合发出《关于国家机关工作人员子女医疗问题的通知》，规定子女享受半公费医疗待遇。

（2）积极发展托幼事业，建立托儿所、幼儿园。1953年《劳动保险条例实施细则修正草案》第51条规定：实行劳动保险的企业的女工人与女职员，有四周岁以内的子女在20人以上，经企业行政方面或资方与工会基层委员会双方协商，有必要和可能时，设立托儿所。其房屋设备、工作人员工资及一切经常费用完全由企业行政方面或资方负担。如尚未具备设立托儿所条件，而有哺乳婴儿5个以上时，需设立哺乳室。此外，还提倡在农村成立托儿组织。

（3）建立妇幼保健制度，兴办儿童福利机构。为保护妇女儿童健康，建立起对全体儿童免费接种和定期健康检查制度，并在大城市建立妇幼保健机构，负责妇女儿童的保健事项。各地民政部门接收改造旧的儿童慈善机构、大力兴办多种类型的儿童福利机构，收养孤儿弃婴，照顾、医治伤残儿童，并保证他们的生存与成长。

（二）我国妇女儿童社会保障制度的改革与完善

自1978年以来，我国妇女儿童社会保障制度进入不断的调整、改革和完善阶段，针对妇女儿童社会保障与现实需求不相适应的地方进行了改革，从而建立起较为完善的妇女儿童社会保障制度。

1. 妇女就业保障进一步规范完善

1992年全面保障妇女权益的《中华人民共和国妇女权益保障法》（以下简称《妇女权益保障法》）和1994年保障妇女就业权利的《中华人民共和国劳动法》（以下简称《劳动法》）的颁布，为妇女在市场就业机制下获得平等就业权利奠定了法律基础。2005年修订的《妇女权益保障法》则明确规定“实行男女平等是国家的基本国策"，并将关系到妇女生存和发展的劳动和社会保障权益作为妇女的基本权益补充进来。

改革开放以来，女工劳动保护制度也更加规范。自 1979 年以来，国家相继发布《工业企业设计卫生标准》、《女职工保健工作暂行规定》、《女职工劳动保护规定》、《女职工禁忌劳动范围的规定》、《女职工保健工作规定》及《中华人民共和国劳动法》等几部法律法规文件，它们对女职工劳动保护的以下几个方面进行了明确规范：一是禁止安排女职工从事有害妇女健康的劳动；二是对女职工的"四期"保护；三是对女职工劳动保护的其他措施。2012 年 4 月国务院颁布《女职工劳动保护特别规定》，再次明确规定了女职工禁忌从事的劳动范围，以切实保护女职工的健康。自 20 世纪 90 年代至今，北京、广东、江苏、山东、海南、湖南、湖北等十几个省、市、自治区的女职工劳动保护规定又增加了对女职工更年期的劳动保护，女职工的"四期"保护发展为"五期"保护。

2. 生育保险制度的改革与完善

"文化大革命"期间，我国劳动者"单位所有制"逐渐形成，生育保险倒退为企业保险，女职工所在单位作为保险责任主体，单独承担女职工生育的费用和生育带来的经济损失。此种保险形式在实施过程中显现出三个方面的弊端：一是在女职工集中的企业因生育费用负担过重而难以平等地参与市场竞争；二是企业为避免承担生育费用而不愿招用女职工，使妇女难以平等就业；三是在部分效益不好或濒临倒闭的企业，女职工生育期间的有关待遇难以兑现。为解决上述问题，1988 年以来我国进行了生育保险制度的改革和探索，从单位统筹模式转为社会统筹模式，归纳起来主要有以下两种做法：

（1）生育费用社会统筹。生育保险资金按照以支定收、收支基本平衡的原则筹集，企业按职工工资总额的一定比例或按职工人数定期向社会保险经办机构缴纳生育保险费，建立生育保险基金，职工个人不缴费。女职工的生育津贴和医疗费用由生育保险基金支付。

（2）生育费用由夫妇双方单位共同分担。女职工的生育津贴和医疗费用由夫妇双方单位各承担 50%。

根据对这两种做法的比较，劳动部门最终选择了把生育保险基金社会统筹作为我国生育保险改革的方向。1994 年 12 月劳动部颁布《企业职工生育保险试行办法》，就生育保险的实施范围、基金征集原则及提取比例、统筹层次、基金列支渠道和待遇支付标准等提出了原则性的意见。随后，各省政府据此制定生育保险地方法规。2001 年 5 月，国务院印发《中国妇女发展纲要（2001—2010 年）》，提出到 2010 年城镇职工生育保险覆盖面达到 90%以上的目标，普遍建立城镇职工生育保险制度，完善相关配套措施，切实保障女职工生育期间的基本生活和医疗保健需求。至此，在全国范围内基本形成了以《女职工劳动保护规定》和《企业职工生育保险试行办法》为法律依据的生育保险社会化的新格局。到 2010 年年末，我国生育保险参保人数达到 1.23 亿人，职工生育保险覆盖面已达到 90%以上，享受生育保险人数和待遇水平都有较大幅度提高。① 2010 年 10 月我国公布《中华人民共和国社会保险法》（主席令第三十五号，简称《社会保险法》），第六章为生育保险专章，对生育保险的参保范围、缴费、生育保险待遇、生育医疗费用和生育津贴等方面作了进一步的规定。2011 年国务院颁布《中国妇女发展纲要（2011—2020 年）》，提出城乡生育保障制度进一步完善，生育保险覆盖所有用人单位，妇女生育保障水平稳步提高的新目标。

3. 妇女儿童福利制度渐趋完善

为保障妇女儿童的健康、保护儿童权益，并为儿童创建良好的成长环境，改革开放以来，我国在原有的基础上，进一步完善了妇女儿童福利制度。

（1）增进妇女儿童健康，促进儿童身心健康发展。1994 年 10 月，国家颁布《中华人民共和国母婴保健法》，规定：国家发展母婴保健事业，提供必要条件和物质帮助，使母亲和婴儿获得医疗保健服务，设立独生子女保健津贴。之后，我国相继建立起覆盖城乡的妇幼保健机构，使妇幼保健服务网络逐步完善。2009 年 12 月为规范儿童保健服务，提高儿童健康水平，依据《中华人民共和国母婴保健法》及其实施办法等相关法律法规，制定《全国儿童保健工作规范（试行）》和《儿童保健专业门诊用房及设备设施基本要求》，进一步明确了儿童保健的职责、内容和要求。

（2）积极发展儿童教育事业，保障儿童全面发展的权利。1990 年 2 月原国家教委发布《幼儿园管理条例》，推动了托幼事业的良好发展。1986 年 4 月国务院颁布《中华人民共和国义务教育法》（简称《义务教育法》），2006 年 6 月又重新修订颁布，规定国家统一实施九年义务教育制度，所有适龄儿童、少年必须接受教育；实施义务教育，不收学费、杂费；国家建立义务教育经费

① 李菲．到 2010 年末我国职工生育保险覆盖面达 90%以上［DB/OL］．（2012-10-07）http：//www. xiangrikui. com/shehuibaoxian/shengyubaoxian/20121007/269115. html.

保障机制，保证义务教育制度实施。新《义务教育法》强调了流动人口子女接受义务教育的问题，要求当地人民政府要为他们提供平等接受义务教育的条件。2011 年 8 月《中国儿童发展纲要（2011—2020 年）》颁布，提出普及高中阶段教育、保障所有儿童享有公平教育。现今，儿童教育在实施九年义务教育的基础上，大中城市及富裕地区开始有计划地普及高中教育。同时，针对日益迫切的大量城市流动人口和进城务工农民工子女在流入地参加高考的问题，2012 年 9 月国务院办公厅发出文件，要求各地在 2012 年 12 月 31 日前出台异地高考具体办法，截至 2014 年 6 月已有 27 个省（市、自治区）出台和实施了开放异地高考的政策。

4. 儿童保护法律法规体系的建立和完善

为保障儿童各方面权益，1990 年我国签署了旨在保护儿童权益、为世界各国儿童创建良好成长环境的《联合国儿童权利公约》，成为《联合国儿童权利公约》缔约国。1991 年国家颁布《中华人民共和国未成年人保护法》（2006 年和 2012 年 2 次修订），规定保障未成年人的合法权益，并明确了家庭、学校、社会和司法四个方面在保障未成年人合法权益时应尽的责任和义务。此外，1991 年和 1999 年制定的《中华人民共和国收养法》（1998 年修订）和《中华人民共和国预防未成年人犯罪法》（2012 年修订）都对儿童权益的保障作了规定。1991 年和 2002 年发布的《禁止使用童工规定》、1994 年发布的《未成年工特殊保护规定》，确定我国最低就业年龄为 16 周岁，以及禁止使用童工、介绍使用童工以及对违法使用童工的赔偿、处罚等法律制度。1990 年国家颁布《中华人民共和国残疾人保障法》（2008 年修订），对残疾儿童的各方面权益做了明确规定，1997 年民政部等六部委又发布了《关于进一步发展孤残儿童福利事业的通知》，以更好地保护孤残儿童的各项权益、增进孤残儿童的健康，并改善他们的生活质量。2013 年 3 月，国务院办公厅发布实施《中国反对拐卖人口行动计划（2013—2020 年）》，2013 年全国共侦破拐卖儿童案件 2765 起；利用全国公安机关打拐 DNA 信息系统为 631 名儿童找到亲生父母，使儿童的人身权利得到有效保障。① 2013 年 10 月，最高人民法院、最高人民检察院、公安部和司法部发布《关于依法惩治性侵害未成年人犯罪的意见》，共 34 条，着重从依法严惩性侵害犯罪、加大对未成年被害人的保护力度两个主要方面做了规定。

---

① 国务院新闻办公室 . 2013 年中国人权事业的进展［N］. 人民日报，2014-05-27.

二、我国妇女劳动就业保障

（一）我国妇女劳动就业保障概况

改革开放后，国家制定的几乎所有涉及劳动者的法律，都对妇女劳动者做出了保护性规定，而一些专门法律和规定的出台，更有力地保障了妇女的劳动就业权利。

1992年颁布的《妇女权益保障法》第四章规定了妇女的劳动权益：国家保障妇女享有与男子平等的劳动权利；在录用职工时，除不适合妇女的工种或者岗位外，不得以性别为由拒绝录用妇女或者提高对妇女的录用标准；实行男女同工同酬；在晋职、晋级、评定专业技术职务等方面不得歧视妇女；任何单位不得因结婚、怀孕、产假、哺乳等情形，降低女职工的工资，辞退女职工，或单方解除劳动（聘用）合同或者服务协议。《劳动法》第13条又明确规定：妇女享有与男子平等的就业权利；在录用职工时，除国家规定的不适合妇女的工种或者岗位外，不得以性别为由拒绝录用妇女或者提高对妇女的录用标准。各级政府积极贯彻落实上述法律法规，禁止招工、招聘中的性别歧视，保障多元化分配形式中的男女同工同酬，拓宽妇女就业渠道，从而增加了妇女就业人数，扩大了妇女就业领域。《中国妇女发展纲要（2011—2020年）》提出：保障妇女平等享有劳动权利，消除就业性别歧视；妇女占从业人员比例保持在40%以上，城镇单位女性从业人数逐步增长；保障女职工劳动安全，降低女职工职业病发病率。

国家对女职工实行的特殊劳动保护主要有：

（1）禁止安排女职工从事矿山井下、第四级体力劳动强度的劳动和其他女职工禁忌从事的劳动。

（2）女职工月经期间，不得安排其从事高空、低温、冷水和第三级体力劳动强度的劳动。

（3）女职工怀孕期间，不得安排其从事第三级体力劳动强度的劳动和孕期禁忌从事的劳动，不得延长劳动时间；对不能胜任原劳动的，根据医务部门的证明，予以减轻劳动量或者安排其他劳动。怀孕七个月以上（含七个月）的女职工，不得安排其从事夜班劳动，在劳动时间内安排一定的休息时间。

（4）女职工哺乳期内，不得安排其从事第三级体力劳动强度的劳动和哺乳期禁忌从事的劳动，不得延长劳动时间，一般不得安排其从事夜班劳动。①

（5）女职工生产期间休产假。

（6）女职工因更年期综合征不能适应工作时，单位应根据其指定医疗机构的证明和当事人的实际情况，合理调整其工作岗位。

我国妇女劳动就业保障制度的实施取得了较大的成绩，女性就业的比例和总量一直处于稳步增长的态势，即使是在改革开放后国家保障就业模式逐步取消的情况下，女性就业的规模仍随着经济的发展而逐步增长。目前，我国妇女的就业人数大幅度上升，就业率也高于世界平均水平；妇女就业的行业和职业结构有所改善，就业领域不断扩大，就业质量也相应提高。

（二）我国妇女劳动就业保障面临的问题

中华人民共和国成立 60 多年来，虽然妇女劳动就业保障制度不断完善，妇女就业率不断攀升，但在现实生活中，妇女劳动就业保障仍困难重重。

1. 性别歧视日趋严重

最近几年，我国就业形势严峻，体现在性别差异上便是女性“就业难”问题相当突出。一些企业甚至拒绝接受女性，不少企业每逢裁员总是先拿女职工“开刀”。女性就业求职普遍遭遇用人岗位少、用人单位要求苛刻、提高女性录用标准等歧视性障碍。此外，妇女在职业生涯中也面临着性别歧视，事业进取障碍重重，在职业生涯中女性成功的机会几乎比男性小一半。

2. 职业选择范围仍较狭窄

目前，我国女性就业主要集中在第三产业，这给女性就业选择和岗位竞争带来一定难度，尤其是在技术密集型行业，女性就业更呈弱势，所占比例明显偏低。我国女性就业集中度最高的是居民服务和其他服务行业中的“托儿所”，其次是教育行业中的“学前教育”和初等教育，再次是卫生、社会保障和社会福利行业中的“妇幼保健活动”。行业分布的高度集中使妇女事业发展受专业的束缚，这种态势若发展下去，将制约我国女性的学业、就业选择，不利于妇女拓展就业领域、在更广的范围内参与职业竞争。

3. 女工劳动保护面临严峻挑战

有相当一部分企业对女职工的劳动保护仅是一般性、消极性的保护，甚至是忽视对女职工的劳动保护，致使女职工的合法权益受到严重侵害，在全国范

① 孙光德，董克用．社会保障概论［M］．北京：中国人民大学出版社，2008.

围内，女职工合法权益被侵犯的事件屡见不鲜。如不按规定实行女工劳动保护，以结婚、怀孕、产假、哺乳等为由停发工资、扣发奖金、取消福利待遇，还有的加倍扣工资、奖金，甚至辞退女工或单方面解除劳动合同；安排处在“四期”的女工做法规禁忌的劳动和工种；工作中对哺乳期的女工不安排哺乳时间；不按规定安排女职工健康检查和妇科检查等。

三、我国生育保险制度

（一）我国生育保险制度及实施概况

2012 年 11 月人力资源和社会保障部研究起草了《生育保险办法（征求意见稿）》，但直至目前还未出台新的生育保险法规。现今，我国生育保险的法律依据主要是 1994 年颁布的《劳动法》、《企业职工生育保险试行办法》和 2010 年颁布的《社会保险法》。此外，1988 年颁布的《女职工劳动保护规定》、1988 年原劳动部发布的《关于女职工生育待遇若干问题的通知》、1999 年发布的《关于妥善解决城镇职工计划生育手术费用问题的通知》、2004 年发布的《关于进一步加强生育保险工作的指导意见》和 2012 年颁布的《女职工劳动保护特别规定》等对女职工的生育保险也做了规定。① 各地方政府结合当地经济社会和人口发展的实际，又制定出本地的生育保险条例、办法实施生育保险制度。

1. 覆盖范围

关于生育保险的覆盖范围，我国目前是两种制度并存：一是中华人民共和国成立初期延续下来的传统生育保险制度，其法律依据是国务院 1988 年颁布的《女职工劳动保护规定》，覆盖范围包括国家机关、人民团体、企业和事业单位；二是生育保险社会统筹制度，其法律依据是 1994 年颁布的《企业职工生育保险试行办法》，覆盖范围包括城镇企业及其职工。实践中，全国有 15 个省、自治区、直辖市规定将机关、事业单位、社会团体、民办非企业、个体工商户等单位纳入了生育保险覆盖范围。总的来说，生育保险的覆盖范围包括中华人民共和国境内一切国家机关、人民团体、企业、事业单位的女职工。企业包括全民、集体、中外合资、合作、独资、乡镇、农村联户企业以及私营和城镇街道企业。另外，一些地区在生育保险制度覆盖范围上还有所扩展，如广

---

① 孙光德，董克用．社会保障概论［M］．北京：中国人民大学出版社，2008.

东、黑龙江、新疆等地已要求将灵活就业人员纳入生育保险体系。

2. 基金筹集与管理

生育保险费由用人单位按照国家规定缴纳，职工不缴纳生育保险费。生育保险根据“以支定收，收支基本平衡”的原则筹集资金，实行生育保险费用社会统筹，按属地原则组织。由参加统筹的企业按照其职工工资总额的一定比例向指定的社会保险经办机构缴纳生育保险费，形成生育保险基金。生育保险费的提取比例由当地人民政府根据计划内生育人数和生育津贴、生育医疗费等项费用确定，并可根据费用支出情况适时调整，但原则上最高不得超过企业工资总额的 1%。生育保险基金由劳动部门所属的社会保险经办机构负责收缴、支付和管理。企业必须按期缴纳生育保险费，对逾期不缴的，按月加收千分之二的滞纳金，滞纳金转入生育保险基金。生育保险基金应存入社会保险经办机构在银行开设的生育保险基金专户，银行按照城乡居民个人储蓄同期存款利率计息，所得利息转入生育保险基金。①

3. 享受条件

我国明确规定了享受生育保险的条件是：达到法定结婚年龄、已婚、并遵守国家有关计划生育政策规定而进行生育的女职工。不符合生育年龄、非婚生育、不执行计划生育政策的，不仅不能享受生育保险待遇，而且还要受到行政处罚和经济处罚。此外，在上述条件下，有些地区或单位也给男职工 15 天全薪“产假”以照顾生育后的妻子；在 2010 年的《社会保险法》中规定单位已缴纳生育保险费的，其男职工未就业的配偶享受生育保险待遇。

4. 生育保险待遇

（1）产假待遇。法定正常产假为 98 天（2012 年 4 月 18 日《女职工劳动保护特别规定》公布前为 90 天），其中产前可以休假 15 天，产后假期 83 天。难产的，增加产假 15 天；生育多胞胎的，每多生育 1 个婴儿，增加产假 15 天。女职工怀孕未满 4 个月流产的，享受 15 天产假；怀孕满 4 个月流产的，享受 42 天产假。若孕妇提前生产，可将不足的天数与产后假期合并使用；若推迟生产，可将超出的天数按病假处理。很多地区还采取了对晚婚、晚育的职工给予奖励政策，假期延长到 180 天。

（2）生育津贴。女职工产假期间的生育津贴，对已经参加生育保险的，按照用人单位上年度职工月平均工资的标准由生育保险基金支付，支付期限一

① 陈树文．社会保障学［M］．大连：大连理工大学出版社，2007.

般与产假期限相一致，不少于90天；对未参加生育保险的，按照女职工产假前工资的标准由用人单位支付，期限一般为90天。

（3）医疗服务。我国生育保险医疗服务项目主要包括检查、接生、手术、住院、药品、计划生育手术等费用，这些费用由生育保险基金支付，超出生育保险规定的其他医药费用由职工自付。女职工生育或者流产的，其生育、流产的医疗费用，所在单位已经参加生育保险的，由生育保险基金支付；未参加生育保险的，由用人单位支付。同时还明确规定，女职工生育出院后由生育引起的疾病，由生育保险基金支付其医疗费用，而其他疾病的医疗费用按医疗保险的规定执行；女职工产假期满后因病需要休息治疗的，按有关病假和医疗保险的规定执行。在建有合作医疗或试行医疗保险的农村地区，符合计划生育规定的农村妇女生育的医疗费用由合作医疗或医疗保险基金部分报销。

（4）劳动保护。女职工孕期在劳动时间内进行的产前检查计为劳动时间；有不满一周岁婴儿的女职工，在每班劳动时间享有两次哺乳时间，每次30分钟，多胞胎生育的，每多哺乳一个婴儿，每次哺乳时间增加30分钟。还有一些生育期间的劳动保护内容在妇女劳动就业保障概括中已涉及，在此不再重复。

自1995年我国实行生育保险社会化以来，生育保险制度在全国逐步建立，并取得了显著的成绩。以参保人数为例，据统计，从1995年至今，生育保险的参保人数一直呈上升态势，截至2013年年底，全国参加生育保险人数为16392万人。① 生育保险制度的实施，创造了企业平等竞争的条件，促进了妇女的劳动就业，维护了女职工的合法权益，使我国妇女的健康状况也得到了根本性的改变。

（二）我国生育保险制度亟待解决的问题

随着生育保险制度建设的逐步深入，我国生育保险制度显露出以下几个问题：

1. 立法滞后，难以适应新形势的需要

进入21世纪以来，我国以非正规形式就业的人越来越多，而生育保险却没有根据新的就业形势及时修订调整，虽然2010年的《社会保险法》有生育保险的专章规定，但缺乏相应的配套法规。现行生育保险办法仍是20年前的

① 国务院新闻办公室．2013年中国人权事业的进展［N］．人民日报，2014-05-27.

《企业职工生育保险试行办法》。这个办法与《社会保险法》的立法内容和基本要求差异较大，因而不能将其作为施行社会保险法中有关生育保险的操作依据。比如，社会保险法第五十三条规定“职工应当参加生育保险”，这里的“职工”不仅指“企业职工”，还应包括机关、事业单位和其他组织等用人单位的全部职工。因此，急需出台一部全国性的、符合我国目前实际情况的有关生育保险的法律文件。

2. 生育保险覆盖范围不合理

目前我国职工生育保险覆盖面虽已达到 90% 以上，但生育保险整体覆盖面还比较低。全国参加女职工生育保险的省市参差不齐，有些地区甚至还未开展这一险种。而且，由于立法的滞后，以非正规形式就业的城镇妇女并未被包括在内；生育保险的户籍限制在全国也还未取消，迄今只有北京市在 2011 年年底颁布的《关于调整本市职工生育保险政策有关问题的通知》中明确规定从 2012 年起生育保险覆盖非京籍职工。更为突出的是，现行的生育保险办法，把农村妇女和进城务工农民工排除在外，而这恰恰是一个最庞大的群体，也是对生育保险需求最迫切的群体。这也反映了我国生育保险在制度上显失公平。

3. 发展不平衡，待遇标准差异大

我国生育保险主要实行县市级统筹，加之各地经济发展不平衡，致使各地生育保险发展不平衡，生育保险统筹各地差异较大，这主要表现在基金提取办法、基金支付方式、享受条件、待遇标准等诸多方面。如各地生育津贴标准不一，相差较大；又如流产是生育保险的基本项目，但实践中有的地区却没有将其纳入生育保险的范围，还有的地区强调操作难度大而由企业承担这方面的费用；甚至有的地区只是有生育保险之名，而无生育保险之实——没有建立生育保险基金，生育医疗费用从医疗保险基金中支出，从而增加了医疗保险基金的压力，同时也弱化了生育保险的特点和功能。

四、我国儿童健康成长保障

（一）我国儿童健康成长保障措施

到目前为止，我国虽没有建立起完善的儿童社会保障体系，但在社会保障制度建设过程中，实施了一系列保障儿童健康成长的措施。

1. 儿童计划免疫

20 世纪 80 年代末我国实现了普及儿童计划免疫目标，在全国建起了一个基本完整的、有运转实效的计划免疫服务体系。国家规定：凡城市7岁以下、农村12岁以下的儿童，定期享受儿童基础免疫，国家按规定程序免费提供卡介苗、脊髓灰质炎活疫苗、百白破混合疫苗（即百日咳、白喉、破伤风混合疫苗）、麻疹毒活疫苗、流行性脑炎菌苗、乙脑灭活疫苗和小儿麻痹糖丸共七种疫（菌）苗，由当地儿童保健所或医疗单位负责接种。自2008年5月1日起，在全国范围内按照计划免疫程序，实施扩大儿童免疫：乙肝疫苗、卡介苗、脊灰疫苗、无细胞百白破疫苗、白破疫苗、麻疹疫苗、麻腮风疫苗、乙脑减毒活疫苗、A群流脑疫苗、A+C群流脑疫苗、甲肝疫苗。

2. 儿童医疗保障和保健

1954年开始我国实行公费医疗，城镇职工家中无经济来源的未成年儿童，可享受报销医疗费用的50%。但半个多世纪过去了，随着我国公费医疗转向社会医疗保险，这种报销方式已逐步废止，我国城镇儿童医疗保障制度名存实亡。为此，一些社会团体和地方政府从20世纪90年代开始积极探索儿童医疗保障对策，并开始建立地方性的儿童住院互助基金和儿童社会医疗保险制度，如上海、北京就设立了少儿医疗互助金。与此同时，建立儿童社会医疗保障制度也已进入政府工作的视野。2007年7月《国务院关于开展城镇居民基本医疗保险试点的指导意见》正式下发，从2007年起开展城镇居民基本医疗保险试点工作。城镇居民基本医疗保险制度是面向不属于城镇职工基本医疗保险制度覆盖范围的中小学阶段的学生（包括职业高中、中专、技校学生）、少年儿童和其他非从业城镇居民的一项保险制度。2009年又在全国全面推开城镇居民基本医疗保险制度，并将在校大学生全部纳入城镇居民医保范围。从此，我国儿童医疗保障被纳入社会医保体系中来，为建立全国性的儿童医疗保险体系、让所有的儿童享受医疗保障奠定了基础。在儿童保健方面，我国通过妇幼保健所和综合医院，对城市和农村儿童按孕产期、新生儿、婴幼儿、学龄期等几个阶段分别进行儿童健康保健工作。保健内容有：健康观察、定期体检、新生儿专案管理、儿童保健指导、儿童传染病管理及佝偻病、营养不良等儿童常见病门诊。①

3. 独生子女保健费

凡领取《独生子女父母光荣证》的职工子女，从领证之月起到子女满14周岁止，每月发给独生子女不低于10元的保健费，由父亲或母亲单位发给。

① 孙光德，董克用．社会保障概论［M］．北京：中国人民大学出版社，2008.

如父母都是其他非农业人口或者农业人口的，由其户籍所在地的县、乡财政共同安排解决。城镇职工独生子女的托幼管理费由夫妻双方所在单位依照有关规定报销。2014 年 3 月各省相继实施“单独二胎”生育新政策，广东省卫生计生委官网于 2014 年 5 月挂出《关于明确单独夫妇计划生育奖励优待有关事项的通知》，明确规定单独家庭生二孩的，已发放的独生子女保健费以及已经依法享有的福利待遇，无需退还。但国家计生部门目前还没有对此作出明确规定。

4. 儿童免费义务教育

2006 年重新修订的《中华人民共和国义务教育法》规定：凡年满 6 周岁的儿童，应当接受并完成义务教育；实施义务教育，不收学费、杂费；国家鼓励社会组织和个人向义务教育捐赠，设立义务教育基金以救助贫困儿童就学。经过两年的过渡，我国已于 2008 年秋季在全国范围内开始实施名副其实的免费义务教育。到 2011 年年底，全国 31 个省（自治区、直辖市）和新疆生产建设兵团全面普及了九年免费义务教育，惠及 1.6 亿多名适龄儿童少年。①

5. 儿童福利设施和烈士遗属、遗孤优抚

儿童福利设施主要是由国家或企业投资创建的妇幼保健所（站）、托儿所、幼儿园及儿童福利院等机构。2012 年《国家基本公共服务体系“十二五”规划》明确提出要推进儿童福利机构建设，并配备必要的专业救助和康复设施。2013 年又出台《关于印发儿童福利设施建设规划二期的通知》，提出用 3~5 年时间，初步建成布局合理、功能完备、管理规范的基层儿童福利设施网络的主要目标。对于革命烈士遗留的无劳动能力和无固定收入的配偶和未成年子女及弟妹，给予优抚待遇，主要是由当地民政部门按月核发优抚金。

6. 儿童救助

对处于弱势地位的儿童进行救助是儿童健康成长保障的基本底线。目前，我国对孤残等弱势儿童实施了较好的救助。

（1）对孤残儿童的社会救助。政府为开展对孤儿的救助工作，相继发布了一系列法律法规，如《中华人民共和国收养法》（1991 年）、《关于进一步发展孤残儿童福利事业的通知》（1997 年）、《关于加强孤儿救助工作的意见》（2006 年）、《儿童福利院建设标准》（2009 年）等。2010 年出台《国务院办公厅关于加强孤儿保障工作的意见》和《民政部财政部关于发放孤儿基本生

---

① 张维．教育立法保障教育事业发展［N］．法制日报，2012-10-24.

活费的通知》，指出在全国范围内建立孤儿保障制度，从基本生活、医疗、教育、就业、住房五个方面对孤儿进行保障。其中建立基本生活保障是首要的；要求各地政府合理确定孤儿基本生活最低养育标准，机构抚养孤儿养育标准应高于散居孤儿养育标准，并建立孤儿基本生活最低养育标准自然增长机制；决定自2010年1月起为全国孤儿发放基本生活费。截至2011年7月25日，全国已有27个省份确定了当地的最低孤儿养育标准。各地基本为儿童福利机构集中养育的孤儿每人每月不低于1000元，散居在机构外、与祖父母等亲属一起生活的孤儿每人每月不低于600元。这其中，省级标准最高的是北京市，两项标准分别达到1600元和1400元。① 同时开展孤儿助学工程，高中免收学杂费，实施成人大专班、普通高等教育大专班全额资助学杂费的项目。2014年，民政部将制定事实无人抚养儿童保障政策，将“事实”孤儿纳入国家保障。

关于残疾儿童的救助政策，目前国家层面的主要是残疾人保障法中相关章节的内容，一是有关收养、供养的内容，二是保障享有平等接受教育的权利。为保障残疾儿童享有平等接受教育的权利，政府在全国各地设立特殊教育学校对残疾儿童进行特殊教育。各地政府根据《义务教育法》、《残疾人保障法》及《残疾人教育条例》等，对接受义务教育的残疾学生、贫困残疾人家庭的学生提供免费教科书，并给予寄宿生活费等费用补助；对接受义务教育以外其他教育的残疾学生、贫困残疾人家庭的学生按照国家有关规定给予资助，从而保证了残疾儿童顺利入学并接受教育。可见，政府对残疾儿童的救助还要加大力度。

（2）政府和社会组织合作，对流浪儿童实施救助。1995年，中共中央办公厅、国务院办公厅转发了《中央社会治安综合治理委员会关于加强流动人口管理工作的意见》，提出对流浪儿童，要采取保护性的教育措施，可在流浪儿童较多的城市试办流浪儿童教育中心。这是我国首次明确提出建立流浪儿童保护中心的政策性意见。截至2003年年底，政府在流浪儿童较多的城市建成了130多家流浪儿童保护中心。与此同时，又在某些街道及中小城市，包括一些县级市设立流浪儿童救助保护站或救助点。② 2006年1月民政部等十九部委出台《关于加强流浪未成年人工作的意见》，要求保证流浪未成年人基本生活需要、强化对流浪未成年人的管理。之后，政府投入上亿元资金建立流浪未

① 陈博，朱柳笛．孤儿社会救助之困［N］．新京报，2013-01-06.

② 鞠青，张小亮，陈晨．中国流浪儿童研究报告［M］．人民出版社，2008.

成年人救助保护中心和救助管理站，全国 30 多个城市成立了街头救助服务队，一些城市还建立了全天候救助点、街头救助亭等，很快在全国初步建立起以大城市为中心、机构救助为主体的流浪未成年人服务工作网络。

（3）儿童福利新制度：分层分类救助。2012 年 11 月 16 日，贵州毕节 5 名男童被发现死于街头垃圾箱内，2013 年 6 月 21 日南京两幼童疑饿死家中（其父正服刑、母有吸毒史并下落不明），两起儿童悲惨遭遇引发社会对儿童救助保护的呼吁。2013 年 6 月 26 日，民政部发布《民政部关于开展适度普惠型儿童福利制度建设试点工作的通知》，决定在江苏省昆山市、浙江省海宁市、河南省洛宁县、广东省深圳市等地开展适度普惠型儿童福利制度建设试点工作，将儿童群体按照孤儿、困境儿童、困境家庭儿童、普通儿童 4 个层次，分成不同类型，并依类型按不同标准予以福利保障，并把困境儿童确定为重点保障对象。此举对扩大儿童福利对象、提升儿童福利水平、维护儿童基本权益、促进儿童全面发展具有重要意义和作用。

（二）我国儿童健康成长保障亟待解决的问题

中华人民共和国成立 60 年来，儿童事业取得了长足发展和非凡成就。我国儿童的入学率之高、新生儿死亡率之低、营养状况、身体发育和计划免疫等一系列指标，在发展中国家中一直都名列前茅，有的指标可以与发达国家相媲美。但在我国儿童生存和发展保障进步迅速的同时，依然存在不少亟待解决的问题。总体来看，正如北京师范大学公益研究院院长王振耀所说的：目前，中国的孩子面临“三无”情况，没有专业的儿童福利法，没有专门的儿童福利专业化人才，没有普及的儿童设施规划。① 因此，我国急需建立正规的儿童福利制度，并以法律的形式明确下来，使儿童福利和保障法制化、专业化、普及化。

1. 儿童医疗保障体系还不是很完善

改革开放以来，我国相继制定了《义务教育法》、《未成年人保护法》和《教育法》等一系列教育法律法规，基本确立了儿童受教育机会平等的法律原则。近十年来，政府又特别关注区域之间、城乡之间义务教育均衡发展的问题，而对贫困家庭子女、农民工子女和残疾儿童的义务教育更是给予了高度的

① 陈博，朱柳笛．孤儿社会救助之困［N］．新京报，2013-01-06.

关注，儿童教育保障水平有所提高。2013 年小学学龄儿童净入学率达到 99.71%。① 但城乡之间、地区之间、校际之间、群体之间的办学水平和教育质量还存在明显差距，城市乃至乡镇中小学出现两极分化现象。因此应尽快完善儿童教育保障体系，特别是要建立健全教育质量保障体系，促进儿童教育过程公平。

自 2010 年以来，我国儿童的医疗保障制度建设取得了突破性进展，在城市将儿童纳入城镇居民医疗保险制度，在农村纳入新型合作医疗保险制度，实现了全覆盖；儿童的健康和营养状况得到普遍改善；婴儿及 5 岁以下儿童死亡率持续下降，提前实现联合国千年发展目标。但每年儿童死亡数量仍高达 20 万人左右，居世界第 5 位；城乡之间儿童健康状况差距明显，农村婴儿死亡率、5 岁以下儿童死亡率分别是城市的 2.4 倍和 2.8 倍。② 因此，我国儿童医疗保障依然面临严峻的形势，我国应进一步加强儿童医疗卫生和保健服务，制定中国儿童健康保险法，对儿童医疗保障问题予以明确的法律规定，建立全国性的儿童医疗保险体系，让所有的儿童享受医疗保障。

2. 特殊儿童的生存和发展保障亟待加强

我国特殊儿童的生存和发展保障工作虽成绩显著，但依然存在不少问题。如缺乏常设的制度性保障及救助制度，救助保护机构数量少，设施差，区位分布不合理，特殊教育经费不足，法律保障缺失，工作人员理念落后、专业化水平不高，部门协作配合的工作机制尚未完全建立等。由于上述问题的存在，我国还有相当数量的特殊儿童至今享受不到平等的受教育的权利，还有很多孩子从未得到过任何经常性的制度救助。

3. 流动儿童和留守儿童的社会保障缺失问题

2013 年 5 月全国妇联发布《我国农村留守儿童、城乡流动儿童状况研究报告》。报告显示，我国流动儿童达 3 581 万人，数量大幅度增长；农村留守儿童数量达 6 102.55 万人，总体规模扩大，其中学龄前农村留守儿童（0~5 岁）规模快速膨胀，达 2 342 万人，在农村留守儿童中占 38.37%。③ 流动儿童由于父母的流动不断变换生活地区，往往享受不到居住地的儿童社会保障，

① 2013 年小学学龄儿童净入学率女童高于男童［N］. 中国妇女报，2014-07-05.

② 国家卫生和计划生育委员会. 妇幼健康工作机遇与挑战并存［DB/OL］. http://www.nhfpc.gov.cn/fys/s7901/201405/278627e3ef494f52a702eb58700649f2.shtml，2014-05-29.

③ 刘维涛. 流动儿童难融城市　留守儿童渴望团聚［N］. 人民日报，2013-05-11.

如无法享受城市儿童同样的学校教育、预防接种和基本医疗服务；同时由于相关政策制度的不完善、当地社会的排斥和流动儿童家庭环境等原因，他们难以融入城市，面临经济与福利制度、社会文化等方面的排斥；加之又失去了户籍地的儿童社会保障，因此处在被社会边缘化的状态。留守儿童则因父母在外打工、家庭不完整和教育主体弱化而出现辍学、亲情缺失、生活抚养、教育监护、心理和安全保护等问题，其中安全、教育、心理问题尤为突出。可见，留守儿童各方面保障严重缺失。

总体来看，目前我国妇女儿童社会保障制度已基本建立，围绕妇女就业保障、生育保障、妇女儿童健康和儿童成长保障问题制定了一系列的法律法规，并将不断地健全、完善。但同时，在我国妇女儿童社会保障制度建设和实施中，又不可避免地存在着许多亟待解决的问题，这些问题将随着我国妇女儿童社会保障制度的完善逐步得到解决。新中国成立以来，对妇女儿童的主要政策还是基本生活保障、救助和福利政策，现在要推动建立保护制度。2013 年我国已着手起草制定妇女儿童保护制度，这是旨在依法保障妇女儿童合法权益和义务的一项制度。其核心是“在原来的救济和基本生活保障的基础上，凡是妇女和儿童遇到生活困境的时候，处在家暴的时候、家庭变故的时候，生活、生命财产受到威胁的时候，政府都要给予保护”。① 妇女儿童社会保障既是社会文明进步的标志，也是社会经济发展的需要，同时它的发展水平也在某种程度上代表着一个国家的社会发展水平。相信随着我国社会发展水平的不断提高，我国妇女儿童社会保障制度的建设和发展水平将会逐步完善和提高。

本章小结

妇女儿童社会保障是为保障妇女平等参与社会经济生活，保障母亲、儿童的身体健康与儿童成长而实施的一系列社会保障措施和计划，它使妇女、儿童享受到较为全面的社会保障，主要包括妇女就业保障、生育保障、妇女儿童健康和儿童成长保障三个方面的内容。大致经历了粗具规模、长足发展、调整和完善三个发展阶段。

妇女就业保障是指通过国家立法和政府相关的政策与措施，

① 孙永军．我国妇女儿童保护制度正在起草制定［N］．京华时报，2013-03-09.

保障妇女的就业权利和机会，建立男女平等的就业机制，对女职工实行特殊的劳动保护，使妇女能够平等地参与社会经济生活的一系列社会保障项目，是保障妇女基本权益的集中体现。

生育保障是指对生育妇女在经济、就业、健康、生育费用、哺乳等方面进行的多重保障制度，它通常以社会保险的方式来作出制度安排，再辅之以其他生育保障计划。

生育保险是通过国家立法，在妇女劳动者因生育子女而暂时中断劳动时，由国家和社会及时给予物质帮助的一项社会保险制度，是生育保障制度的主体部分，具有保险内容和目的的特殊性、保险对象的有限性、保险待遇期限的共享性、保险待遇享受的阶段性等特征。生育保险的内容主要包括生育保险的待遇项目和享受生育保险的条件两个方面。生育保险的待遇项目主要有生育医疗待遇、带薪产假、生育津贴、育儿假期、生育补助；享受生育保险的条件主要有投保的限制、投保时间的限制、投保时间和受雇时间的规定、居住权限制、公民资格和财产调查手续等。

妇女儿童健康和儿童成长保障主要是指为保障妇女儿童的健康和儿童的成长而为妇女儿童提供的各种各样的保健服务。从各国设立的保健服务项目看，主要有妇女保健、家庭补贴、限制使用童工、保护儿童身心健康、儿童保健、儿童教育、儿童照顾等几项。

我国妇女儿童社会保障制度的建立始于20世纪50年代，初步形成于60年代，80年代以来是改革和完善阶段，至今取得了很大的成绩。但是，仍存在着一些迫切需要解决的问题，相关制度还有待于进一步完善。

我国妇女劳动就业保障得到法律保障，妇女就业比例和总量一直处于稳步增长的态势，就业人数大幅度上升，就业率高于世界平均水平；就业领域不断扩大，就业质量也相应提高。但妇女劳动就业保障仍面临着性别歧视日趋严重、职业选择范围较狭窄、女工劳动保护亟待加强三个方面的问题。

我国生育保险的覆盖范围包括中华人民共和国境内一切国家

机关、人民团体、企业、事业单位的女职工；生育保险费由用人单位按照国家规定缴纳，职工不缴纳生育保险费；达到法定结婚年龄、已婚，并遵守国家有关计划生育政策规定而进行生育的女职工都可享受生育保险；法定正常产假 98 天，生育津贴按照用人单位上年度职工月平均工资的标准由生育保险基金支付，期限一般为 90 天；对女职工孕期、产期和哺乳给予充分的劳动保护。自 1995 年我国实行生育保险社会化以来，生育保险制度在全国逐步建立，并取得了显著的成绩和较好的效果，生育保险的参保人数一直呈上升状态，截至 2013 年年底，全国参加生育保险人数为 16 392万人。但随着生育保险制度建设的逐步深入，我国生育保险制度显露出立法和制度建设滞后、生育保险覆盖范围不合理、发展不平衡等问题。

我国在社会保障制度建设过程中，实施了一系列保障儿童健康成长的措施：儿童计划免疫、儿童医疗保障和保健、独生子女保健费、儿童免费义务教育、儿童福利设施和烈士遗属遗孤优抚和儿童救助。迄今，我国的儿童事业取得了长足发展和非凡成就，但在儿童生存和发展保障进步迅速的同时，依然存在着儿童教育和医疗保障体系不够完善、特殊儿童的生存和发展保障亟待加强、流动儿童和留守儿童的社会保障缺失这三个亟待解决的问题，同时儿童社会保障制度则需要尽快建立健全。

关键术语

妇女儿童社会保障　　妇女就业保障　　生育保险
女工劳动保护　儿童健康成长保障

思考题

1. 妇女儿童社会保障的内容有哪些？
2. 妇女儿童社会保障的作用有哪些？
3. 生育保险待遇的享受条件有哪些？是不是所有的生育妇

女都有享受资格？

4. 生育保险待遇一般包括哪些内容？

5. 如何评价我国妇女就业保障的有关措施和效果？

6. 如何建立健全儿童社会保障制度？

7. 我国妇女儿童社会保障制度面临的问题和解决的对策是什么？

☞案例分析

不得借故单方调岗降薪或辞退女工

小唐是一家IT公司的员工，入职一年后被聘任为产品经理并签订了书面聘任协议。不久小唐怀孕，由于孕吐严重，小唐请了半个月病假。然而，等小唐休完病假回公司后，却收到了一份任免决定。决定中写到，由于小唐没有认真履行工作职责，免去其产品经理的职务，工资也从9000元降到了5000元。人事经理告诉小唐，如果不同意这个决定，只能辞职走人。小唐无法接受岗位和薪资的调整，又怕丢了工作，只好向法院起诉。

资料来源："三期"女工频现职场尴尬"二孩"再添困扰 三案例教你如何维权［DB/OL］. http://www.women.org.cn/sx/yfwq/rdwd/613184.shtml，2014-04-22.

◎ 分析与思考

1. 该公司的做法符合法律规定吗？
2. 你认为法院应如何判决此案？
3. 如用人单位确实因需要要为女职工调整岗位，怎样做才是正确的？

第11章 社会救助

本章学习要点

- 社会救助的概念、特征和类型
- 城市居民最低生活保障制度的主要内容
- 农村最低生活保障制度的主要内容
- 灾害救助制度的基本内容
- 法律援助制度的基本内容

第一节 社会救助概述

一、社会救助的概念界定

社会救助有广义和狭义之分。广义的社会救助是指对于生活困难者，国家和社会共同保护其经济生活，含有共同救贫之意；狭义的社会救助仅指国家依据法令，以国家财政给予贫困者的经济性保护。本书对于这一概念倾向于从广义角度的理解，即社会救助是指社会成员因自然灾害、意外事故和个人生理、心理等原因而陷入生存困难不能维持最低限度的生活水平时，由国家或社会有关部门或个人依法给予一定的物质或资金的援助和扶持，以使其基本生活得到保证的一种社会保障措施，是社会保障系统中的一个子系统。

我们可以从以下三个方面来理解上述有关社会救助制度的界定：

第一，社会救助是现代国家和社会的一项义不容辞的职责，也是公民拥有的一项基本权利。在现代社会中，尤其是在经济、社会转型的变革时期，造成贫困的原因在很大程度上是社会因素大于个人因素。所以，对于国家和社会来说，社会救助是其不容推卸的社会责任。我国《宪法》第四十五条就明确规定："中华人民共和国公民在年老、疾病或者丧失劳动能力的情况下，有从国家和社会获得物质帮助的权利。"

第二，社会救助的目标是克服现实的贫困，在公民由于自然灾害、意外事故和个人生理、心理等原因而陷入生存困难不能维持最低限度的生活水平时发生作用。因此，一般会有一套称为"家庭经济情况调查"的法定工作程序来审核申请救助的公民的收入状况，这包括：个人申请、机构受理、立案调查、社区证明、政府批准。能否得到社会救助的关键是申请者个人收入或家庭成员的人均收入是否低于政府事先确定的最低生活保障线。

第三，社会救助保证的仅仅是满足最低生活需求的资金和实物，因此它在社会保障体系中的保障水准是最低的。它一方面强调社会公平，面向全体社会成员，即不问致贫原因，只看受助者是否真正贫困；另一方面，又要兼顾社会效率，保障水平不能定得太高，以免产生依赖心理乃至不劳而获的思想，影响社会效率的提高。只要受助者的收入超过最低生活标准，救助行动即告一段落。同时，我们应该注意，社会救助制度"能上不能下"的"刚性"比较突出，所以，制定最低生活保障线要把握适度。

二、社会救助的基本特征

社会救助的基本特征主要表现在如下几个方面：

第一，权利义务的非直接对应性。社会救助强调国家和社会对维护社会成员基本生存权利的责任和义务，而不强调权利与义务的统一。在现代社会中，导致贫困的主要原因是社会因素，拥有起码的生存条件是每个公民的基本权利。所以，当社会成员陷入贫困时，国家和社会有责任和义务为他们提供援助。但是，社会救助并不否认，接受社会救助者也应该力所能及地履行其对社会应尽的义务，只是这种义务的履行并不是其接受救助的直接条件，二者不具有直接的对应性。

第二，救助范围的全民性。社会救助的实施范围与社会保险、社会福利相比较，前者具有全民性，而后者则具有群体性。也就是说，社会保险是在特定的社会群体中实施的，而社会救助则面向全民。国家在制定社会救助政策时，只以社会成员的生活条件及状况为出发点，而不会以社会成员的职业性质、阶层划分作为依据。在现实生活中，由于多数社会成员能够正常生活而不需要社会救助，因而在事实上并不是所有的公民都能够享受社会救助，但是，从社会救助的内在要求而言，它却是社会保障体系中唯一面向全体公民的，从而具有全民性。

第三，救助对象的限制性。虽然我们说，从社会救助的内在要求看，其救助面很宽，救助对象面向全民，但从社会救助的资格审查看，社会救助的对象需有法律规定，只有符合规定条件，真正陷入生存困境的社会成员才有资格享受救助。在我国，城市社会救助、农村社会救助以及灾害社会救助分别有各自特定的救助对象，任何一种社会救助形式对救助对象的限制都极为严格。

第四，救助标准的低水平性。社会救助只向救助对象提供保证最低生活需求和简单再生产的资金或物资，这相对于社会保障和社会福利而言，待遇标准比较低。因为在现实生活中，无偿或低偿向救助对象提供的资金或物资超过生活水平，很容易影响救助对象及社会成员的生产积极性，产生负面的社会效应。

第五，救助手段的多样性。实施社会救助既可以采用实物救助也可以采用现金救助，还可以采用服务救助；既有临时应急救助也有长期固定救助，既有政府救助也有民间救助。此外，还有房屋救助、口粮救助、衣被救助、种子救助等具体救助形式。这种多样化、具体化、实物化的社会救助形式，有利于满足社会救助对象最迫切的需要。

第六，救助程序的法定性。社会救助对象必须履行一系列法定的程序才能获得社会救助的待遇。法定的社会救助程序是指：在经过家庭经济状况调查的前提条件下，经个人申请、社区证明、基层审核、上级批准的程序。通过这一法定的程序，确认社会救助对象并保证其准确性，准确地将社会救助款项或物资提供给真正最迫切需要者，从而使有限的社会救助物资得以最好最符合目标的利用。

三、社会救助的类型划分

社会救助的类型多种多样，人们根据不同的背景、不同的需要实施各种各样的社会救助。根据不同的角度，依据不同的标准，我们可以把社会救助划分为不同的类型。

（一）按照救助时长划分

社会救助按救助时间的长短可分为定期救助和临时救助。一般来说，定期救助是指国家和社会救助机构在一定的期限内对社会救助对象依据政策规定标准定期发放现金或实物等生活补助。定期救助的标准由国家及地方政府规定，其经费来源于财政拨款，是一种救助对象较为稳定、救助标准依法确定、政策性较强的社会救助措施。临时救助是定期救助的对称，它是国家和社会救助机构对遭受突发性事件等原因陷入生存困境的居民给予临时性的、一次性的救助。

（二）按照救助方式划分

社会救助按救助方式可以分为院内救助和院外救助。院内救助也叫机构内救助，是指把需要救助的人收容在救助机构中，比如福利院、孤儿院等，由救助机构统一提供所需要的生活照料。院内救助有固定的场所、专业的服务人员，有稳定的财政支持，也有自己特定的服务人群。比如早期对残疾人的救助，普遍采用的就是院内救助。院外救助也叫机构外救助，对于大多数社会弱势群体，不是把他们送到机构进行照顾，而是让他们回归社会，留在家里由亲人照顾，政府只提供所需要的现金、物资和医疗等帮助；同时，在救助的过程中，关注人的基本价值的实现，注重培养受助者适应社会的能力。

（三）按照救助手段划分

社会救助按救助手段划分可分为实物救助、现金救助和服务救助。实物救助是国家和社会救助机构以发放实物的形式，帮助救助对象解除生存困境。实物救助的物资主要包括：粮食、衣被、食品、餐具、建房材料、医药等。现金救助是国家和社会救助机构以发放现金的形式，帮助救助对象解除生存困境。在社会救助实际工作中，现金救助多用于定期救助。服务救助是指提供满足救助对象生存和基本生活需要的服务，如灾区医疗服务队、防疫服务等。

（四）按照救助项目划分

目前，很多人习惯于依据救助项目划分社会救助的类型，社会救助发展到今天，救助项目和内容越来越丰富，按照现行各国所实行的社会救助措施，社会救助体系基本内容和项目可分为基本生活救助、灾害救助、法律援助、教育救助、医疗救助、住房救助、社会互助等方面。

四、社会救助对象的确定

总的说来，世界各国社会救助制度确定受助对象的方法有两种：一是定量方法，即制定一条或几条最低生活标准（即贫困线），凡收入低于这一标准的社会成员有权向政府申请救助；二是定性方法，即根据社会上现实存在的各类贫困群体分门别类，确定救助对象。在社会救助对象的确定方法中，运用定量方法比较普遍和常见。常用的确定贫困线的方法主要有以下几种：

1. 恩格尔系数法

恩格尔系数是 19 世纪德国统计学家在研究居民家庭支出问题中，确定的测量居民生活水平的标准系数。所谓恩格尔系数，是指食物支出在整个家庭或个人消费支出总额中所占的比重，其计算公式为：

恩格尔系数=（食品支出总额/家庭或个人消费支出总额）×100%

在上述公式中，恩格尔系数越小，生活越富裕；系数越大，则越贫困。采用恩格尔系数划分贫富的标准是：恩格尔系数达 59%以上者为绝对贫困；50%～59%为勉强度日；40%～50%为小康水平；30%～40%为富裕；30%或以下则为最富裕。通常情况下，恩格尔系数达 60%为贫困线（更准确地说为绝对贫困线）的标准，食品支出除以 60%就是贫困线。

2. 标准预算法

标准预算法又称为“市场菜篮法”。它是最古老、最传统的确定贫困线的方法之一，并且以其“绝对主义”而著名。市场菜篮法首先要求根据所在地区一般家庭的消费水平确定一张生活必需品的清单，内容包括维持社会所公认的最起码的生活水准的必需品的种类和数量，然后根据市场价格来计算拥有这些生活必需品需要多少现金，以此确定的现金金额就是贫困线，也就是最低生活保障线。

3. 国际贫困标准法

这是一种收入比例测定法，即根据收入的比例来确定贫困的程度，以相对贫困作为理论基础。经济合作与发展组织在 1976 年组织了对其成员国的一次大规模调查后提出：以一个国家或地区社会中收入的中位数或平均收入的 50%～60%为标准，作为这个国家或地区的贫困线，即最低生活标准线，低于这个收入标准的即为贫困。

4. 最低百分比法

这种方法是在国民收入明确后，划定最低的一层（如5%）为贫困户，把他们的收入定为贫困标准。这个标准是变化的，它不因社会的发展和人民生活水平的提高而减少贫困户的数量。只要社会没有变成绝对均富的社会，贫困户就始终占有一定的比例。这种方法的好处在于：在社会发展过程中，能始终顾及"走在后头"的那一部分人，缩减贫富差距，维护社会稳定。

5. 人均国民生产总值

人均国民生产总值是指一国一定时期内（如1年）的国民生产总值与其同期总人口的比率。它是国际上衡量各国经济发展水平和贫富状况的重要经济指标。人均国民生产总值这一指标基本上能反映富国与穷国在人均国民生产总值上的重大差别，但并不足以衡量人们贫富差异的实际状况。

6. 实际生活质量指数

实际生活质量指数由婴儿死亡率、1岁婴儿的预期寿命和成人识字率等组成。该指数采取0至100分级的指标体系，将上述三个指标体系以一个合理的标准分别换算成指数，然后取其平均数。实际生活质量指数能在一定程度上反映人民实际的生活质量，可以用来研究不同时代、不同地域、不同人群的社会经济状况。因此，根据实际生活质量指数，人们能较好地判断出一个国家的教育、卫生的普及程度及人民的营养状况，这些情况本身又反映着就业、工资、保障、福利的状况。

第二节　城市居民最低生活保障制度

中华人民共和国成立初期，我国的社会救助主要是大规模的紧急救助，为战后大量贫民提供临时性救助，确立了社会救济方针、原则和方式，成为我国社会救助制度的雏形。1957年后救助模式由紧急性救济转向经常性救济，城乡救济也开始呈现二元经济结构特征，在农村，五保供养制度初步建立，集体经济组织开始承担社会救济责任。在城市，伴随着计划经济体制的实施，我国建立了一整套就业与社会保障一体化的单位保障制度。"文化大革命"期间，农村社会救济主要依托农村人民公社开展，城市社会救济主要依靠企事业单位组织实施。

改革开放前期，我国的社会救助先是恢复计划经济时期的救助模式，维持城乡分野的救助格局，并在救助范围、救助方式、救助资金投入等方面有所发展。进入20世纪90年代以后，与社会主义市场经济体制相适应，逐步构建了以低保救助、五保供养为核心，以灾害救助、医疗救助、住房救助、教育救助、临时救助等专项救助为辅助，覆盖城乡的新型社会救助体系，初步实现了新型社会救助制度的定型化、规范化和体系化，实现了济贫理念由“救济”向“救助”的转变。

2014 年，我国社会救助制度进一步健全。国务院颁布了《社会救助暂行办法》，第一次以行政法规形式构建了社会救助体系，确立了社会救助的地位作用、基本原则、主体责任、制度安排、基本程序等，健全了保障困难群众基本生活的安全网；出台了《关于全面建立临时救助制度的通知》，规范、促进解决城乡困难群众突发性、紧迫性、临时性生活困难，从而为政府各部门依法救助和社会力量有序参与提供了有力依据。为更好地实施社会救助制度，在全国部署开展了“救急难”工作试点，上海、河南、湖南、海南、四川、西藏、甘肃、青海、新疆等地出台了“一门受理、协同办理”机制的专项政策文件，23 个省份及兵团街道（乡镇）全部建立一门受理窗口。在全国部署开展了为期 3 个月的“人情保”“错保”专项整治活动。同时，指导各地建立健全社会救助经办人员和村（居）委会干部近亲属享受社会救助备案制度，设立社会救助投诉举报热线，接受群众监督。目前全国已有 97%的县（市、区）建立了备案制度，94.5%的县（市、区）设立了投诉举报热线。①

一、当前我国的城市贫困问题

自工业革命以来，城市贫困一直是困扰各国的一个严重的社会问题。如今，无论是发达国家还是发展中国家，都还存在着较严重的城市贫困问题。现阶段我国城市贫困问题的主要特点为：

1. 城市贫困人口数量居高不下

我们一般将贫困状况区分为两种，即绝对贫困与相对贫困。所谓绝对贫困人口是指难以维持该地区最低水平的生活、需要得到社会救助的人口。随着市场经济的逐步深化，城市下岗、失业人员不断增加，城市贫困人口规模迅速扩大。进入 21 世纪以来，城市贫困人口总体上并没有减少的趋势，所不同的只是更多的贫困人口得到了“城市最低生活保障线”的救助。根据民政部发布的《2013 年社会服务发展统计公报》显示，截至 2013 年年底，全国共有城市

---

① 民政部．2014 年民政工作报告［EB/OL］．中华人民共和国民政部网（2014-12-24）．

低保对象 1 097.2 万户、2 064.2 万人，农村低保对象 2 931.1 万户、5 388.0 万人，比上年同期增加 43.5 万人，增长了 0.8%。2013 年全年城市“三无”救济对象达 8.6 万人，农村五保供养 537.2 万人。①

2. 城市贫困人口构成多元化

改革开放以前，城镇贫困人口主要指“三无”人员（“无劳动能力、无依无靠、无固定生活来源”或“无依无靠、无固定职业、无固定收入”）。目前城镇贫困人口的来源与构成发生了很大的变化，“三无”人员占城镇贫困人口总数的比重逐渐减小。失业人员、下岗人员、困难企业的部分待岗特困职工成为城市贫困层的主要成员。随着社会经济体制转型的深入和产业结构的进一步调整，在较长的一段时期内，上述城市贫困层的新成员还有可能继续增加。

3. 城市贫困人口呈现出明显的地域和行业特征

就地区分布而言，多项研究均表明城市贫困人口的大多数分布在中西部地区。国家扶贫办数据显示，2010 年至 2012 年，中国绝对农村贫困人口减少近 6 700万人，农村贫困发生率从 17.2%下降到 10.2%；国务院扶贫重点县中，农民人均纯收入从 3 273 元增加到 4 602 元，年均增长 18.6%，增幅超过全国平均水平。但截至 2012 年年底，全国贫困人口仍有近 1 亿人，其中贫困发生率超过 20%的有西藏、甘肃、贵州、新疆、云南和青海这 6 个少数民族比例较高的省份。② 就贫困者的就业范围看，多数贫困者属于社会服务业、建筑业、采掘业、制造业等行业。

4. 贫富差距继续拉大

适当的贫富差距能促进经济发展，但中国的现实已远远偏离这一轨道。20 世纪 90 年代以来，收入差距扩大的速度急剧加快。国家统计局 2012 年最新的统计数据表明，城镇居民人均可支配收入依然呈现从东到西递减的规律，上海、北京、江苏、浙江、广东、天津的城镇人均可支配收入超过了 20 000 元，这些省市属于高收入地区；而黑龙江、新疆、西藏、青海、甘肃、宁夏、山西、贵州、江西的城镇人均可支配收入低于 15 000 元，这些地区属于典型的低收入地区；其他省市城镇居民的收入水平处于中间水平，居民收入水平的地

① 《民政部 2013 年社会服务发展统计公报》，民政部网站．http：//www.mca.gov.cn/article/zwgk/mzyw/201406/20140600654488.shtml，2014-06-17.

② 国家扶贫办．《中国仍有近 1 亿贫困人口》．http：//china.caixin.com/2013-12-26/100622165.html，2013-12-26.

区差距依然较大。"① 城市居民近 2 万亿元银行存款等金融资产大多数掌握在少数富有家庭手里。据官方统计，我国银行存款的 80%掌握在 20%的人手中，但民间学者以及海外机构的统计则是 80%的存款掌握在 5%的人手中，基尼系数已高达 0. 75，远远高于 0. 45 的警戒线。② 中国不能不说是贫富悬殊了。

二、我国城市居民最低生活保障制度的发展历程

我国城市居民最低生活保障制度从提出到最终完成仅仅经历了几年的时间，发展相当迅速。总体来说，可以分为三个阶段：

1. 试点阶段

上海自古以来就是我国政治、经济、文化发展领先的地区，关于建立城市最低生活保障制度也最先在上海实践。1993 年初，民政部通过深入地调查研究和论证，明确提出了一条能够随着物价指数调整的最低生活保障线，作为各行各业实施困难补助的基本标准的建议。1993 年 5 月 7 日，上海市民政局、财政局、劳动局、人事局、社会保险局、总工会联合发布《关于本市城镇居民最低生活保障线的通知》，宣布 1993 年 6 月 1 日起实施最低生活保障制度，标准为每人每月平均 120 元。1994 年第十次全国民政会议上，民政部提出了"对城市社会救助对象逐步实行按当地最低生活保障线标准进行救助"的改革目标，并部署在东部沿海地区进行试点。1994 年年底，在全国民政厅局长会议上，把"积极推进城市最低生活保障线救助的制度"列入了 1995 年的工作重点，并进行了具体安排，要求各级民政部门"积极配合深化国有企业和社会保障体制的改革，选择部分省会城市率先进行最低生活保障线的调研，在 18 个综合改革试点城市探索对失业保险期满后无法重新就业并符合救助条件的职工进行社会救助的办法，因地制宜地制定本地区的最低生活保障线，开展按最低生活保障线进行救助的试点"。1995 年上半年，除上海外，已有厦门、青岛、大连、福州、广州等 5 个大中城市建立了城市居民最低生活保障制度。

2. 推广阶段

1995 年年初，由民政部部署对全国 40 多个大中城市居民生活状况进行了普查，对失业职工失业保险期满后的救助和贫困地区建立最低生活保障制度的

---

① 魏国学，常兴华．《2012 年城乡居民收入形势分析与 2013 年展望》．http：//www. govinfo. so/news_ info. php？id = 12675.

② 唐均．中国的贫困与反贫困显示分析［M］．北京：社会科学文献出版社，2000.

可行性进行了调查论证。5 月中旬，在厦门、青岛先后召开了南方、北方部分省、区、市和计划单列市、省会城市民政部主管社会救助工作的负责同志座谈会，对前一阶段建立城市居民最低生活保障的检验和做法进行了总结，并部署了下一步的工作，明确提出城市居民最低生活保障制度“受到了城镇居民的拥护和欢迎，在社会上形成了一个比较好的基础，继续推进的条件和时机已经基本成熟”。号召在全国推行这项制度。到 1996 年年底，全国已有 116 个城市建立了这项制度，山东、江苏、浙江、广东等省还整体设计，连片实施。

3. 完成阶段

1996 年以后，形势发展得相当快，到 1997 年 8 月底，在全国范围内建立了城市居民最低生活保障制度的城市已达到了 206 个，约占当时全国城市总数的 1/3。1997 年 9 月，国务院发布了《关于在全国建立城市居民最低生活保障制度的通知》，明确提出了在 1999 年年底以前，全国所有的城市和县政府所在地的城镇都要建立起这项制度，并规定了城市居民最低生活保障制度对象的范围、保障标准、保障资金的来源等政策界限。此后，经过六年的努力，全国 668 个城市和1 638个县城全部建立了城镇居民最低生活保障制度。1999 年 9 月，国务院颁布了《城市居民最低生活保障条例》，标志着我国城市居民最低生活保障制度的最终确立。

三、我国城市居民最低生活保障制度的主要内容

1. 保障对象

持有非农业户口的城市居民，凡共同生活的家庭成员人均收入低于当地城市居民最低生活保障标准的，均有从当地人民政府获得基本生活物质帮助的权利。前面所称收入，是指共同生活的家庭成员的全部货币收入和实物收入，包括法定赡养人、扶养人或者抚养人应当给付的赡养费、扶养费或者抚养费，不包括优抚对象按照国家规定享受的抚恤金、补助金。

2. 资金来源

城市居民最低生活保障所需资金，由地方人民政府列入财政预算，纳入社会救济专项资金支出项目，专项管理，专款专用。国家鼓励社会组织和个人为城市居民最低生活保障提供捐赠、资助，所提供的捐赠资助，全部纳入当地城市居民最低生活保障资金。

3. 实施程序

申请享受城市居民最低生活保障待遇，由户主向户籍所在地的街道办事处

或者镇人民政府提出书面申请，并出具有关证明材料，填写《城市居民最低生活保障待遇审批表》。城市居民最低生活保障待遇，由其所在地的街道办事处或者镇人民政府初审，并将有关材料和初审意见报送县级人民政府民政部门审批。管理审批机关为审批城市居民最低生活保障待遇的需要，可以通过入户调查、邻里访问以及信函索证等方式对申请人的家庭经济状况和实际生活水平进行调查核实。申请人及有关单位、组织或者个人应当接受调查，如实提供有关情况。

4. 管理体制

城市居民最低生活保障制度实行地方各级人民政府负责制。县级以上地方各级人民政府民政部门具体负责本行政区域内城市居民最低生活保障的管理工作；财政部门按照规定落实城市居民最低生活保障资金；统计、物价、审计、劳动保障和人事等部门分工负责，在各自的职责范围内负责城市居民最低生活保障的有关工作。县级人民政府民政部门以及街道办事处和镇人民政府（以下统称管理审批机关）负责城市居民最低生活保障的具体管理审批工作。居民委员会根据管理审批机关的委托，可以承担城市居民最低生活保障的日常管理、服务工作。国务院民政部门负责全国城市居民最低生活保障的管理工作。

5. 保障标准

城市居民最低生活保障标准，按照当地维持城市居民基本生活所必需的衣、食、住费用，并适当考虑水电燃煤（燃气）费用以及未成年人的义务教育费用确定。直辖市、设区的市的城市居民最低生活保障标准，由市人民政府民政部门会同财政、统计、物价等部门制定，报本级人民政府批准并公布执行；县（县级市）的城市居民最低生活保障标准，由县（县级市）人民政府民政部门会同财政、统计、物价等部门制定，报本级人民政府批准并报上一级人民政府备案后公布执行。

第三节　农村最低生活保障制度

一、当前我国农村的贫困问题

我国贫困人口90%集中在农村，现阶段的农村贫困问题主要表现在以下几个方面：

1. 农村贫困人口数量逐渐减少，绝对贫困和相对贫困并存

由于社会经济的发展、政府在扶贫方面的工作以及农民自身的不断努力，

自从1978年以来，农村贫困人口数量逐渐减少，贫困人口收入逐年增加，农村贫困状况逐渐缓解。大部分的数据资料都表明，中国农村贫困已经从绝对贫困现象的普遍存在演变成为绝对贫困和相对贫困并存，并且处于此消彼长的阶段，也就是说农村贫困已经不再是缺衣少食的生存贫困，而更趋向表现为农民温饱问题基本解决，收入增长相对缓慢的相对贫困。

2. 贫困人口向西部、山区和少数民族地区集中的趋势仍在持续

1978年以前，我国2.5亿贫困人口分布在全国各个地方，地区差异不是很明显，但随着社会经济发展的不平衡和贫困人口的减少，我国农村的贫困分布也发生了显著的变化，这种变化主要表现在三个方面：(1) 从地域分布上来讲，贫困人口逐步向西部和边远地区集中；(2) 从地形分布上来讲，贫困人口逐步向高山区集中；(3) 从民族分布上讲，贫困人口逐步向少数民族聚居区集中。

3. 弱势群体的贫困问题依然突出

残疾人、妇女、老年人以及儿童等弱势群体受贫困问题影响的程度要高于其他群体。据中国残疾人联合会估计，残疾人贫困人口占中国贫困人口总数的1/4，其比例高于他们在总人口中5%的比例；在同一个家庭或同一个社区，同样都是贫困人口，妇女受到贫困的影响程度要比男性人口更大，尤其是在受教育机会、营养状况和卫生保健等方面；老年人由于自身生产能力的减弱和农村社会养老保障的缺乏，加上农户家庭经济的不发达，往往非常容易受到贫困的侵扰；儿童的贫困问题主要表现为接受教育的机会和受教育程度较低以及营养状况不良等方面。

4. 贫困群体脆弱性强，返贫情况严重

除了绝对贫困人口以外，我国还有6 000万左右的低收入群体，这些低收入群体存在着极大的脆弱性，其主要表现是：(1) 这些贫困人口处于极为边远和自然条件极其恶劣的地区，自身拥有的资产（土地）质量很低；(2) 社会保障系统很差，导致贫困人口的抗风险能力很差；(3) 贫困人口自身的综合能力很差，以致很难在现有资产水平上迅速提高收入和积累，从而改变这种被动状态。这些群体在受到疾病、自然灾害以及家庭需要有大的开支的时候，很容易重新进入贫困状态。

5. 贫困的代际传递性增强

农村经济发展落后，特别是贫困地区教育落后，农民受教育的机会和教育质量都难以保障，贫困具有越来越强的代际传递性。农村的教育负担很重，很

多贫困家庭的孩子难以完成九年制义务教育，有的甚至没有上学的机会，成为文盲。一些青壮年农民即使流入城市和非农产业，由于缺乏劳动技能和文化知识，也只能从事收入低、劳动强度大的工作，其收入仍然难以改变他们在社会结构中的底层位置。

二、我国农村最低生活保障制度的发展历程

随着我国城市最低生活保障制度的全面实施，建立农村居民最低生活保障制度也展开了全面的探索。农村最低生活保障制度是指对家庭成员人均收入低于当地最低生活标准的农村居民，由国家和乡村集体给予差额补助的社会救助制度。① 农村居民最低生活保障制度，可以代表未来农村社会救助的基础制度，并成为城乡社会救助的重要载体。根据民政部发布的《2013 年社会服务发展统计公报》显示，截至 2013 年年底，全国共有农村低保对象 2 931.1 万户、5 388.0万人，比上年同期增加 43.5 万人，增长了 0.8%。全年各级财政共支出农村低保资金 866.9 亿元，比上年增长 20.7%，其中中央补助资金 612.3 亿元，占总支出的 70.6%。2013 年全国农村低保平均标准 2 434 元/人/年，比上年提高 366 元，增长 17.7%；全国农村低保月人均补助水平 116 元，比上年增长 11.7%。截至 2013 年年底，全国共有农村五保供养 537.2 万人，比上年下降 1.5%。全年各级财政共支出农村五保供养资金 172.3 亿元，比上年增长 18.9%。其中：农村五保集中供养 183.5 万人，集中供养年平均标准为 4 685元/人，比上年增长 15.4%；农村五保分散供养 353.8 万人，分散供养年平均标准为 3 499 元/人，比上年增长 16.3%。②

农村低保制度是对传统社会救济制度进行改革的产物。早在 20 世纪 80 年代，就有一些地区开始了改革的探索，尝试由乡镇统筹救济经费，开展定期定量救济，这当中就包含了为农村贫困居民提供制度性生活保障的思想。进入 20 世纪 90 年代，一些地方开始了真正的农村低保制度试点。1992 年，山西省在左云县率先开展了试点工作，取得经验后，又在阳泉市的 3 个区县扩大试点。1994 年，上海市政府办公厅转发了市农委、财政局、民政局《关于做好本市农村工作的意见》，批准在 3 个区开展农村低保制试点。

---

① 多吉才让．中国最低生活保障制度研究与实践．北京：人民出版社，2001.

② 《民政部 2013 年社会服务发展统计公报》．http：//www.mca.gov.cn/article/zwgk/mzyw/201406/20140600654488.shtml，2014-06-17.

1994 年，第十次全国民政工作会议召开。在总结一些地区试点经验的基础上，民政部提出要在农村初步建立起与经济发展水平相适应的层次不同、标准有别的社会保障制度。按照这一目标，山西、山东、浙江、河北、湖南、河南、广东等省开展了农村社会保障体系建设试点工作。

值得一提的是，1995 年 12 月 11 日，广西壮族自治区武鸣县颁布了《武鸣县农村最低生活保障线救济暂行办法》，规定从 1996 年 1 月 1 日起正式实施。这是我国第一个县级农村低保制度文件。该暂行办法规定：凡该县农村户口的孤老、孤残、孤幼或因病、因灾等特殊情况造成家庭经济收入达不到最低生活保障线的村民，即为保障对象。保障标准分为两类：一般贫困对象每人每月 40 元；五保对象每人每月 65 元。保障资金由县和乡镇分级负担，其中，县财政负担 65%，乡财政负担 35%。很明显，这个暂行办法已经显现出农村低保制度的雏形。

1996 年 1 月，民政部召开全国民政厅局长会议，明确提出要改革农村社会救济制度，积极探索建立农村低保制度，并将这项工作列入当年工作要点。例如，在民政部门的推动下，许多有条件的地区开始了建立农村最低生活保障制度的尝试。民政部确定在山东烟台、河北平泉、四川彭州和甘肃永昌四地进行试点。几个试点地区分别代表发达、中等发达和欠发达三种不同经济发展状况的农村地区。该年年底，为了加强对农村低保制度建设的指导，民政部印发了《关于加快农村社会保障体系建设的意见》（民办发〔1996〕28 号），提出“农村最低生活保障制度是农村社会救助制度的重大改革，是确保农村贫困人口基本生活的重要措施，也是完善农村社会保障制度的一项重要内容。各地要积极试点，稳步推进”，并制定了《农村社会保障体系建设指导方案》。该“意见”和“方案”的印发，推动了农村低保制度试点，使其范围扩大到 256 个县市。

为了统一认识，推动工作，民政部从 1997 年 5 月开始，提出了“巩固、扩大东部试点，积极启动西部试点，抓两头、带中间，因地制宜，稳步推进”的总体要求，并分别在东部、北部和西部召开了 3 个片会，对农村低保制度建设进行了专题研究和安排，强调建立居民最低生活保障制度，不仅城市需要，农村也需要；经济发达地区需要，经济不发达地区更需要。截至 2006 年底，全国有 23 个省份建立了农村最低生活保障制度，2 133个县（市）开展了农村最低生活保障工作，有1 593. 1万人、777. 2 万户得到了农村最低生活保障，分别比上年增长 93. 1% 和 91. 4%。2010 年 5 月，国务院办公厅转发《关于做好农村最低生活保障制度和扶贫开发政策有效衔接扩大试点工作意见》，意见明确了在全国做好农村低保制度和扶贫开发政策有效衔接工作的目标、基本原则、试点范围、标准和对象、主要内容和保障措施，提出了“实现到2020年基本消除绝对贫困现象”的目标。

三、我国农村最低生活保障制度的主要内容

1. 保障对象

一般而言，具有当地正式农业户口，共同生活的家庭成员年人均收入低于当地农村低保标准的人都可申请享受农村低保。与传统的社会救济制度相比，农村低保制度的保障对象有所扩大，除了“五保户”、“特困户”外，还包括下列人员：家庭成员无劳动能力或基本丧失劳动能力的无劳动力户；家庭主要成员虽在劳动年龄段，但因严重残疾而丧失劳动能力，家庭生活困难者；家庭成员在劳动年龄段，因长年有病，基本丧失或大部分丧失劳动能力，家庭生活困难者；家庭主要成员因病、因灾死亡，其子女不到劳动年龄或是在校学生，生活特别困难者。

2. 资金来源

资金是推进农村低保制度建设的核心问题。就全国而言，目前，一般是由省以下各级财政和村集体共同负担。多数是市、县、乡镇和村按照一定比例分担，例如2∶3∶3∶2，有的地方是市、县、乡镇三级按照一定比例分担，例如3∶2∶5或5∶3∶2或4∶4∶2，也有地方采用县、乡镇两级按照一定比例分担的办法，例如5∶5或6∶4。除了要求各级财政和村集体担负保障资金外，一些地方还致力于探索多元化的筹资渠道，改善低保对象的生活。例如，北京市规定：应广泛动员社会和民间组织以及个人为农村低保工作提供捐赠资助，逐步建立多元化投入机制，增强保障实力。乡镇和村委可通过各种帮扶措施，增加对农村低保对象的生活补贴。同时，保障资金应纳入社会救济专项资金支出科目，专账管理，专款专用，各级财政部门要建立农村低保资金专户，严格财政管理制度。

3. 实施程序

农村最低生活保障的管理与城市最低生活保障基本相同，实施的程序大体如下：第一，由本人向村委会提出申请；第二，提交村民代表会议评定，以村民小组为单位对申请贫困救助者进行评议，客观反映申请者的生活状况，填写《社会保障金申请表》；第三，基层组织审核，再经乡（镇）民政办公室审核把关；第四，报县民政局批准，确定是否救助及救助待遇，发给保障对象

《社会保障金领取证》，保障对象可以凭证每月或每季度领取救助金。必要时可复查，以杜绝社会救助中的虚假行为；第五，张榜公布，接受群众监督。随后每半年或一年重新审核，对保障对象实施动态管理。

4. 管理体制

农村最低生活保障工作的管理体制可以概括为“党委领导、政府负责、民政主管、部门协助、社会参与”，其中，各级党委主要负责领导、决策和监督；各级人民政府负责规划和落实，确保人员和资金供给；各级民政部门是主管部门具体负责低保对象的审批、管理以及政策指导和调查研究等工作；政府相关部门则分别在各自的工作范围内积极协助民政部门，做好农村低保工作；基层社区主要负责帮助、监督低保对象，开展邻里互助、社会帮扶等活动；广大公众、民间组织和社会团体可从多方面积极参与低保工作，帮助低保对象。

5. 保障标准

农村低保标准，由县级以上地方人民政府按照能够维持当地农村居民全年基本生活所必需的吃饭、穿衣、用水、用电等费用确定，报上一级地方人民政府备案后公布执行。

第四节　灾 害 救 助

灾害救助是社会救助的重要内容之一。我国是一个自然灾害高发的国家。不稳定的东亚季风气候，强烈的新构造运动，起伏的地势与类型多样的地貌，众多人口与悠久的开发历史等诸多因素的综合影响，使我国成为世界上自然灾害发生最频繁、造成损失最严重的少数国家之一。自然灾害制约着国民经济持续发展，影响着人们的正常生活，很多灾民在灾害中一贫如洗，因灾返贫的比重不断增加。因此，自然灾害救助与和谐社会建设息息相关。要实现社会和谐发展，就必须加快自然灾害救助制度的改革力度。

一、灾害救助的概念界定

（一）灾害与灾害救助

灾害，有自然灾害和人为灾害两种。自然灾害是指不以人的意志为转移的自然原因导致的灾害，比如水、旱、雹、霜、地震等造成的破坏带给人类社会的损害；人为灾害是指大自然之外的破坏力对人类社会的损害，如战争、人为地破坏生态平衡等。本章主要讨论自然灾害。

自然灾害救助简称灾害救助，是指国家和社会依法向因遭受自然灾害袭击而造成的生活贫困的社会成员提供一定的物质帮助，以保证其维持最低生活水平，帮助灾民确立自行生存能力的社会保障制度。概括地讲，灾害救助的社会目标就是使灾区“脱灾”并转向“脱贫”。灾害救助的“脱灾”目标就是恢复和重建被灾害破坏了的人的生存与发展所必需的物质与精神的生存条件。

（二）灾害救助的内容

具体来说，灾害救助的内容由对灾区灾民的救助和灾区社会的救助两个部分组成。对灾民的救助包括如下内容：

一是救助灾民生命。这是灾中救援的基本内容，灾害尤其是突发性重大自然灾害的发生是以造成人员伤亡和财产损失为特征的，因此尽最大努力最大限度地减少灾区人员伤亡是灾中救助的最直接目的和基本内容。

二是为灾民提供基本生活保障。大灾的发生往往使灾民的衣、食、住、医等生存条件丧失殆尽。这就要求我们在救助灾民生命的同时，解决灾民基本生存问题，为灾民提供基本的生活资料，包括发放救灾物品，帮助灾民恢复生产，搭建灾民临时住所等内容。

三是安抚灾民情绪，实施精神救灾。大灾的发生不仅摧毁灾民的生存条件，还冲击着灾民的精神和心理，从而产生不利于恢复的消极情绪和心态。实施精神救灾，安抚灾民情绪，重构被灾害破坏了的精神世界，是灾害救助的重要内容。

四是帮助灾民确立自行生存的能力。灾民自行生存能力指灾民在大规模救灾活动停止后，依靠自己的力量，进行正常的物质和精神生活的能力。恢复或帮助灾民确立自行生存的能力既是灾害救助的重要内容，也是灾害救助的根本目的。从脱灾到脱贫是实现这一目的的根本途径。

对灾区社会的救助是对灾民救助顺利进行的保障和前提。没有对灾区社会的救助就不可能全面实现灾害救助的目标。对灾区社会的救助就是借助一切手段，整合灾区社会组织、恢复社会功能、实现社会生活的全面正常化。对灾区社会救助的主要内容是社会功能的恢复，社会组织的重构，社会机制的整合，公共设施的恢复，社会控制力量的加强，社会生活的有序化等。没有对社会的这种救助活动，则社会得不到整合，社会关系得不到恢复，人们生存的社会环境不能恢复正常，对灾民的救助将要受到限制。因此，灾害救助任务的全面完成，必须将对灾区灾民的救助与对灾区社会的救助正确地结合起来。

（三）灾害救助的方式

我国自然灾害的救助方式，按照救助的介入时机，可分为：灾中紧急救助、灾后生产自救、长期防灾减灾等。

第一，灾中紧急救助。灾中紧急救助是指国家用救灾款物无偿帮助处于危急情况下的灾区群众解决临时生活困难的应急性救助。一般适用于发生洪涝、台风、地震、冰雹、滑坡、泥石流等灾害大灾区。其目的在于提供灾民临时性的吃、住条件和必需的衣被，以及伤病灾民的紧急医疗等，以避免灾民的非正常死亡。

第二，灾后生产自救。当灾区灾情稳定后，各级政府要立即号召、组织灾民生产自救。为了使灾民更好地开展生产自救，各级政府组织要尽可能地在资金、信息、技术等方面给予扶持或服务。生产自救，灾民既是受灾对象又是救助主体，而且生产自救作为自然灾害救助的重要形式，是最具有生命力和创造力的救助形式，生产自救是我国救灾工作的核心。通过生产自救恢复和发展生产，通过生产自救安排灾区生产、改善生活，克服灾害带来的困难，弥补灾害造成的损失。

第三，长期防灾减灾。防灾是人类社会与自然灾害的斗争，是减灾的根本措施和基础条件，是抗灾、救灾的前期性工作。从狭义上讲，是指灾害发生之前采取的一系列防止灾害发生的措施。做好防灾工作，可以大大缓解和减轻灾情。减灾，从广义上讲，不仅指灾害发生之前，而且还包括在灾害发生之后，为防止次生灾害和续发灾害发生而采取的一系列措施。主要包括，兴修各种防灾工程和设施，建立灾害的监测、预报、报警系统，减灾科学技术的研究和应用。减灾是目的，两者在实践过程中，是一系列具体措施的延续。防灾和减灾是最积极的灾害救助手段，使那些本可能遭受生命财产损失的人免受损失。

二、国外的灾害救助制度

灾害救助已经引起世界各国的重视，各国都在积极致力于建立完善的灾害救助体系。美国、日本等自然灾害严重的国家，在长期的防灾救灾实践中，建立起了一整套成熟的灾害救助体系。

（一）美国的灾害救助制度

当前，美国制定了灾害防范的规范与制度：通过媒体宣传、训练、座谈等教育方式使民众了解防灾救灾知识；积极训练紧急应变的救灾专业人员及地方政府官员；协助地方社会将灾害防治等纳入社区规划；为地方设计防灾减灾课程，并通过卫星远程教学等。同时，加强救灾演练，使人们熟悉各种灾害状况，并演练救灾的团队合作。

美国的防灾救灾管理体制分为联邦和州两级管理。重大灾害事故发生后，首先由所在州进行自我救援，联邦政府只在灾害的后果超出州和地方的处理能力时才调动联邦资源，提供补充性的帮助。联邦应急管理署的灾害救助应急指挥系统，负责紧急灾害事故发生后的应急指挥救助。另外，美国加强民间社区灾难联防体系建设，广泛调动民间专业人士、慈善团体、宗教系统参与救灾工作；充分利用行政资源系统，气象单位、公安部门、医疗单位、军方及政府机关各司其职，形成了一支专业高效的救助队伍；重视灾民的安顿工作，及时运送救助物资，及早规划撤离事宜，并积极开展对灾民的心理辅导；强化信息系统指挥建设，运用信息网络等最新科技进行灾情汇报、救援指挥、评估预测灾害损失。①

（二）日本的灾害救助制度

日本是一个充满危机意识的国家。为了应对各种可能发生的危机，自 20 世纪 90 年代建立起从中央到地方的危机管理体制，在应对突发事件时发挥了重要作用。在危机管理中，日本安全保障会议、内阁会议、中央防灾会议制定决策，警察厅、防卫厅、海上保安厅、消防厅等省厅全力配合。

另外，日本防灾救灾法律比较齐全，从 1880 年开始就在防灾方面立法，不但各个灾种有法可依，而且还有涵盖各个灾种的基本防灾法律，即《灾害对策基本法》。这部法律对各个灾种的防灾对策进行了整合，避免了执行中相互脱节和相关机构互相推诿的现象。早在 1952 年日本就设置了市、町、村灾害慰问金补助制度救灾法律体系，对在自然灾害中失去家庭、住所、财产的受害者进行直接的救助。在 1973 年通过了关于支付灾害慰问金以及出借灾害支

① 郭明霞，扶庆松．国外灾害社会救助制度对中国的启示［J］．社科纵横，2009（4）．

援资金的法律，将灾害慰问金补助制度法律化并充实了其内容，至此，包括灾害慰问金、灾害残疾慰问金、灾害支援资金的灾害救助制度建立起来。

三、我国灾害救助制度的发展历程

中华人民共和国成立后，通过汲取历史上的经验教训以及在新实践中的不断探索，无论是在救助方针、救助内容、救助体制还是在救助形式上都有所发展，政府作为责任主体在灾害救助中的地位不断加强，同时，在灾害救助社会化方面，也进行了积极的探索。根据不同时期的经济社会发展状况，我国制定了不同的灾害救助方针，大体上可以分为三个时期：

1. 中华人民共和国成立初期

中华人民共和国成立初期，为医治战争创伤，战胜自然灾害，安置好灾民、难民，1950 年召开的第一次全国民政会议提出了“生产自救，节约度荒，群众互助，以工代赈，并辅之以必要的救助”的救灾工作方针。这一方针是根据当时个体经济的特点提出来的。各级政府严格遵循这一方针，积极开展生产自救，使灾民、难民迅速得到安置。1953 年，召开了第二次全国民政会议，考虑到国家兴修各种工程，吸收灾民参加，已起到了以工代赈的作用，重申救灾工作方针时取消了“以工代赈”的内容。

2. 集体化时期

在完成全国农业的社会主义改造以后，农民走上了集体化的道路，集体经济不断壮大，集体积极性不断增加，已具备了一定的救灾能力和集体保障功能。因此，在救灾工作方针中增加了“依靠集体”的内容，并根据当时国家财政状况，把生产自救提到了主要地位，形成“依靠群众，依靠集体，生产自救为主，辅之以国家必要的救助”。从当时的情况看，这一方针是比较客观和现实的。但是后来由于“文化大革命”的破坏，救灾工作受到冲击，这一方针也被束之高阁。

3. 党的十一届三中全会以后

1978 年第七次全国民政会议重申了“文化大革命”以前救灾工作的正确方针。1983 年第八次全国民政会议把救灾工作方针修订为“依靠群众，依靠集体，生产自救，互助互济，辅之以国家必要的救助和扶持”。这一方针是在全国农村已广泛地实行了家庭联产承包责任的新形势下提出来的，增加了“互助互济”和“国家扶持”的内容。这是在改革基础上救灾工作方针的新发展。

这三个时期的救灾工作方针，是根据当时的经济社会发展状况制定的，体现我国不同时期救济工作的指导思想。三个时期救灾方针的共同特点是：注重生产自救，并把群众自救与国家救济相结合，共同发挥作用。另外，近些年来我国防灾救灾法制建设也取得了重大的进展，灾害救助法律体系逐步健全。1997 年的《防震减灾法》，2000 年的《救灾捐赠管理办法》，2006 年的《国家自然灾害救助应急预案》，2007 年的《中华人民共和国突发事件应对法》，2010 年的《自然灾害救助条例》等法律法规的相继颁布，标志着我国防灾救灾的法律体系已经初具规模，这些法律法规对重大自然灾害发生时的紧急救援、组织保障和灾后恢复重建起到了十分积极的作用。此外，我国已先后制定了《中华人民共和国减灾规划（1998—2010 年）》、《国家综合防灾减灾规划（2011—2015 年）》和《国家综合减灾“十一五”规划》，把防灾减灾作为实现国民经济社会可持续发展总体目标的重要保障。

第五节　法律援助

法律援助是国家以制度化、法制化的方式为社会弱势群体提供无偿法律帮助，以真正实现法律面前人人平等的一项法律制度，是人类法制文明和法律文化发展到一定阶段的必然产物，是国家经济发展、社会文明进步和法治观念增强的结果。其作为一项保障社会弱势群体合法权益的社会公益事业，也是我国构建和谐社会过程中的一项重要举措。从当前我国法律援助的实践来看，加快法律援助制度改革的步伐，已是势在必行。

一、法律援助的概念界定

（一）法律援助

法律援助的概念有广义和狭义之分。在我国法律援助制度建立初期，对法律援助概念表述如下：法律援助是指在国家设立的法律援助机构的指导和协调下，律师、公证员、基层法律工作者等法律服务人员为经济困难或特殊案件的当事人给予减、免收费（现已取消“缓交费”和“减费”），提供法律帮助的一项法律制度。换言之，它是由政府设立的法律援助机构组织法律援助人员和社会志愿人员，为某些经济困难的公民或特殊案件的当事人提供免费的法律帮助，以保障其合法权益得以实现的一项法律保障制度。2003

年7月国务院颁布的《中华人民共和国法律援助条例》中，对法律援助进行了新的界定，认为法律援助是国家为了保证法律赋予公民的各项权利的实现，对需要法律援助、但因经济困难无力支付法律服务费用的当事人以及某些特殊案件的当事人提供免费法律服务，以保障其合法权益、完善国家司法公正机制的一项法律制度。① 以上有关法律援助概念的论述与广义的法律援助概念的内容有所不同，它将其内容限定为免费的法律服务，而不包括人民法院对经济困难的当事人减免诉讼费用（我国的人民法院称之为“司法救助”），因此，以上采用的都是狭义的概念。广义的法律援助概念的内容既包括为经济困难的当事人提供免费法律服务，也将人民法院对经济困难的当事人减免诉讼费用纳入其体系之中。

本书中对法律援助的理解采用广义的概念，是指对因经济困难及其他原因无力承担诉讼费用的社会弱者，政府组织专业法律人员提供免费或减费的法律帮助，或由司法机关给予减免诉讼费用，以保证法律赋予其的诉讼权利得以实现的社会救助制度。所以，一般认为法律援助是法律界的“希望工程”、“阳光工程”、“形象工程”。目前，它已渗透到国家法制运行的各个环节的各个层面，成为现代法治国家对本国公民必须承担的一项国家责任，同时也是保障基本人权和维护司法公正的重要手段，是社会救助体系中不可或缺的项目。

（二）法律援助的特征

对于法律援助的特征，学界有不同的认识和观点。通过对各种观点的分析与综合，本书认为法律援助具有以下特征：

一是专业性。法律援助是律师等法律专业人员运用他们娴熟的法律知识、丰富的办案经验和技能为贫弱公民提供法律咨询、诉讼代理、非诉讼代理和刑事辩护、撰写法律文书等法律服务，这些服务是其他非专业人员无法代替的，体现了较强的法律专业性。

二是国家性。法律援助是国家责任，国家是法律援助的责任主体。国家或者政府通过设立法律援助机构、提供法律援助经费、制定法律援助法律履行国家对公民的法律援助义务或责任。

三是救济性。法律援助制度在实现法治和保障人权方面具有十分重要的意义。目前，国际上公认的作为法律援助制度基础的理念，正是法治、公正和平

① 张雪纯，葛林．法律援助条例释义［M］．北京：中国法制出版社，2003.

这三项基本价值。① 法律援助的宗旨是实现司法公正。它通过对贫弱公民提供法律帮助使他们平等地进入诉讼程序，平等地行使诉讼权利，保护他们法定权利的实现，以维护司法公正。法律援助的司法救济性是其与以经济帮助为目的的社会救济、社会保障制度的本质区别。

四是无偿性。受援人对所得到的法律帮助无需承担任何与此相关的义务，特别是无需向援助机构缴纳服务费用，其所需经费支出由政府负担，这是世界各国的共同做法。这充分体现了法律援助的无偿性和优惠性。

（三）法律援助的方式

法律援助的方式是指国家或地区向受援对象提供法律援助的基本形式。各国法律援助方式由于国情和经济社会发展水平的不同而有所区别。我国目前已有的法律援助方式有三种：在刑事诉讼中指定律师辩护；律师减收诉讼或代理费用，向贫困当事人提供法律援助；法院向有困难的当事人减收或免收诉讼费用。其中，律师承担法律援助义务的方式是目前法律援助的主要方式。律师承担法律援助义务的方式有以下几种形式：②

（1）由司法行政部门建立法律援助机构，机构中设有公职律师从事法律援助工作。例如，广州市法律援助中心就采用这种形式，律师属于事业单位的工作人员，工资固定，律师诉讼和代理费用由法律援助中心承担，律师不得接受法律援助之外的当事人的委托。这种方式的优点是机构、人员相对固定，承办法律援助案件的质量有保证；不足之处是人员开支大、维持费用高。

（2）司法行政机关强制性无偿法律援助。即由法律援助中心规定律师每年必须完成一定的法律援助工作量，办理法律援助事务的费用由律师承担，没有经费补偿。例如，北京市法律援助中心就是采用这种形式，由司法行政机关规定每位律师每年必须办一件法律援助案件，中心对一个案件补贴一定额度的费用，其他诉讼费用完全由律师事务所和律师承担。这种形式的优点是机构、人员费用少，而且一些优秀律师也能够承办一些法律援助案件；缺点是由于律师完全出于义务，且人员不固定，案件质量受到一定影响。

（3）由律师事务所对经济困难的当事人减免收费，律师承办费用由其所在事务所给予补偿。

---

① 宫晓冰．各国法律援助理论研究［M］．北京：中国方正出版社，1999.

② 孙光德，董克用．社会保障概论［M］．北京：中国人民大学出版社，2003.

（4）由律师每年缴纳一定数量的法律援助基金，由法律援助机构聘请律师对当事人提供法律援助服务，被指派的律师从援助基金中得到补偿。

二、国外的法律援助制度

1. 英国的法律援助制度

英国是世界上法律援助制度最为完善的国家之一。几乎所有级别和类别的法院，从治安法院到郡法院，从皇室法院到上诉法院，都可以进行法律援助。符合法定条件的人都能够在这些法院得到法律援助。英国法律援助制度的宗旨是保障所有国民都有实现法律上的权利平等的机会，其法律援助分为民事法律援助、刑事法律援助和特别诉讼法律援助三种。根据案件本身的不同性质，需要法律援助的人可以提出不同类型的援助申请，有管辖权的法院会根据申请人的申请，依照案件的不同性质决定给予不同类型的法律援助。英国的司法系统给受助人提供法律援助的形式有三种：提供咨询、法律协助和法律代理。

2. 美国的法律援助制度

同许多国家一样，美国的法律援助是由律师自愿减免费用提供的，一直到20世纪60年代中期，律师的自愿行为仍是法律援助的主要方式。随着60年代美国民权运动、反战运动、妇女运动的高涨，政府才开始将更多的注意力投放在贫困者权利保护以及司法救济中。1963年，美国最高法院在一个判例中裁定：刑事案件中贫穷的被告人，无论是在州法院还是在联邦法院，均享有获得辩护人的宪法权利，政府有义务提供该项法律援助。案件的范围主要集中在五个方面：家庭、消费者、住房、房屋租赁关系和社会福利。有时，民事法律援助的律师也帮助贫困者提起集团诉讼，向政府机构和私人利益集团主张权利。在法律服务公司活动的鼎盛期，6 000多名律师每年要处理50万件法律援助案件。

3. 欧洲联盟的法律援助制度

欧盟法律援助制度是狭义上的即仅指诉讼上的法律援助，该制度以欧盟宪法为基础，建筑在完备的条约法和诉讼程序法上，是依靠欧盟法院和各成员国协调、配合实行的一项较为成熟的司法援助制度。根据个案的不同情况，当事人既可能在某个成员国获得援助，也可能直接得到欧盟法院的帮助。从法律援助的申请、审查、批准、费用的清算与承担，到法律援助的变更与撤销，都体现了欧盟制度的严谨、完整和适变性。① 这些成功经验对于我国建立和完善法律援助制度是具有宝贵借鉴意义的。

三、我国法律援助制度的发展历程

我国的法律援助制度建设起步较晚，法律援助开始作为一种制度出现是在20世纪90年代中期以后。1956年10月司法部发布的律师收费暂行办法，规定了律师免费或减费给予法律帮助的具体案件范围。1979年以后陆续颁布实施的刑事诉讼法、民事诉讼法和律师收费试行办法等法律法规，规定了有关法律援助的一些内容。1992年，我国最早的法律援助机构——武汉大学“社会弱者保护中心”成立。1994年，我国首次公开提出了建立中国法律援助制度的设想。由司法部提出的建立和实施法律援助制度，具有特定的社会基础和法制背景，反映了我国经济的发展以及法律制度和社会保障制度的逐步完善。以后陆续颁布实施的《刑事诉讼法》、《民事诉讼法》、《律师工作暂行条例》和《律师收费试行办法》等法律法规中，都规定了一些相关的法律援助内容。同年，中国第一笔法律援助基金——北京律师法律援助基金设立。1995年1月，司法部正式提出建立中国法律援助制度，并开始试点。

1996年3月17日，第八届全国人民代表大会第四次会议审议并通过《关于修改〈中华人民共和国刑事诉讼法〉的决定》，新《刑事诉讼法》的一大发展，是首次以立法的形式，规定了我国刑事法律援助制度的基本原则和框架。《刑事诉讼法》第34条规定：“公诉人出庭公诉的案件，被告人因经济困难或者其他原因没有委托辩护人的，人民法院可以指定承担法律援助义务的律师为其提供辩护。被告人是盲、聋、哑或者未成年人而没有委托辩护人的，人民法院应当指定承担法律援助义务的律师为其提供辩护。被告人可能被判处死刑而没有委托辩护人的，人民法院应当指定承担法律援助义务的律师为其提供辩护。”这是在我国立法史上，首次明确提出“法律援助”的概念，并将其写入法律。这不仅是我国刑事诉讼法律制度的一大飞跃，也是中国法律援助制度建设的一个重要里程碑。

1996年5月15日，第八届全国人大常务委员会第十九次会议审议通过了《中华人民共和国律师法》，该法第六章，规定了律师法律援助的有关内容：“公民在赡养、工伤、刑事诉讼、请求国家赔偿和请求依法发给抚恤金等方面

---

① 曹艳春．外国法律援助制度发展概况［J］．法学杂志，2001（3）．

需要获得律师帮助但是无力支付律师费用的，可以按照国家规定获得法律援助。律师必须按照国家规定承担法律援助义务，尽职尽责，为受援人提供法律援助。法律援助的具体办法，由国务院司法行政部门制定，报国务院批准。”这些规定明确了公民获得法律援助的范围和律师必须依法承担的法律援助义务。

1996年8月29日，第八届全国人大常务委员会第二十一次会议审议通过的《老年人权益保障法》第三十九条规定：“老年人因其合法权益受侵害提起诉讼缴纳诉讼费有困难的，可以缓交、减交或者免交；需要获得律师帮助，但无力支付律师费用的，可以获得法律援助。”这是在《刑事诉讼法》、《律师法》之外，我国规定了有关法律援助内容的法律。从以上规定可以看出，1949年后，我国虽未出台有关法律援助的专项立法，但在众多的法律法规中规定了有关法律援助的内容。这一方面说明法律援助的产生发展存在其客观的必然性；另一方面，也说明我国有关法律援助的立法还远不完善，不能自成体系。在改革开放和建设社会主义市场经济的今天，建立健全法律援助制度是完善我国民主法制建设的重要方面，是依法治国，建设社会主义法治国家的重要内容。

1996年年底司法部法律援助中心成立。

为了保障法律援助工作的有序发展，绝大多数地方在积极探索、努力实践的基础上，通过司法行政机关制定了法律援助的相关制度性规定。少数地方以政府令或地方性法规的形式对此做了规定，在法律援助法律化、制度化建设方面取得了一定成绩。如广东省深圳市、珠海市、清远市，河南省郑州市均以政府令的形式，颁布了《法律援助实施办法》。2000年4月，重庆市政府颁发了第一个省级地方性法律援助行政规章——《重庆市法律援助实施办法》。1999年4月3日，山东省青岛市第十二届人大常委会第七次会议审议通过了第一个地方性法律援助法规《青岛市法律援助条例》；1999年5月21日，浙江省杭州市第九届人大常委会第十九次会议相继审议通过了《杭州市法律援助条例》，其后，武汉、哈尔滨、厦门都相继由地方人大常委会颁布实施了《法律援助条例》。1999年8月5日，广东省第九届人大常委会第十一次会议审议通过了第一个省级地方的法律援助地方性法规《广东省法律援助条例》。在2001年3月全国人民代表大会颁布实施的《中华人民共和国国民经济和社会发展第十个五年计划纲要》中，第一次写入了“建立法律援助体系。”这是首次由国家最高权力机关将法律援助工作纳入国民经济和社会发展计划。

鉴于法律援助工作在我国的迅猛发展，2003 年 7 月 16 日国务院颁布了《法律援助条例》，专门就这一维护公民权利的福利事业进行了规范和指引。这是我国第一部关于法律援助的全国性立法，标志着我国法律援助制度进入了一个新的发展阶段，该规范文件的出台同时也标志着我国的法律援助事业正在走向规范化、法制化的道路。

☞本章小结

社会救助是社会保障系统中的一个子系统，具有权利义务的非直接对应性、救助范围的全民性、救助对象的限制性、救助标准的低水平性、救助手段的多样性、救助程序的法定性等基本特征。

持有非农业户口的城市居民，凡共同生活的家庭成员人均收入低于当地城市居民最低生活保障标准的，均有从当地人民政府获得基本生活物质帮助的权利，这是我国城市居民最低生活保障制度的基本内容。

一般而言，具有当地正式农业户口，共同生活的家庭成员年人均收入低于当地农村低保标准的人都可申请享受农村低保，这是我国农村最低生活保障制度的基本内容。

灾害救助由对灾区灾民的救助和灾区社会的救助两个部分组成。按照救助的介入时机，可将灾害救助分为灾中紧急救助、灾后生产自救和长期防灾减灾。

法律援助的概念有广义和狭义之分，具有专业性、国家性、救济性、无偿性等特征。我国目前已有的法律援助方式有三种：在刑事诉讼中指定律师辩护；律师减收诉讼或代理费用，向贫困当事人提供法律援助；法院向有困难的当事人减收或免收诉讼费用。

☞关键术语

社会救助　　城市贫困　　农村贫困　　灾害救助　　法律援助

☞思考题

1. 简述社会救助的含义与特征。
2. 简述我国城市贫困问题的出现原因与主要特点。
3. 简述我国农村最低生活保障制度存在的主要问题。
4. 简述我国灾害救助制度的内容与方式。
5. 简述我国法律援助制度的未来走向。

☞案例分析

谁来救助大病困难群体

一个全方位、立体、多层次的大病保障体系，已经成为当前困难群众抵御大病来袭的最大期盼。破解大病困难群体救助过程中的资金、制度、衔接三重困境，仍然任重道远。

安徽定远县严桥乡农民刘敦和，因无法忍受病痛的折磨将双脚用玻璃片割断；江西萍乡市患有乳腺癌的农妇陈真连，为了“要把钱留给孩子治病”，在自家责任田附近的水塘内自尽身亡……

“小病拖，大病扛，重病等着见阎王”，“住上一次院，三年活白干”……这是我国许多中低收入人群面临大病来袭时的真实写照。

徘徊在希望与绝望边缘

62岁的山西左权县农民曹四蛋，因没钱治病，自从被查出脑瘤到瘫痪在床，六七年间，他除了吃点止痛药，没有去医院接受过任何正规治疗。

《瞭望》新闻周刊记者在采访中了解到，除了像曹四蛋这样放弃治疗的大病患者，基层百姓出于经济、社会等多方面的原因，健康、亲情、尊严在大病来袭时都受到了巨大的冲击。一旦家中有人生了大病，除了巨额的医疗费用带来沉重的经济负担之外，还会发生一系列连锁效应：劳动力因病不能正常劳动；家人为了照顾患者也不能外出务工；家庭中其他成员患病却已无钱医治等，最后，整个家庭都陷入了困境。因此，他们抵御大病风险的能力极低。而对于大病家庭来说，救助政策救助的两三万元则是杯水车薪。

近年来由于基本医保特别是新农合保障力度不断增强，许多基层百姓对治疗大病有了盼头，他们积极寻求更好的治疗，但是优质医疗资源紧缺、医疗费用高昂、基本医保和救助力量有限，都让他们在希望与绝望的边缘徘徊。

困难群体救助面临多重困境

我国已建立了以基本医保、大病医保、医疗救助为主体的医疗保障机制。目前，医疗救助的“兜底”作用日益凸显。近年中央又不断加大投入，特别是对困难群众大病救助的投入，帮助他们获得了基本医疗服务，减轻医疗费用负担，使他们黯淡的生活前景有所改善。

然而，困难群体大病救助普遍面临多重困境。

首先是救助资金不足。困难群体大病救助资金需求量增大，现有保障水平低、覆盖面小、资金落实不到位是各地方普遍面临的问题。2013 年社会救助资金入不敷出的就有 21 个省；部分地区做不到应保尽保，救助工作开展得捉襟见肘。在中部某省某村，每年给村里的低保户指标有 25 个，但全村的困难家庭多达 60 余户，这些家庭只能轮流接受救助。

其次是困难群体大病保障各层面衔接也存在障碍。

一是起付线高。大病保险设立的起付线一般都在万元以上，贫困群体个人自付达到起付线才能报销，这对他们来说是很大的压力。起付就困难，获得大病保险更难，甚至会出现穷帮富的情况。

二是计费标准难衔接。大病保险起付线标准为累计付费，而医疗救助与基本医保是按次结算，两者很难衔接。

三是结算衔接。大病保险属商业保险，目前未与医院实现系统对接，全部是事后结算，贫困群体大病就医需要垫付费用，很多人因为垫不起而放弃治疗。

再次是很多困难家庭患大病后，对我国现有的多途径救助平台一无所知或知之甚少，导致失去获得救助的机会。

资料来源：王大千．谁来救助大病困难群体［J］．瞭望新闻周刊，2014（47）．

◎ 分析与思考

1. 我国社会救助制度已经取得的最明显成效和最突出问题分别是什么？
2. 如何健全大病医疗救助机制？

第12章 社会福利

本章学习要点

- 特殊人员社会福利基本内容
- 员工福利的概念与原则
- 企业年金的功能与特点
- 公共福利的基本内容

第一节 社会福利概述

一、社会福利制度的产生与发展

（一）社会福利思想基础

社会福利是社会矛盾发展到一定阶段的产物。纵观历史我们可以发现其有着丰富的思想基础，从空想社会主义时期至今，社会福利的理论不断地被注入新的内涵和新的思想。空想社会主义时期的社会福利思想应该说是一种较早的社会福利思想，但在当时那种社会条件下不具有现实性和可行性。早期空想社会主义的社会福利思想主要包括：托马斯·莫尔的社会福利思想，他的主要著作有《乌托邦》等，他提倡只有消灭私有制才能实现真正意义上的他所关心的大众的福利。19世纪空想社会主义的社会福利思想主要包括：傅立叶的社会福利思想，他的主要著作有《四种运动和普遍命运的理论》和《经济的新世界或符合本性的协作的行为方式》等，他认为保障制度带有政治性，政治对保障制度会产生重大影响，并且政治保障是重要保障制度之一；圣西门的社会福利思想，他的主要著作有《人类科学概论》和《新基督教》等，他认为社会进步和人们得到幸福主要依靠国家和政府，并认为只有通过社会改革才能实现改善人们精神福利和物质福利的目标。英国新自由主义思想家霍布豪斯的社会福利思想，他的主要著作有《认识论》和《自由主义》等，他认为："普遍自由的第一个条件是一定程度的普遍限制，没有这种限制，有些人可能自由，另一些人却不自由；一个人也许能够按照自己的意愿行事，其余人却无任何意愿可言。"他指出，要获得自由，必须制定和实施法律。《贝弗里奇报告》的社会福利思想，报告提出对"从摇篮到坟墓"所面临的各种经济风险给予收入保障。20世纪英国民主主义思想家蒂特马斯的社会福利思想，他的著作有1958年的《福利国家论集》和1965年的《今日福利国家的目标》等，他指出对一个国家社会福利制度必须放在其所处的具体环境和特殊文化背景中去认识和理解。当代欧美"第三条道路"的思想家，英国前首相布莱尔的社会福利思想，他的主要著作有《新英国》等，布莱尔强调社会公正，强调个人、社会和国家共同的责任感，并提出了"第二代福利"的思想。①

社会福利有其深刻的思想基础，了解这些思想有助于我们更深刻地理解社会福利理论。社会福利对社会的发展具有重大的影响，这种影响又具有双重性。社会福利影响的双重性体现在社会福利的公平与效率之争。从发展的角度来看二者是一致的，是相互促进的。在相互作用中，效率处于更重要、更核心的地位。只有效率提高了，才会有社会进步和公平程度的提高。当两者出现冲突时应争取实现优化组合，坚持效率优先，以效率促进公平的原则。从社会的角度来看，应坚持公平优先，以公平来促进效率的提高，这也是社会保障制度的目的。二者关系的协调要靠政府和市场的共同作用，即在政府的政策指导下运用市场机制来运作。同时，是否能处理好权利与义务的关系在社会福利制度中显得尤为重要。我国社会福利制度形成于计划经济阶段，重权利、轻义务，权利与义务不对等。随着市场经济的发展，我国也逐渐重视社会福利中权利与义务的对等，这符合市场经济的要求。

---

① 霍布豪斯．自由主义［M］．北京：商务印书馆，1996.

（二）社会福利制度的发展

社会福利制度从 20 世纪 30 年代产生到现在大致经历了两个阶段，即快速发展阶段、调整和改革阶段。经历了两个阶段的发展，社会福利水平越来越高，社会福利制度日趋完善，并逐渐与经济、社会协调发展，部分社会福利事业的私有化也是社会福利的发展趋势。

第二次世界大战后西方各国社会福利保障体系发展迅速，其内容丰富、涉及多个领域，但也带来了巨大的财政压力。以高福利国家英国为例，英国战后社会福利保障制度主要是高福利国家和低经济效率相结合，成为"英国病"的一个根源。英国的福利费用加重了人民的所得税负担。另外，1945—1969 年也是美国社会福利保障的继续和完善时期，到了 20 世纪 70 年代美国社会福利保障进入调整时期。第二次世界大战后日本也颁布了社会福利相关的法律，社会福利工作有了法律依据。总之，在这一阶段西方各国都在寻求适合本国的社会福利发展道路。20 世纪八九十年代以来，西方世界的社会福利保障制度普遍面临三大危机，即社会福利保障赤字和财源危机、社会福利保障的信任危机、社会福利保障的老年危机。

在中华人民共和国 60 多年的发展历程中，社会福利制度一直是一项非常重要的民生制度安排，对于促进经济发展和保障人民生活起到了至关重要的作用。60 多年来，中国社会福利制度发展大体经历了三个阶段：第一个是传统福利制度创建时期（1949—1956 年）。这一阶段在改造中国社会福利机构和设施的基础上，形成了由国家负责、官方包办的民政福利和单位包办的职工福利等组成的传统福利制度，其最大的特征是与社会救济紧密结合，统称"救济福利事业"。第二阶段是传统福利制度巩固和发展时期（1957—1983 年）。这一阶段在计划经济体制的历史背景下，中国形成了以职工福利为核心，包括民政福利、农村五保供养制度以及其他福利在内的比较完整的福利制度框架，板块分割的封闭体系、"国家—单位"运行模式、补救性保障制度是其明显的特征。第三阶段是传统福利制度向新型福利制度变革与转型时期（1984 年至今）。这一阶段在向市场经济转轨的社会背景下，其改革步伐虽较整个经济体制改革要滞后一些，但正在进行制度重塑并逐渐向社会化、现代化福利发展。职工福利逐步向其原本的性质、地位和功能回归，民政福利逐步由补缺型向适度普惠型转变，社区服务成为重要的具有社会福利性的服务行业。目前，由于新型福利制度还在改革中探索，福利制度转型的任务还未完成（见表 12-1）。

表 12-1　　我国 2012—2013 年福利类收养单位情况表

指　　标	单位数（个）		职工人数（万人）	
	2012 年	2013 年	2012 年	2013 年
提供住宿的社会服务机构	48 105	45 977	39.8	42.4
老年人与残疾人服务机构	44 304	42 475	33.1	35.6
智障与精神疾病服务机构	257	261	2.3	2.5
儿童收养救助服务机构	724	803	1.3	1.4
其他提供住宿的社会服务机构	2 820	2 438	3.1	2.9
不提供住宿的社会服务机构	130 940	277 084	201.6	226.9

数据来源：中华人民共和国国家统计局．中国统计年鉴 2012—2013 年［M］．北京：中国统计出版社，2014.

二、社会福利的概念、特征与主要内容

（一）社会福利的概念

福利，是同人们的生活幸福相关的概念。在英语里，“福利”是 Welfare，它是由 Well 和 Fare 两个词组成的，意思是“好的生活”。社会福利（Social Welfare）最早见于美国前总统罗斯福与英国前首相丘吉尔于 1941 年签订的《大西洋宪章》。在不同的国家和地区，人们对社会福利的理解也存在很大差异。美国社会工作者协会（NASW）在 1999 年出版的《社会工作百科全书》中对社会福利的理解是：“社会福利是一个宽泛的和不准确的词，它最经常地被定义为旨在改善弱势群体状况的‘有组织的活动’、‘政府干预’、政策或项目……社会福利可能最好被理解为一种关于一个公正社会的理念，这个社会为工作和人类的价值提供机会，为其成员提供合理程度的安全，使他们免受匮乏和暴力，促进公正和基于个人价值的评价系统，这一社会在经济上是富于生产性的和稳定的。这种社会福利的理念是基于这样的假设：通过组织的治理，人类社会可以生产和提供这些东西，而因为这一理念是可行的，社会有道德责任实现这样的理念。”① 有观点认为：社会福利是指对一国的社区或社会的满意

① 尚晓媛．社会福利与社会保障再认识［M］．中国社会科学，2001（3）．

状况作出贡献的社会福利计划的总和。① 郑功成认为："社会福利是指国家和社会通过福利服务、福利企业、福利津贴等方式，为社会成员提供基本生活保障并使其生活状况不断得到改善的社会政策的总称。"

综合国内外专家学者的观点，借鉴国际惯例、我国及其他诸多国家的实践经验，笔者认为应当从广义和狭义两个方面来界定社会福利的概念。广义的社会福利是指国家依法为全体公民普遍提供的一种旨在保障一定的生活水平和尽可能提高生活质量的现金和服务的社会保障制度；狭义的社会福利是具体指为老年人、残疾人、妇女儿童以及精神病人等特殊群体提供的社会服务。前者侧重于提高社会成员的生活质量，后者侧重于矫正特定的社会病态现象。

在我国主要的职能部门中，民政部门最主要的职责就是为不能依靠自己的力量满足基本生活需要的人提供资金和服务保障，也就是我们所说的从事狭义的社会福利事业。

（二）社会福利的基本特征

1. 共享性

社会福利的内容相当广泛，既包括社会化的老年福利、妇女福利、儿童福利、残疾人福利，也包括国民的教育福利、住宅福利、在岗劳动者的职业福利等，因此我们说社会福利是社会保障体系中内容最杂，也是项目最多的部分，它为人的全面发展提供和创造条件。在保障待遇方面，社会福利更是强调共享性和普惠性。由于社会福利政策本身具有一定的政策取向，所以社会福利的共享性并不是绝对意义上的共享，它的某些项目仅仅是为孤寡老人、残疾人等特殊人员提供的。

2. 服务性

相比其他社会保障制度，社会福利更强调以服务来满足社会成员的保障需求并受到相关的社会规范体系的限制。社会福利提供的主要是福利服务与福利设施，是国家与社会实施相关社会福利政策的最基本的途径。另外，社会福利是现行的社会保障体系中以福利服务或福利设施而非现金或实物援助为实施方式的社会保障子系统。

3. 均等性

① ［美］威廉姆·H. 怀特科等. 当今世界的社会福利［M］. 解俊杰，译. 北京：法律出版社，2003.

作为实现社会公平的一种必要手段和重要方法，社会福利强调社会成员的社会福利参与机会平等，通过提供基本生活保障和解除后顾之忧来维护社会成员参与社会的公平竞争以及消除因意外因素造成的社会不公平，以维持社会成员发展的起点公平与过程公平。就这一方面来讲，它既不同于社会保险，也不同于社会救济。

4. 标准的不确定性

社会保险、社会救助有明确的指标规定，而社会福利水平的高低没有明确的指标，也没有法律或政策明文规定其必须达到什么水平。它受到所处时代的社会发展水平的制约，一般情况下，经济发展水平越高的国家社会福利水平也更高。

（三）社会福利的主要内容

随着社会的发展，人们对生活质量的要求越来越高，社会福利的内容也在不断地充实和丰富。当前社会福利制度的主要内容包括老年人社会福利、残疾人社会福利、妇女儿童社会福利以及一般社会成员的公共社会福利等。当然，一个完善的社会福利体系除了上述内容之外，还包括教育福利、住房福利等诸多方面。

1. 老年人社会福利

老年人社会福利是指国家和社会为提高老年人的生活质量而提供的各种物质支持或服务。它是社会福利制度的重要组成部分，同时它也是社会福利制度产生和发展过程中较早出现的社会福利形式之一。从广义的角度来看，老年人社会福利是国家和社会通过提供有关福利津贴和社会化的福利设施，以满足老年人的基本生活需要并促使其生活质量不断得到改善的一种社会保障政策。它包括养老保险、老年人社会救助和老年人福利。从狭义的角度来看，老年人社会福利是指根据老人的特殊需求和自身特点，由社会提供给老年人的特殊的、照顾性的物质帮助和社会服务。它包括现金资助和福利服务两个方面，现金资助是一种较为直接的社会福利形式，目前只有少数国家和地区实行。福利服务包含的内容则相当广泛。

2. 残疾人社会福利

残疾人社会福利是指国家和社会对残疾的公民在年老、疾病、丧失劳动能力而无法自食其力的情况下提供基本的物质帮助，同时根据社会发展的水平给予相应的医疗保健、卫生、教育等方面的权益保障。一直以来，残疾人被视为弱势群体，残疾人福利也是社会福利产生和发展过程中出现较早的一种社会福利形式。残疾人福利的目的是帮助残疾人独立生活，为他们能像其他社会成员一样正常参加社会各领域的活动创造条件。

3. 妇女儿童社会福利

妇女儿童社会福利是指国家和社会通过提供社会化的福利设施和有关福利津贴，以满足妇女儿童的生活服务需要并改善其生活质量的一种社会政策。国家是妇女儿童社会福利的主体，妇女儿童社会福利的享受对象包括所有的城乡妇女儿童，妇女儿童社会福利的提供方式既包括社会救济意义上的物质保障，也包括社会福利意义上的社会服务。另外，政府的政策扶持往往是其生存、发展的必要条件。

4. 公共社会福利

公共社会福利是指国家和社会提供各种类型的社会服务和物质帮助以保障和提高一般社会成员的生活质量的一种福利项目。公共社会福利以一般的民众为实施对象，其实施范围具有普遍性和全民性。目前，针对弱势群体的社会福利制度日益完善，越来越多的国家开始把福利重点放在针对一般成员的公共社会福利项目上，其最终目的是为了提高全民的生活质量。

第二节　特殊人员福利

一、老年人社会福利

（一）老年人社会福利的内涵

老年人社会福利可以从两个不同的角度来理解：首先，从政府服务功能角度来看，老年人社会福利是政府为了发扬敬老、爱老精神，安置老人生活，维护老年人健康，充实老年人精神文化生活而采取的一些政策、措施和服务。老年人社会福利是在满足老年人的基本物质生活需要的基础上，进一步满足老年人的精神文化生活需要。其次，从老年人的特殊需求来看，老年人的社会福利是根据老年人的特殊需要，由国家和社会为老年人提供各种物质或服务。老年人由于身体或健康方面的问题，在日常生活和心理方面存在一些靠自身的力量无法解决的问题，因此需要国家和社会给予支持和帮助。老年人社会福利的实施主体是国家和社会，客体是达到一定年龄（60 岁或 65 岁）的老年人，目的是满足老年人的特殊需要，帮助他们改善生活质量。

老年人福利是建立在老年人特殊的社会需要和生理变化的基础上的。老年人的需求主要包括以下几个方面：身体方面、社会心理方面、经济方面、住房和环境方面、教育、文娱和参与社会生活、就业等。① 由此可见，老年人的需求是多方面的。

（二）各国老年人社会福利制度

老年人社会福利是现代社会福利制度的重要内容之一，它在整个社会福利制度中有着极其重要的地位。进入 20 世纪后大多数国家开始面临人口老龄化问题，它们都纷纷建立了各自的福利计划。老年人社会福利的特殊性在于它估计到老年人需求的特点，促进了现代福利项目从内容到形式的多样化，同时也推动了社会福利服务的专业化。

荷兰是传统的高福利国家，荷兰老年社会福利的宗旨是鼓励老年人尽量参与公众生活，自食其力，只有在他们有需要之时社会才给予其适当的帮助。当前，荷兰的养老设施主要有老年公寓、老年照料院和老人护理院。除了政府资助的“老年人之家”外，还有各种私人服务机构和当地的社会组织为他们提供各种服务。荷兰的老年人有着较高的社会福利保障水平和规范的老年人社会福利运作机制。

英国在第二次世界大战结束后进一步实行了“福利国家”的社会福利制度，主要内容包括老年人收入补助、老年人医疗健康福利、老年人社会福利服务和老年人发展型福利。随着人口老龄化的加速，英国的老年人社会福利已面临着巨大压力。英国老年人口绝对量和比重加大使得劳动人口对老年人的赡养系数不断上升，在职工人的负担加重。老年人口的增加使国家对老年人的生活补助增多，同时也造成医疗保健费用大幅上升。鉴于这些问题，英国对老年人社会福利制度进行了改革。这些改革主要在以下几个方面：削减福利开支，缓解政府的财政困难；加强老年科学研究，鼓励学术界为制定有关政策提供咨询和建议。

日本是工业发达国家中进入老年型社会最晚的国家，但日本在成为老年型国家之后人口老龄化发展速度之快，在发达国家中名列首位。日本在老年人社

---

① 中国老龄问题全国委员会．老龄问题研究——老龄问题世界大会资料辑录［M］．北京：中国对外翻译出版公司，1983.

会福利方面的措施包括：入住养老院；将老年人委托给护养受托人；短期入住；日托服务；为因身体上或精神上的障碍难以进行日常生活的家庭派遣服务员帮助其做家务和护送老年人去医院等。

我国的老年人社会福利也有自身的特点，20 世纪 50 年代以来我国老年人社会福利的发展演变大致经历了两个阶段，即计划经济时代的老年人社会福利和市场化过程中的老年人社会福利。在前一阶段，我国整体的福利制度模式是由国家负责、政府包办的民政福利和单位包办的职工福利等组成的传统福利模式。老年人社会福利的基本结构是城乡二元的老年人福利结构。后一阶段是我国老年人社会福利事业随着社会转型和经济体制转轨后所呈现出的一种状态。在市场化过程中，我国仍然非常重视老年人的社会福利，老年人社会福利制度已粗具规模。2014 年，民政部发布了《关于建立健全经济困难的高龄、失能等老年人补贴制度的通知》，通过建立健全经济困难的高龄、失能等老年人补贴制度，达到五个目标：一是贯彻落实党中央、国务院的要求，将建立健全经济困难的高龄、失能等老年人补贴制度的要求细化为具体的政策措施，有效推动养老服务体系发展。二是形成多元化的投入格局，充分发挥财政资金的引导和示范效应，吸引社会资本投入养老服务业。三是有效缓解部分老年人的实际困难。减轻经济困难的高龄、失能等老年人的养老服务负担，帮助他们提高支付能力。四是更好体现公平与效率的理念。通过中央层面出台统一制度和要求，指导地方规范、有针对性的开展工作，有效回应社会各界的关切，倡导公共财政公平与效率的理念，正确引导舆论。五是推动实现基本服务均等化。力争“十二五”末，全国范围内基本建成覆盖广泛、内涵丰富、衔接紧密的经济困难的高龄、失能等老年人补贴制度，保障水平不断提高，服务类型日益丰富，推动实现基本养老服务均等化。各地在实施该通知的过程中要营造平等参与、公平竞争的市场环境，使养老服务方便可及、价格合理，更好地满足经济困难的高龄失能等老年人多样化、多层次的养老服务需求。

二、妇女儿童社会福利

（一）妇女儿童社会福利的内涵

妇女儿童社会福利的概念可以从如下几个方面来理解：首先，国家是妇女儿童社会福利的责任主体；其次，妇女儿童社会福利的享受对象应包括所有的城乡妇女儿童。这里所讲的福利既包括物质保障，也包括社会服务。它在社会服务的性质上体现出经济福利性，属于第三产业范畴但又不同于一般的第三产业，是难以采取市场调节的社会公共领域，其生存和发展的必要条件往往是政府的政策扶持。妇女儿童社会福利作为社会福利的重要组成部分，除了有与社会福利一致的作用之外还有其特殊性的一面。它有利于实现男女平等，有利于开发和利用女性劳动力资源，有利于维护家庭和睦和社会安定。

此外，妇女儿童社会福利的内容应该涵盖妇女儿童的基本要求。妇女儿童社会福利的内容大体上可以概括为妇女就业保障、妇女生育社会福利、妇女儿童健康和儿童成长福利等方面。

（二）各国妇女儿童社会福利制度

从各国实践我们可以看出社会福利事业受到各个国家经济发展水平的制约。社会经济发展水平高的国家，社会保障制度必定健全，妇女儿童福利事业也十分发达；社会经济发展水平低的国家，社会保障制度往往存在着缺漏，妇女儿童福利事业也相对落后。因此，妇女儿童福利事业的发展水平在某种程度上代表着一个国家的社会经济发展水平。以西方国家为例，妇女儿童社会福利制度大体上经历了三个发展阶段，即 20 世纪 40 年代的粗具规模阶段、20 世纪 40 年代末到 60 年代的长足发展阶段和 20 世纪 70 年代以来的调整完善阶段。

20 世纪以来，瑞典的妇女儿童社会福利大致经历了三个阶段，首先，初步发展阶段（1914—1945 年）。在这一阶段，瑞典社会保障制度建设的许多方面都涉及儿童社会福利。其次，快速发展阶段（第二次世界大战结束至 20 世纪 70 年代）。这一阶段是瑞典社会保障制度的快速发展阶段，在妇女儿童社会福利方面采取的一系列措施，极大地推动了妇女儿童社会福利事业的发展。这些福利措施加上相关法律规定，使得瑞典开始建立起完善的妇女儿童福利体系。最后，完善阶段（1980 年至今）。20 世纪 80 年代，瑞典的妇女儿童社会福利经过一系列的改革后进入了完善的阶段。

日本在妇女儿童社会福利方面比较重视相关法律法规的制定。20 世纪 30 年代，日本妇女儿童社会福利制度还处于初步发展时期，这期间出现了《防止虐待儿童法》和《母子保护法》。第二次世界大战后又颁布了“福利三法”。20 世纪 60 年代又制定了三项重要社会保障立法。20 世纪 90 年代以来，日本经济逐渐走下坡路，社会福利开支却不断增加，家庭津贴制度日益成为沉重的政府负担。另外，日本对残疾儿童采取的福利措施大致包括以下几个方面：预防发生，早日发现，早日治疗；在家福利服务；福利设施服务；残疾儿童的教育等四个方面。

澳大利亚是世界上最早实行社会福利制度的国家之一，并于 1912 年设立了产妇津贴。澳大利亚政府以提供资金和服务等方式对儿童社会福利提供了各个层面的服务，但资金支持只是中央政府的职责，具体的儿童保护及家庭外照料则由州政府负责。澳大利亚妇女儿童社会福利的主要内容主要包括：妇幼保健方面，家庭补贴方面和儿童照料等方面。

在我国，妇女儿童社会福利也经历了一个长期的发展过程。从中华人民共和国成立到 20 世纪 60 年代是我国妇女儿童社会福利制度的形成时期。中华人民共和国成立后，我国开始着手社会保障制度的创建，这中间也包括妇女儿童社会福利。国家在制定社会福利的方针政策的同时，也通过各种措施为举办福利事业提供资金。改革开放以后，政府着手改革和完善妇女儿童社会福利制度。经过改革开放以来的变革，我国的妇女儿童社会福利制度得到了很大的发展，主要表现在妇女儿童社会福利开始走向制度化，妇女儿童社会福利社会化程度提高，妇女福利获得了较快的发展以及儿童福利也有了更进一步的发展。然而，目前我国妇女儿童福利事业也存在诸多问题，如福利的社会化程度不高、福利水平较低、福利地区差异大以及贫困问题等。

三、残疾人社会福利

（一）残疾人社会福利的内涵

从广义的角度来理解，残疾人社会福利包括为保障残疾人在衰老、疾病、缺乏劳动能力及退休、待业、失学等情况下，从国家和社会获得足够的物质帮助而建立起来的特定保护法的援助制度。从残疾人社会福利的领域来分，残疾人社会福利一般包括残疾人保障、残疾预防、残疾人康复和残疾人教育。按残疾人社会福利的提供方式来分，包括残疾人社会福利制度和残疾人社会福利服务。由于生理、心理等缺陷，残疾人群体具有生理上的障碍性、经济上的低收入性、生活上的贫困性、政治上的低影响力和心理上的高敏感性等特征。①

① 李迎生．社会工作概论［M］．北京：中国人民大学出版社，2004.

（二）各国残疾人社会福利制度

各国的国情、经济发展阶段、综合经济实力、社会文化传统和风俗习惯存在差异，在实施残疾人社会福利的过程中也存在一定的差异。

英国的残疾人社会福利起源很早，而且较为完善。早在14世纪就出现了包括残疾人在内的救济贫民活动。工业革命后，英国社会问题日趋严重，这也引起了政府对残疾人社会福利问题的关注。1601年英国颁布了著名的《济贫法》，确立了政府在社会福利中的责任。1942年社会保障委员会发表了著名的《贝弗里奇报告》，报告设计了一套“从摇篮到坟墓”的社会福利制度，其中包括了对残疾人的补助。1971年起将重度残疾人纳入正式教育及福利体系中。英国社会福利制度的建设时间较早，而且较为完善，其残疾人社会福利也较为完善。在1995年，英国颁布了《残疾歧视法案》，2005年也出台了新的反残疾歧视法案《2005年反残疾歧视法案》。另外也出现了专为残疾人解决各种问题的专门机构，如残疾人问题办公室等。英国政府也为残疾人提供了大量的财政补贴项目以解决残疾人的就业、住房和教育等方面的问题。

美国的残疾人政策大致可以分为三个阶段：（1）20世纪初，开始建立收入、健康福利以及保险方面的政策。（2）20世纪70年代后，美国对残疾人的政策做了一些改变，主要将用于残疾人方面的资金投入残疾人科研。（3）20世纪八九十年代，美国残疾人政策开始转向关注残疾人的人权方面，将残疾人的合法权益用立法的形式确定下来。残疾人保障方面，美国设有残疾年金。另外，美国还为患有矿尘病的矿工制定了特别津贴制度。收入低的残疾人可以领取有关机构发放的食品。1964年，美国政府专门制定了为老人和收入低的身体残疾者提供住宅计划。残疾人医疗康复是残疾人社会福利的重要构成，残疾人医疗康复包括身体残疾人的康复和精神残疾人的康复。另外，在残疾人就业、残疾人教育和无障碍环境方面，美国也制定了相应的法律和政策来保障残疾人的权利。

中华人民共和国成立后，我国的残疾人社会福利才得以建立，其发展大致经历了初创、停顿和再创三个阶段。另外，残疾人文化体育和无障碍设施建设也都取得了一定的成绩。但是，我国残疾人福利事业发展进程中也存在一些问题。这些问题主要表现在行政化现象严重、福利服务水平低以及筹资渠道单一等方面。表12-2从福利企业这个角度展现了我国残疾人福利事业发展的一些情况。

表 12-2　　**2010—2013 年我国社会福利企业基本情况表**

年份	单位（个）	残疾职工（万人）	利润额（亿元）
2010	22226	62. 5	150. 8
2011	21507	62. 8	140. 1
2012	20205	59. 7	118. 4
2013	18227	53. 9	106. 9

数据来源：中华人民共和国国家统计局．中国统计年鉴 2010—2013 年［M］．北京：中国统计出版社，2014.

第三节　员 工 福 利

一、员工福利的概念和功能

（一）员工福利的概念

员工福利内涵，与实践中员工福利的实际项目有密切关系。国外企业员工福利有着较长的发展历史，它们的员工福利项目也相对较多。因此，国外学者对员工福利的定义也相对更为广泛。以美国为例，美国商会认为，员工福利计划是直接津贴（Direct Wages）以外的任何形态的津贴。① 国内学者对员工福利的界定也分为广义和狭义。广义的员工福利包括国家规定实施的各类基本的社会保障、企业年金及其他商业团体保险计划、股权、期权计划、其他自主建立的福利计划等，它本质上属于职工激励机制范畴，是职工薪酬制度的重要组成部分。这里我们所讲的是狭义的员工福利，即为满足职工的生活和工作需要，企业自主建立的、非法定的、在工资收入之外向员工本人及家属提供的一系列福利项目，包括货币津贴、实物和服务形式。作为补充保障的重要表现形式之一，狭义的员工福利确切地说是指非法定的福利。非法定员工福利计划与法定员工福利计划相比更具个性化和激励功能，种类多而且更加灵活。这类福

① 仇雨临．员工福利管理［M］．上海：复旦大学出版社，2004.

利通常分为收入保障计划、健康保障计划和员工福利计划。

通常，企业选用的几种福利类型及形式有：

一是法定员工福利（或公共福利），如国家依法强制员工参与的医疗保险、失业保险、养老保险、工伤保险、生育保险等；

二是个人福利，如补充养老金（企业年金）、住房津贴、交通费补贴、工作午餐、人寿保险等；

三是有偿假期，如脱产培训、病假、事假、公休、节假日、工作间休息、旅游等；

四是生活福利，如法律顾问、心理咨询、贷款担保、托儿所、托老所、内部优惠商品、搬迁津贴、子女教育费等。

（二）员工福利的功能

员工福利是企业人力资源管理的重要内容，是员工薪酬体系的重要组成部分，是企业实现人性化管理的重要手段。同时，员工福利也有着特定的功能：

首先，员工福利服务于企业发展战略。这主要是通过激励企业员工来实现的，员工福利机制是人力资源系统的重要组成部分，一个好的员工福利计划对行业内的劳动者具有吸引力。

其次，企业福利可以满足企业员工的需求。福利项目相比工资和奖金方面的补偿可以更直接且更有针对性地满足员工不同层次的需求。

最后，员工福利是社会保障制度的重要补充。社会保障制度是国家或社会依法建立的对国民具有经济福利性的、社会化的生活保障系统。由于各种限制它又不能满足全体国民的所有需求。而员工福利制度可以有效地弥补社会保障制度的不足。

二、企业年金

（一）企业年金及其特点

企业年金又称职业年金，它是企业为本企业员工在退休后提供一定的收入保障而根据自身发展需要和企业的经济实力建立的员工福利制度，具体可以从宏观和微观两个方面来理解。从宏观角度来讲，企业年金是对法定的基本养老保险制度的一种补充，它既不同于基本养老保险也不同于商业人寿保险。从微观角度来讲，企业年金被视为企业人力资源管理的重要组成部分。

与基本养老保险相比，企业年金有其自身的特点：

（1）企业年金在很多国家是由企业自行建立的，在管理和运行方面具有灵活性和多样性。

（2）基本养老保险讲究公平原则，可以在同一层次进行调剂。企业年金则更注重效率原则，企业年金的投资运作方式呈现多样化，注重基金的投资收益率。

（3）基本养老保险一般有三种筹资模式，即现收现付制、完全积累制和部分积累制，企业年金基本上采取完全积累制。

（4）由于企业年金属于私人产品，政府对企业年金不直接承担责任，政府的作用主要表现在立法、税收和监管方面。

（5）企业年金是对社会基本养老保险的补充，企业建立企业年金必须以参加社会基本养老保险为前提。

（二）企业年金的功能

企业年金的发展经历了几个不同的发展阶段，企业年金在不同的阶段发挥着不同的作用：

（1）企业年金克服了个人在短期理财过程中的某些缺陷，更符合企业员工的长期利益。在企业员工的收益分配中，工资、奖金、津贴属于现期（即期）分配范畴，企业年金属于延期分配范畴，它克服了个人在理财过程中的短期性选择的缺陷。

（2）企业年金是企业经济效益与员工收入之间的纽带。对于企业而言，它能激励员工提高劳动效率，增强企业凝聚力。对于员工而言，企业年金有显著的福利性，能激励提高企业效益，并通过企业年金的形式来分享一定的利润。

（3）完全积累制的特征使企业年金成为资本市场重要的资金来源。企业年金与资本市场的联合可以使年金通过参与投资实体经济分享经济发展成果并避免贬值，同时也可以通过为资本市场提供强大的资金支持使其更加完善。

（4）企业年金是基本养老保险的重要补充，它可以分散养老保障责任，适应人口老龄化的需要，同时也使总体退休金水平得到提高。

此外，企业年金是企业或用人单位的内部事务，属于封闭式年金制度。只有具备了一定条件的企业才能建立企业年金。

三、企业补充医疗保险

企业补充医疗保险是指企业除了参加法定医疗保险制度外，通过保险方式对被保险人因遭受疾病或意外所产生的医疗费用或收入损失提供额外的经济补偿的制度。从世界范围来看，企业补充医疗保险制度主要有商业健康保险计划、企业自我保险、健康维持组织、优先服务提供组织和定点服务计划等类型。①

企业补充医疗保险是国家鼓励企业在参加基本医疗保险的基础上，由企业自主主办或参加的一种补充性医疗保险形式。从我国过去的医疗制度的经验中可以看出，基本医疗保险制度不可能实现大包大揽，而只是立足于保证大多数职工的基本医疗需求。国家鼓励企业建立补充医疗保险以满足不同层次群体的医疗消费需求，提高职工医疗水平。

基本医疗保险所不能覆盖的部分以及参加基本医疗保险后出现的超额费用、自付费用和起付线以下的费用等都可以通过补充医疗保险基金支付。从这个角度来看，补充医疗保险是基本医疗保险的重要补充，是建立更加完善的更高水平的医疗保险制度的重要内容。

在我国，补充医疗保险的运作模式主要包括四种形式：一是以各级政府为主体的国家公务员补充医疗保险模式。二是社会保险模式，即由社会保险管理机构以社会保险的方式运作补充医疗保险。三是社会保险与商业保险合作模式，即社会保险管理部门利用社会保险所拥有的社会信用发展自己的保险业务。四是互助保险模式，即由工会组织经营的职工互助保险，主要利用原有的工会组织系统开展互助保险业务。②

四、员工住房福利

住房福利是国家社会福利的重要组成部分，是企业员工福利中的重要项目之一。企业住房福利计划的实施方式主要包括现金资助、实物资助和购房贷款。在我国，许多企业都有住房福利计划，为其员工在住房消费方面提供资助。国有企业则是以发放购房补贴的方式来提供资助。很多民营、外资企业也

---

① 郑功成．社会保障学［M］．北京：中国劳动社会保障出版社，2005.

② 仇雨临．员工福利概论［M］．北京：中国人民大学出版社，2007.

将住房福利计划作为本企业的重要福利项目之一以保证自身在人才市场上的竞争优势。目前，企业住房计划主要包括两个部分：住房公积金计划和企业建立住房基金。住房公积金是国家机关、国有企业、城镇集体企业、外商投资企业、城镇私营企业、城镇企业、事业单位、民办非企业单位、社会团体及其在职职工缴存的长期住房储金。住房公积金包括单位缴存部分和个人缴存部分。住房公积金计划是一种对企业具有强制性的缴费计划，企业与员工分别承担不同的权利和义务。由企业和员工共同缴费。补充性住房计划则是企业根据自身经营状况，除国家法定的住房公积金计划之外，自愿建立的解决员工住房问题的非法定福利项目。① 补偿性住房福利计划对于员工和企业都具有自愿性的特点，它是企业根据发展状况自愿组办，员工根据自己的实际需要自愿选择是否参加的。在管理方面，企业自身也具有较强的自主性。补偿性住房计划形式主要包括现金补助、实物补助和购房贷款等。

作为员工福利的构成部分，一个强有力的补充性住房计划能吸引更多优秀人才，使企业在人才竞争中具有更大优势，这是企业战略发展的需要。

第四节 公共福利

一、公共福利概述

（一）公共福利的基本内涵

公共福利有广义和狭义之分。广义的公共福利是指为了增进社会成员的生活水平，由国家和政府采取的一系列政策措施以及相应的财政支出。广义的公共福利包括城市居民就业、环境保护、国民经济、公共卫生、公共教育等一切有利于提高人民生活水平和促进人全方位发展的各个方面。国内学者对于狭义的公共福利的基本内涵有两种看法，一种看法认为公共福利是为了解决市场机制所不能解决的一些与人民生活息息相关的问题上的支出，如贫穷、特定群体的需要、公共卫生设施、社会服务等；另一种看法则将公共福利的服务对象的范围进一步缩小为社会弱势群体，认为公共福利是针对社会边缘群体的一系列具有福利性的服务和保障。

---

① 郑功成．社会保障［M］．北京：高等教育出版社，2007.

本书的公共福利基本内涵介于广义与狭义之间，是指政府为满足社会公共需求而兴办的公益性设施和提供的相关服务。它包含了基础层次的公共福利、享受层次的公共福利和发展层次的公共福利三个层次的内容。

（二）公共福利的基本特征

（1）公共福利具有福利性。公共福利并不是交换性商品，它必须具有福利性特征，但有的公共福利项目也是需要一定收费的，虽然不是市场价格。福利行为大致包括无偿行为、低偿行为、等偿行为、微利市场行为。而公共福利是无偿或低偿的，社会公众获取公共福利不需要付出等于或高于福利资源市场成本的费用。

（2）公共福利具有不完全的非排他性。从理论上来说公共福利由国家无偿提供，且其所服务的对象是一般社会成员，不存在排斥其他社会成员消费该福利的情况，应该具有纯公共物品的非他性。但是在实际操作过程中，由于实施成本过高等原因，无法让所有的社会成员都享受到公共福利。

（3）公共福利具有溢出效应。公共福利在实施过程中给社会以及社会个体带来了非市场化的影响，并且影响范围广泛，这就是公共福利的溢出效应。该溢出效应带来的影响既有积极的也有消极的。完善的公共卫生、公共教育、公共设施在一定程度上能够促进社会成员的身心健康，促进人的全面发展；不完善的公共福利不仅不能促进社会成员的发展，还会造成社会的不稳定，带来诸多消极影响。

（4）公共福利具有公平性。公共福利的目的是为了满足社会公众的需求，而且公共福利具有公益性的特点，因此，其配置需要遵循公平原则。这里的公平性是针对公共领域内部成员来说的。政府负责的公共福利具有质量统一、不因人而异的特点，并且资金来源稳定，但是缺乏灵活性和人情味，手续繁杂，效率低。负责公共福利的政府层级越高，公共福利的效益就越大，社会福利的公平程度也越高。

（5）公共福利具有公众参与性。前面说到公共福利是无偿或低偿的，现实中的公共福利建设需要公众协同政府部门共同参与。公共福利项目涉及的个体、家庭数量太多，政府不可能清楚了解每个人的福利偏好，也没有能力单独依靠自己进行解决。因此，在公共福利事业上，政府需要与社会组织和公众共同努力解决。公共福利项目的立项、规划、决策需要公众参与讨论，并且不能将公共福利项目投资到竞争性的产业领域。公共福利在实施过程中需要接受公众的监督，公共福利项目的运行要有严格的制度保证，其效果需要接受公众的日常生产和生活的检验，需要政府承担永久的责任。因此，无论在公共福利实施的哪个环节都需要公众的参与。

（6）公共福利具有供给的非均衡性。每个公民都具有享受基本的公共福利的权利，然而公共福利的外部性特征以及过高的供给成本，决定了其不能由市场力量来提供，而只能由政府来提供。随着社会的发展，社会成员对公共福利的需求水平越来越高，需求层次也趋于多样化，而公共福利的建设往往需要庞大的投资和较长的建设周期，供应量的增长远远赶不上社会成员的需求。

二、我国公共福利的主要内容

（一）基本公共福利

基本公共福利是指政府运用公共资源，根据公平、正义的原则，向社会成员提供的旨在满足人的基本生活需求的、改善公民生活状况的、平等的公共福利措施。这些设施的维持与发展全部由国家政府负担，人们免费或低费享受。基本公共福利包含以下几个方面的内容：

（1）公共卫生福利。所谓的公共卫生福利是指由政府及公共部门筹集资金向社会公众提供的，有别于针对个人的卫生服务方面的公共产品。它是以预防医学观念、理论和技能为基础，针对预防疾病、促进人群健康所采取的社会性实践的总称。公共卫生的内容大致包含八类：第一是传染病控制；第二是食品安全；第三是烟草控制；第四是药品和疫苗管理；第五是环境卫生；第六是健康教育与促进；第七是食品保障与营养；第八是卫生服务。其中，传染病控制是公共卫生福利的重点。

公共卫生福利关系到一个国家或地区的公众健康的基本保障，随着现代城市化进程的加快，城市密集人口的增多，公共卫生问题成为影响整个社会公共安全的重点因素。

（2）公共教育福利。所谓的公共教育是指由政府设置、实施，所有公民都能享受到减免费的教育。这里的公共教育福利主要是指国民基础义务教育，由社会团体捐资或慈善机构设立教育资金成为公共教育福利的补充。公共教育的宗旨是确保社会的有效运行和实现人的全面发展。

公共教育首先具有全民性，任何适龄公民都有权利接受公共教育，同时政府也有责任采取强制措施保证适龄儿童接受公共教育。其次，公共教育具有免费性，其教育成本主要由社会分担。最后，公共教育具有强制性，由政府通过立法等形式实现，是实现公共教育全民性和免费性的制度保障。

(3) 公共设施福利。公共设施福利是指为了满足居民的生活需要，由政府提供的基于公共目的使用的各类物体和设备。具备包括道路、车站、公用管线、环卫设施、绿地及相应的建筑物等。公共设施福利一般具有外部性特征，主要依靠政府提供，或是政府制定规范指导私人部门提供。

(4) 社区福利。社区福利是指以社区为载体，提供的面向社区内居民的一系列福利措施。

（二）享受层次的公共福利

享受层次的公共福利是指为了满足人们的享受需要而提供的福利，主要用于满足社会个体多层次的福利需要，既体现了社会个体消费上的差异性，又具有一定程度的竞争性和排他性。个体在享受这一层次的福利时，可能需要付费。享受层次的公共福利具体包括高等教育、公共工程、高级文娱场所等。

（三）发展层次的公共福利

发展层次的公共福利是指政府为了满足人的全面发展要求而提供的各种福利设施供给。发展层次的公共福利是最高层次的福利，通过这种福利供给可以使人们得到在创造性劳动过程中体力和智力的全面、自由的发挥和发展。

三、我国公共福利的发展与改革

（一）我国公共福利制度的发展概况

我国的公共福利制度，是在接受、改造 1949 年之前官办、民办、教会办的福利设施的基础上逐步建立起来的。在计划经济时期，我国的公共福利添加了职工物价补贴的内容，形成了以职工福利为核心的公共福利制度，这一时期的公共福利呈现出以国家负责为主、城乡分割的特点。计划经济时代的公共福利制度涉及城镇居民生活的各个方面，而农村的公共福利几乎排除在外。进入 20 世纪 80 年代以后，随着市场经济体制的逐步确立，传统公共福利制度的非社会性、非平等性开始显现，阻碍了中国社会健康、有序发展。因此，改革传统的公共福利制度迫在眉睫。经过近 30 年的努力，我国现已基本形成了一套完整的公共福利制度，一个以国家、集体举办的福利机构为主，社会力量举办的福利机构为辅，具有多元筹资渠道、市场化运行机制、专业化程度逐渐提升等特点，多形式发展的公共福利制度正在形成。

（二）我国公共福利制度的完善与创新

随着改革开放的不断深入和老年人口的迅速增长，过去分散在单位、集体的福利职能目前大多转移给了政府，而经济结构的调整又导致福利保障对象的增加，给政府带来了极大的福利保障负担。因此，我们有必要采取一系列的政策措施，建立起完善的公共福利制度。

（1）资金短缺一直是困扰中国公共福利事业发展的关键。因此，除了进一步加大政府对公共福利的投入外，还应采取如下措施：第一是吸引民间资金，国家应当继续重视开辟民间福利资金的来源，包括：对民办福利设施与慈善事业给予政策优惠和适当的财政投入，以刺激民间兴办福利事业的积极性；通过福利彩票的发行筹集更多的福利资金；通过强化、健全个人收入所得税，开征遗产税等方式鼓励社会成员捐献；充分利用志愿者的力量。第二是通过低费的福利项目来增加投入，至少能够实现收支相抵。我国公共福利的资金主要来源于企业，个人负担的比例较低，而实际上多数居民具有支付能力，因此公共福利机构在提供相应的福利服务时，可以根据国家制定的福利事业的收费标准与收费范围，适当收取服务费用。

（2）我国的公共福利事业缺少统一的政策规划。长期以来，中国关于公共福利的实施条例和规则都是由各个不同类别的政府部门体系制定出来的，各地区再根据自己的情况添加地方标准。没有整体的社会政策作参照，各部门只能根据利益要求和可行性来制定相关政策，这样便忽视了整体性和公平性，造成制度内外系统的相互排斥。因此，一个统一的、权威的、高效的部门来主导公共福利事业是有必要的。有学者认为，可以由民政部门来统一管理全国公共福利事务。只有在政府统一指导下，采取多种形式相结合才能建立更完善的具有中国特色的公共福利事业。

（3）我国公共福利立法方面存在着诸多问题。如相关的法规制度建设严重滞后，部门政策仍然主导着福利制度的建设，儿童福利、社会津贴、住房福利、教育福利等均没有相应的法律规范；现行有关法规政策在公共福利事务的管理、监督等方面存在着模糊性等。因此，建立完善的公共福利制度要求建立与公共福利相关的法律政策。使公共福利机构的管理和服务有法可依，以保障公共福利机构和服务对象双方的合法权益。

第五节 社区福利

一、社区福利概述

随着我国改革开放的不断深化和社会主义市场经济体制的逐步建立，以及相关配套设施改革的开展，社会福利社会化成为当前我国社会福利发展的必然趋势，而这最终要通过福利的社区化来实现。

（一）社区的含义及构成要素

最早提出“社区”这一概念的是德国社会学家滕尼斯，他认为社区是具有共同习俗和价值观念的同质人口组成的关系密切、相互帮助的人性化团体，强调的是人际关系。“社区”的概念被广泛应用于社会学、政治学、哲学等各个学科领域，由于研究角度和侧重点的不同，不同学科的学者对社区的定义也不尽相同。社区的定义可以分为两类：一类是功能主义观点，如罗吉斯（William Rogers）强调社区中简单群体的共同利益，菲利普则指出社区是特定地域中为共同实现多元目标的群体。另一类是地域性观点，如美国芝加哥学派的代表人物帕克从地缘和人群间的互动角度来描述社区的含义，他指出社区是按地域组织起来的人群，社区中的每一个人都生活在相互依赖的关系中。我国社会学界普遍认为，“社区”是以地缘为基础，由具有相互联系、共同交往、共同利益的社会群体、社会组织所构成的一个社会实体。

根据社区的定义，社区的构成要素可以被归结为以下几点：

1. 地域要素。地域空间是社区存在和发展的基础，是社区居民从事社会活动的基本前提，社区居民活动的地域范围便是社区的地理界限。这个地理界限随着生产力的发展、社区关系的日益紧密而逐渐变得模糊。在我国的社区建设实践中，城市社区多指街道、住宅区，农村社区主要是指自然村和行政村。

2. 人口要素。社区是由一定数量的人口构成的，人口是社区活动的主体，是社区社会关系的缔造者和承担者。社区人口的数量、质量、构成和分布状况决定了社区的不同特点。随着市场经济的发展，社会流动人口增多，社区的人口数量、质量、构成和分布都发生了变化，影响了社区的内部稳定，也对社区的发展提出了新的要求。

3. 文化要素。文化要素是指社区居民共同的行为方式、生活方式、价值观念、伦理观念、精神面貌、心理倾向、社区制度、语言、风格、习惯等。不同的社区具有不同的文化特征。

4. 物质要素。物质要素是指社区中的各类生活服务设施，它是社区生活中不可缺少的组成部分，是满足人们物质生活和精神生活需要、保证人们进行各种个体和交往活动的必要载体。

（二）社区福利的含义与特征

社会福利的社区化在国外也被称为社区照顾、长期照护、院舍服务等，在国内则被界定为社区服务。社区照顾的理念源于英国，是指将社会上有依赖需要的人士留在原居住社区接受来自政府及其他社会服务系统提供的照顾。兴起于 20 世纪 80 年代的社区服务，是指在社区各级政府的统一领导下兴办各类福利服务设施，为普通群众尤其是有困难的居民和家庭提供社会福利。社区福利是指在政府相关部门的指导下，发挥社区自主性，充分利用社区内外的一切资源来解决社区居民基本生活问题和提高其生活质量所采取措施的总和。

相比其他的社会保障模式，社区福利是一种新型的社会保障模式，它除了具有福利性、非营利性、广泛的社会性之外，还具有以下特征：

1. 普遍性。社区福利的实施对象包括全体社区成员，没有性别、年龄、职业之分，社区居民的衣食住行、生老病死等方面的内容都被囊括在社区福利的范围之内。

2. 地域性。社区福利以基层社区为基本单位，各种福利服务的展开都在一定的范围之内，在城市是以街道、小区、居委会为依托，在农村是以乡镇委依托，具有明显的地域性。

3. 互助性。社区福利的开展需要社区充分挖掘一切可用资源，调动社区居民的力量，鼓励社区成员互相帮助，为社区中的弱势群体提供物质上和精神上的帮助。

二、社区福利的内容、组织以及运作方式

（一）社区福利的主要内容

社区福利包含的内容很多，可以根据不同的标准进行分类：

1. 按照社区福利提供的主体划分。社区福利包括三个层次的内容：一是社区提供的福利服务，指社区自治组织和非营利组织提供的以满足生活困难群

众的基本生活需求为主要目的服务，包括社区保健服务、社区教育服务、环境和文化娱乐服务、下岗职工服务、老年人服务、残疾人服务等；二是社区内机构提供的院舍服务，包括国家、集体或个人为收养社会上的三无对象和家庭无力照管的老人、孤残儿童、精神病人而开办的社会福利院、老年人公寓、儿童福利院、残疾人福利院、精神病人福利院、养老院以及各种类型的康复中心等；三是政府委托社区实施的福利服务，包括最低社会保障服务、优抚服务、生活救济服务等。①

2. 按照社区福利的接受对象划分。社区福利可分为：一是为老年人提供的福利服务，主要的服务项目有老年人包户服务、老年人庇护服务、老年人文化生活服务、敬老院等；二是为残疾人提供的福利服务，主要包括残疾人康复服务、精神病人康复服务、伤残儿童寄托和弱智儿童启智服务；三是为贫困者提供的福利服务，主要以失业人员为服务主体，保障这一贫困阶层的基本生活需要，服务项目包括社区再就业服务、最低生活保障、扶贫救济等；四是为普通社区居民提供的目的在于消除社区不稳定因素的文化服务和心理咨询服务，主要是由社区组织居民开展文娱活动、体育活动、心理咨询等。

（二）社区福利的组织

社区福利的组织运作离不开相关的资金、人员和管理机构。

1. 社区福利服务的运作资金。所谓的社会筹集，是指主要依靠社会各界和企事业单位的主动支持以及普通民众的自主捐款来募集社区福利开展所需要的资金，而不单纯依赖于政府的财政资助拨款。社会筹资的形式包括：居委会和街道办的经济支持、社区福利机构开展有偿服务取得的自我积累、各社会团体机关和企事业单位的捐款、社区内居民的集资、社区外团体和个人的捐助、福利彩票等。在社会筹资的主要渠道之外还有政府资助，政府资助是指从国家各级财政预算中列出一部分作为社会保险基金和社会福利基金，直接或间接地作用于社区福利。政府资助的形式主要有直接拨款和间接补贴。直接拨款是指政府各级财政拨出一部分资金用于兴办各种社区福利机构或对已建成的社区福利机构进行全额或差额拨款作为其事业经费。间接补贴是指政府通过税费减免、建设用地划拨等优惠政策从各方面给予社区福利机构资助。

2. 社区福利服务的执行人员。开展社区福利服务的所需的人员分为三类：

① 江立华．中国城市社区福利［M］．北京：社会科学文献出版社，2008.

第一类是专门从事社区福利服务并以此为职业的专业人员，包括专业的管理人员、技术人员、服务人员等；第二类是社区福利服务的兼职人员，是指那些本身有正当职业和正常收入，但是利用假期或业余为社区居民提供低偿或微利服务的人员；第三类是社区福利服务的志愿者，是社区居民自愿参与的，以互帮互助、义务服务为原则，通过设立志愿者组织为社区居民提供各种福利服务的人员。

3. 社区福利服务的管理机构。根据社区服务的不同管理职能，社区福利服务的管理机构可以划分为社区福利行政管理机构和行业管理机构。社区福利行政管理机构是指设置在政府职能序列中的社区福利服务管理机构，分为行业归口的中央专业部门层层设置的管理机构，即“条条管理”和行政区划上政府与有关部门相互协调设置的管理机构，即“块块管理”。社区福利行业管理机构是指根据国家有关规定，对社区福利服务业起到结合管理作用的社会团体组织，分为社区服务的行业组织和社区服务的专业组织两大类。

（三）社区福利服务的运作方式

社区社会福利服务的运作方式主要包括合同外包、特许经营、凭单制、非正式照顾四种类型。一是合同外包，即政府与其他民间组织签订承包合同，由它们承担社区福利服务。二是特许经营，所谓的特许经营是指政府将可以直接向公众出售服务和产品的权力，以有偿的方式，授予其他社会组织。特许有两种形式，即资产和公共设施的租赁和场域特许使用。三是凭单制，凭单制是指政府通过发放抵用券，把某些公共服务集中在特定的目标人群，通过特定的社区关怀，直接提高他们的生活质量。四是非正式照顾，所谓的非正式照顾是指相对于政府或其他专业社区福利机构提供的福利服务而言的，由家人、亲友、邻里、志愿者提供的服务或帮助。

三、我国社区福利的发展完善

（一）我国社区福利的发展阶段

我国社区福利实践始于20世纪80年代，至今大体经历了三个阶段：

1. 启动阶段。1987年7月，在大连市召开的民政工作现场座谈会上，民政部首次提出了开展社区服务的设想，同年9月民政部又在武汉市主办了一次全国性的社区服务工作座谈会，重新界定了社区服务的性质、目的与功能，即在社区内为人们的物质生活和精神生活所提供的各种社会福利与社会服务，它的目的就在于调节人际关系，缓解社会矛盾，创造一个和谐、良好的社会环境。此后，在民政部的倡导下，一些地方政府开始将社区服务作为深化城市福利改革的重要措施来实行。据统计，到1992年全国已有70%的街道开展了社区服务。

2. 初步发展阶段。1993年，民政部联合国务院13个部委颁布了《关于加快社区服务业的意见》，专门针对社区公共服务设施缺乏、绿化、卫生环境不理想的情况做出了政策性的指导。文件认为社区服务业由社区福利服务业、便民利民服务业和职工社会保险管理服务业组成，并强调要把发展社区服务业作为与提高人民生活水平、提高人口素质密切相关的行业纳入第三产业发展规划及其他规划，到20世纪末，社区服务业产值每年要以13.6%的速度增长。这段时期，全国各地的城市社区、街道普遍建立了各种营利性和非营利性的社区服务机构。

3. 探索阶段。20世纪90年代末期，社区服务取得了长足的发展，但由于营利性第三产业带来的一些负面影响（占用居民区公共空间、非法搭建违章建筑）以及“政社不分”，行政色彩过于浓厚的社区服务体制，使这一时期的社区服务事业陷入了困境。居民对社区组织活动的参与率、享用率普遍偏低，不足30%。因此，一些大城市，如上海、南京、大连等纷纷取消了由居委会和街道办兴办的第三产业，拆除了违章社区建筑，同时，党政机关开始考虑转变政府职能、改革“政社不分”的社区建设体制，使社区服务走向专业化和职业化，并加大对社区服务的公共财政投入，以期拓展社区福利性服务领域、提高社区服务质量、满足社区居民的需求。

（二）我国社区福利的完善

1. 强化家庭在社区福利中的支持力量。传统的家庭保障是开展社区福利的重要基础。一方面，随着老龄化的到来，单纯依靠国家资金的投入来进行社区养老服务是不现实的。老年人的需求是多层次的，不仅要依靠正规机构照顾，还要发展非正规照顾，依靠家庭的力量来实现老年人的基本生活需求和心理需求。另一方面，随着城市流动人口的增加而出现的新贫困人口的不稳定因素也需要家庭来缓解。社区可以通过为家庭提供基本的物质服务、开展教育培训、加强家庭沟通来提高家庭的保障功能，以家庭为基础，提供给老人、儿童、残疾人照顾和生活服务，承担起社区福利中的部分责任和功能。

2. 强化社区观念，提高居民社区服务的参与率。在中国，长期以来，社区这个概念无论是在观念上还是在行政上都没有落到实处，其自治地位一直处于被虚化的状态，在人们的传统观念中只有街道办事处的概念。然而街道办事处既不能唤起居民的社区认同感，也无力调动社区力量整合社区资源。为了改变这一状况，我们有必要设立社区委员会来替代传统的街道办事处，并将原来由政府或有关单位掌握的社区福利工作经费和管理权下放到社区委员会。社区委员会则作为一级权力组织积极协调社区各主体之间的关系，负责管理社区福利的总体事务，自主开展社区福利活动，使社区居民拥有管理本社区事务的自主权，调动社区居民的积极性，增强他们的社区认同感，从而在根本上提高居民社区服务的参与率。

3. 建立健全社区福利发展基金。资金短缺一直是阻碍社区福利发展的主要障碍之一。实际上，我国政府财政一直是社区福利发展的支柱，随着社区福利在全国范围内的推行，这种单纯依赖政府财政发展的模式将会面临入不敷出的困境。因此，我们必须实行多渠道的社区福利资金筹资模式。加大对社区福利的宣传力度，使社区居民深入了解社区福利服务的作用和意义，适时、适度地开展募捐活动吸纳社会各界各阶层的资金；采用合作、合资的方法吸引外资。同时，可以鼓励社会团体、企事业单位甚至个人向社区福利机构以资产、设备、技术、劳务等多种形式有偿投入社区福利，总之，就是要最大限度地整合社会可利用的救助资源。此外，将社区内各类可利用的资金有序纳入社区福利的轨道，建立基金会，将募集到的资金集中到基金会进行统一管理，建立稳固的社区福利积累与发展基金，并进行稳健的投资，以实现基金的保值增值。这些措施都有助于减轻国家财政负担，弥补社区福利资金短缺。

4. 实行社区福利产业化。促进社区福利事业从行政性经营向市场化经营转变、从事业化管理向企业化管理转变，以期实现社区福利机构自负盈亏。社区福利机构可以针对不同的服务对象，实行有偿、抵偿、无偿等不同的服务形式，以有偿服务为主，基本做到收支相抵，略有结余。在开展福利服务的过程中，调节收支，积累资金，实现自我生存和自我发展。

5. 规范社区福利服务人员队伍的建设。社区福利服务人员的专业化程度低、专业服务人员数量少、人员管理混乱一直是我国社区福利开展过程中面临的主要困难之一。要解决这一问题，要加强社区福利服务人员的专业化培养，不仅要培养从事社区福利工作的专业人才，培养一支具备现代社区福利服务理念、知识、方法和技巧的专业的社区福利服务工作队伍，也要加强对社区福利工作的兼职人员和志愿者的培养力度，开办社区工作专业培训班或组织聘请社区工作的专家进行授课，使从事社区福利服务的工作人员工作方法更科学更规范。另外，可以对社区福利从业人员以及志愿者实行登记注册，加强规范管理，并根据注册信息，发挥他们的专长，提高服务效率。同时建立社区福利服务工作人员的激励制度，并通过国家政策法律或社区约定的方式固定下来，提高社会对社区福利工作的认识，扩大社区福利从业人员队伍。

6. 建立社区福利监察系统。设立社区福利监察系统，除了对社区福利工作执行过程进行监督，并采取行政权力对期间发生的问题加以解决之外，还对社区福利的档案系统、调查系统进行监测，为社区福利决策提供资料。

☞本章小结

社会福利是社会矛盾发展到一定阶段的产物。社会福利制度从20世纪30年代产生到现在经历了快速发展和调整改革阶段。

广义的社会福利是指国家依法为全体公民普遍提供的一种旨在保障一定的生活水平和尽可能提高生活质量的现金和服务的社会保障制度；狭义的社会福利是指为老年人、残疾人、妇女儿童以及精神病人等特殊群体提供的社会服务。社会福利的基本特征包括共享性、服务性、均等性和标准的不确定性。

社会福利的主要内容包括老年人社会福利、残疾人社会福利、妇女儿童社会福利、妇女儿童社会福利和公共社会福利。老年人社会福利是建立在老年人特殊的社会需求和生理变化的基础上的。老年人的需求是多方面的，主要包括生理方面、社会心理方面、经济方面、住房和环境方面、教育、文娱和参与社会生活、就业等。妇女儿童社会福利既包括物质保障，也包括社会服务，具体内容包括妇女就业保障、妇女生育社会福利、妇女儿童健康和儿童成长福利等方面。

广义上的员工福利包括国家规定实施的各类基本的社会保障、企业年金及其他商业团体保险计划、股权、其他自主建立的福利计划等，它本质上属于职工激励机制范畴，是职工薪酬制度的重要组成部分。狭义的员工福利即为满足职工的生活和工作需要，企业自主建立的、非法定的、在工资收入之外向员工本人及家属提供的一系列福利项目。

公共福利是政府为了满足社会公共需求而兴办的公益性设施和提供的相关服务。公共福利包括基本公共福利、享受层次的公共福利和发展层次的公共福利等内容。公共福利的基本特征有福利性、不完全的非排他性、溢出效应、公平性、公众参与性和供给的非均衡性。

社区福利的构成要素主要包括地域要素、人口要素、文化要素和物质要素。

☞关键术语

社会福利　老年人社会福利　妇女儿童社会福利　企业年金
员工福利　企业补充医疗保险　公共福利　社区福利

☞思考题

1. 简述特殊人员社会福利的基本内容。
2. 简述员工福利的概念与原则。
3. 简述企业年金的功能及特点。
4. 简述我国公共福利的主要内容。
5. 简述完善我国社区福利制度的措施。

☞案例分析

全球母亲社会保障和儿童福利不容乐观

国际劳工组织7日发布报告指出，全球母亲社会保障和儿童福利情况不容乐观。

在5月10日母亲节前夕，总部位于日内瓦的国际劳工组织7日发布了有关全球母亲社会保障和儿童社会福利两份研究报告。报告显示，目前全球平均每天有约1.8名儿童死亡，约800名母亲死于难产。国际劳工组织官员认为，如果能够建立起覆盖广泛的母亲社会保障和儿童福利体系，这些死亡大部分都可以避免。

目前全球只有36%的工作妇女享有带薪产假，但因落实力度不够，实际上只有28%的工作妇女休产假时可保有基本的工资待遇。

报告指出，由于经济衰退和财政紧缩，部分欧洲国家削减了母亲社会保障和儿童福利，儿童贫困率在大部分欧盟成员国内都有所上升。此外，全球各国为母亲社会保障和儿童社会福利投入的财政资源差距也十分巨大。

资料来源：聂晓阳、张淼．全球母亲社会保障和儿童福利不容乐观［EB/OL］. http：//news. china. com. cn/rollnews/news/live/2015-05/08/content_32622688. htm，2015-05-08.

◎ **分析与思考**

1. 简述妇女儿童社会福利的重要性?

2. 针对报告中出现的问题，我们应该采取何种措施来保障妇女儿童的社会福利?

第13章 社会优抚安置

本章学习要点

- 社会优抚安置的含义、特征和作用
- 社会优抚安置制度的主要内容
- 我国社会优抚安置制度的改革

第一节 社会优抚安置概述

一、社会优抚安置的含义

社会优抚安置制度是我国社会保障制度中的一个重要组成部分。它是指国家以法定的形式，通过政府行为，对对社会有特殊贡献者及其家属实行的具有褒扬和优待抚恤性质的社会保障措施。我国《宪法》第45条规定："国家和社会保障残废军人的生活，抚恤烈士家属，优待军人家属。"因此，保障优抚对象的生活是国家和社会的责任。社会优抚安置制度的建立，对于维持社会稳定，保卫国家安全，促进国防和军队现代化建设，推动经济发展和社会进步具有重要意义。

具体地说，社会优抚安置制度有以下几层含义：

第一，社会优抚安置对象是社会上具有特殊贡献的一部分人。包括有贡献者本人，也包括有贡献者的家属。这些对象是指维护国家民族利益，保护国家和民族的安全，牺牲个人利益，影响个人需求或利益发展，为国家和民族作出贡献的那部分人，主要是军人及其家属。

第二，社会优抚安置工作是国家维护自身利益的需要，也是国家和社会的责任。优抚对象是曾经或正在为国家作出特殊贡献者，国家和社会有责任保障他们及其家属的生活，这是国家维护其统治的必要手段。在一些国家的社会保障制度项目中，社会优抚安置对象作为特殊的对象享有各种保障，在中国，社会优抚安置是政府社会保障工作的重要组成部分。

第三，社会优抚安置的保障水平较高。相对于其他保障对象而言，优抚对象对国家和社会的贡献和牺牲较大，因此，国家对他们所实施的保障标准比较高，保证其生活水准不低于一般保障对象的平均水平。

第四，社会优抚安置是一种荣誉性的社会保障措施。除了现金补贴和服务帮助以外，国家和社会还通过各种优抚活动，在全社会宣传有贡献者的特殊功绩和高尚品德，增加他们的荣誉感，提高他们的社会地位，使其成为社会尊敬、效仿的楷模和榜样。

二、社会优抚安置的对象

1. 现役军人：指按照我国《兵役法》的规定，正在服现役的军官（包括文职干部）和士兵（保留军籍的军队离退休干部按现役军人看待）。

2. 革命伤残军人：包括伤残军人、伤残民兵、伤残民警。现役军人因战、因公负伤致残，依其丧失劳动能力及影响生活能力的程度，评定伤残等级，分为四等六级，并获得国家民政部制发的《革命伤残军人证》。

3. 复员退伍军人：包括复员军人和退伍军人两个部分。复员军人是指1954年10月31日我国《义务兵役法》颁布以前，在不同历史时期参加革命，在战争结束后需要进行退役安置的军人。退伍军人指服现役期满（包括超期服役）退出现役的军人。

4. 烈士遗属：指经规定机关批准，获得国家民政部制发的《革命烈士证明书》的家属。

5. 因公牺牲军人家属：指经规定机关批准，取得《革命军人因公牺牲证明书》的家属。

6. 病故军人遗属：指经规定机关批准，取得《革命军人病故证明书》的家属。

7. 现役军人家属：指现役军人和实行义务兵役制的人民警察（包括武装、边防、消防民警）的家属。

另外，对“家属”的界定，我国规定为军人（包括非军人的革命烈士）的父母、配偶、子女、依靠军人生活的 18 周岁以下的弟妹、军人曾依靠其抚养长大而后又依靠军人生活的其他亲属。

三、社会优抚安置的基本原则

（一）国家主导与社会参与相结合的原则

社会优抚安置首先是一种政府行为，同时也是一项社会工作，需要社会各方面的全面参与。因此，必须将国家主导与社会参与结合起来，全方位地调动各行各业的积极性，通过扶持生产、安排就业、解决医疗困难等多种渠道保障优抚对象的生活。由于国家的财力有限，国家不可能把所有优抚对象的全部生活问题统统承担下来，只有将充分调动全社会的力量共同参与优抚工作和国家发挥主渠道作用有机地统一起来，才能保证优抚工作真正落实到位。一个国家的社会优抚安置制度有没有深厚的社会基础，是这个国家社会优抚安置制度有无生命力的最重要的标志。

（二）社会优抚安置标准与经济发展水平相适应的原则

社会优抚安置标准并不是固定不变的，随着国民经济的发展，国家会通过增加财政补助使社会优抚安置标准随着当地经济发展水平的提高而提高。同时，社会优抚安置标准还必须与当地人民生活水平相适应，使社会优抚安置对象的生活水平保持或略高于当地人民群众的生活水平。坚持这一原则，可以使社会优抚安置标准随着国民经济的发展而不断进行合理的动态调节，从根本上防止出现社会优抚安置对象的生活水平滞后于经济发展水平的现象，保障社会优抚安置对象及时享受社会经济发展的物质成果。①

四、社会优抚安置的特点

（一）保障对象的特殊性

社会优抚安置制度不同于社会保险、社会福利等社会保障制度，并不惠及每一个社会成员。按照国家的有关法律、法令、条例和政策，社会优抚安置的

① 苏振芳．社会保障概论［M］．北京：中国时代经济出版社，2001.

对象是现役军人、革命伤残军人、复员退伍军人、革命烈士家属、因公牺牲军人家属、病故军人家属和现役军人家属。他们享受国家和社会的优抚保障是因为他们本人或者他们的亲人为国家和社会作出了特殊的贡献。

（二）保障手段的综合性

社会优抚安置保障是借助社会保险、社会福利、社会救助等手段来实现其保障功能的，是一种综合性的保障。根据不同的保障需要，可分别采用社会保险、社会福利、社会救助等手段。如根据“普遍性”原则向优抚对象提供资金保障和服务保障属于社会福利手段；根据“选择性”原则向那些难以保证基本生活的优抚对象提供定期补助或临时补助属于社会救助手段；军人保险则属于社会保险手段。

（三）保障标准的优待性

优抚对象在我国长期的革命和建设中，都直接或间接地为国家和社会作出了贡献，有的负伤致残，有的积劳成疾，有的英勇献身，付出了巨大的代价。根据权利与义务相统一的原则，国家和社会有责任周到、全面地安排好他们的生活。按规定，应确保优抚对象的生活水平相当或略高于当地群众的平均水平。对于为革命牺牲或致残的优抚对象，国家还规定发给他们或他们的家属带有社会补偿性质的抚恤金。总体来讲，国家和社会为优抚对象提供了较高水平的保障，保障标准体现着待遇从优的原则。

（四）制度目标的政治性

军人的安置保障既是经济发展的需要，又是国家政治行为的一部分。对退役军人的安置保障不仅是维护社会稳定的基本要求，更重要的是它关系到国家机器自身的运作。因此，安置保障的政治性比其他社会保障项目更为强烈和直接。

（五）保障内容的多层次性

优抚保障既强调物质保障，又重视精神激励和抚慰。物质保障是优抚保障的基本内容，主要向优抚对象提供保障基本生活的资金和服务设施。如为死亡军人的家属和伤残军人提供的抚恤金，对退役军人提供的就业安置，另外还有税收优待、交通费优待、医疗优待等，都属于资金物质保障。除提供以上资金物质优待外，还提供如荣誉军人康复医院（即原革命伤残军人休养院）、复员军人慢性病医院（复员军人慢性疗养院）、复退军人精神病医院、军队离退休干部休养所等服务设施。但是优抚安置保障并不仅仅提供物质保障，精神激励和抚慰也是优抚保障的重要内容，大力褒扬革命烈士与革命军人为国献身的英雄业绩与崇高精神，开展各项拥军优属的社会活动，能够从精神上抚慰优抚对象，激励军人保卫祖国、建设祖国的献身精神，并能鼓舞人民群众，增进军民间的鱼水之情。

五、社会优抚安置的作用

（一）保障军人权益，弘扬奉献精神

社会优抚和安置的对象都是为国家作出特殊贡献，甚至牺牲、伤残、患病的军人，他们是我们这个时代的英雄和学习的楷模。对他们给予必要的生活补助和优抚，表面上看只是一种物质上的补偿，实际上还是对他们的英雄行为、无私的奉献精神的一种肯定和褒扬，它向人民昭示所有为正义事业作出贡献的人都将受到尊重，国家和人民有义务帮助他们。

（二）确保国家安全与稳定，创造良好社会环境

为现役军人及其家属提供必要的社会保障，为退役的以及牺牲的革命功臣提供必要的社会抚恤，为退役军人安排好就业等，一方面，有助于他们安心服役，解除后顾之忧；另一方面，也确保了国家军队的数量和质量，增强了军队的实力和战斗力，促进国家的安全和社会的稳定。同时，也为国家的经济建设和各项事业发展保驾护航，创造良好的社会环境。

（三）密切军政、军民关系

党和政府有关部门为优抚对象做了大量耐心细致的工作，使他们的生活、工作、学习、就业、健康等有了保障。长期的关怀、互助使军政、军民关系融洽，结下了鱼水之情。军队也经常参与地方的经济建设，尤其是在抗洪抢险等危急时刻，军队官兵英勇顽强，不怕牺牲，为了保护国家和群众的财产和生命奋不顾身，给广大人民群众留下了深刻的印象。人民群众亲切地称赞他们为“子弟兵”、“最可爱的人”，同时，也积极、自愿地投身到社会优抚和社会安置事业之中。

第二节 社会优抚安置制度的内容

一、社会优抚

(一) 死亡抚恤

死亡抚恤是国家对因战、因公和因病死亡军人的家属提供一定的抚恤金，以保障他们基本生活的社会优抚安置制度。死亡抚恤是优抚保障制度中最基本的内容。死亡抚恤的范围包括：革命烈士；因公牺牲和病故的现役军人、人民警察、机关工作人员、中国人民解放军（包括武装警察部队）列入编制内但无军籍的正式职工（不含企事业职工）；参战伤亡的民兵、民工和参加军事训练的民兵（不含企事业单位的民兵）。

死亡抚恤的待遇标准一般根据下列因素确定：一是死亡的性质，是战时牺牲、平时牺牲还是因病去世；二是生前是否立功和是否被授予荣誉称号；三是生前的收入和工资级别等。

根据抚恤的内容和性质的不同，死亡抚恤分为一次性给付和定期给付两种形式。

1. 一次性抚恤

一次性给付是具有褒扬和社会补偿性质的社会津贴。一次性抚恤金的发放范围是革命烈士、因公牺牲和病故军人的家属。抚恤金的发放标准是：革命烈士按牺牲时 80 个月的工资计发；因公牺牲的，按牺牲时 40 个月的工资计发；因病死亡的，按病故时 20 个月的工资计发。义务兵和月工资低于军队正排职军官工资标准的，都按军队正排职军官工资标准发给其家属一次性抚恤金。立功和获得荣誉称号的现役军人死亡后，一次性抚恤金分别按下列比例增发：被中华人民共和国主席或者中央军事委员会授予荣誉称号的，增发 35%；被军区（方面军）授予荣誉称号的，增发 30%；立一等功的，增发 25%；立二等功的，增发 15%；立三等功的，增发 5%。对于多次获得荣誉称号或多次立功的，以其获得的最高荣誉称号或最高立功等级增发一次性抚恤金。对于虽在服役期间荣立功勋，但在退出现役后死亡的，不再增发一次性抚恤金。①

① 中国法制出版社. 军人优待抚恤条例 [M]. 北京：中国法制出版社，2011.

2. 定期抚恤

定期抚恤是带有救助性质的国家补助。具体对象包括父母、抚养人、配偶无劳动能力和生活收入的，或虽有一定生活收入，但不足以维持当地一般群众生活水平的；子女未满 18 周岁，或虽满 18 周岁因读书或伤残而无生活来源的；弟妹未满 18 周岁，且必须是依靠军人生前供养的。为了保障享受定期抚恤金人员的基本生活，定期抚恤金也随着物价和生活水平的提高而不断调整。对符合享受定期抚恤金条件的遗属，由县级人民政府民政部门发给《定期抚恤金领取证》。①

（二）伤残抚恤

伤残抚恤是国家依法对现役伤残军人及其家属提供保证其基本生活和康复需要的资金和服务的特殊优抚保障项目。伤残抚恤也是社会优抚安置制度中最基本的内容之一。军人在服役期受伤致残或患病致残，会给其本人及其家属的生活带来很大困难，国家应当通过保障措施，对其本人及其家属进行褒扬和抚恤。伤残抚恤要保证抚恤对象及其家属的生活能够达到当时当地社会的一定水平。伤残抚恤既包括为保障对象提供资金保障，也包括为保障对象提供相关服务。伤残抚恤所保证的生活水平或抚恤标准，要根据其本人致残的性质、类型、劳动能力丧失程度及生活能力受影响程度等因素确定。

1. 伤残等级的评定

伤残的性质可分为因战、因公、因病三种。现役军人因战、因公、因病致残，根据其丧失劳动能力及影响生活能力的程度，由军队规定的审批机关在医疗终结后负责评定伤残等级，发给《革命伤残军人证》。因战、因公致残的伤残等级分为四等六级：特等、一等、二等甲级、二等乙级、三等甲级、三等乙级。因病导致残疾的，根据其丧失劳动能力及影响生活能力的程度评定病残等级，病残分为两等三级，即一等、二等甲级、二等乙级。②

2. 伤残抚恤待遇

退出现役后没有参加工作的革命伤残军人，由民政部门发给伤残抚恤金；退出现役后参加工作，或者享受离休、退休待遇的革命伤残军人，由民政部门发给伤残保健金。继续在部队服役的革命伤残军人，由所在部队发给伤残保健

① 中国法制出版社．军人优待抚恤条例［M］．北京：中国法制出版社，2011.
② 中国法制出版社．军人优待抚恤条例［M］．北京：中国法制出版社，2011.

金。伤残抚恤金的标准，根据伤残性质和伤残等级，参照全国一般职工的工资收入确定。退出现役的特等、一等革命伤残军人，由国家供养终身。因战致残的革命伤残军人在评残发证后，一年内因伤口复发死亡的，按照革命烈士的抚恤规定，发给其家属一次性抚恤金和定期抚恤金；一年后因伤口复发致残的，按照因公牺牲军人的抚恤规定，发给其家属一次性抚恤金和定期抚恤金。因战、因公致残的特等、一等革命伤残军人因病致残、死亡后，其家属按照病故军人家属的抚恤规定享受定期抚恤金。

3. 伤残抚恤金的标准

我国对革命伤残军人实行终身抚恤。抚恤标准根据伤残性质、伤残等级、是否有固定收入（分在职、在乡两种）确定（见表13-1）。同一伤残等级，在乡的抚恤标准高于在职的；同一伤残等级，又同是在乡的或同是在职的，抚恤金标准因战高于因公，因公又高于因病。所以，享受最高标准的伤残抚恤金是在乡的特等伤残军人。革命伤残军人除享受抚恤金外，还享受其他方面的优待。

表13-1　**革命伤残人员抚恤（保健）金标准表①**　单位：元/年

	伤残等级	伤残性质	原标准	新标准
在乡	特等	因战	3 540	5 340
		因公	3 380	5 180
	一等	因战	2 760	4 000
		因公	2 630	3 870
		因病	2 500	3 740
	二级甲等	因战	1 550	2 120
		因公	1 440	2 010
		因病	1 350	1 920
	二级乙等	因战	1 920	1 320
		因公	1 000	1 240
		因病	960	1 200

① 民政部、财政部关于提高部分优抚对象抚恤补助标准的通知［G］. //法规中心. 中华人民共和国行政法律全编［M］. 北京：法律出版社，2009.

续表

	伤残等级	伤残性质	原标准	新标准
在乡	三级甲等	因战	748	900
		因公	728	880
	三级乙等	因战	646	780
		因公	646	780
在职	特等	因战	600	1 000
		因公	570	870
	一等	因战	500	800
		因公	460	760
		因病	450	750

（三）社会优待

1. 国家补助

国家对优抚对象的补助分为定期定量补助和临时补助两种。定期定量补助是指由人民政府拨出专项经费，按照不同对象，定期发给一定标准的生活补助费。定期定量补助的范围是：生活困难的老复员军人；不符合享受定期抚恤条件而生活又比较困难的烈士家属、因公牺牲和病故军人家属；在乡退伍红军老战士；西路军红军老战士和生活困难的在乡红军失散人员；带病回乡，不能经常参加劳动，生活困难的退伍军人。定期定量补助标准随着国民经济的发展和人民生活水平的提高而逐步提高，中华人民共和国成立后，补助标准根据各个时期经济与社会发展的不同情况，已做过多次调整。

临时补助是指享受定期定量补助的对象如生活发生困难时，给予的临时补助。临时补助是救急措施，主要向生活临时发生困难的优抚对象提供。临时补助坚持重点使用的原则，重点用于贫困地区、老苏区以及贫困的乡、村，重点补助在吃、穿、住、医等方面有特殊困难的优抚对象。补助的标准根据优抚对象的困难程度来确定。补助对象病故后，除领取本季度的补助外，再发给半年的补助，作为丧葬费用。优抚对象要经过“个人申请、社区证明、基层审核、上级批准”等法定程序才可得到临时补助。

2. 群众优待

群众优待有广义和狭义两种含义。① 广义的群众优待是指组织群众给优抚对象以精神上的抚慰和物质上的帮助，这是我国公民依法应尽的义务。狭义的群众优待是指农民群众对家住农村的革命烈士家属、义务兵家属、革命伤残军人和带病回乡的复员退伍军人的优待。群众优待的根本目的在于保证现役军人，尤其是义务兵及其家属保持一定的生活水平，并尽可能提高他们的生活质量。其优待方式一般分为资金优待和服务优待两种。

资金优待主要表现为农民群众为家居农村的义务兵家属及其他优抚对象筹集的优待金。中华人民共和国成立以来，这种优待方式随着经济发展的不同阶段而变化。农业合作化以前，群众优待的主要形式是代耕、助耕；农业合作化以后，优待形式转变为工分优待和部分现金优待；党的十一届三中全会以来，农村实行联产承包责任制，优待形式逐步发展为平衡负担、统筹现金优待。1984 年中共中央 1 号文件规定，优待金不再从集体提留中开支，而由乡镇政府统一筹集，统一兑现。

服务优待主要表现在优先为优抚对象提供各种服务，最重要的是优先扶持优抚对象中经过落实优抚政策，生活水平仍低于一般群众的贫困户发展生产，脱离贫困。现阶段的服务优待主要是做好三个方面的工作：一是帮助优抚对象克服单纯依赖抚恤补助的“等、靠、要”的思想，确立自主自强意识，调动优抚对象的内在积极性。二是在优抚对象达到温饱水平的基础上，还要从人力、物力、财力，产品的产、供、销等各个环节提供服务，以提高优抚对象的生活质量。三是国家扶持发展生产的信贷资金、生产资料、生产科技、生产项目、减免税等各项优惠政策，优抚对象优先享受，从而为优抚对象发展生产创造有利条件。

(四) 烈士褒扬

褒扬革命烈士是指纪念和表彰为祖国与人民利益而壮烈牺牲的革命烈士的工作。具体工作包括：② （1）革命烈士审批工作。中华人民共和国成立后，为了做好革命烈士褒扬工作，1950 年经政务院批准，内务部颁布了有关条例，开展大规模的追认革命烈士的工作，并颁发烈士证书。1980 年 6 月国务院发布了《革命烈士褒扬条例》。根据《革命烈士褒扬条例》及有关规定，全国军民符合规定条件之一的，可批准为革命烈士。（2）编印《革命烈士英名录》。

---

① 吴鹏森．现代社会保障概论［M］．北京：世纪出版集团，2004.

② 吴鹏森．现代社会保障概论［M］．北京：世纪出版集团，2004.

1980 年，民政部决定，在全国范围内以县（市）为单位，由省级统一编印《革命烈士英名录》，这是广泛宣传革命烈士事迹的重要形式。据不完全统计，中华人民共和国成立以来全国共计自印 341 万册，编入的烈士计 161 万人。（3）管理、维护好烈士陵园和烈士纪念建筑物。中华人民共和国成立以来，全国共建有烈士纪念建筑物8 000多处。（4）搜集、整理、陈列革命烈士的遗物和斗争史料。中华人民共和国成立以来共出版褒扬烈士的书刊近千种，发行量超过1 000万册。（5）在节日期间组织人民群众打扫烈士陵墓，瞻仰烈士碑、塔、堂、馆。通过这些活动宣传先烈们的高尚品质，抚慰烈士家属，使烈士精神不灭、英灵永存。

二、军人安置

（一）退役安置

1. 复员军人的安置

中华人民共和国成立后，首先面临的巨大任务便是安置大量的复员军人。所谓复员军人，是指 1955 年《义务兵役法》颁布以前在不同历史时期参加革命，在战争结束后需要进行退役安置的军人。1950 年 7 月，由于革命战争已经结束，中央成立了中央复员委员会（1951 年 12 月后改为转业建设委员会）。从 1950 年到 1955 年，中央人民政府人民革命委员会、政务院、国务院先后公布了《关于人民解放军 1950 年复员工作决定》、《复员退役军人安置暂行办法》和《关于安置复员退役军人工作的决定》等，明确了复员军人安置工作的方针和政策，确立了“妥善安置，各得其所”的安置方针。这次大规模的复员工作从 1950 年 6 月开始，后因抗美援朝战争爆发而中止了一段时间，抗美援朝战争结束后又继续进行，到 1958 年复员军人安置工作基本结束。这一时期全国共安置复员退役军人 480 多万人。

2. 义务兵的安置

国务院于 1958 年颁布了《关于处理义务兵退伍的暂行规定》，明确了“从哪里来，回哪里去”的安置原则。从农村入伍的仍回农村安置；城镇入伍士兵在入伍前没有参加工作的，由国家统一安排工作；从工作单位和学校入伍的，可分别复工、复职、复学。1978 年，我国开始实行义务兵和志愿兵相结合的兵役制度。1983 年国务院、中央军委颁布了《中国人民解放军志愿兵退出现役安置暂行办法》，1987 年 12 月国务院颁布了《退伍义务兵安置条例》，对以往的安置政策进行了调整，提出把个人专长、服役表现与退伍安置工作挂钩，区别对待，鼓励先进，鞭策后进。1994 年至 1998 年国务院、中央军委先后出台了“供需见面、双向选择、包底安置”，各单位按比例接收退役士兵，试行安置任务有偿转移、鼓励退役士兵自谋职业等有关城市退役士兵的安置办法。1983 年国务院、中央军委发布了《中国人民志愿兵退出现役安置暂行办法》。1994 年国务院、中央军委批转了国务院退伍军人和军队离休退休干部安置领导小组、民政部、总参部《关于转业志愿兵实行集中交换意见的通知》，保证了转业志愿兵安置工作顺利进行。据不完全统计，1949 年以来，全国有近4 000多万名复员退伍军人得到妥善安置。

（1）农村退伍义务兵的安置。农村义务兵退伍安置是退役安置的重点，其主要原因：一是农村退伍义务兵安置数量大，每年有七八十万名退伍军人要回农村安置，占全国退伍军人总数的60%～80%。二是我国城乡差别大，在安置中需要解决的思想问题和实际问题比较多。三是每年的退伍军人中，每百人中约有一名是带病还乡的，每千人中约有一名精神病患者，这部分人尽管为数不多，但安置难度很大。针对以上这些情况，在安置中突出两点：一是各级政府设立退伍军人两用人才服务机构，积极开发使用退伍军人两用人才。二是帮助回乡退伍军人解决生产、生活、住房等方面存在的困难。尤其要帮助单身、伤残和带病回乡军人解决实际困难。同时，国务院有关政策规定，自 1984 年 8 月开始，在部队荣立二等功（含二等功）以上的，和 1979 年开始，因公致残的二等、三等革命伤残军人退伍后可安排工作；因公致残的二等、三等革命伤残军人，自 1984 年 10 月开始，其所在地区有条件的可以安置工作；服役期间家庭地址变迁，退伍时要求以父母所在地落户安置的，经父母所在单位和当地公安机关证明，应满足其要求。

（2）城镇退伍义务兵的安置。城镇退伍义务兵的安置分为三种情况：①

①原系城市户口的退伍义务兵，服役前没有参加工作的，由国家统一分配工作，按系统分配任务、包干安置。②原系国家机关、人民团体、企事业单位正式职工的，退伍后原则上回原单位复工、复职。对因残、因病不能坚持八小时工作的，原工作单位应当参照对具有同样情况的一般工作人员的安排原则予以

① 吴鹏森．现代社会保障概论［M］．北京：世纪出版集团，2004.

妥善安置。退伍义务兵原工作单位已撤销或合并的，由上一级机关或合并后的单位负责安置。③原系在校（含中等专业学校和技术学校）未毕业的学生，退伍后要求继续学习而本人又符合学习条件的，在年龄上可适当放宽，原学校应在他们退伍后的下一学期准予复学。退伍义务兵报考高等院校和中等专业学校，在与其他考生同等条件下，优先录取。

3. 志愿兵退役安置

志愿兵退出现役的安置工作分三种情况：① （1）转业安置。志愿兵退出现役后，服役期限不满十年的，按“从哪里来，回哪里去”的原则，由原征集地按退伍义务兵的安置政策接收安置。服务期满十年的，由征集地安排工作。（2）退休安置。志愿兵退出现役时，凡有下列情况的，部队给予办理退休手续，享受军队干部退休所规定的待遇：一是志愿兵在服役期间参战或因公负伤致残、积劳成疾，由部队医院出具诊断证明，并经师以上卫生部门鉴定确认基本丧失劳动能力的，由原征集地接收安置。二是志愿兵服役满 30 年或者满 55 周岁，可以退休，由本人原籍或直系亲属居住地接收安置。三是志愿兵在服役期间患精神病治疗半年不愈的或患麻风病的，应按有关规定及时退出现役，办理退休手续。（3）退伍处理安置。志愿兵在服役期间严重违反纪律，或在服役期间无正当理由而坚决要求提前退出现役，或在接到《接收安置通知书》后无正当理由逾期三个月不报到的，按照退伍义务兵的安置原则予以安置。

（二）离退休安置

离退休安置是对军队干部和技术人员实行的优抚保障。凡符合离退休条件的干部和技术人员退休后，除按月发给退休费，享受医疗费、福利费、车旅费等补贴以及抚恤费、遗属生活费、补助费等待遇外，还在安置去向、住房、家属及子女就学等方面做出妥善安排，其待遇略高于一般退役军人。

1. 离退休的条件

第一，离休条件。凡 1949 年 9 月 30 日以前参加中国共产党领导的革命军队，或中华人民共和国成立以后入伍、中华人民共和国成立前在解放区参加革命工作，并享受供给制待遇的，或中华人民共和国成立后入伍、中华人民共和

① 吴鹏森．现代社会保障概论［M］．北京：世纪出版集团，2004.

国成立前在敌占区从事地下革命工作的，达到军队干部退休年龄的军队现役干部，均可离职休养。1948年底以前在解放区享受当地人民政府制定的薪金制待遇的，也可以享受离休待遇。第二，退休条件。军队现役干部，男年满55周岁，女年满50周岁，或因战、因公致残，积劳成疾，基本丧失工作能力的可办理退休手续。落实政策的原系军队现役干部可办理退休手续。

2. 退休安置原则

军队干部离退休安置要坚持“从实际出发”和“妥善安置”的原则。以就地安置为主，对有特殊情况的，如长期在边远地区、海防和沙漠地区工作或长期从事危险性大的工作的离退休干部，在安置去向上可以给予适当的照顾。离退休后，一般回内地安置，本人自愿留在该地区安置的，在安置地点上给予适当照顾。

3. 离退休待遇

军队离退休干部移交地方以后，基本政治待遇不变，生活待遇从优。政治待遇主要包括看文件、听报告、参加党的组织生活会和必要的政治活动。生活待遇包括离退休费的发放、各种生活补贴费、医疗费、护理费、特殊贡献费，住房分配，家属工作安排，子女转学、入学、户口关系转移以及其他待遇。①

第三节　社会优抚安置制度的建立与发展

一、国外的社会优抚安置制度

（一）美国的社会优抚安置制度

1. 美国的优抚措施

美国对优抚对象的生活保障包括：（1）病残退休补偿，军人残废退休金计算以本人基本薪金乘以丧失劳动能力的百分比，也可按服役年限计算；（2）阵亡军人遗属的补偿，按原军衔规定标准发给；（3）退伍军人生活贫困补助；（4）退伍军人死亡，发给其家属相当于死者六个月薪金的一次性抚恤金，其

① 吴鹏森．现代社会保障概论［M］．北京：世纪出版集团，2004.

妻和子女每年可领补助费；（5）免费为病残退伍军人服务。①

2. 美国的优抚安置制度

美国的退伍军人保障涉及退伍军人津贴、退伍军人退休养老金和退伍军人的其他保障等。第二次世界大战以来，美国的退伍军人福利保障有了长足发展，这方面的立法有：1940 年 9 月 16 日，总统签署的《征兵役制法》；1940 年 10 月 8 日通过了《国民服务生活保险法》，该法为在第一次世界大战、第二次世界大战及以后的战争中服役的军人提供生活保险；1941 年 12 月 18 日，政府颁布法令，为参加第二次世界大战的军人及其遗属提供残疾和死亡补偿金；1943 年 3 月 17 日，政府颁布议案，规定第二次世界大战期间的退伍军人在医院和医疗照顾上和第一次世界大战期间的退伍军人享有相同的待遇；1943 年 3 月 24 日，总统签署了为第二次世界大战军人建立的职业恢复计划，政府为军人的职业恢复提供保障。

在杜鲁门总统任期内，1945 年 6 月 4 日，总统签署了一项议案，要求优先发展退伍军人医院和其他退伍军人残疾人福利设施；1946 年 8 月 8 日，总统签署了有关法案：增加补偿和抚恤金的综合议案《平时的补偿金案》和《废除在两次大战中死亡军人的遗族每月支付抚恤金不超过 74 美元规定的法案》等。

在艾森豪威尔总统任期内，1954 年 8 月 28 日，总统签署了一项《增加退伍军人的补偿金的决议》；1956 年 8 月 1 日，总统签署了被称为新制度的《退伍军人亲属补偿和赔偿议案》；1957 年 6 月 17 日，总统签署了《军人福利金案》，要求改善现行的所有有关退伍军人福利，如补偿、抚恤、住院治疗、医疗照顾、丧葬金和坐轮椅者住房等。

在肯尼迪和约翰逊总统任期内，1962 年 9 月 7 日，肯尼迪总统签署了《增加补偿金议案》；1964 年 7 月 1 日，约翰逊总统签署了《扩大 1956 年的战争孤儿教育援助法案》。除了上述法案外，还有有关再就业权利、个别人死亡的抚恤金、退伍军人住房、退伍军人优惠法、规划国民优先和公民救济等法案。

1988 年出版的《合众国法典》对退役、因身体伤残的退休或退役、因年龄退休、非正规服役的退休金、退休级别、退休金的计算、以退休金或雇佣金为基础设立的养老金、国防部军事退休基金和死亡抚恤等均有专章说明。

---

① 葛寿昌．社会保障经济学［M］．上海：上海大学出版社，1999.

总的来说，退伍军人在美国是一个特殊利益集团，这不仅涉及一个利益集团的社会保障，而且是政治、经济和社会稳定的大事，无论哪届政府，均予以高度重视，并且往往放在优先考虑和照顾的位置。当然，随着整个福利费用的上涨，在控制经费这点上，退伍军人福利与其他集团福利是大体相同的。①

（二）英国的优抚安置制度

1. 优抚措施

英国规定，军人死亡后，其遗孀可长期领取优抚金，其数额为军人死亡时月薪的50%，遗孀优抚金最低标准，士兵为260英镑/月，尉官至准将为463~979英镑/月。

2. 安置措施

英国除规定退伍军人有权要求复工外，还要求国营事业单位与公共事业单位招工时必须留出一定名额（私营工商业规定比例为5%），放宽招工年龄，用来雇用退伍军人。英国还制定有残疾军人就业法，规定凡雇主雇用工人20人以上者，必须按国家规定雇用一定的残疾军人，并不得随意解雇；电梯及停车场的管理人员，法定必须由残疾军人充任；政府对雇用残疾人员的企业给予津贴。英国在士兵退伍时发给职业训练津贴，进行职业训练，以保证得到就业；学校还给退伍军人预留入学名额，保证其入学，入学后发给津贴、杂费（四年）。②

二、我国的社会优抚安置制度

我国现行的社会优抚安置保障制度是随着人民军队的建立和发展而逐步建立和完善起来的。早在第二次国内革命战争时期的1931年，中华苏维埃第一次代表大会上就通过了《红军优抚条例》、《红军抚恤条例》、《优待红军家属条例》等规章制度。虽然当时苏区的条件极其艰苦，但上述条例的基本内容都得到了贯彻落实。在区以下，成立了“优待红军家属委员会”，颁发《红军家属优待证》。对缺乏劳动力的红军家属由苏维埃政府组织人力帮助耕种，并可免征捐税；对战争中牺牲的烈士家属和因战致病的退伍红军战士，发给抚恤粮和补助金。这些保障措施的制定和落实，对壮大红军队伍、鼓励军队士气、

① 吕学静．现代社会保障概论［M］．北京：首都经济贸易大学出版社，2005.

② 吕学静．现代社会保障概论［M］．北京：首都经济贸易大学出版社，2005.

提高红军战斗力等都起到了积极的作用。

抗日战争时期，优抚工作进一步开展。许多抗日根据地制定和颁布了一系列优抚工作条例，如山东抗日民主政府发布了《优待抗日军人家属条例》、《抚恤抗日阵亡、荣誉军人特别条例》。1943 年 1 月，陕甘宁边区政府发布《拥护军队决定》和《边区政府关于拥军运动月的指示》，确定 1 月 25 日至 2 月 25 日为边区拥军运动月。以后，每年的阴历正月，都要在各根据地举行一次大规模拥军拥政的群众运动。这一良好风尚一直延续到现在。

解放战争时期，解放区的优抚工作不断普及和完善。为保证革命烈士家属、革命军人家属的基本生活，由群众组成“帮工队”、“代耕队”和“服务队”，帮助烈军属耕种土地。政府成立专门机构妥善安置革命伤残军人。春节期间，党政负责人到优抚对象家中走访慰问，乡村群众大会上，为烈军属设光荣席，等等。所有这些，不仅保障了优抚对象的生活，提高了优抚对象的政治地位，而且对夺取解放战争的最后胜利、建立中华人民共和国起到了极其重要的作用。

中华人民共和国成立后，社会优抚安置工作向制度化、规范化迈进。1949 年《中国人民政治协商会议共同纲领》规定：“革命烈士和革命军人家属，其生活困难者，应受到国家和社会的优待，参加革命战争的残废军人和退伍军人，应由人民政府给予适当的安置。使能谋生立业。”根据这一规定，政府在 1950 年制定了《革命军人牺牲病故褒恤暂行条例》、《革命烈士家属、革命军人家属优待暂行条例》、《革命工作人员伤亡褒恤暂行条例》、《民兵民工伤亡褒恤暂行条例》、《革命残废军人优待抚恤条例》等五个条例。1954 年 1 月《内务部关于革命烈士褒扬抚恤及革命烈士家属优待问题的批复》，8 月《中央军委、政务院关于抗美援朝无军籍工资制人员病、伤、残、亡优抚暂行办法》和 1958 年 9 月《内务部关于公安厅民警处工作人员因公牺牲、病故或者因公致残的抚恤问题的复函》等一系列优抚安置保障的法规政策的制定和贯彻实施，使优抚安置走上了规范化、制度化的道路。“文化大革命”期间，优抚安置工作虽未完全中断，但遭到了巨大冲击，一些优抚对象受到诬陷和迫害。

1978 年以来，优抚安置工作通过不断完善，逐步走上了法制化、社会化的新型社会保障之路。1984 年通过了新的《中华人民共和国兵役法》，该法第十章对现役军人的优待和退役安置工作做了明确规定。同年，国务院、中央军委批转了民政部、总政治部《关于做好移交给地方的军队离退休干部安置管理工作的报告》，就部队离退休干部的待遇、住房、车辆和管理服务机构等都做出了具体规定。根据我国《兵役法》确定的原则，1987 年国务院和中央军委颁布了《中华人民共和国义务兵安置条例》，1988 年又发布了《军人抚恤优待条例》等，加强了军人保障的法制化建设。2004 年 8 月 1 日，中华人民共和国国务院、中华人民共和国中央军事委员会令第 413 号公布《军人抚恤优待条例》，自 2004 年 10 月 1 日起施行，1988 年 7 月 18 日国务院发布的《军人抚恤优待条例》同时废止。2011 年 7 月 29 日，国务院、中央军事委员会公布《关于修改〈军人抚恤优待条例〉的决定》，对旧条例中的一次性抚恤、社会优待及部分条款顺序等内容进行了相应调整，修订后的条例自 2011 年 8 月 1 日起施行。20 世纪 80 年代以来，优抚安置工作强调社会全民参与，不仅使这项工作做得更为扎实，而且推动了整个社会精神文明的建设。①

第四节　我国社会优抚安置制度的改革

一、社会优抚安置工作面临的问题

（一）优抚工作存在的问题

1. 拥军优属的观念日益淡化

战争年代，为了夺取革命胜利，军队的地位和作用是显而易见的。人们能够自觉地拥军优属。党的十一届三中全会以来，全党的工作重心转移到经济建设上来，而且随着社会主义市场经济体制的建立，人们的思想意识和价值观念都不可避免地发生变化，利益原则渗透到社会生活的各个领域，传统的拥军优属观念在人们心中淡化，这为优抚工作的宣传与开展带来一定困难。强制性的政治手段已不能适应时代的发展。②

2. 优抚对象的保障水平偏低

社会优抚是对有特殊贡献的社会成员进行的具有褒扬性质的高层次保障。这种高层次主要体现在其保障标准的高层次上，也就是说，优抚保障的标准应

① 冯必扬，严翅君．现代社会保障研究［M］．北京：人民出版社，2003.

② 周绿林．社会保障概论［M］．天津：天津大学出版社，2008.

适当高于社会平均消费水平，这是由优抚制度的特殊性所决定的，也是充分发挥优抚制度保障功能的要求。改革开放以来，我国曾多次提高社会优抚的抚恤标准，但抚恤标准过低的问题始终没有得到彻底解决。虽然抚恤经费每年都在增长，但与国内生产总值的增长速度相比明显落后。同时，虽然近年来抚恤补助标准多次提高，但由于基数太低，抚恤对象数量基数大，抚恤水平与人民生活水平相比仍有较大差距。表 13-2 列出了 2006—2013 年国家抚恤、补助优抚对象的情况。标准偏低，导致优抚制度的保障功能弱化。这种状况直接影响了优抚制度保障优抚对象正常生活水平这一基本功能的正常发挥。

表 13-2　　**国家抚恤、补助优抚对象①**　　单位：万人、亿元、%

指标＼年份	2006	2007	2008	2009	2010	2011	2012	2013
国家抚恤、补助优抚对象	462.6	622.4	633.2	630.7	625	852.5	944.4	950.5
抚恤事业费	178.8	210.8	253.6	310.3	362.7	428.3	517	618.4
抚恤事业费年增长率	24.5	17.9	20.3	22.4	16.9	18.1	20.7	19.6

3. 优抚事业单位发展缺乏后劲

优抚医院、光荣院、革命烈士纪念建筑物是承担优抚保障任务的重要阵地，担负着优抚对象的治疗、康复、修养、供养和革命烈士褒扬的重要任务。但是这些单位大多始建于 20 世纪 50 年代初期，由于经费投入不足，如今相当一部分年久失修，设备老化，缺乏维护。

同时，由于这些单位的性质、作用比较特殊，它们直接为优抚对象服务，靠国家扶持。因此，大部分单位基础薄弱，缺乏专业人才，管理不善，缺乏竞争力。随着社会主义市场经济体制的建立，竞争的日趋加剧，这些单位若不成功进行改革，将会被市场淘汰。②

4. 一些优抚政策难以落实

法制若没有一定的权威性，执行起来就会很困难。《军人抚恤优待条例》

① 民政部：《民政部发布 2013 年社会服务发展统计公报》[DB/OL]. http://www.mca.gov.cn/article/zwgk/mzyw/201406/20140600654488.shtml，2014-6-17.

② 周绿林. 社会保障概论 [M]. 天津：天津大学出版社，2008.

虽然是中央人民政府制定颁布的法规，但缺乏国家基本法的强制。在市场经济的利益驱动下，抚恤优待条例的实施受到了不同程度的抵制，执行起来困难很大，优抚对象的合法权益得不到保障。一些法规明确规定的政策难以落实：一是伤残军人不仅就业困难，而且一些已经安排工作的伤残军人，由于缺乏劳动技能，加之身体伤残，往往在优化组合中被企业精简下来；二是一些重点优抚对象的医疗减免和二等乙级以上伤残军人享受公费医疗政策难以落实，优抚对象医疗问题十分突出；三是《军人抚恤优待条例》规定的优抚对象应享受的诸如在就业、入学等方面的优待，不少单位无法兑现。

5. 优抚保障的社会化程度不高

社会力量参与优抚保障的途径不多，优抚保障主要还是依靠国家和地方政府发放优待金。相当一部分优抚对象因家庭人口素质较低，缺乏劳动力等因素，生活依旧十分困难。①

（二）军人安置工作存在的问题

1. 指令性计划安置方式受到市场配置资源的挑战

市场经济要求一切经济活动服从效率原则以实现社会资源的有效配置。人力资源的配置同样也要遵循此原则，使市场机制在劳动力资源配置中发挥主导作用。但是计划经济时期形成的安置制度，是政府指令性强制实行的，违背了效率原则，阻碍了人力资源的合理流动，损害了企业的用工自主权，加重了企业特别是大型国有企业的负担，不利于国有企业的改革和社会主义市场经济的完善。

2. 优抚保障对象安置渠道单一

供大于求是我国劳动力市场的基本现实。随着市场经济的发展和国有企业改革，这一矛盾将更加突出。每年新增加的就业岗位虽然很多，但往往被大量新增的劳动力、下岗职工和进城农民工所挤占，劳动力市场对退役士兵的需求严重不足。国有企业不能像从前那样依据国家政策大量吸纳退役士兵，而且国有企业接收能力也十分有限，因此，退役士兵安置的数量无法落实。据统计，截至2001年11月底，全国各地接收退役士兵10万人，其中包括城镇退役义务兵、农村退伍义务兵和转业士官。城镇退伍义务兵占城镇接收退伍义务兵总

① 杨宜勇，吕学静．当代中国社会保障［M］．北京：中国劳动社会保障出版社，2005.

数的 47.27%，转业军官、城镇退伍义务兵安置数占年度退役士兵总量的 50.5%。① 安置难的现象不论是在经济比较发达还是在经济欠发达的地区都普遍存在。

国有企业发展困难重重，失业人数不断增加，有些虽然接受了国家的指令性安置计划，但由于企业本身不景气，退役人员无法上岗，即使上岗也面临失业的严峻形势。非国有企业往往规模小，待遇低，社会保险不健全，退役士兵上岗后的工资、福利、待遇缺乏保障。现行的安置人员仍主要集中在国有企业单位。单一的安置保障渠道不利于安置工作的开展，越来越不适应退役士兵的安置需要。

2013 年 7 月 24 日，国务院办公厅、中央军委办公厅转发了《民政部 总参谋部等部门关于深入贯彻〈退役士兵安置条例〉扎实做好退役士兵安置工作的意见》。围绕退役士兵档案移交审核、1 级至 4 级分散供养残疾退役士兵购（建）房、退役士兵养老保险、失业保险关系转移接续、建立退役士兵创业服务绿色通道等出台了 5 项配套办法。截至 2013 年年底，全国 31 个省份出台改革配套政策文件 67 个，均明确了自主就业退役士兵一次性经济补助标准。全年中央安排自主就业一次性退役金 60 亿元，城镇退役士兵自谋职业补助资金 9 亿多元。教育培训工作按照“政府主导、个人自愿、城乡一体、免费参加”的原则深入开展，截至 2013 年 11 月底，共有 31 万名 2012 年冬季退役士兵参加培训，参训率达 74%，参训后就业率达 86%以上，均比去年同期有明显提高。大部分安置遗留问题得到解决。纳入三年集中移交安置任务、具备移交条件的伤病残士兵全部接收安置。完善了全国退役士兵安置工作领导小组运转机制。②

3. 部分优抚保障对象对制度有依赖心理

安置保障的主体是国家，国家无偿提供保障资金，同时以行政性手段对不同的安置对象在工作、生活和服务上分别予以相应的安排，给予充分的保障。除了农村义务兵外，国家对城镇义务兵、转业志愿兵包安置，对退休干部的衣、食、住也全包下来，使国家负担沉重。有些城镇青年及其父母甚至将参军

---

① 时正新．中国社会福利与社会进步报告（2002）［M］．北京：科学社会文献出版社，2002.

② 民政部：《2013 年全国民政事业工作报告》［DB/OL］．http：//mzzt.mca.gov.cn/article/qgmzgzsphy/gzbg/201312/20131200568960.shtml，2013-12-27.

作为“曲线就业”的出路。同时，保障对象依托国家政策，产生了严重的依赖心理，不主动寻求就业门路。

4. 安置对象知识技能和择业愿望与社会需求不相适应

退役士兵在服役期间学习和实践的大多是军事职业技能，但是到社会和地方上则需要社会职业技能，两者对知识技能的要求不同。科技是第一生产力，随着生产力的不断发展，社会对高学历、高科技的人才需求量大，用人单位对人才的科学文化素质的要求也在不断提高，这使退役士兵在劳动力市场上处于劣势，难以适应。①

此外，由于国家传统的包揽政策和传统计划经济的思维模式以及制度模式的影响，许多安置对象对安置岗位的期望值过高，不愿意到条件艰苦的岗位上就业，有些士兵因为对岗位不满意而拒绝上岗。这就使安置工作更加难以开展和落实。

二、社会优抚安置的改革与发展

（一）发动社会各方参与社会优抚安置事业

《军人抚恤优待条例》规定“军人抚恤优待工作实行国家、社会、群众三结合的制度，保障军人的抚恤优待与国民经济的发展相适应，使抚恤优待标准与人民生活水平同步提高”。“三结合”原则是我国优抚制度在长期实践中总结出来的经验。

社会优抚安置不仅有现金补贴，还有服务保障以及褒扬奖励，没有社会各界和群众的积极参与是不行的。在国家财政承担优抚资金，即国家发挥主导作用的前提下，引导和鼓励社会各方面参加社会优抚安置活动，利用志愿者等形式为优抚对象提供多种服务，以解除优抚对象的后顾之忧，做好社会优抚安置工作以维护国家安全和社会稳定。

（二）建立健全优抚保障制度的相关法规制度

法规制度对社会优抚安置制度的改革和发展有重要的作用，法规制度不健全，社会优抚安置制度便无法可依，不利于社会优抚安置制度的改革和发展，不利于维护社会优抚安置对象的合法权益。在市场经济条件下，过去可以用行

---

① 吕学静．现代社会保障概论［M］．北京：首都经济贸易大学出版社，2005.

政命令解决的问题，现在仅靠行政手段已行不通，法律手段不健全，加大了基层社会优抚安置工作的难度，影响了社会优抚安置制度的发展。

（三）进一步深化优抚事业单位改革

优抚事业单位是国家为优抚对象而建立的休养院、疗养院和光荣院等机构，在市场经济条件下，这些由国家全额拨款的事业单位普遍存在经费不足的问题，影响了优抚对象的生活。在新形势下，这些优抚单位可充分利用自身优势，为社会提供一些医疗、康复等服务，弥补经费不足，进一步减员增效，加大改革力度。同时，培育和发展民间非营利组织参与优抚工作，有学者对此提出了具体的建议。可以考虑从现有的上百万的基层群众性优抚服务组织中，引导一批经济实力强、管理规范、制度健全、有一定专业水平的组织，转变为具有独立法人资格的社会团体或民间机构，使其实体化、专业化，成为职业化的从事优抚保障的社会团体或民间机构，为优抚对象提供医疗、康复、保健、供养以及社会公益服务。这样，既能切实履行政府职能，又能充分利用社会财力、人力、物力以及管理服务的优势，为广大优抚对象服务，以减轻政府的负担，分担国家的责任。

（四）改革退伍军人安置办法

退伍军人安置不能沿袭计划经济的老路，在市场经济条件下，劳动力的配制应以市场为主要手段，在这一大背景下，再用行政手段来安置退伍军人必然要遇到重重阻力。转变退伍人员的传统观念，加强教育培训投入力度，增强退伍军人的竞争能力，提高竞争意识，鼓励其自谋出路。对自谋出路的安置对象给予一定的经济补偿，充分利用高校招生改革的契机，加强安置对象的教育和培训，包括正规学历教育。

（五）做好优抚制度与城乡社会保障体系的衔接

在城乡社会保障制度改革的背景下，尤其是社会保险制度改革后，强调权利义务对等关系，享受保障权利与缴费时间有关联，可能使优抚对象的利益受损。所以，应该建立健全军人保险制度，同时做好军人保险和社会保险的衔接工作，以维护优抚对象的合法权益。①

① 巢健茜．劳动法与社会保障法［M］．北京：科学出版社，2007.

☞本章小结

社会优抚安置制度是社会保障制度的一个重要组成部分，通常分为社会优抚和军人安置两个部分。具体包括死亡抚恤、伤残抚恤、社会优待、烈士褒扬、退役安置、离退休安置等内容。

我国社会优抚安置制度遵循国家主导与社会参与相结合，优抚安置标准与国民经济发展相适应的基本原则。

社会优抚安置不仅可以解决一部分军人的生活困难，保障军人的基本权益，保障军人身心健康，鼓舞军队士气，激发军人保家卫国的积极性，同时还可以焕发民族精神，激发人们的爱国热情。

我国现行的社会优抚安置制度是伴随着人民军队的建立和发展而逐步建立和完善起来的。经过几十年的发展，我国社会优抚安置制度通过不断完善，逐步走上了法制化、社会化的新型社会保障之路。

☞关键术语

社会优抚　　军人安置　　死亡抚恤　　伤残抚恤　　社会优待

☞思考题

1. 优抚安置的含义和对象是什么？
2. 优抚安置的作用和特点是什么？
3. 我国优抚安置制度存在哪些问题？改革原则与思路是什么？
4. 简述国外的优抚安置制度。

☞案例分析

当代中国复转军人如何从军营走向社会

据《中国市场发展报告》（1995 年）的不完全统计，1994 年安置的退役士兵人数占到全国净安置就业人数的大约 15%，其他年份，也大多维持在 10%上下。有官员称，安置工作已经成为比计划生育还难的“天下第一难事”。而一位军转官员则告诉记者，现阶段的城镇退役士兵安置工作是“三头”：接收部门摇头，各级政府挠头，安置部门皱着眉头。

济南军区一位副司令员在 2005 年的一次讲话中提到，全国每年约有 10 多万名城镇退役士兵因安排不了工作而滞留社会，成为待业青年，且逐年累积增多。据总政信访局统计，2002 年退役士兵因政府安排工作问题到总政信访局上访的有 30 批 630 人；2003 年上升到 53 批 825 人；2004 年达到 142 批 2 098 人；2005 年截至 5 月底，就又有 56 批 1 051 人。

资料来源：士兵归来：当代中国复转军人如何从军营走向社会［EB/OL］. http：//news. sina. com. cn/o/2007-09-03/111712499129s. shtml，2007-09-03.

◎ **分析与思考**

1. 上述材料反映了我国社会优抚安置制度存在哪些亟待解决的问题？
2. 分析这些问题产生的原因以及如何解决？

参 考 文 献

[1] [英] 安东尼·吉登斯. 第三条道路：社会民主主义的复兴 [M]. 郑戈，译. 北京：北京大学出版社，2000.
[2] 安锦. 我国失业保险制度的改革与发展取向 [J]. 社会科学论坛，2008 (10).
[3] 巴曙松，赵晶，刘先丰. 我国社保基金的构成及安全评估 [J]. 武汉金融，2007 (9).
[4] 曹立前. 社会救助与社会福利 [M]. 青岛：中国海洋大学出版社，2006.
[5] 柴月姣. 社会保障基金管理教程 [M]. 北京：中国财政经济出版社，2002.
[6] 陈成文，胡书芝. 社会救助与建设和谐社会 [M]. 长沙：湖南师范大学出版社，2007.
[7] 陈成武. 浅谈美国的医疗保障制度 [J]. 开放潮，1997 (5).
[8] 陈红. 争议中的美国社会保障制度改革 [J]. 经济社会体制比较，2006 (5).
[9] 陈树文. 社会保障学 [M]. 大连：大连理工大学出版社，2002.
[10] 陈圣莉，周玉洁. 我国儿童保障事业任重道远 [N]. 经济参考报，2009-11-20.
[11] 陈银娥，潘胜文. 社会福利 [M]. 北京：中国人民大学出版社，2004.
[12] 成保良. 社会保障概论 [M]. 北京：九州出版社，2004.
[13] 丛树海. 英国社会保障制度框架和运行效果分析 [J]. 财政研究，2001 (6).
[14] [美] 达尔默·D. 霍斯金斯等. 21 世纪初的社会保障 [M]. 侯宝琴，译. 北京：中国劳动社会保障出版社，2004.

[15] 邓大松. 社会保险 [M]. 北京：中国劳动社会保障出版社，2009.
[16] 丁康. 世界社会保障法律制度的历史演进 [J]. 江汉论坛，2001 (12).
[17] 多吉才让. 中国最低生活保障制度研究与实践 [M]. 北京：人民出版社，2001.
[18] 中华人民共和国兵役法 [M]. 北京：法律出版社，2002.
[19] 范斌. 福利社会学 [M]. 北京：社会科学文献出版社，2006.
[20] 樊启荣. 社会保障立法观念的演进及其价值取向 [J]. 贵州警官职业学院学报，2004 (3).
[21] 冯必扬，严翅君. 现代社会保障研究 [M]. 北京：人民出版社，2003.
[22] [美] 弗里德曼. 资本主义与自由 [M]. 张瑞玉，译. 北京：商务印书馆，2004.
[23] 郭静晃. 儿童福利 [M]. 台北：扬智文化事业股份有限公司，2004.
[24] 郭士征，钟仁耀. 社会保障学 [M]. 上海：上海财经大学出版社，2004.
[25] 国务院关于老干部离职休养的暂行规定 [G]. 法规中心. 中华人民共和国行政法律全编 [M]. 北京：法律出版社，2009.
[26] 顾金土. 公共福利的内涵辨析 [J]. 学习与实践，2009 (9).
[27] [英] 哈耶克. 通往奴役之路 [M]. 王明毅，等，译. 北京：中国社会科学出版社，1997.
[28] 洪大用. 转型时期中国社会救助 [M]. 沈阳：辽宁教育出版社，2004.
[29] 洪进，杨辉. 社会保障导论 [M]. 合肥：中国科学技术大学出版社，2006.
[30] 胡务. 社会福利概论 [M]. 成都：西南财经政法大学出版社，2008.
[31] 华迎放. 社会保障 [M]. 北京：中国劳动社会保障出版社，2007.
[32] [德] 霍尔斯特，杰格尔. 社会保险入门：论及社会保障法的其他领域 [M]. 刘翠霄，译. 北京：中国法制出版社，1998.
[33] 江立华. 中国城市社区福利 [M]. 北京：社会科学文献出版社，2008.
[34] [法] 卡特琳. 养老保障经济学 [M]. 郑秉文，译. 北京：法律出版社，2003.
[35] [美] 科林·吉列恩等. 全球养老保障：改革与发展 [M]. 杨燕绥，译. 北京：中国劳动社会保障出版社，2002.
[36] [德] 科因. 法哲学 [M]. 林荣远，译. 北京：华夏出版社，2002.

[37] 黎建飞．社会保障法［M］．北京：中国人民大学出版社，2008.
[38] 黎熙元，陈福平．公共福利制度与社会网的功能互补［J］．中山大学学报，2007（6）.
[39] 黎瑛，方连英．美国社会保障制度的基石：1935 年美国《社会保险法》评述［J］．襄樊职业技术学院学报，2005（1）.
[40] 李琮．西欧社会保障制度［M］．北京：中国社会科学出版社，1989.
[41] 李永宁．美国社会保障体系的探索及分析［J］．国外社会科学，1999（5）.
[42] 李珍．社会保障理论［M］．北京：中国劳动社会保障出版社，2007.
[43] 李志强，李茂春．公共福利制度改革与政策创新［J］．重庆广播电视大学学报，2007（3）.
[44] 梁君林，陈野．社会保障基金运行研究［M］．北京：中国商业出版社，2002.
[45] 林嘉．论社会保障法的社会法本质：兼论劳动法与社会保障法的关系［J］．法学家，2002（1）.
[46] 林卓群．中国式比较经济学基础研究［M］．北京：中国经济出版社，2001.
[47] 刘诚．社会保障法及其相关概念辨析［J］．求索，2004（2）.
[48] 刘传刚，王运华．论社会保障法的价值［J］．渤海大学学报，2007（4）.
[49] 刘钧．社会保障理论与实务［M］．北京：清华大学出版社，2009.
[50] 刘雄．社会保障通论［M］．北京：中国劳动社会出版社，2006.
[51] 刘玉安．北欧福利国家剖析［M］．济南：山东大学出版社，1995.
[52] 刘志英．社会保障与贫富差距研究［M］．北京：中国劳动社会保障出版社，2006.
[53] 陆士桢．中国儿童社会福利研究［J］．社会保障研究，2006（2）.
[54]［美］罗伯特·霍尔茨曼，理查德·欣茨，等．21 世纪的老年收入保障：养老金制度改革国际比较［M］．郑秉文，等，译．北京：中国劳动养老保障出版社，2006.
[55] 吕学静．现代社会保障概论［M］．北京：首都经济贸易大学出版社，2005.
[56] 梅哲．构建社会主义和谐社会中的社会保障问题研究［D］．武汉：华中师范大学，2006.

[57] [英] 尼古拉斯·巴尔. 福利国家经济学 [M]. 郑秉文, 等, 译. 北京: 中国劳动社会保障出版社, 2003.
[58] 潘锦棠. 中国女工劳动保护制度与现状 [J]. 妇女研究论丛, 2002 (2).
[59] 钱海波, 黄文龙. 医疗保险支付方式的比较及对我国的发展前瞻 [J]. 中国医疗前沿, 2007 (1).
[60] 覃有土, 樊启荣. 社会保障法 [M]. 北京: 法律出版社, 1977.
[61] 仇雨临. 医疗保险 [M]. 北京: 中国劳动社会保障出版社, 2001.
[62] 屈玮等. 浅析新加坡医疗保障体系及对我国的启示 [J]. 科协论坛, 2007 (8).
[63] 阮凤英. 社会保障通论 [M]. 济南: 山东大学出版社, 2004.
[64] 邵艳梅, 孙玉芹. 当代英国社会保障制度及其启示 [J]. 经济论坛, 2006 (13).
[65] 史柏年. 社会保障概论 [M]. 北京: 高等教育出版社, 2004.
[66] 史探径. 我国社会保障法的几个理论问题 [J]. 法学研究, 1998 (4).
[67] 史探径. 世界社会保障立法的起源和发展 [J]. 外国法译评, 1999 (2).
[68] 宋利彩. 新中国 60 年: 妇女社会保障的发展与完善 [N]. 中国妇女报, 2009-09-29.
[69] 苏振芳. 社会保障概论 [M]. 北京: 中国时代经济出版社, 2001.
[70] 孙光德, 董克用. 社会保障概论 (第三版) [M]. 北京: 中国人民大学出版社, 2008.
[71] 孙光德. 社会保障学 [M]. 北京: 中国劳动出版社, 1998.
[72] 孙健夫. 社会保障概论 [M]. 北京: 经济管理出版社, 2007.
[73] 孙丽等. 医疗保险支付方式的研究进展 [J]. 医学与哲学, 2008 (11).
[74] 孙书菡. 工伤保险 [M]. 北京: 中国人民大学出版社, 2000.
[75] 孙晓娟, 董殿文. 社会保障学 [M]. 徐州: 中国矿业大学出版社, 2007.
[76] 王诚. 社会保障体制改革中的美国经历与中国道路 [J]. 中国人口科学, 2004 (2).
[77] 王海勇, 金菁. 世界各国社会保障筹资方式的比较研究 [N]. 中国税务报, 2007-09-19.
[78] 王全兴. 经济法基础理论专题研究 [M]. 北京: 中国检察出版社, 2002.
[79] 王延中. 欧盟社会保障改革趋势及经验借鉴 [J]. 中国党政干部论坛, 2007 (1).

[80] 王延中．社会保障的改革与发展［G］．第三届中国社会保障论坛文集，2008．
[81] 王雁菊等．英国医疗保障制度的改革经验及对中国的启示［J］．医学与哲学，2007（8）．
[82] 王云．"智利模式"：拉美社会保障制度的典范［J］．天津社会保险，2009（3）．
[83] 吴明．医疗保险与医院改革［J］．中国医院管理，2000（7）．
[84] 吴鹏森．现代社会保障概论［M］．北京：世纪出版集团，2004．
[85] 吴中宇．社会保障学［M］．武汉：华中科技大学出版社，2004．
[86] 熊敏鹏．社会保障学［M］．北京：机械工业出版社，2004．
[87] ［英］亚当·斯密．国富论［M］．郭大力，王亚南，译．上海：上海三联书店，2009．
[88] 严方才．新加坡社会保障体系启示录［J］．决策咨询，1997（3）．
[89] 杨红燕．世界各国主要医疗保障模式比较分析［J］．中国卫生事业管理，2002（9）．
[90] 杨卫平，杨胜刚．英、美、日、智利社会保障制度改革比较研究［J］．财经理论与实践，2005（135）．
[91] 杨宜勇，吕学静．当代中国社会保障［M］．北京：中国劳动社会保障出版社，2005．
[92] 杨玉芝，鹿桂香．论社会保障功能［J］．沈阳师范学院学报（社会科学版），2000（6）．
[93] 尹大明．我国失业保险制度的改革与发展研究［J］．经济体制改革，2003（1）．
[94] 余为恒．中国社保基金监管方式：从严格限量转向审慎型［EB/OL］．中国经济网．http://finance. ce. cn/insurance/scroll-news/200702/09/t20070209_10372837. shtml，2007-02-09．
[95] 曾煜．社会保障概论［M］．北京：中国劳动社会保障出版社，2008．
[96] 张德江．社区服务工作文集［M］．北京：中国社会出版社，1991．
[97] 张洪涛，孔泾源．社会保险案例分析：制度改革［M］．北京：中国人民大学出版社，2008．
[98] 张琪．社会保障概论［M］．北京：中国劳动社会保障出版社，2006．
[99] 张思锋，温海红．社会保障学［M］．西安：西安交通大学出版社，2007．

[100] 赵斌，严婵．新加坡的医疗保障体系［J］．东南亚南亚研究，2009（4）．
[101] 赵海利．中外公共福利支出的比较分析［J］．财经研究，1999（11）．
[102] 赵曼．社会保障学［M］．北京：中国财政经济出版社，2003．
[103] 赵蓉等．社会保障法学［M］．兰州：甘肃人民出版社，2006．
[104] 郑大喜．医疗保险费用支付方式的比较及其选择［J］．中国初级卫生保健，2005（6）．
[105] 郑功成．社会保障学——理念、制度、实践与思考［M］．北京：商务印书馆，2000．
[106] 郑功成．中国社会保障制度变迁与评估［M］．北京：中国人民大学出版社，2002．
[107] 郑功成．社会保障概论［M］．上海：复旦大学出版社，2005．
[108] 郑功成．社会保障学［M］．北京：中国劳动社会保障出版社，2005．
[109] 郑功成．社会保障［M］．北京：高等教育出版社，2007．
[110] 郑功成．社会保障学［M］．北京：商务印书馆，2008．
[111] 郑功成等．中国社会保障改革与发展战略：理念、目标与行动方案［M］．北京：人民出版社，2008．
[112] 钟仁耀．社会救助与社会福利［M］．上海：上海财经大学出版社，2005．
[113] 周方道．欧盟经济社会发展的双刃剑：社会保障制度［J］．党政干部学刊，2006（10）．
[114] 周绿林．社会保障概论［M］．天津：天津大学出版社，2008．
[115] 周沛．社会福利体系研究［M］．北京：中国劳动社会保障出版社，2007．
[116] 朱玲．全球社会保障改革潮流概览［J］．读书，2010（6）．
[117] 邹君誉．国外优抚安置制度精选［M］．北京：中国社会出版社，2003．